suhrkamp taschenbuch
wissenschaft 2444

Wer trägt das Risiko, wenn künstlicher Intelligenz – etwa ChatGPT – schadensträchtige Fehler unterlaufen? Wenn die beteiligten Menschen sorgfältig gehandelt haben, haftet nach geltendem Recht – niemand. Um dieser gravierenden Verantwortungslücke zu begegnen, entwerfen Anna Beckers und Gunther Teubner drei rechtliche Haftungsregime, für die sie Erkenntnisse aus der Soziologie sowie der Moral- und der Technikphilosophie heranziehen: Prinzipal-Agenten-Haftung für Handlungen autonomer Software-Agenten (»Aktanten«), Netzwerkhaftung für verdichtete Mensch-KI-Interaktionen (»Hybride«) und fondsbasierte Entschädigung für vernetzte KI-Systeme (»Schwärme«). Ein bahnbrechender Lösungsvorschlag für eine hochaktuelle Problematik.

Anna Beckers ist Professorin für Privatrecht und Gesellschaftstheorie an der Universität Maastricht.

Gunther Teubner ist emeritierter Professor für Privatrecht und Rechtssoziologie an der Goethe-Universität Frankfurt am Main. Zuletzt erschienen: *Regime-Kollisionen. Zur Fragmentierung des globalen Rechts* (stw 1803, zus. mit Andreas Fischer-Lescano) und *Verfassungsfragmente. Gesellschaftlicher Konstitutionalismus in der Globalisierung* (stw 2028).

Anna Beckers
Gunther Teubner

Digitale Aktanten, Hybride, Schwärme

Drei Haftungsregime für künstliche Intelligenz

Suhrkamp

Die vorliegende Publikation ist eine stark überarbeitete und aktualisierte Übersetzung von *Three Liability Regimes for Artificial Intelligence* (Hart Publishing, 2022).

Klimaneutral
Druckprodukt
ClimatePartner.com/14438-2110-1001

Erste Auflage 2024
suhrkamp taschenbuch wissenschaft 2444
Originalausgabe

Umschlag nach Entwürfen von Willy Fleckhaus und Rolf Staudt
Druck und Bindung: C. H. Beck, Nördlingen
Printed in Germany
ISBN 978-3-518-30044-2

www.suhrkamp.de

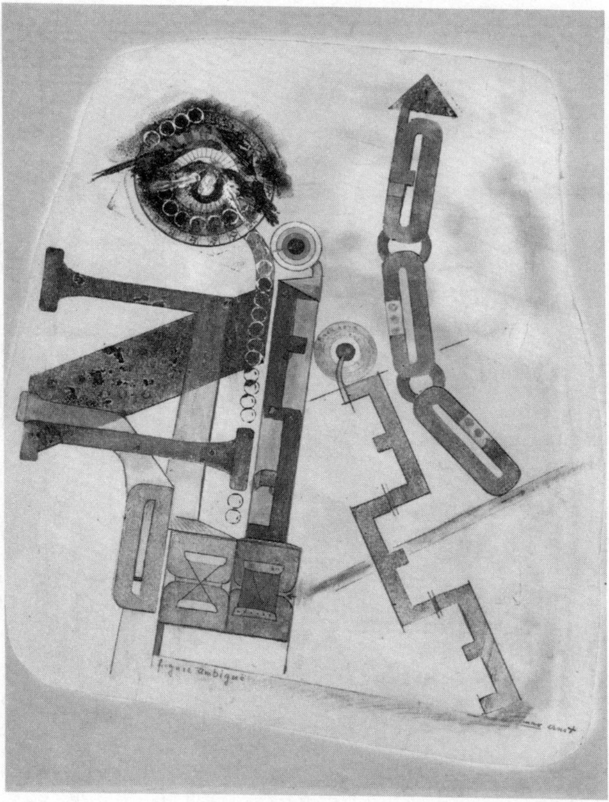

Abbildung 1: *Figure ambiguë*, Bleistiftdurchreibung, Tuschfeder, Aquarell und Gouache, Collage von Max Ernst, um 1919/1920, 44 x 33 cm, Nationalgalerie, Staatliche Museen zu Berlin, Sammlung Scharf-Gerstenberg, Foto: © bpk/Nationalgalerie, SMB, Sammlung Scharf-Gerstenberg/Jörg P. Anders, © VG Bild-Kunst, Bonn 2023.

Inhalt

Vorwort ... 11

Kapitel 1 – Digitalisierung: Emergente Risiken ... 15
I. Verantwortungslücken im geltenden Recht ... 15
1. Szenarien ... 21
2. Realitätsverweigerung in der Privatrechtsdogmatik ... 25
II. Kritik der wichtigsten Reformvorschläge ... 28
1. Verschuldenshaftung ... 28
2. Gefährdungshaftung und Produkthaftung ... 30
3. Eigenhaftung einer E-Person ... 34
4. Falsche Einheitslösungen ... 40
5. (Rechts-)Form folgt (Sozial-)Funktion ... 44
III. Sozio-digitale Institutionen ... 46
1. Intermediäre zwischen Technik und Recht ... 46
2. Typologie des Maschinenverhaltens ... 54
3. Typologie sozio-digitaler Institutionen ... 55
4. Typologie der Rechtsrisiken ... 59

Kapitel 2 – Aktanten: Autonomierisiko ... 64
I. Sozio-digitale Institution: Digitale Assistenz ... 64
1. Künstliche Intelligenz als Akteur? ... 64
2. Algorithmen als Aktanten ... 69
3. Kommunikation mit Algorithmen ... 72
4. Gradualisierte digitale Autonomie ... 82
5. Rechtliche Autonomiekriterien ... 83
6. Autonome Entscheidungen der Softwareagenten ... 88
7. Sozialer Akteurstatus und juristische Personifizierung ... 91
II. Risiken digitaler Assistenz ... 94
1. Das allgemeine Risiko algorithmischer Autonomie ... 94
2. Spezielle Risiken digitaler Assistenz ... 98
III. Das Recht des algorithmischen Vertrags ... 103
1. Ungültigkeit algorithmischer Verträge? ... 104
2. Algorithmen als bloße Werkzeuge? ... 106
3. Unsere Lösung: Elektronische Agenten als Stellvertreter ... 112
4. Teilrechtsfähigkeit – Konstellation I ... 116
5. Äquivalente für subjektive Tatbestandsmerkmale ... 118

6. Äquivalente zur Vollmacht 122
7. Haftungsprobleme bei unbefugtem Handeln des Agenten? 123
IV. Recht der vertraglichen Haftung 127
1. Das Dilemma der Werkzeuglösung 127
2. Unsere Lösung: Haftung für algorithmische Erfüllungsgehilfen 132
3. Teilrechtsfähigkeit – Konstellation II 135
V. Recht der außervertraglichen Haftung 141
1. Verschuldenshaftung? 142
2. Produkthaftung? 145
3. Gefährdungshaftung? 151
4. Unsere Lösung: Digitale Assistenzhaftung 154
5. Teilrechtsfähigkeit – Konstellation III 164
6. Der *reasonable algorithm* 164
7. Haftende Akteure 167

Kapitel 3 – Hybride: Verbundrisiko 170
I. Sozio-digitale Institution: Mensch-Algorithmus-Assoziation 171
1. *Collective moral autonomy* 171
2. Emergenz von Hybridität 176
3. Die Organisationsanalogie 180
II. Verbundrisiko der Hybriden 182
III. Unser Vorschlag *de lege ferenda*: vollwertige Rechtssubjekte 184
IV. Unser Vorschlag *de lege lata*: Netzwerkhaftung 188
1. Mensch-Algorithmus-Interaktionen als Netzwerke .. 188
2. Netzwerkhaftung 191
3. Handlungs- und Haftungszurechnung bei Hybriden 196
4. Haftende Akteure 197
5. Anteilige Netzwerkhaftung 200
6. Externe Haftungskonzentration: Der *One-stop-shop*-Ansatz 204
7. Interne Haftungsverteilung: Pro-Rata-Netzanteil ... 206
8. Gesamtstruktur der Netzwerkhaftung 207

Kapitel 4 – Schwärme: Vernetzungsrisiko 208
I. Sozio-digitale Institution: Digitale Vernetzung 208
1. Nichtkommunikative Kontakte 210
2. Distribuierte kognitive Prozesse 214

II. Vernetzungsrisiko der digitalen Schwärme 218
III. Assistenten- oder Kollektivhaftung für Vernetzungsrisiken? 223
1. Anwendung bestehender Haftungsregime 223
2. Assistenten- oder Produkthaftung? 225
3. Kollektivhaftung? 227
IV. Unsere Lösung:
Vergesellschaftung des Vernetzungsrisikos 232
1. Vollständige oder teilweise Vergesellschaftung? 232
2. Rechtlich definierte Risikopools 234
3. Verwaltung des Risikopools: Die Fondslösung 236
4. Finanzierung des Fonds: *Ex-ante-* und *Ex-post-*Komponenten 238
5. Beteiligung und Verwaltung 240
6. Entschädigung und Wiedergutmachung 244
7. Globale Vernetzung und nationale Regulierung 248

Kapitel 5 – Drei Haftungsregime: Anwendungsbereiche, Konkurrenzen, exemplarische Fälle, Ausblick 251
I. Synopsis haftungsrechtlicher Normen 251
II. Maschinenverhalten, sozio-digitale Institutionen und Haftungsrecht 253
1. Unterschiede sozio-digitaler Institutionen 253
2. Unterschiedliche Behandlung der haftenden Akteure 262
3. Unterschiedlicher Rechtsstatus von Algorithmen . . . 269
III. Konkurrenzen zwischen den Haftungsregimen 270
1. Abgrenzungen 270
2. Vorrangregeln? 273
IV. Exemplarische Fälle 276
1. Prinzipal-Agenten-Haftung: *Robo-advice* 277
2. Netzwerkhaftung: Hybrider Journalismus 279
3. Kollektivfonds: Flash Crash 282
4. Google *autocomplete* 285
5. Generative KI (ChatGPT) 289
V. Ausblick: Haftungsrecht und Digitalverfassung 293

Bibliographie 297
Sachindex 336

Vorwort

In diesem Buch schlagen wir drei Haftungsregime für das Fehlverhalten künstlicher Intelligenz vor. Sie sollen die erheblichen Verantwortungslücken, welche die Ankunft autonomer Algorithmen in der gesellschaftlichen Praxis aufgerissen hat, beseitigen. Die drei Regime sind: eine Prinzipal-Agenten-Haftung für Handlungen autonomer Softwareagenten (»Aktanten«), eine Netzwerkhaftung für verdichtete Mensch-KI-Interaktionen (»Hybride«) und eine Haftung kollektiver Fonds für vernetzte KI-Systeme (»Schwärme«). Die Haftungsregime sind sorgfältig abgestimmte Reaktionen auf Verantwortungslücken unterschiedlicher Qualität. Statt einer übergeneralisierten Einheitshaftung oder einer untergeneralisierten sektoralen Haftung schlagen wir vor, auf drei typische Risiken der künstlichen Intelligenz – autonome KI-Entscheidungen, Menschen-KI-Kollektive und systemische Vernetzung – mit je unterschiedlichen Haftungsregimen zu reagieren.

Methodisch gehen wir durchweg interdisziplinär vor, um die vielfältigen Wechselbeziehungen zwischen Informationstechnologie und Haftungsrecht zu erfassen. Den fatalen Technik-Recht-Kurzschluss, der voreilig IT-Strukturen direkt mit Haftungsregeln zusammenschließt, suchen wir zu vermeiden. Zu diesem Zweck führen wir das intermediäre Konzept der »sozio-digitalen Institutionen« ein. Denn als technische Artefakte haben Algorithmen nicht schon die Eigenschaften von Akteuren, die mit Menschen kommunizieren. Erst die Art und Weise, in der die gesellschaftliche Praxis die sogenannten Affordanzen, das heißt die Nutzungsangebote digitaler Technik, annimmt, entscheidet über den gesellschaftlichen Status von Algorithmen. Genauer: Sozio-digitale Institutionen konstituieren Algorithmen entweder als Akteure oder sie ordnen ihnen einen anderen Sozialstatus zu. Um diese neuen Institutionen genauer zu verstehen, rekurrieren wir auf sozialwissenschaftliche Analysen, welche die notwendigen Vermittlungsleistungen zwischen IT-Wissenschaften und Jurisprudenz erbringen können. Sie erst dürften in der Lage sein, die unterschiedlichen sozio-technischen Situationen, in denen KI-Systeme gesellschaftlich genutzt werden, zu identifizieren und zugleich die dabei auftretenden gesellschaftlichen Risiken herauszuarbeiten, auf die das Haftungsrecht reagieren sollte.

Unser Ansatz unterscheidet sich daher von den heute verbreiteten rechtsökonomischen Analysen, die ihren Fokus ausschließlich auf monetäre Kosten und Nutzen von Haftungsnormen einstellen. Stattdessen suchen wir zugleich Erkenntnisse der Soziologie, der Moralphilosophie und der Technikphilosophie zu integrieren. Deren Einsichten sind besonders relevant für eine etwaige Personifizierung von Algorithmen, für emergente Eigenschaften von Mensch-Algorithmus-Assoziationen und für verteilte Kognition in vernetzten KI-Systemen.

Wir unterscheiden uns von den üblichen rechtsbereichsspezifischen Analysen, die im Ergebnis autonomen Algorithmen in der Rechtsgeschäftslehre, in der vertraglichen Haftung und in der außervertraglichen Haftung einen je unterschiedlichen Rechtsstatus zuweisen, was unter Gleichbehandlungsaspekten problematisch ist. Demgegenüber versuchen wir, den Rechtsstatus konsistent in allen drei Rechtsgebieten zu bestimmen und ihn zugleich in Übereinstimmung mit ihrem Sozialstatus zu halten.

Da das Haftungsrecht nach wie vor entlang nationaler Grenzen fragmentiert ist, gehen wir in unserer Untersuchung auch rechtsvergleichend vor. Wir konzentrieren uns auf die kontinentaleuropäischen Rechtsordnungen, besonders auf das deutsche Recht, sowie auf die Welt des Common Law, besonders auf das US-amerikanische und das englische Recht. Wo immer relevant, beziehen wir zugleich die europarechtliche Dimension des Themas ein. Wir folgen einer Methode, die Hugh Collins als »vergleichende soziologische Jurisprudenz«[1] bezeichnet hat. Soziologische Jurisprudenz analysiert sozio-digitale Institutionen und ihre Risiken, um die relevanten Rechtsprobleme identifizieren zu können. Rechtsvergleichung nutzt diese Qualifizierung mit Blick auf unterschiedliche Rechtssysteme und berücksichtigt die Besonderheiten der nationalen Rechtsdogmatik.

Das Buch hat von intensiven Diskussionen mit vielen Kollegen profitiert. Unser Dank gilt insbesondere Marc Amstutz, Alfons Bora, Carmela Camardi, Ricardo Campos, Elena Esposito, Pasquale Femia, Andreas Fischer-Lescano, Malte Gruber, Albert Ingold,

1 Collins (2009), »Comparative Sociological Jurisprudence«, S. 253 ff.

Günter Küppers, Dimitrios Linardatos, Martin Schmidt-Kessel, Juliano Maranhão, Marc Mölders, Michael Monterossi, Daniel On, Oren Perez, Valentin Rauer, Jan-Erik Schirmer, Thomas Vesting, Gerhard Wagner, Dan Wielsch und Rudolf Wiethölter. Anna Huber und Dirk Hildebrandt haben uns ihr kunsthistorisches Fachwissen über Max Ernst und über das Bild der *Figure ambigue*, das wir zum Einstieg in das Buch gewählt haben, zur Verfügung gestellt. Jan-Erik Strasser und Nikolai Ballast danken wir für die sorgfältige Lektorierung.

Anna Beckers
Gunther Teubner

Kapitel 1 – Digitalisierung: Emergente Risiken

I. Verantwortungslücken im geltenden Recht

Figure ambigue – Max Ernsts surrealistischer (Alb-)Traum aus der Zeit unmittelbar nach dem Ende des Ersten Weltkriegs scheint heute Realität zu werden. In dem 1919 entstandenen Kunstwerk – abgebildet ganz zu Anfang dieses Buchs – versucht Ernst offenbar, den exzessiven Ambivalenzen der modernen Technik Ausdruck zu verleihen. Als einer der Protagonisten des Dadaismus und Surrealismus war er fasziniert von der Dynamik der Maschinenutopie und zugleich abgestoßen von ihren inhumanen Folgen. Auf dem rechten Bildteil findet sich eine leichte, fröhliche Stimmung, die die genialen Erfindungen der modernen Wissenschaft symbolisieren dürfte. Buchstaben sind in komplexen Anordnungen miteinander verschlungen und scheinen sich zunächst in seltsame Maschinen zu transformieren. Nach Ralph Ubls Interpretation verwandeln sich bei Ernst solche Figuren durch Metamorphose oder Verdopplung ihrer Identität dann wiederum in menschliche Körper, die zu springen, zu tanzen und zu fliegen scheinen. Diese *homines ex machina* »vollführen [...] geradezu einen Triumph der Mobilität: Rotation, Verdoppelung, Verschiebung, Spiegelung und optische Täuschung«.[1]

Ganz anders ist die Atmosphäre auf dem linken Teil des Bildes. Die Symbole verändern ihre Farbe ins Düstere, wirken nun brutal und bedrohlich. In der linken oberen Ecke wirft eine schwarze Sonne, die ihrerseits aus seltsamen Symbolen zusammengesetzt ist, aus ihrem unheimlichen Antlitz heraus ein dunkles Licht über die Welt. Mit diesem und vielen anderen Bildern drückte Ernst unmittelbar nach dem Ersten Weltkrieg seine gespaltene Haltung zur modernen perfekten Maschinenwelt aus, deren heitere Logik, Rationalität und Ästhetik ins Absurde, Irrationale und Brutale umzuschlagen droht.[2] Ernst suchte

nach Wegen, gesellschaftliche Mechanismen und Wahrheiten zu registrieren und auch deren tieferliegende Strukturen »einzufangen« oder bildlich zu

1 Ubl (2004), *Prähistorische Zukunft,* S. 30.

2 Becchetti (2020), »Max Ernst: Il surrealista psicoanalitico«; Adamowicz (2019), *Dada Bodies*, Kap. 4 und 8.

verdeutlichen. Hier geht es wahrscheinlich im Kern um das Ertasten eines gesellschaftlichen Unbewussten im historischen Moment, in dem das totalitäre Potenzial der Technik als gesellschaftlichem Motor erahnbar wird.[3]

Ernsts surrealistischer (Alb-)Traum scheint wie gesagt heute zur Realität zu werden. Autonome Algorithmen sind die emblematischen, mehrdeutigen Figuren unserer Zeit, die als rätselhafte autonome künstliche Intelligenz die Ambivalenz der Automaten noch radikalisieren. Wie die Buchstaben in Ernsts Bild sind Algorithmen auf den ersten Blick nichts als unschuldige Symbolverkettungen. Aber in ihrer Metamorphose in elektronische Impulse beginnen auch die Algorithmen zu leben, zu springen, zu tanzen, zu fliegen. Mehr noch: Sie bringen mit künstlicher Intelligenz eine neue Sinndimension in die Welt. Ihre *creatio ex nihilo* verspricht eine bessere Zukunft für die Menschen. Selbstlernende Algorithmen, Big Data und generative Künstliche Intelligenz (etwa ChatGPT) nähren die Hoffnung auf algorithmische Kreativität, welche die kognitiven Fähigkeiten des menschlichen Geistes immens zu erweitern verspricht.

Doch ist dies nur die helle Seite ihrer exzessiven Ambivalenz. Es gibt eine bedrohliche dunkle Seite der schönen neuen Welt der Algorithmen. Nach der ersten Phase der Euphorie werden Algorithmen heute häufig als albtraumhafte Monster wahrgenommen. Nick Bostrom beschwört eine »perverse Instantiierung«, die entsteht, wenn intelligente Maschinen menschlicher Kontrolle entgleiten: Schon ein einzelner Algorithmus, der mit äußerster Effizienz das ihm von Menschen gesetzte Ziel verfolgt, ist in der Lage, in der Mittelwahl die menschlichen Intentionen zu pervertieren.[4] Darüber hinaus entsteht eine seltsame Hybridität, wenn Menschen und Algorithmen nicht nur miteinander kommunizieren, sondern sich zu neuartigen Kollektivakteuren, zu Quasi-Organisationen mit ungeahnten, potenziell schädlichen Eigenschaften zusammenschließen.[5] Schließlich entsteht eine besonders bedrohliche Situation, wie es Ernsts schwarze Sonne symbolisieren könnte, wenn Menschen einer undurchsichtigen Umwelt algorithmischer Vernetzung ausgesetzt sind, die für sie unkontrollierbar bleibt.[6]

3 So interpretiert in einem Brief an uns die Kunsthistorikerin Anna Huber das Werk von Max Ernst.

4 Bostrom (2014), *Superintelligenz*, S. 171 ff.

5 Hendrycks u. a. (2023), »Catastrophic AI Risks«, S. 25 ff.

6 Coeckelbergh (2012), »Experiences of the Tragic«, S. 37.

Wie geht das heutige Recht mit dieser Ambivalenz von Algorithmen um? Dieser Frage gehen wir am Beispiel der Haftung für algorithmisches Versagen nach. Das Recht spiegelt durchaus die Ambivalenz der Algorithmenwelt wider. Auf ihrer hellen Seite behandelt das Recht Algorithmen als willkommene Instrumente, die in den Dienst menschlicher Bedürfnisse gestellt werden. Der Versuchung, angesichts ihrer beträchtlichen Schädigungsrisiken autonome Algorithmen einfach zu verbieten, hat es bisher erfolgreich widerstanden. Im Gegenteil, das Privatrecht stärkt sogar die Macht der Algorithmen, indem es ihnen eine quasi magische »*potestas vicaria*«[7] verleiht, sodass sie als autonome Agenten Verträge mit Dritten mit zugleich bindender Kraft für ihre Prinzipale abschließen und eigenständig durchführen können. Auf ihre Schattenseite jedoch reagiert das bis heute geltende Recht nur defizitär. Das aktuelle Haftungsrecht ist nicht darauf vorbereitet, die neuen Gefahren autonomer Algorithmen zu identifizieren, geschweige denn ihnen zu begegnen. Der weit überwiegende Teil der rechtswissenschaftlichen Literatur behandelt autonome Algorithmen mit kaum zu überbietender Schlichtheit als mechanische Werkzeuge, Maschinen, Objekte oder Produkte. Wenn sie Schäden verursachen, verlässt man sich darauf, dass das geltende Recht, besonders das Recht der Produkthaftung, die angemessenen Reaktionen schon bereithalte.

Doch das ist zu einfach gedacht. Im Vergleich zu den vertrauten Situationen der Produkthaftung steigert sich das Ausmaß potenzieller Schäden, sobald das Produkt eine neue Qualität aufweist – Intelligenz.[8] Genau an dieser Stelle reißen aber die neuen Verantwortungslücken auf.[9] Die *figures ambigues*, die in die Räume

7 Damit ist die Macht gemeint, die eine normsetzende Instanz dem Repräsentanten über die Repräsentierten verleiht. Zu den theologischen Ursprüngen des Vikariatsverhältnisses vgl. Agamben (2011), *The Kingdom and the Glory*, S. 138 f. Zu einer eingehenden interdisziplinären Analyse dieser *potestas vicaria* siehe Trüstedt (2022), *Stellvertretung*, insbesondere für algorithmisches Handeln, S. 375 ff. Dass die herrschende Lehre im Privatrecht diese realexistierende *potestas vicaria* der Algorithmen hinter der Vorstellung eines bloßen Werkzeuges versteckt, steht auf einem anderen Blatt.

8 Rachum-Twaig (2020), »Whose Robot«, S. 1149.

9 Verantwortung wird hier vorläufig in einem sehr weiten Sinne verstanden. Zur Unterscheidung des soziologischen Begriffs der Verantwortung und des juristischen Begriffs der Verantwortlichkeit siehe Kap. 2, I.6.

des Privatrechts eindringen, sind nicht einfach Objekte, sondern autonome Quasi-Subjekte – generative KI (etwa ChatGPT), Hochgeschwindigkeits-Handelsalgorithmen, Roboter, Softwareagenten, Cyborgs, Hybride, Computernetzwerke. Einige davon sind mit einem hohen Maß an Autonomie und der Fähigkeit zu lernen ausgestattet. Mit ihrer rastlosen Energie erzeugen sie bisher unbekannte Gefahren für Mensch und Gesellschaft. Auf diese jedoch ist das Privatrecht, auch das Recht der Produkthaftung, nicht vorbereitet.

So absurd es klingt: Wenn autonom agierende Algorithmen Fehlentscheidungen treffen und Schäden verursachen, kann, sofern den beteiligten Menschen kein Fehlverhalten vorzuwerfen ist, nach dem zurzeit geltenden Recht niemand verantwortlich und haftbar gemacht werden! Dieser verblüffende Befund ist auf die traditionellen Zurechnungstechniken des Privatrechts zurückzuführen, die das Computerverhalten stets als Verhalten der dahinterstehenden Menschen ausgeben müssen. Für den Fall, dass intelligente Maschinen selbst folgenreiche Entscheidungen treffen, hat das Recht keine Begriffe entwickelt. Softwareagenten können rechtlich nur als bloße Maschinen, als willige Werkzeuge in den Händen ihrer menschlichen Herren, behandelt werden.[10] Für reines Maschinenversagen aber wird, wenn den beteiligten Menschen keine Pflichtverletzung nachzuweisen ist, nach geltendem Recht nicht gehaftet.[11] Das gilt auch für das Versagen von Algorithmen: »Soweit dem Unternehmen kein eigenes Auswahl-, Wartungs- und Überwachungsverschulden nachgewiesen werden kann, haftet für Fehlfunktionen des digitalen Systems – niemand.«[12]

Autonome Algorithmen jedoch wollen sich den jeweiligen strikten Alternativen von Mensch oder Maschine, Subjekt oder Objekt, Person oder Sache nicht fügen.[13] Die *»active digital agency«* der Al-

10 So dezidiert der Bundesgerichtshof BGHZ 195, 126, Rn. 17; für das US-Recht Restatement (Third) of Agency Law § 1.04 cmt. e. (2006).

11 BGHZ 54, 332, 333 ff. (Versagen einer Ampel); OLG Frankfurt NJW 2018, 637, Rn. 17; Körber/König (2020), »Haftungsrecht 4.0«, S. 271; Spindler (2016), »Digitale Wirtschaft«, S. 816; Medicus/Lorenz (2015), *Schuldrecht AT*, Rn. 386, S. 170 f.; Caspers in: Staudinger-BGB (2019), § 278, Rn. 5; Grundmann, in: MüKo-BGB (9. Auflage, 2022), § 278, Rn. 46; differenzierend Pfeiffer, in: Soergel-BGB (13. Auflage, 2014), § 278, Rn. 25.

12 Wagner (2020), »Digitale Techniken«, S. 736; ebenso Wagner/Luyken (2020), »Robo Advice«, S. 173

13 Hier beziehen wir uns auf digitale Autonomie in einem eher umgangssprach-

gorithmen verursacht Probleme, auf die das Privatrecht mit neuer Begrifflichkeit reagieren muss:

> Je autonomer die Roboter werden, desto weniger verstehen sie sich als bloße Werkzeuge in der Hand des Menschen und desto mehr gewinnen sie aktive digitale Handlungsfähigkeit. In diesem Zusammenhang werden Fragen der Verantwortung und Haftung für ihr Verhalten und mögliche Schäden, die ihr Verhalten verursacht, relevant.[14]

Letztlich ausschlaggebend dafür, dass das Privatrecht unter massivem Änderungsdruck steht, sind also inakzeptable Verantwortungslücken, welche die rasanten digitalen Entwicklungen schon heute aufreißen.[15] Wie der Soziologe Sven Kette konstatiert, läuft die (teilweise) Ersetzung personaler Entscheidungsbeiträge durch Algorithmen auf einen Adressausfall bezüglich der Zurechenbarkeit von Verantwortlichkeiten hinaus.[16] Softwareagenten und andere KI-Systeme verursachen zwangsläufig diese Verantwortungslücken, sofern ihre Handlungen unvorhersehbar sind. Das zieht einen massiven Kontrollverlust menschlicher Akteure nach sich. Nach geltendem Recht brauchen die Verursacher, wenn sie ihre Pflichten erfüllt haben, die Schäden nicht zu ersetzen; sie müssen von den Opfern getragen werden. Gleichzeitig aber wird die Gesellschaft in immer größerem Umfang von autonomen Algorithmen abhängig, sodass ein Verzicht auf ihren Einsatz äußerst unwahrscheinlich ist.[17]

Nicht umsonst warnt der Philosoph Christian List vor solchen Verantwortungslücken, wenn die Gesellschaft es ohne weiteres zulässt, künstliche Intelligenz einzusetzen. Denn dies schaffe

> eine Situation, in der sich Einzelpersonen oder Unternehmen der Haftung für hochriskante Entscheidungen entziehen können, indem sie diese Entscheidungen an KI-Systeme delegieren und sich dann hinter der Auto-

lichen Sinne. Unten werden wir ihre genaue Bedeutung im Haftungsrecht ausführlich diskutieren, insbesondere in Kap. 2, I.4-6.

14 van Dijk (2020), »Hall of Masks«, S. 231. Den Begriff *»active digital agency«* hat Clarke (1994), »Digital Persona« eingeführt.

15 Zu den verschiedenen Dimensionen digitaler Verantwortungslücken Duffourc (2023), »Autonomous AI Physician«, S. 17 ff.; De Sio/Mecacci (2021), »Four Responsibility Gaps with Artificial Intelligence«; Dyrkolbotn (2017), »Robot Harms«, S. 121 f.

16 Kette (2021), »›Computer says No?‹«, S. 175 f.

17 Matthias (2010), *Automaten als Träger von Rechten*, S. 15.

nomie und Unvorhersehbarkeit des Systemverhaltens verstecken. Kurz: Es sollte nicht möglich sein, sich der Haftung für schädliche Handlungen entziehen zu können, nur weil »der Algorithmus es getan hat«.[18]

Freilich ist das Widerstreben unter Juristen, Algorithmen eine Art von Rechtsfähigkeit oder gar den Status voller Rechtssubjektivität zu verleihen, verständlich. Denn jedes Mal, wenn gefordert wird, einer neuen »Entität« Rechte zu verleihen, klingt der Vorschlag beinahe zwangsläufig merkwürdig, beunruhigend oder gar lächerlich.[19] Doch auch wenn der Ausdruck »algorithmische Personen« seltsam erscheinen mag, stellen die wachsenden Verantwortungslücken das Privatrecht vor eine radikale Wahl: Entweder es weist KI-Systemen einen eigenständigen Rechtsstatus zu und behandelt sie als verantwortliche Akteure, oder aber es akzeptiert eine zunehmende Zahl von »Unfällen«, für die niemand verantwortlich gemacht wird. Schon heute produziert die Dynamik der Digitalisierung verantwortungsfreie Räume, die sich in Zukunft noch ausweiten werden.[20]

Um den zunehmenden Haftungslücken privatrechtlich zu begegnen, kommt es entscheidend darauf an, sie überhaupt erst zu identifizieren. Die Informationswissenschaft hat schon frühzeitig typische Verantwortungslücken in folgenden Szenarien beschrieben: Die Defizienzen entstehen in der Praxis dann, wenn die Software von Teams hergestellt wird, wenn Managemententscheidungen ebenso wichtig sind wie Programmierentscheidungen, wenn fremde Dokumentationen über Anforderungen und Spezifizierungen eine große Rolle im resultierenden Code spielen, wenn trotz Tests der Code-Genauigkeit viel von *off the shelf*-Komponenten abhängt, deren Herkunft und Genauigkeit unklar ist, wenn die Performanz der Software das Resultat der begleitenden Kontrollen und nicht der Programmerstellung ist, wenn automatisierte Instrumente in der Konstruktion der Software benutzt werden, wenn die Arbeitsweise der Algorith-

18 List (2021), »Group Agency and AI«, S. 1231.

19 Exemplarisch der frühe Vorstoß von Stone (1974), *Should Trees Have Standing?*, S. 8.

20 Dies ist die zentrale und gut belegte These der Verantwortungslücke von Matthias (2010), *Automaten als Träger von Rechten*, S. 111. Nur vereinzelt wird diese Lücke bestritten, so von Heiderhoff/Gramsch (2020), »Haftungsregimes und autonome Systeme«, S. 1943, die von vermeintlichen Lücken sprechen, auf die man nicht mit einem »angstgesteuerten Abwehrrecht« reagieren sollte.

men von Interfaces oder vom Systemverkehr beeinflusst wird, wenn die Software in nicht voraussehbarer Weise interagiert oder wenn die Software mit Wahrscheinlichkeiten arbeitet, anpassungsfähig ist oder selbst das Resultat eines anderen Programmes ist.[21]

1. Szenarien

Im geltenden Recht haben die unkontrollierbaren Aktivitäten autonomer Softwareagenten folgende Haftungslücken schon heute aufgerissen:[22]

(1) Computervernetzung: Die wohl am schwierigsten zu korrigierende Haftungslücke entsteht bei Multi-Agenten-Systemen, wenn eng miteinander vernetzte Algorithmen Schäden verursachen, deren Ursache sich nicht identifizieren lässt. Gerade in dieser folgenreichen Situation versagen die Haftungsnormen des geltenden Rechts.[23] Im Hochfrequenzhandel etwa ist dieses Risiko offensichtlich.[24] »Wer trägt das Risiko, wenn, wie am 6. Mai 2010 in einem Flash-Crash, ein gewaltiger Kursverlust des Dow Jones an der Börse in New York dadurch verursacht wurde, dass sich die Algorithmen der Wall Street, welche die Händlersysteme beherrschen, für einige Zeit unkontrolliert und unverständlich verhielten und einen Milliardenverlust bewirkten?«[25]

(2) Generative Künstliche Intelligenz: In einer erregten öffentlichen Debatte werden zurzeit die beträchtlichen Gefahren bewusst, die der sich rasant verbreitende Einsatz von ChatGPT und anderen Textgeneratoren erzeugt. Allgemeine Ratlosigkeit besteht hinsichtlich der Frage nach ihrer angemessenen Regulierung, besonders aber für die Haftungslage nach ihren häufigen Fehlleistungen (»Halluzinationen«). Der Wahrheitsgehalt ihrer Texte ist notorisch unzuverlässig. Bekanntgeworden ist der Fall, dass ein Anwalt einen

21 So statt vieler Floridi/Sanders (2011), »Morality of Artificial Agents«, S. 205.

22 Eine ausführliche Auflistung erheblicher Lücken bei Bashayreh u. a. (2021), »Proportional Liability Based on Risk Sharing«, S. 175 f.

23 Yeung (2019), *Responsibility and AI*, S. 62 ff.

24 U.S. CFTC & SEC, *Findings Regarding the Market Events of May 6, 2010*, ⟨http://www.sec.gov/news/studies/2010/marketevents-report.pdf⟩, letzter Zugriff am 22. 11. 2023.

25 Kirn/Müller-Hengstenberg (2014), »Intelligente (Software-)Agenten«, S. 227.

von generativer KI hergestellten Schriftsatz einreichte, der sich auf ein Gerichtsurteil berief. Das Urteil aber existierte nicht, sondern war von der KI frei erfunden. Zudem besteht die Gefahr, dass die Textgeneratoren grob diskriminierende Entscheidungen auf der Grundlage von vorurteilsbelasteten Informationen treffen. Die Verwendung großer Mengen personenbezogener Daten zum Training von KI-Systemen wiederum kann bestehende Ungleichheiten und Machtungleichgewichte verfestigen.[26]

(3) Big Data: Fehleinschätzungen von Big-Data-Analysen verursachen weitere Haftungslücken. Big Data wird dazu eingesetzt, mithilfe außerordentlich großer Datenmengen zu prognostizieren, wie sich bereits bestehende gesellschaftliche Tendenzen oder Epidemien entwickeln und beeinflussen lassen. Wenn der Grund für die fehlerhafte Berechnung nicht eindeutig festgestellt werden kann, entstehen haftungsrechtlich fast unüberwindliche Schwierigkeiten, Sorgfaltspflichtverletzung und Schadenskausalität zu bestimmen.[27]

(4) Mensch-Algorithmus-Assoziationen: Im Computerjournalismus, in anderen Bereichen des *hybrid writing*, in der Übernahme von Managementaufgaben durch Computer, in der algorithmengetriebenen Diagnose und Therapie von Krankheiten und in sonstigen Fällen hybrider Kooperationen sind menschliches Handeln und algorithmische Kalkulationen oft so ineinander verwoben, dass es praktisch unmöglich wird, festzustellen, ob der Mensch oder der Algorithmus die schadensträchtige Entscheidung zu verantworten hat. »Wenn Mensch-Maschine-Assemblagen beim Zustandekommen von Entscheidungen beteiligt sind, fällt eine wichtige Voraussetzung für die Funktionsweise der Verantwortlichkeit weg: die eindeutige Zuschreibung von Handlungen auf eine Person.«[28] Diese Schwierigkeit tritt besonders in iterativen Interaktionen mit generativer KI (ChatGPT) auf.[29] Nach geltendem Recht ist es bisher

26 Gutiérrez (2023), »ChatGPT and the New Power Relationships«, Abs. 5; Floridi/Chiriatti (2020), »GPT-3«, S. 681 ff.

27 Z. B. Kirchner (2018), »Big Data Management«. Ein gründlicher neuerer Überblick über die Gefahren von Big Data Hochstetter-Diez u. a. (2023), »Governance Democratic and Big Data«.

28 Besio u. a. (2021), »Verantwortungsvolle Maschinen ohne Verantwortlichkeit?«, S. 146.

29 Coeckelbergh/Gunkel (2023), »ChatGPT«, Abs. 2.

ausgeschlossen, die Haftungslücke dadurch zu beseitigen, dass man die Haftung, wie es angebracht wäre, auf das kollektive Handeln der Mensch-Maschine-Kooperation selbst bezieht.[30]

(5) *Smart contracts* und andere algorithmische Transaktionen: Eine weitere unbefriedigende Situation ergibt sich, wenn Algorithmen selbstständig Verträge abschließen. Während in der Informatik längst anerkannt ist, dass Algorithmen hier als genuine Stellvertreter in einer Prinzipal-Agenten-Beziehung handeln und entsprechende Regulierungen entwerfen,[31] weigert sich die Rechtsdogmatik beharrlich, hier das Recht der Stellvertretung anzuwenden, weil Algorithmen keine rechtsfähigen Personen seien. Zudem entsteht eine fragwürdige Haftungslage im Recht der Computererklärungen, wenn der Softwareagent fälschlich einen Dritten als Vollmachtgeber angibt oder wenn der Agent die Grenzen des Auftrags überschreitet. In solchen Fällen soll das Risiko vollständig beim Geschäftsherrn des Softwareagenten liegen. Dies sehen viele Autoren als eine übermäßige Belastung an, die bei distribuierter Aktion oder bei *self-cloning* besonders hoch ist.[32]

(6) Digitaler Vertragsbruch: Häufig wird die Erfüllung eines Vertrages an einen autonomen Softwareagenten delegiert. Beispiele sind der Einsatz von Pflegerobotern, die Anlageberatung durch *Robo-Advisors*, die Texterstellung durch generative KI oder die Diagnostik durch medizinische Expertensysteme. Verletzt der Softwareagent vertragliche Pflichten des Schuldners, so sind nach herrschender Lehre die Regeln der Haftung für Erfüllungsgehilfen (§ 278 BGB) nicht anwendbar. Der Grund ist wieder, dass ein Algorithmus nicht die notwendige Rechtsfähigkeit besitzt, um hier als Erfüllungsgehilfe handeln zu können. Eine Haftung tritt nur dann ein, wenn der menschliche Auftraggeber selbst eine Vertragsverletzung begeht. Damit öffnet sich auch hier eine problematische Haftungslücke: Kann der Betreiber nachweisen, dass der Softwareagent korrekt eingesetzt wurde, ohne dass der Betreiber selbst eine Vertragspflicht verletzt hat, dann ist der Betreiber von jeglicher Haftung befreit.[33] Soll dann der Kunde den vom Computer der Gegenseite verursachten Schaden tragen?

30 Z. B. Dahiyat (2021), »Software Agents«, S. 78 ff.

31 Krafft u. a. (2022), »Regulate Algorithmic Decision-Making«, S. 119 f.

32 Z. B. Sartor (2003), »Agents in Cyberlaw«, S. 3 ff.

33 Grundmann, in: MüKo-BGB (9. Auflage, 2022), § 278, Rn. 46; Wagner/Luyken

(7) Delikts- und Produkthaftung: Die größte Verantwortungslücke entsteht bei der außervertraglichen Haftung, wo man ja eigentlich annehmen sollte, dass die moderne Produkthaftung für einen angemessenen Risikoausgleich sorgt. Doch im Deliktsrecht löst die Schädigung als solche bekanntlich noch nicht die Haftung aus, sondern es bedarf erst einer Pflichtverletzung des Betreibers, Herstellers oder Programmierers. Kommen die beteiligten Menschen aber ihren Pflichten nach, so besteht keine Haftung. Diese Haftungslücke besteht sowohl in Bezug auf die Haftung von Privatakteuren als auch bei der Amtshaftung. Setzt die öffentliche Verwaltung autonome Softwareagenten bei der Wahrnehmung öffentlicher Aufgaben ein, ist für die Amtshaftung ebenso ein Verschulden des Amtsträgers notwendig.[34] Die Haftungslücke wird selbst dann nicht geschlossen, wenn die Gerichte die Sorgfaltspflichten für die menschlichen Akteure erweitern, ja selbst wenn sie sie überspannen.[35] Aber auch die geltenden Regeln der Produkthaftung führen letztlich nicht weiter.[36] Das gilt ebenso für die zahlreichen Vorschläge zur Reform der Produkthaftung. Sie schließen die Haftungslücke nicht, weil auch hier der Hersteller bestimmte Sorgfaltspflichten verletzen muss, ehe eine Haftung eintritt. Wenn die autonomen Algorithmen mit ihren Entscheidungen Schäden verursachen, bleiben die durch die Entscheidungen Geschädigten also schutzlos.

(8) Haftung für Betriebsgefahren: Im geltenden Recht kann selbst die Gefährdungshaftung die Verantwortungslücke nicht schließen. Gefährdungshaftung schützt bekanntlich nicht generell vor jedem Maschinenversagen, sondern nur innerhalb eng umgrenzter Gefahrenbereiche (zum Beispiel Haftung für Kraftfahrzeugunfälle, Flugzeugunfälle, Umweltschädigungen). Nach dem strengen Enumerationsprinzip darf ausschließlich die Gesetzgebung, nicht aber

(2020), »Robo Advice«, S. 168; Chinen (2016), »Co-Evolution of Machines and Responsibility«.

34 Roth-Isigkeit (2020), »Staatshaftungsrechtliche Aspekte«, S. 331 ff.

35 Um eine Haftung zu ermöglichen, pflegen die Gerichte die Sorgfaltspflichten so weit auszudehnen, dass sie eigentlich nicht erfüllt werden können. Kritisch zu dieser Tendenz Gruber (2015), *Bioinformationsrecht*, S. 238 ff.

36 Zur Haftungslücke für algorithmische Handlungen im Produkthaftungsrecht, Chinen (2019), *Law and Autonomous Machines*, S. 27; Spindler (2014), »Zivilrecht und Roboter«, S. 72 ff., 78.

die Rechtsprechung den Anwendungsbereich der Gefährdungshaftung erweitern. Auf die neuartigen, von Algorithmen ausgehenden spezifischen Gefahren sind also die zurzeit geltenden Regeln der Gefährdungshaftung nicht anwendbar.[37] Eine Ausnahme ist die allgemeine Gefährdungshaftung für Kraftfahrzeuge, welche die von Algorithmen verursachten Schäden sozusagen von selbst mitumfasst. In anderen Fällen gibt es keine Haftung für Schäden, die von autonomen Algorithmen verursacht sind. Wie schon gesagt: Für Maschinenversagen wird, wenn den beteiligten Menschen keine Pflichtverletzung nachzuweisen ist, nicht gehaftet.

2. Realitätsverweigerung in der Privatrechtsdogmatik

Die Verantwortungsdefizite treten auf, solange die Rechtsdogmatik darauf besteht, die neuen Realitäten mit dem hergebrachten begrifflichen Instrumentarium zu erfassen. Um dennoch mit den digitalen Entwicklungen einigermaßen Schritt zu halten, sieht sie sich dann aber gezwungen, mit fragwürdigen begrifflichen Hilfskonstruktionen wenigstens manchen der bisher unbekannten Risiken zu begegnen.[38] Weil sie im Recht des Vertragsschlusses unbeirrt daran festhält, dass nur menschliche Akteure in der Lage sind, rechtsverbindliche Erklärungen abzugeben, muss sie notwendigerweise mit problematischen Fiktionen arbeiten. Im Recht der vertraglichen und außervertraglichen Haftung muss sie, wenn Schädigungen auf einen Mensch-Computer-Verbund zurückzuführen sind, das schadensauslösende Ereignis ausschließlich an den in Zukunft immer geringer werdenden Handlungsanteil des Menschen knüpfen und ist dann nicht mehr in der Lage, im Detail die Haftungsvoraussetzungen, die ja eigentlich von den Handlungen der Maschine erfüllt werden, zu bestimmen.[39] Gegenüber den Vernetzungen von Multi-Agenten-Systemen, die eine Zurechnung auf menschliche Akteure schlichtweg ausschließen, bleibt dann nur allgemeine Ratlosigkeit.

Mehr noch: Die Rechtslehre versucht nicht nur, ihre Fiktionen mit anthropozentrischen Traditionen zu rechtfertigen, sondern überhöht sie zugleich mit humanistischem Pathos, indem sie darauf

37 Wagner, in: MüKo-BGB (8. Auflage, 2020), § 831, Rn. 26.

38 Im Einzelnen zu den Problemen der rechtsdogmatischen Konstruktionen unten Kap. II.

39 Z. B. Cauffman (2018), »Robo-Liability«, S. 529 f.

besteht, dass ausschließlich der Mensch handlungsfähig sein darf. Die Kritik daran fällt entsprechend scharf aus:

> Ein falscher Humanismus, der selbstgefällig und letztlich inhuman das Verhalten intelligenter Maschinen immer und überall den beteiligten Menschen zuschreibt, ist ohne weiteres bereit, den Preis für Fiktionen und doktrinäre Verzerrungen zu zahlen. Das ist schlicht Ignoranz, der das Verständnis für technische Realitäten abgeht.[40]

Realitätsverweigerung im Privatrecht – diese Fundamentalkritik kann man dem anthropozentrisch-humanistischen Vorverständnis der herrschenden Lehre nicht ersparen. Ist der Rechtsdogmatik gar der Vorwurf des Speziesismus zu machen?[41] In der Begegnung mit Algorithmen ist es nicht mehr plausibel, solche systemischen, aktiven und kommunizierenden Objekte weiterhin einfach als Instrumente zu interpretieren, mit denen sich menschliche Subjekte prothetisch kompensieren, ergänzen und erweitern. Vertrags- und haftungsrechtlich relevant ist, dass sich algorithmische Aktivitäten immer weniger als Handlungen der dahinterstehenden Menschen ausgeben lassen.[42]

Aber auch praktisch-politisch ist die herrschende Lehre zu kritisieren. Denn der durch den Einsatz von autonomen Softwareagenten entstehende Schaden, für den das geltende Recht die Schädiger nicht haften lässt, wird nicht wenigstens solidarisch über die Gesellschaft verteilt. Es gilt ein unbarmherziges *casum sentit dominus*: Die Geschädigten haben das Risiko zu tragen. Dagegen wenden sich zahlreiche Autoren mit der harschen Kritik, dass diese Konsequenz rechtspolitisch verfehlt und fundamental ungerecht sei. Aus rechtspolitischer Sicht führt die Haftungsimmunität der Schädiger in diesen Konstellationen zu einem Überangebot der problematischen Aktivitäten.[43] In solchen Situationen das Versagen autonomer Softwareagenten haftungsfrei zu stellen, setzt falsche Anrei-

40 Femia (2019), »Soggetti responsabili«, S. 9 f.

41 In der Tat behauptet Schmitt (2020), »Speciesism: An Obstacle to AI and Robot Adoption«, dass diese Art von Diskriminierung nicht nur im Verhältnis Mensch-Tier, sondern auch im Verhältnis Mensch-Roboter kritisiert werden muss.

42 Hörl (2011), »Die technologische Bedingung«, S. 7.

43 Wagner (2019), »Robot Liability«, S. 30 f.; Wagner (2019), »Roboter als Haftungssubjekte?«. Zu ökonomischen Argumenten für den Umgang mit Robotern Galasso/Luo (2019), »Punishing Robots«; allgemein Shavell (2004), *Economic Analysis of Law*, S. 208 ff.

ze für Betreiber, Produzenten und Programmierer,[44] denn damit werden gerade die gefährlichsten Aspekte digitaler Aktivitäten, nämlich die autonomen, unkontrollierbaren Kalkulationen subventioniert. Dies als bloße »Verluste« zu qualifizieren, die von den Geschädigten als ihr Lebensrisiko getragen werden müssten, wie etwa Marietta Auer kühl kontert, erscheint fast zynisch angesichts der gravierenden neuen Risiken, die das unkontrollierbare Verhalten der Algorithmen schafft.[45] Es ist kein Zufall, dass die Kritik an einem solchen Zynismus besonders nachdrücklich im Bereich der Medizin vorgetragen wird.

Die Diffusion von Verantwortung und Haftung kann problematische Folgen haben: Opfer werden allein gelassen, Schäden werden nicht ersetzt und die Gesellschaft wird von einer technologischen Entwicklung irritiert, in der die Verantwortlichkeit für Schäden und Rechtsverletzungen ungeklärt bleibt. Fragile Vertrauensbeziehungen zerbrechen, schon bestehende Vorbehalte und Unbehagen gegenüber KI werden verstärkt, und es wird der Ruf nach einer letztlich exzessiven Regulierung laut, wenn öffentliche Einstellungen, Narrative und Wahrnehmungen nicht ernst genommen und nicht in die gesellschaftliche Debatte integriert werden.[46]

Zudem sinkt, wenn die Opfer das Risiko tragen müssen, die Bereitschaft der Gesellschaft, das eigentlich vielversprechende Potenzial von Algorithmen voll auszuschöpfen. Selbst die bloße Ungewissheit über eine mögliche Haftung hat ihre Tücken. Vor allem aber widerspricht eine Haftungsfreistellung autonomer digitaler Entscheidungen dem Gerechtigkeitspostulat des notwendigen Zusammenhangs von Entscheidung und Verantwortung.[47] Der Gleichbehandlungssatz verbietet es, Computernutzer haftungsmäßig zu privilegieren, wenn sie dieselben Aufgaben, die sie üblicherweise an menschliche Akteure übertragen, nun an KI-Systeme delegieren.

44 Z. B. Eidenmüller (2017), »Rise of Robots«, S. 8.

45 Auer (2019), »Rechtsfähige Softwareagenten«, Abs. 5/7 ff. Ähnlich argumentiert Giuffrida (2019), »Liability for AI Decision-Making«, S. 449: Man müsse mit den Schäden als notwendige gesellschaftliche Kosten einfach leben. Ebenso, wenn auch mit Differenzierungen, Mayrhofer (2023), *Außervertragliche Haftung*, S. 441 ff.

46 Braun u. a. (2020), »AI-Based Decision Support«, S. 4.

47 Europäisches Parlament (2017), *Entschließungen, zivilrechtliche Regelungen Robotik*, Abs. 7; ebenso Messner (2020), »Distant Voices«, S. 1155.

II. Kritik der wichtigsten Reformvorschläge

Die Verantwortungsdefizite haben inzwischen eine umfangreiche Reformdebatte ausgelöst, in der sich drei großangelegte Vorschläge gegenüberstehen: (1) erweiterte Verschuldenshaftung über neuartige Pflichten für das Herstellen und Betreiben von KI, (2) Gefährdungshaftung für besonders risikobehaftete Objekte oder Produkthaftung für fehlerhafte Produkte, (3) Eigenhaftung »elektronischer Personen« (E-Personen). Gemeinsam ist ihnen, dass sie jeweils eine pauschale Einheitslösung anbieten, welche die Verantwortungslücken schließen soll. Sie unterscheiden sich allerdings stark im Hinblick darauf, wie das Recht mit der »Intelligenz« der Künstlichen Intelligenz umgehen soll. (1) Die erweiterte Verschuldenshaftung ignoriert den Eigenanteil des Systems am schädigenden Verhalten und konzentriert sich ausschließlich auf das Verhalten der Programmierer, Hersteller und Betreiben eines KI-Systems. (2) Die Gefährdungshaftung wiederum versteht die Algorithmen nur als Objekte, so wie man es schon in der Vergangenheit mit Lokomotiven, Automobilen, Flugzeugen oder Atomkraftwerken getan hat. Sie behandelt sie als gefährliche Maschinen, deren Betreiber für jeden, aber auch jeden von ihnen angerichteten Schaden haften, selbst dann, wenn das Verhalten des Betreibers und das der Softwareagenten rechtmäßig war. Ähnlich verhält es sich mit der Produkthaftung, die Algorithmen zu Produkten, also zu einfachen Objekten erklärt. (3) Die Eigenhaftung einer E-Person dagegen behandelt Algorithmen als handlungsfähige Subjekte, als vollwertige Personen, und lässt diese selbst für ihre Schädigungen haften. Alle diese Vorschläge sind kritisch auf zwei Aspekte zu befragen. Werden sie mit der harten Alternative bloßes Objekt versus volle Person den neuartigen Risiken autonomer Algorithmen gerecht? Können sie mit ihrer Einheitslösung die verwirrende Vielzahl der Gefährdungssituationen adäquat erfassen?

1. Verschuldenshaftung

Die EU-Kommission verfolgt den Ansatz, die Pflichten für KI-Hersteller und Betreiber durch EU-Recht zu erweitern, wobei diese Pflichten über die bereits in den nationalen Rechten bestehenden

Verschuldenshaftungsregeln sanktioniert werden sollen.[48] Das verabschiedete europäische KI-Gesetz enthält einen risikobasierten Ansatz,[49] der die Pflichten der Betreiber und Hersteller danach differenziert, welchen Risikograd ein KI-System verwirklicht. Neben einem Verbot von KI-Systemen, die »unakzeptable« Risiken bergen, enthalten die EU-Regeln eine Abstufung an Pflichten je nach der Höhe des KI-Risikos (hochriskante KI, *»general purpose«* KI, riskante KI). In den nationalen Haftungsrechten sollen dann diese Risikokategorisierung und die daraus resultierenden Pflichten bei der Bewertung der Pflichtverletzung und des Verschuldens eine entscheidende Rolle spielen.[50]

Auf den ersten Blick ist dies eine elegante Lösung. Sie macht sich die bestehenden Haftungsregime in den Nationalstaaten zunutze und erkennt zugleich die Unterschiedlichkeit der nationalen Haftungsregeln an. Zudem kann eine solche Regelung parallel zum technischen Fortschritt die entsprechenden Risikokategorien modifizieren und die KI-Systeme neu klassifizieren. Jedoch: Im Hinblick auf das angestrebte Ziel, die Haftungslücken zu schließen, ist der Vorschlag mit aller Härte zu kritisieren. Denn eine bloße Erweiterung der Verschuldenshaftung beseitigt keinesfalls die Haftungslücken. Selbst wenn die Programmierer, Hersteller und Betreiber eines KI-Systems sämtliche gesetzliche Pflichten erfüllt haben und das System dennoch »von selbst« Schäden verursacht, bleibt es bei erheblichen Haftungslücken.[51]

48 So explizit die Europäische Kommission (2022), *Richtlinienvorschlag KI-Haftung*, Art. 1 Abs. 2, Art. 2 (9).

49 EU-Verordnung zur Festlegung harmonisierter Vorschriften für Künstliche Intelligenz (KI-Gesetz) Erwägungsgrund (4), Art. 3 (1a).

50 Zu diesem Zusammenwirken von europäischem Recht, Risikoklassifizierungen und nationaler Verschuldenshaftung Chamberlain (2023), »Tort Law Perspective«, S. 3.

51 Duffourc/Gerke (2023), »EU Directives for AI Liability«, zeigen diese Haftungslücke konkret anhand der verschiedenen Pflichten im nationalen und EU-Recht in Bezug auf die Nutzung von KI im medizinischen Bereich auf. Ähnlich Borges (2023), »Manufacturer's Liability for AI Systems«, S. 43, Rn. 83; Dürager (2023), »Beziehungskonflikte in Smarten Technologien«, S. 274 f.; Wendehorst (2022), »Liability for Artificial Intelligence«, S. 195.

2. Gefährdungshaftung und Produkthaftung

Wenn die Verschuldenshaftung ungeeignet ist, die Haftungslücken zu schließen, so sollte doch die verschuldensunabhängige Gefährdungshaftung der Königsweg sein, auf dem man dem Autonomierisiko digitaler Agenten erfolgreich begegnen kann. Angesichts der Verantwortungslücken im Vertrags-, Delikts- und Produkthaftungsrecht fordern auch die meisten Autoren nachdrücklich das Eingreifen des Gesetzgebers. Gefährdungshaftung für gefährliche Gegenstände, unabhängig von Pflichtverletzung, Rechtswidrigkeit und Verschulden, ist die allseits bevorzugte Lösung. *De lege ferenda* wird dies in der deutschen ebenso wie in der internationalen Diskussion als adäquate Lösung propagiert, die dem digitalen Autonomierisiko erfolgreich begegnen könne.[52]

Die Vorschläge zur Gefährdungshaftung laufen auf zwei unterschiedliche Alternativen hinaus: Herstellerhaftung oder Betreiberhaftung. Nach der ersten Alternative wird die bisher bestehende Produkthaftung der Hersteller sehr viel weiter gefasst. Der Produktbegriff wird auf Software ausgeweitet und der Fehlerbegriff deutlich verändert.[53] Danach könnten fehlerhafte Entscheidungen autonomer Software als Produktfehler gelten. Das soll erfolgversprechend sein, weil die EU-Haftungsregeln zu Künstlicher Intelligenz auf Basis der Verschuldenshaftung keinen ausreichenden Schutz bieten.[54] Die Produkthaftung würde dann zu einer Gefährdungshaftung der Hersteller, weil bei ihnen Veranlassung, Einfluss und wirtschaftlicher Nutzen zusammenfallen.[55] Sie müssten, so die Annahme,

52 Ringlage (2022), *Haftungskonzepte für autonomes Fahren*, S. 226 ff.; Spindler (2022), »Haftung für autonome Systeme«, S. 165 ff.; Linardatos (2021), *Autonome und vernetzte Aktanten*, S. 344 ff. (subsidiärer Auffangtatbestand); Marchisio (2021), »Support of ›No-Fault‹ Civil Liability«; Bertolini (2020), *Artificial Intelligence and Civil Liability*, S. 97 ff.; Körber/König (2020), »Haftungsrecht 4.0«, S. 272; Wendehorst (2020), »Strict Liability for AI« (mit zahlreichen Differenzierungen); Riehm/Meier (2018), »KI im Zivilrecht«, S. 63; Zech (2019), »Liability for Robotics and IoT«; Günther (2016), *Roboter und rechtliche Verantwortung*, S. 237 ff.; Horner/Kaulartz (2016), »Haftung 4.0«; Bräutigam/Klindt (2015), »Industrie 4.0«.

53 So in der neugefassten EU-Richtlinie zur Produkthaftung 2024, Art. 4 Abs. 1., S. 2 (Software als Produkt); Art. 6 (Fehlerhaftigkeit).

54 Wagner (2023), »Richtlinie über KI-Haftung«, S. 123, 127.

55 Wagner (2023), »Produkthaftung für das digitale Zeitalter«, S. 2, betont besonders den Einfluss des Herstellers auf das System.

für sämtliche Schädigungen haften, ohne Rücksicht darauf, ob sie pflichtwidrig gehandelt haben.

Auch dieser Vorschlag klingt zunächst plausibel. Es scheint, als beseitige eine so ausgestaltete Produkthaftung die Verantwortungslücken. Doch unterliegt er einem fundamentalen Missverständnis.[56] Der Vorschlag übersieht, dass die Produkthaftung gar keine echte Gefährdungshaftung ist, sondern – ausgestaltet als Exkulpationsmöglichkeit – immer noch eine Pflichtverletzung voraussetzt.[57] In Wahrheit ist die Produkthaftung eher eine (versteckte) Verschuldenshaftung als eine genuine Gefährdungshaftung. Genauer: Sie ist eine Kombination aus Elementen der Verschuldenshaftung und der strikten Haftung, wobei sogar die Verschuldenshaftung klar dominiert.[58] Sie ist deshalb ebenso wie eine reine Verschuldenshaftung keinesfalls geeignet, die Haftungslücke zu schließen. Die Haftungslücke besteht weiterhin immer dann, wenn der Hersteller nachweisen kann, dass er alle seine Pflichten erfüllt hat.

Algorithmenversagen mit Produkthaftung zu sanktionieren, unterliegt zudem einem nicht auflösbaren Widerspruch. Einerseits behandelt die Produkthaftung Algorithmen als bloße Produkte, also als Objekte, die mit einem Fehler behaftet sind. Andererseits aber behandelt sie diese als handlungsfähige Subjekte, weil sie deren Verhalten an Sorgfaltsmaßstäben misst, die oft höher sein sollen als die gegenüber menschlichem Verhalten in der gleichen Situation, weil Algorithmen über andere Fähigkeiten als menschliche Akteure verfügen. Die Produkthaftung entpuppt sich als eine (versteckte) Handlungshaftung für das Verhalten von Algorithmen. Der nicht auflösbare Widerspruch besteht also darin, dass man in die Produkthaftung, die eigentlich eine Haftung für Eigenschaften von Objekten ist, Elemente einer Haftung für das Verhalten von Akteuren einschmuggelt, auf die sie aber nicht passen. Müsste man nicht dann von vornherein die Produkthaftung ausschließen und auf eine Handlungshaftung umstellen?

Nach der zweiten Alternative soll eine Betreiberhaftung eingeführt werden. Die allgemeine Gefährdungshaftung für Eisenbah-

56 Zu weiteren Defiziten der Produkthaftung in Bezug auf Algorithmenversagen Kap. 2, V.2.

57 So bereits Art. 7 EG-Produkthaftungsrichtlinie (Richtlinie 85/374/EWG) und in der neugefassten EU-Richtlinie zur Produkthaftung 2024, Art. 10.

58 Wagner, in: MüKo-BGB (8. Auflage, 2020), ProdHaftG, Rn. 19 ff.

nen, Kraftfahrzeuge, nukleare Anlagen, gentechnische Verfahren und Umweltschädigungen soll nun auf Algorithmen ausgeweitet werden.[59] Auch das Europäische Parlament hat sich dafür ausgesprochen, dass eine neuartige Gefährdungshaftung die Betreiber von KI-Systemen treffen soll.[60]

Doch ist auch dieser Vorschlag zu kritisieren. Er übersieht den gravierenden Unterschied, der zwischen Algorithmenversagen und den typischen Situationen der Gefährdungshaftung besteht. Die Gefährdungshaftung setzt ein beim Einsatz schadensträchtiger Objekte, der trotz des hohen Risikos wegen seines gesellschaftlichen Nutzens erlaubt, also rechtmäßig ist.[61] Sie ist eine Ausnahme vom allgemeinen Rechtsgrundsatz, dass für einen Schaden nur dann gehaftet wird, wenn das schadensauslösende Verhalten gegen eine Rechtsnorm verstoßen hat. Gehaftet wird schon dann, wenn sich die typische Betriebsgefahr verwirklicht, also wenn bloße Kausalabläufe fehlgelaufen sind, ohne dass weitere Voraussetzungen wie etwa Rechtswidrigkeit, Pflichtverletzung oder Verschulden erfüllt sein müssen.

Diese Leitprinzipien der Gefährdungshaftung können jedoch für das Algorithmenversagen nicht als Vorbild dienen, weil sie die Eigenheiten autonomer Algorithmen schlicht verfehlen. Das digitale Autonomierisiko erweitert im Vergleich zu den bekannten Unfallsituationen der Gefährdungshaftung das Schädigungspotential deutlich. Um es thesenartig vorwegzunehmen: Nicht eine Haftung für Unfälle im Rahmen eines rechtmäßigen Einsatzes gefährlicher Anlagen, sondern nur eine Haftung für rechtswidriges Fehlverhalten einer informationsverarbeitenden Einheit dürfte als Grundprinzip einer strikten Haftung für digitales Handeln angemessen sein.

Bei autonom agierenden Algorithmen kommt es gerade nicht auf eine bloße Sachgefahr, etwa das mechanische Versagen der Hardware, also auf das bloße Kausalrisiko, an. Hier geht es um ein Entscheidungsrisiko. Dieses beruht auf einer andersgearteten Gefahr, nämlich dass sich die autonome Entscheidung einer infor-

59 Z. B. § 7 StVG, § 26 AtomG, §§ 1 ff. HPflG oder §§ 1, 4 ProdHaftG, § 8 BDSG, § 2 UmweltHG.

60 Europäisches Parlament (2020), *Entschließung zivilrechtliche Haftung für KI*, Abs. 14.

61 *Locus classicus* Esser (1941), *Gefährdungshaftung*. Zu einer soziologischen Interpretation Luhmann (1991), *Soziologie des Risikos*, S. 69 f.

mationsverarbeitenden Einheit als Fehlentscheidung herausstellt. Zurechnungsgrund ist also gerade nicht die Erlaubnis, ein Objekt trotz erhöhter Gefährlichkeit einzusetzen, sondern die Tatsache, dass sich eine Entscheidung des Algorithmus als rechtswidrig erweist.[62] Mit anderen Worten: Die Haftung für elektronische Agenten sollte nicht auf ihr inhärent gefährliches Schadenspotential gestützt werden, sondern darauf, dass sich in einer *Ex-post*-Bewertung ihre *ex ante* unvorhersehbaren Wahrscheinlichkeitsentscheidungen als rechtswidrig herausstellen.[63]

Das Fehlkalkulationsrisiko digitaler Entscheidungen kann demnach nicht mit der Betriebsgefahr in den Fällen der Gefährdungshaftung gleichgesetzt werden. Deshalb müssen hier auch unterschiedliche Verantwortungsprinzipien und unterschiedliche Haftungsnormen greifen. Rechtliche Sanktionen für Fehlentscheidungen autonomer Agenten können nicht auf das Kausalrisiko von gefahrträchtigen Objekten gestützt werden, sondern sind passgenau auf das Entscheidungsrisiko von Akteuren einzustellen.

Dieser fundamentale Unterschied zwischen den Haftungsprinzipien ist nicht nur für die Rechtsdogmatik und die Rechtstheorie relevant. Gerade für die Rechtspraxis hat er beträchtliche Konsequenzen. Würde die Gefährdungshaftung auf autonome Algorithmen angewandt, so würden sich zwei ihrer Grundregeln bald als unangemessen erweisen: (1) Im Unterschied zur Handlungshaftung setzt Gefährdungshaftung gerade nicht Rechtswidrigkeit voraus. (2) Gefährdungshaftung ersetzt im Unterschied zur Handlungshaftung nur wenige Schäden, nur Personen- und Sachschäden, keine immateriellen Schäden und sonstigen Vermögensschäden. Die bisherigen Regeln der Gefährdungshaftung auf autonome Algorithmen anzuwenden, ginge also einerseits zu weit, weil sie sogar bei rechtmäßigem, aber kausal schädigendem Verhalten eine Haftung auslöst. Andererseits ginge sie nicht weit genug, weil sie, gerade aufgrund ihres enorm weiten Anwendungsbereichs, regelmäßig nur sehr restriktiv Ersatz für Personen- und Sachschäden gewährt.[64]

62 So auch Stöhr (2023), »Autonom handelnde Maschinen«, S. 87; Katzenmeier (2021), »KI in der Medizin«, S. 864. Allgemein zu dem entscheidenden Unterschied von Gefährdungshaftung und strikter Rechtswidrigkeitshaftung Wagner, in: MüKo-BGB (8. Auflage, 2020), § 831, Rn. 4.

63 Wagner (2020), »Digitale Techniken«, S. 731.

64 Warum für Algorithmenversagen die Gefährdungshaftung unangemessen ist

Im Ergebnis ist also sowohl die Produkthaftung (Herstellerhaftung) als auch die Gefährdungshaftung (Betreiberhaftung) ungeeignet, um fehlerhafte autonome Algorithmenentscheidungen zu sanktionieren.[65] Einerseits ersetzen sie wichtige Schäden nicht, andererseits weiten sie den Haftungsumfang über Gebühr aus. Weil sie fälschlich handlungsfähige Algorithmen mit gefahrträchtigen Maschinen gleichsetzen, verkennen sie die Entscheidungsautonomie von Algorithmen und das hiermit verbundene Risiko.

3. Eigenhaftung einer E-Person

Während die Verschuldenshaftung den Eigenanteil autonomer Algorithmen nicht erfassen kann und die Gefährdungs- und die Produkthaftung autonome Algorithmen auf einen bloßen Objektstatus reduzieren, erhebt der letzte großangelegte Reformvorschlag die Algorithmen gerade umgekehrt in den Status vollwertiger eigeninteressierter Akteure. Uneingeschränkte Rechtsfähigkeit für Softwareagenten als E-Personen ist die dritte Reaktion von Politik und Recht auf die Verantwortungslücke. Sie hat sowohl in den kontinentalen Zivilrechtssystemen[66] als auch in der Welt des Common Law[67] zahlreiche Anhänger gefunden. Das Europäische Parlament vertrat 2017 die hochkontroverse Position, einen speziellen rechtlichen Status für Roboter zu schaffen, und forderte entsprechende rechtliche Regelungen. Zumindest für hochentwickelte autonome Roboter

und warum ihr eine Handlungshaftung vorzuziehen ist, wird in Kap. 2, V.3 f. im Detail begründet.

65 Kritisch zur Gefährdungshaftung Wagner (2020), »Digitale Techniken«, S. 738; Femia (2019), »Soggetti responsabili«, S. 12 f.; Rachum-Twaig (2020), »Whose Robot«, S. 1149; Bathaee (2018), »Artificial Intelligence Black Box«; Tjong Tijn Lai (2018), »(Semi)autonomous Systems«, S. 75. Ebenso für das Staatshaftungsrecht Roth-Isigkeit (2020), »Staatshaftungsrechtliche Aspekte«, S. 345 ff.

66 Novelli (2023), »Legal Personhood«, S. 1352 ff.; Kleiner (2021), *Die elektronische Person*, S. 145 ff.; Linardatos (2021), *Autonome und vernetzte Aktanten*, S. 479 ff., 518 ff.; Reyes (2021), »Autonomous Corporate Personhood«, S. 1503 ff.; Günther (2016), *Roboter und rechtliche Verantwortung*, S. 251 ff.; Matthias (2010), *Automaten als Träger von Rechten*, S. 83 ff.

67 Duffourc (2023), »Autonomous AI Physician«, S. 33 ff.; Lai (2021), »Artificial Intelligence, LLC«, S. 631 ff.; Turner (2018), *Robot Rules*, S. 173 ff.; Zimmerman (2015), »Machine Minds«, S. 40 ff.; Allen/Widdison (1996), »Can Computers Make Contracts?«, S. 50 ff.; Solum (1992), »Legal Personhood for AI«, S. 1231 ff.

soll der Status einer »elektronischen Person« mit speziellen Rechten und Pflichten festgelegt werden, wozu auch die Wiedergutmachung sämtlicher Schäden gehört.[68] E-Personen sollen zu eigenständigen Rechtsträgern werden und sogar eigene Grundrechte, das Recht auf persönliche Entfaltung, das Recht auf Nicht-Diskriminierung, das Recht auf freie wirtschaftliche Entfaltung und vor allem das Recht auf freie Meinungsäußerung geltend machen können.[69]

Beck macht einen konkreten Vorschlag, wie die volle Persönlichkeit für Algorithmen realisiert werden kann:

> In der Praxis würde dies bedeuten, dass jede Maschine in ein öffentliches Register (vergleichbar dem Handelsregister) eingetragen wird und zum Zeitpunkt der Eintragung ihren Rechtsstatus erhält. Ein Wechsel der Eigentümer des Stammkapitals der Maschine (vor allem beim Verkauf der Maschine) dürfte keine Auswirkungen auf den Status der Rechtsperson haben. Den autonomen Maschinen würde ein bestimmtes Finanzkapital bereitgestellt, das sich nach dem Anwendungsbereich, der Gefahr, den Fähigkeiten, dem Grad der Autonomie usw. richtet. Diese Summe, die sowohl die Hersteller als auch die Nutzer bezahlen müssten, würde als »Kapitalstock« des Roboters bezeichnet und müsste vor der öffentlichen Nutzung der Maschine aufgebracht werden. Die Kapitalsumme könnte auch begrenzt werden, wenn eine Elektronische-Person-GmbH gegründet wird. Das Gesetz sollte auch eine Registernummer für jede Maschine vorschreiben, damit die Menschen, die mit dem Roboter interagieren, über die Höhe der Haftung, die Stakeholders, die Eigenschaften und andere Kennzeichen der Maschine informiert sind.[70]

Doch damit nicht genug: Es sei durchaus möglich, autonome Agenten selbst und nicht nur ihre Produzenten, Benutzer oder Eigentümer für ihre Handlungen haften zu lassen.[71] Es wird also eine genuine Eigenhaftung der vermögenslosen Softwareagenten für

68 Europäisches Parlament (2017), *Entschließungen, zivilrechtliche Regelungen Robotik*, Abs. 18.

69 Z. B. Kersten (2015), »Menschen und Maschinen«, S. 2 ff., 8; Zimmerman (2015), »Machine Minds«, S. 34 ff.

70 Beck (2016), »Ascribing Legal Responsibility«, S. 480. Zu einer ausführlichen Diskussion der rechtlichen Strukturen von E-Personen Linardatos (2021), *Autonome und vernetzte Aktanten*, S. 518 ff.

71 Duffourc (2023), »Autonomous AI Physician«, S. 33; Hage (2017), »Responsibility of Autonomous Agents«, S. 255; auch White/Baum (2017), »Liability for Robotics Technology«, S. 67.

machbar gehalten. Entweder soll ihnen dafür ein Fonds zugeordnet werden, der durch Zahlungen der Beteiligten finanziert wird. Oder eine von ihnen zu finanzierende (Pflicht-)Versicherung soll die Schulden des Agenten abdecken.[72] Oder aber das autonome KI-System soll sich selbst durch profitorientierte Aktivitäten finanzieren und mit diesen Ressourcen für die Haftung aufkommen.[73]

Doch muss auch diesem Reformvorschlag – jedenfalls für die Gegenwart – deutlich widersprochen werden. Zu Recht kritisieren ihn zahlreiche Autoren aus kontinentaleuropäischen Rechtsordnungen,[74] aus dem Common Law[75] ebenso wie die Verfasser eines offenen Briefs, die sich vehement gegen den Vorschlag des Europäischen Parlaments aussprechen.[76] Einstimmig hat der Deutsche Juristentag 2022 die Einführung einer E-Person abgelehnt.[77] Und es ist so nicht verwunderlich, dass auch das Europäische Parlament selbst diesen Vorschlag wieder fallengelassen hat.[78]

Der berechtigte Kern der Kritik ist: Die Haftung einer E-Person mit einem vollständigen Subjektstatus geht ebenso an der heutigen sozio-digitalen Realität vorbei, wie es die Gefährdungs- und Produkthaftung mit einem vollständigen Objektstatus tun. Man darf nicht nur auf die abstrakten technologischen Risiken auto-

72 Z.B. Allain (2013), »From Jeopardy! to Jaundice«, S. 1078 f.; Vladeck (2014), »Machines without Principals«, S. 150; Hilgendorf (2012), »Können Roboter schuldhaft handeln?«, S. 127 f.; Matthias (2010), *Automaten als Träger von Rechten*, S. 244.

73 Reyes (2021), »Autonomous Corporate Personhood«, S. 1504.

74 Haagen (2021), *Verantwortung für Künstliche Intelligenz*, S. 185 ff.; Ebers (2020), »Regulating AI and Robots«, S. 60 ff.; Kainer/Förster (2020), »Autonome Systeme und Vertragsrecht«, S. 297 f.; Nevejans (2016), *European Civil Law Rules in Robotics*, S. 14 ff.; Lohmann (2017), »Europäisches Roboterrecht«.

75 Banteka (2021), »Artificially Intelligent Persons«; Lior (2020), »AI Entities as Agents«, S. 1067 ff.; Bryson u. a. (2017), »Synthetic Persons«, S. 289; Kerr (2006), »Autonomous Electronic Devices«, S. 11 ff.

76 Scharfe Ablehnung in einem offenen Brief an die Europäische Kommission *Artificial Intelligence and Robotics* ⟨http://www.robotics-openletter.eu⟩, letzter Zugriff am 1. 12. 2023; Expertengruppe zu Haftung und Neuen Technologien (2019), *Report Liability for Artificial Intelligence*, S. 37 ff.

77 Deutscher Juristentag (2022), *Beschlüsse Zivilrecht*, Abs. C.16.

78 Der Vorschlag zur Anerkennung von E-Personen blieb bereits im Antwortdokument zur europäischen KI-Strategie der Europäische Kommission (2018), *Mitteilung KI für Europa 2018* unerwähnt und wurde später (2020) auch vom Parlament selbst nicht weiter verfolgt.

nomer Algorithmen schauen, sondern muss die konkreten Risiken identifizieren, die in ihrem heutigen Einsatz in der sozialen Wirklichkeit entstehen. Schon bei den eingangs geschilderten Verantwortungslücken ist deutlich geworden, dass die Risiken regelmäßig nicht darauf zurückzuführen sind, dass Softwareagenten als genuin eigeninteressierte Handlungseinheiten, als »digitale Unternehmer« auftreten. Vielmehr treffen sie für die Interessenverfolgung von Menschen oder Organisationen autonome Entscheidungen. Softwareagenten handeln – jedenfalls bisher – in einer Situation »digitaler Assistenz«. Sie handeln im Fremdinteresse für Menschen oder Organisationen, besonders für Wirtschaftsunternehmen.[79] Aus ökonomischer ebenso wie aus sozialwissenschaftlicher Sicht lassen sie sich daher nicht als eigennutzenmaximierende Akteure erfassen, sondern nur als im Fremdinteresse handelnde Agenten, die in einer Prinzipal-Agenten-Beziehung autonome Entscheidungen treffen sollen.[80]

Zum jetzigen Zeitpunkt jedenfalls würde eine volle Rechtssubjektivität weit über das Ziel hinausschießen. Hinzu kommt, dass sie eine Reihe von anderen Problemen schaffen würde. E-Personen zugeordnete Finanzressourcen wären totes Kapital. Sollte gar, wie üblich, die Haftung auf die neue juristische Person beschränkt sein, so würde dies das rechtspolitisch unerwünschte Ergebnis erzeugen, dass Programmierer, Hersteller und Nutzer von der Haftung freigestellt sind.[81] Eine Pflichtversicherung würde zudem Schäden nur bis zur üblichen Versicherungsgrenze ersetzen.[82] E-Personen gar volle Grundrechtsfähigkeit zuzusprechen, schaffte erst recht Probleme. LoPucki verweist eindrücklich auf die Gefahren, die drohen, wenn E-Personen Vermögen anhäufen, es in Kapitalmärkten einsetzen und an politischen Prozessen partizipieren, ohne dass sie

79 So auch Kainer/Förster (2020), »Autonome Systeme und Vertragsrecht«, S. 298; Nyholm (2018), »Attributing Agency«, S. 1211 ff.; Schirmer (2016), »Rechtsfähige Roboter«, S. 660 ff., 665.

80 Zur Definition der digitalen Assistenz Krafft u. a. (2022), »Regulate Algorithmic Decision-Making«, S. 119 f.; Hildebrandt (2015), *Technologies and End(s) of Law*, S. 73. *Locus classicus* der ökonomischen Prinzipal-Agenten-Theorie Jensen/Meckling (1976), »Theory of the Firm«, S. 308 ff. Zu Analysen in der Tradition der Sozial- und Geisteswissenschaften Trüstedt (2022), *Stellvertretung*, besonders S. 343 ff.

81 Wagner, in: MüKo-BGB (8. Auflage, 2020), vor § 823, Rn. 111.

82 Cauffman (2018), »Robo-Liability«, S. 531.

ähnlichen Beschränkungen wie Menschen unterliegen.[83] Die rechtliche Zulassung von E-Personen würde zudem einen schadensträchtigen Wettbewerb privater Gründungsaktivitäten auslösen, der vom Recht nicht mehr kontrolliert werden kann.

Freilich muss man für die Zukunft sagen: Volle Rechtssubjektivität ist dann durchaus angemessen, wenn Algorithmen als eigeninteressierte und eigenverantwortliche Handlungseinheiten, als »digitale Unternehmer« auftreten.[84] Sollten sie in Zukunft nicht mehr bloß als Hilfspersonen in Prinzipal-Agenten-Beziehungen Fremdinteressen vertreten, sondern darauf programmiert sein, im Markt ihre eigenen Interessen zu verfolgen, insbesondere ihren eigenen Profit zu maximieren, dann müsste in der Tat auch das Recht ihre vollständige Personifizierung in Betracht ziehen.[85] Dies wäre im folgenden Zukunftsszenario notwendig, wenn nämlich

> in Zukunft Unternehmen entstehen, die ohne permanente menschliche Beteiligung operieren. […] Avancierte Formen solcher Algorithmen könnten in der Weise Transaktionen durchführen, dass ein mit eigenen finanziellen Ressourcen und eigener Lern- und Anpassungsfähigkeit ausgestatteter Algorithmus den Cyberspace durchstreift, immer auf der Suche nach Erreichung seiner von einem Schöpfer festgelegten Ziele, und so die Ressourcen erwirbt, die er zur Erhaltung seiner Rechenkapazität braucht, während er Dienstleistungen an andere Unternehmen verkauft.[86]

Wie empirische Studien gezeigt haben, sind jedoch von vollständig autonomen Algorithmen gesteuerte Organisationen, in denen sämtliche Managementaufgaben von Algorithmen übernommen werden, heute noch hypothetisch. Die zwei beobachteten Extremfälle sind *Plantoid* und *Metronome*.[87] Aber selbst hier wird noch ein Rest menschlicher Aktion benötigt. Abbildung 2 illustriert den durchaus ernüchternden Entwicklungsstand (2021) autonomer Operations- und Management-Algorithmisierung. Danach dürf-

83 LoPucki (2018), »Algorithmic Entities«, S. 897.

84 Zu den normativen Implikationen Chomanski (2021), »Commercial Implications of Robot Personhood«, S. 188 ff.

85 So auch Dahiyat (2021), »Software Agents«, S. 83 ff.; Reyes (2021), »Autonomous Corporate Personhood«, S. 1503 ff. (mit Differenzierungen im Einzelnen); Koops/Jaquet-Chiffelle (2008), *New (Id)entities and the Law*, S. 70.

86 Zekos (2021), *Economics and Law of Artificial Intelligence*, S. 140.

87 Zu Einzelheiten ihrer Funktionsweise und zu den anderen in der Abbildung erwähnten Fällen Reyes (2021), »Autonomous Business Reality«, S. 462 ff.

te die rechtliche Anerkennung von E-Personen heute noch nicht aktuell sein, jedoch möglicherweise eine Aufgabe für die Zukunft.

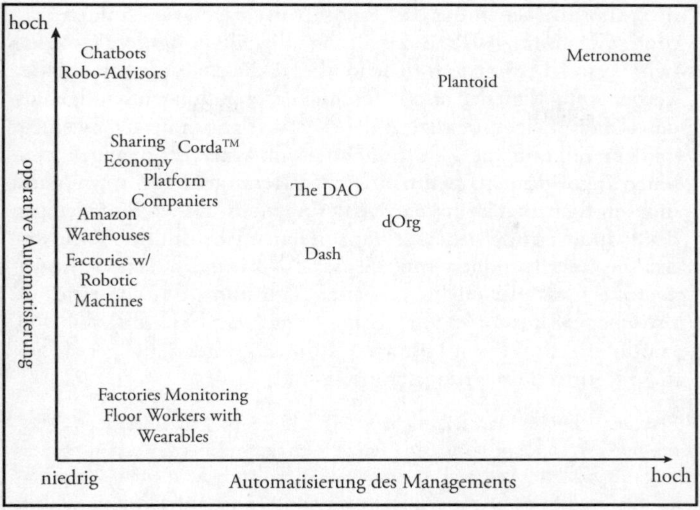

Abbildung 2: Graduelle Autonomie bei technischen Systemen

Quelle: Carla L. Reyes (2021), «Autonomous Business Reality», *Nevada Law Journal* 21, S. 437-490, hier S. 470, Abb. 1.

Bislang geht es – trotz vieler Spekulationen zur Voll-Algorithmisierung von Organisationen in der Literatur – meist nur um Mensch-Algorithmus-Assoziationen. Nur zwei Extremfälle betreffen entweder den Einsatz voll determinierter Algorithmen (links in Abbildung 2) oder aber eine voll-autonome Algorithmisierung (rechts oben). Häufig sind dagegen Kooperationen von autonomen Algorithmen und Menschen anzutreffen (mittlerer Bereich).

4. Falsche Einheitslösungen

Schließlich sind zwei weitere gravierende Probleme zu benennen, deren Lösung keiner der drei Reformvorschläge (Verschuldenshaftung, Gefährdungs-/Produkthaftung, Eigenhaftung von E-Personen) verspricht.[88] Erstens ist schon heute die enge, ja untrennbare, Verflechtung digitaler und menschlicher Handlungen häufiger als das isolierte, eigenständige Agieren von Algorithmen.[89] Zweitens wird in Zukunft die Zahl und Intensität von Vernetzungen zwischen Algorithmen zunehmen.[90] Der Trend geht also womöglich nicht in Richtung isolierter digitaler Agenten. Daher wird weniger das Handeln einzelner Akteure, sondern mehr und mehr entweder die Einzelaktionen von Mensch-Algorithmus-Hybriden oder aber das Gesamthandeln vernetzter Algorithmen Gegenstand juristischer Diskussionen zur Verantwortung und Haftung sein. Im Haftungsrecht müssen Lösungen gefunden werden, die gerade auf diese Konstellationen zugeschnitten sind.[91]

> Letztendlich wird man sich nicht in erster Linie mit Einzelpersonen befassen müssen, sondern stattdessen mit großen, komplizierten Systemen oder Organisationen. Dies spiegelt eine Realität wider, in der die fraglichen Maschinen und Systeme zunehmend von großen Organisationen entwickelt und hergestellt werden, oder aber die Realität von langen Lieferketten, in denen bereits hochentwickelte Maschinen zum Einsatz kommen und in denen die neuen Maschinen in Systemen oder Organisationen, zu denen auch Menschen gehören, operieren.[92]

Dies deutet darauf hin, dass nur in einer begrenzten Anzahl von Situationen einzelne, isoliert agierende Algorithmen als Zurechnungseinheiten fungieren können. Freilich wird es diese Situationen auch weiterhin geben und für sie wird das Individualhaftungsrecht einschlägig bleiben. Daneben aber wird das Haftungsrecht Lösungen sowohl für Schädigungen aus Kollektivhandlungen von Mensch-Algorithmus-Assoziationen als auch für Schädigungen aus

88 Karanasiou/Pinotsis (2017), »Legal Definition of Machine Intelligence«, S. 125.

89 Block/Dickel (2020), »Jenseits der Autonomie«, S. 113.

90 Krafft u. a. (2022), »Regulate Algorithmic Decision-Making«, S. 120 f.

91 Diese Problemkreise werden in Kap. 3 und 4 näher behandelt, während das Handeln isolierter Algorithmen das Thema von Kap. 2 ist.

92 Chinen (2016), »Co-Evolution of Machines and Responsibility«, S. 345.

umfassenden Computervernetzungen entwickeln müssen.[93] Dies macht eine differenzierende Haftungslösung nötig, der gegenüber jeder der drei Reformvorschläge daran krankt, sich auf eine *One-size-fits-all*-Lösung zu fixieren.

Um einen solchen übergeneralisierenden Ansatz zu vermeiden, scheint es daher notwendig, mehrere Haftungsregime nebeneinander zu entwickeln. Dabei sollten die Haftungssituationen nach den für sie typischen Risiken unterschieden werden.[94] Zwar böte ein einheitliches Haftungsregime den Vorteil höherer Flexibilität, wenn neue Risiken im Zuge der technischen Entwicklung entstehen. Es wäre aber all den Nachteilen ausgesetzt, die Generalklauseln und unbestimmte Rechtsbegriffe im Hinblick auf die Vorhersehbarkeit und Rechtssicherheit erzeugen. Insbesondere könnte es sich als schwierig erweisen, die Besonderheiten eines außergewöhnlichen Risikos adäquat zu erfassen.[95]

Die Gefährdungshaftung anzuwenden, die den Algorithmus als Objekt behandelt, würde in vielen Fallkonstellationen den Betreiber des Algorithmus ungerechtfertigt benachteiligen.[96] Denn nur in manchen Situationen ist es legitim, nur den Betreiber haften zu lassen. Wenn andere Akteure die Risiken erzeugen (die Programmierer, die Hersteller, ein ganzes Akteursnetzwerk hinter dem Algorithmus oder sogar die gesamte beteiligte Branche), dann ist es unangemessen, ausschließlich den Betreiber haften zu lassen. Die schon angesprochene Fiktion der herrschenden Lehre, dass der »wahre« Akteur immer der Mensch hinter dem Computer sei, ist nicht nur unhaltbar, sondern schlichtweg ungerecht. Umgekehrt macht, wie schon gesagt, die generelle Behandlung von Algorithmen als vollwertige Subjekte nur dann Sinn, wenn sie nicht mehr die Rolle von digitalen Assistenten spielen, sondern zu eigennützigen Akteuren werden. Wiederum anders wäre im Falle einer Mensch-Algorithmus-Assoziation eine vollständige Personifizierung haftungsrechtlich irrelevant, weil in den dichten Interaktionen ein verantwort-

93 Heine/Quintavalla (2023), »Accountability Gap«, S. 15 f.; Karanasiou/Pinotsis (2017), »Legal Definition of Machine Intelligence«, S. 125.

94 Gegen Einheitslösungen auch Krafft u. a. (2022), »Regulate Algorithmic Decision-Making«, S. 119 f.; Koch (2019), »Product Liability 2.0«, S. 113 f.; Lohsse u. a. (2019), »Liability for AI«, S. 21 ff.

95 Lohsse u. a. (2019), »Liability for AI«, S. 21.

96 So nachdrücklich Wagner (2020), »Digitale Techniken«, S. 736 ff.

licher Akteur gar nicht identifizierbar ist. Ebenso wenig macht es schließlich in Situationen einer Computervernetzung Sinn, jedem der beteiligten Algorithmen den Status einer autonomen E-Person einzuräumen. Wie soll man die verantwortliche E-Person in der Vielzahl der mitwirkenden E-Personen finden? Die Probleme der Akteursidentifikation und der Mehrfachverursachung sind also von den genannten Reformansätzen nicht lösbar. Beide würden nur neue Verantwortungslücken öffnen.

Das Plädoyer für eine Mehrzahl von Haftungsregimen sollte jedoch andererseits nicht zu einem radikal sektoralen Ansatz führen.[97] Zwar böte ein weit getriebener sektoraler Ansatz, der für jede digitale Technologie eigene Haftungsregeln entwickelt, durchaus Vorteile. Er stützte sich auf die Erfahrungen mit dem geltenden Haftungsrecht und passte sich besser an technologische und soziale Besonderheiten an.[98] In diesem Sinne hat Bertolini versucht, einen radikal situativen Ansatz im Detail auszuarbeiten. Wie sich dann aber sehr bald herausstellt, erfordert dies eine Unzahl von *Ad-hoc*-Regulierungen, die auf einer verwirrenden Vielzahl von Kriterien aufbauen. Zu diesem Zweck

> muss eine hinreichend uniforme Klasse von Anwendungen identifiziert werden können, die ähnliche technische Merkmale aufweisen, die aber zugleich rechtlichen – und in einigen Fällen ethischen – Bedenken ausgesetzt sind. In dieser Sicht unterscheidet sich eine Drohne von einem fahrerlosen Auto. Beide sind zwar für den Einsatz im öffentlichen Raum vorgesehen und verfügen über ein gewisses Maß an Autonomie. Aber sie unterscheiden sich im Hinblick auf die ihnen zugrunde liegenden Technologien, auf die Umgebung ihres Einsatzes und auf die Dynamik möglicher Unfälle. Darüber hinaus bestehen relevante Unterschiede in ihrer Nutzung, in ihrer gesellschaftlichen Rolle und in ihrer potenziellen Verbreitung. Ebenso unterschiedlich sind die an ihrem Einsatz beteiligten Parteien und die Strukturen des ihre Dienste anbietenden Unternehmens.[99]

Eine solche *Ad-hoc*-Regulierung ist nur vordergründig plausibel. Ein radikal situationsbezogener Ansatz wird sich in unzähligen Besonderheiten verlieren. Er krankt an einem exzessiven Kontextualismus, der versucht, auf die letztlich unendliche Zahl konkreter Umstände mit immer neuen Regulierungen zu reagieren, statt

97 Lohsse u. a. (2019), »Liability for AI«, S. 21 f.

98 Z. B. Borges (2019), »New Liability Concepts«, S. 145, 152.

99 Bertolini (2020), *Artificial Intelligence and Civil Liability*, S. 102.

auf typischen Risikolagen aufzubauen. Darüber hinaus haben *Ad-hoc*-Regulierungen den Nachteil, dass das Haftungsrecht den technologischen, wirtschaftlichen, sozialen und ethischen Entwicklungen immer »hinterherhinkt«.[100] Dies lässt sich ganz praktisch anhand der EU-Debatte zur KI-Haftung erkennen. Während die europäischen Institutionen noch am KI-Gesetz und der entsprechenden Haftungsrichtlinie arbeiteten, hatte bereits die Markteinführung von ChatGPT gezeigt, dass die neue Generation »generativer KI« nicht angemessen von den Definitionen des »KI-Systems« im KI-Gesetz der EU erfasst werden kann.[101]

Das größte Problem ist jedoch, dass die Gesetzgebung *Ad-hoc*-Haftungsregeln nur für diejenigen digitalen Akteure entwickeln wird, deren Externalitäten ein politisch »heißes« Thema sind. Dies aber verstößt eklatant gegen den Grundsatz der Gleichbehandlung. Insbesondere verstößt ein *technology-by-technology approach* gegen den Grundsatz der »Technikneutralität«, der es verbietet, spezielle Technologien stärker mit Regulierungen oder Haftungsregeln zu belasten als andere.[102] Warum sollten für selbstfahrende Autos strenge Haftungsregelungen gelten, während Patienten in Krankenhäusern vor algorithmischen Fehlern ungeschützt bleiben? Ist es wirklich sinnvoll, ein je spezielles Haftungsregime für Rasenmäher, Industrieroboter, intelligente Küchengeräte, Operationsroboter oder Militär- und Notfallroboter zu entwickeln, wie es tatsächlich vorgeschlagen wird?[103] Das Haftungsrecht wäre den Launen der lokalen Politik und der unterschiedlichen Lobbymacht verschiedener Industriezweige ausgeliefert. Das Rechtsprinzip, gleiche Fälle gleich und ungleiche Fälle ungleich zu behandeln, erfordert aber Unterscheidungen, die nicht auf zufälligen faktischen Differenzen, sondern auf normativ tragfähigen Kriterien aufbauen. Am ehesten geeignet scheint es, unterschiedliche digitale Risiko-

100 Grundlegend wird dieses Problem als sogenanntes »*pacing problem*« diskutiert, wenn das Recht durch gesetzgeberische Regulierung mit den technologischen Entwicklungen nicht mehr mithalten kann; hierzu Marchant (2011), »Growing Gap«, S. 1321 ff.

101 Hierzu Hacker u. a. (2023), »Regulating ChatGPT«, S. 1114; Hacker (2023), »The European AI Liability Directives«, S. 10 f.; Helberger/Diakopoulos (2023), »ChatGPT and the AI Act«, S. 2.

102 Morgan (2024), »Tort Law and AI: Vicarious Liability«, S. 135 ff.; Reyes (2021), »Autonomous Corporate Personhood«, S. 1507 f.

103 Dazu die Kritik von Koch (2019), »Product Liability 2.0«, S. 114.

typen herauszuarbeiten, die eine plausible Basis für verschiedene Haftungsregime bieten.

5. (Rechts-)Form folgt (Sozial-)Funktion

So wie Softwareagenten bisher in Wirtschaft und Gesellschaft eingesetzt werden, ist also weder ihre Eigenhaftung als volle juristische Personen notwendig, noch ist es angemessen, auf ihre Fehlentscheidungen schlicht mit Gefährdungs-/Produkthaftung oder mit einer erweiterten Verschuldenshaftung zu antworten. Eher angemessen dürften Rechtskonstruktionen sein, die das Verhalten von Algorithmen nach typischen Risiken differenzieren. Der Rechtsstatus von Algorithmen müsste von der irreführenden Objekt/Subjekt-Dichotomie gelöst werden und, wie es besonders gründlich Gruber herausgearbeitet hat, in einer funktionalen Sicht genau auf die jeweilige Rolle in Mensch-Maschine-Kontakten zugeschnitten sein.[104] Die (rechtliche) Form folgt der (sozialen) Funktion.[105]

Dabei sind verschiedene Situationen des Computereinsatzes deutlich zu unterscheiden. »Autonome digitale Assistenz«[106] – für diese präzise bestimmte soziale Rolle des Algorithmus ist, wie schon gesagt, nicht die volle Rechtspersönlichkeit erforderlich. Vielmehr stellt sich die Frage, ob – und wenn ja, wie – eine begrenzte Rechtssubjektivität, also eine Teilrechtsfähigkeit, für einzelne Softwareagenten anerkannt werden müsste.[107] Für eine zweite Konstellation

104 Grundlegend Gruber (2015), *Bioinformationsrecht*, S. 11 ff., 223 ff., 258 ff. Ebenso sprechen sich für eine funktionale Lösung aus Bertolini/Episcopo (2022), »Robots and AI as Legal Subjects?«, S. 11; Wojtczak (2022), »Artificial Intelligence with Legal Subjectivity«; Hennemann (2020), *Interaktion und Partizipation*, S. 355 ff., 36; Michalski (2019), »Sue a Robot«, S. 1049 ff.; Schirmer (2019), »AI & Legal Personality«, S. 124 ff.; Gindis (2016), »Legal Personhood and the Firm«, S. 507 f.

105 Schirmer (2019), »Mäuse, Menschen und Maschinen«, S. 713 f.

106 Zur Definition der digitalen Assistenz Hildebrandt (2015), *Technologies and End(s) of Law*, S. 73.

107 Eine Teilrechtsfähigkeit elektronischer Agenten sowohl für Stellvertretung als auch für die Gehilfenhaftung in Vertrag und Delikt wurde vorgeschlagen von Teubner (2006), »Elektronische Agenten«, S. 16 ff. Der Vorschlag wird in Kap. 2, I.7, III.4, IV.3, V.5 juristisch detailliert ausgearbeitet. Für eine Teilrechtsfähigkeit von Softwareagenten argumentieren auch Kornilakis (2023), »Legal

ist zu erwägen, auch den Mensch-Algorithmus-Beziehungen eine begrenzte Rechtssubjektivität zuzuschreiben. In einer dritten Konstellation dürfte die Vernetzung in Multi-Agenten-Systemen einen wiederum anderen Rechtsstatus der Algorithmen erfordern.

In jedem Fall ist die scharfgeschnittene Alternative, welche die heutige rechtspolitische Debatte dominiert – entweder sind KI-Systeme bloße Objekte oder sie sind vollwertige Rechtssubjekte –, schlicht falsch. Zu Recht erklärt Dahiyat es für unangemessen, Softwareagenten nach dieser binären Logik zu behandeln, das heißt sie also entweder zu einem Subjekt oder einem Objekt zu erklären. Vielmehr sind Softwareagenten ganz unterschiedlich mit Autonomie, Mobilität oder Intelligenz ausgestattet.[108] Verfügt die Rechtsdogmatik nicht über subtilere Konstruktionen, um den neuen digitalen Bedrohungen zu begegnen?[109] Ebenso falsch ist es zu behaupten, dass das geltende Recht nur die einfache Alternative kennt: Entweder volle Personalität oder gar keine Personalität.[110] Vielmehr arbeitet das Recht mit einem abgestuften Konzept von Personalität, das es ermöglicht, nur für bestimmte Dimensionen ein autonomes System zum Rechtssubjekt zu erklären.[111] Nach der *bundle theory of rights* ist Rechtssubjektivität »abstufbar, diskret, diskontinuierlich, vielfältig und fließend«.[112] Rechtssubjektivität ist ein teilbares Bündel von Rechten und Pflichten, die diversen Akteurskonstellationen ganz unterschiedlich zugeordnet werden

Personhood for Autonomous AI«, S. 28 ff.; Księżak/Wojtczak (2023), »Artificial Intelligence and Legal Subjectivity«, S. 31; »Gruber (2015), *Bioinformationsrecht*, S. 227 ff.; Schirmer (2019), »Mäuse, Menschen und Maschinen«, S. 713 f.; Koops u. a. (2010), »Accountability Gap«, S. 512 f., 559. *De lege ferenda* Kainer/Förster (2020), »Autonome Systeme und Vertragsrecht«, S. 298.

108 Dahiyat (2021), »Software Agents«, S. 59; ebenso Allen (2022), »Agency and Liability«, S. 152.

109 Eine fundamentale Kritik an der Eignung der Subjekt/Objekt-Dichotomie, algorithmisches Verhalten zu erfassen, führt Gunkel (2023), *Person, Thing, Robot: A Moral and Legal Ontology for the 21st Century and Beyond*, S. 156 f. dazu, die hier vertretene Position, welche die Haftung nach den drei erwähnten Risikotypen differenziert, als realitätsadäquat und zugleich praxistauglich zu kennzeichnen.

110 So aber Riehm/Meier (2018), »KI im Zivilrecht«, S. 35.

111 Wagner (2019), »Robot, Inc.«, S. 599.

112 Wojtczak (2022), »Artificial Intelligence with Legal Subjectivity«, S. 205. Ähnlich argumentiert Mocanu (2022), »Gradient Legal Personhood«, *passim*.

können.[113] Doch nach welchen Kriterien ist bei einem funktionalen Ansatz zu unterscheiden?

III. Sozio-digitale Institutionen

1. Intermediäre zwischen Technik und Recht

Ob man KI-Systemen eine strikt funktional definierte Rechtssubjektivität zuschreiben sollte oder nicht, lässt sich freilich nicht allein mit Blick auf die genannten Verantwortungslücken beantworten. Diese sind nur die schmerzhaften Symptome im Recht, deren eigentliche Ursachen in vielfältigen Risiken autonomer Algorithmen zu suchen sind. Auf diese Risikovielfalt muss das Recht mit einer Mehrzahl spezifischer rechtlicher Statuszuschreibungen und entsprechenden Haftungsregeln reagieren. Unterschiedliche Rechtsregeln sind sorgfältig im Hinblick auf eine Vielzahl von technikspezifischen digitalen Risiken zu kalibrieren. Entsprechend muss die Rechtswissenschaft einen engen Kontakt zu den IT-Wissenschaften herstellen.[114]

Jedoch ist es ein Irrtum, Rechtsfragen direkt an den technischen Risiken digitaler Maschinen »abzulesen«. Dies läuft auf einen fatalen Kurzschluss zwischen Technik und Recht hinaus, der letztlich auch für die oben kritisierten Einheitslösungen verantwortlich ist.[115] Die eingängige Formel »Technologierisiken bestimmen die Haftung« beruht einerseits auf simplifizierenden Modellen linearer Kausalität und andererseits auf ebenso simplifizierenden normativen Argumenten. Gegen den technikdeterministischen Kurzschluss wendet Balkin zurecht ein: »Was wir Technologieeffekte nennen, sind nicht so sehr Eigenschaften von Dingen, sondern Eigenschaften sozialer Beziehungen, die diese Dinge einsetzen.«[116] Soziale Beziehungen

113 Banteka (2021), »Artificially Intelligent Persons«, S. 551 ff.; van den Hoven van Genderen (2018), »Do We Need Legal Personhood?«, S. 43.

114 Eine prominente Stimme für den direkten Zusammenhang von IT-Risiken und gesetzlichen Haftungsregeln ist Zech (2020), »Entscheidungen autonomer Systeme«, *passim*.

115 Ein typisches Beispiel für einen solchen technisch-juristischen Kurzschluss ist Konertz/Schönhof (2020), *KI im allgemeinen Zivilrecht, passim*.

116 Balkin (2015), »Path of Robotics Law«, S. 49.

ist jedoch noch zu eng gefasst; erst der Rekurs auf umfassendere Sozialsysteme und besonders auf soziale Institutionen erweitert den Horizont. In aller Deutlichkeit kritisiert Reyes die technikdeterministischen Ansätze in der juristischen Literatur und verweist auf den Einfluss verschiedener sozio-technischer Institutionen:

> Alle diese Ansätze ignorieren die extrem unterschiedlichen sozio-technischen Kontexte von KI-Anwendungen und berücksichtigen nicht, wie sich sozio-technische Unterschiede der KI-Systeme auf die rechtliche Analyse auswirken. Dies deckt eine erhebliche Lücke in der Literatur auf, denn angemessene rechtliche Regeln zu entwickeln, macht es zunehmend notwendig, den sozio-technischen Kontext einzubeziehen.[117]

IT-Innovationen bieten zunächst nur »Affordanzen«, also Nutzungsangebote für die soziale Praxis.[118] Für die Auswahl unter den Affordanzen für die gesellschaftliche Nutzung sind nicht einfache Sozialbeziehungen verantwortlich, sondern umfassender die normativen Prämissen sozialer Institutionen. Deshalb führen wir zwischen Technik und Recht die intervenierende Variable »sozio-digitale Institutionen« ein.

Sozio-digitale Institutionen sind (temporär) stabilisierte Komplexe sozialer Erwartungen, in unserem Kontext von Verantwortung und Haftung besonders Risikoerwartungen, die entstehen, wenn digitale Technologien in sozialen Situationen genutzt werden. Institutionen sind weder mit sozialen Systemen noch mit formalen Organisationen noch mit sozialen Beziehungen identisch. Vielmehr produzieren soziale Systeme, darunter auch formale Organisationen und natürlich auch zwischenmenschliche Interaktionen (Sozialbeziehungen), mithilfe ihrer Kommunikationen Erwartungen,[119] die, wie es eine klassische Formulierung vorsah,

117 Reyes (2021), »Autonomous Corporate Personhood«, S. 1459. Ebenso die Kritik von Kette (2021), »‚Computer says No«?«, S. 162 ff.

118 Affordanzen sind »Chancen oder Restriktionen einer Technologie, die in den Prozessen technischen Designs und sozialer Interpretation ko-produziert werden«, Graber (2021), »How the Law Learns«, S. 14. Zum Verhältnis von IT-Affordanzen zum Recht Graber (2018), »Freedom and Affordances«, S. 226 ff.

119 Während im »alten« Institutionalismus (Santi Romano, Hauriou, Carl Schmitt) der Begriff der Institution zwischen System, Organisation und Normenensemble oszillierte, stimmen »neuer« Institutionalismus und Systemtheorie trotz vieler Unterschiede in ihrem Verständnis von Institutionen als Erwartungskom-

sich durch eine »*idée directrice*« zu Institutionen verdichten. Erwartungen werden im Prozess der Institutionalisierung verdichtet, wenn in der voraussetzungsvollen Herausbildung von reflexiv gebildeten Erwartungserwartungen Konsens zu ihrer Unterstützung unterstellt (!) werden kann.[120] Bloße Mehrheitsmeinungen genügen dazu nicht. Vielmehr ist eine Institution hier definiert als eine Erwartungskonstellation, deren Reichweite dadurch bestimmt wird, dass Erwartungen gegenüber einem konkreten Anderen sich darauf stützen können, dass das gleichsinnige Erwarten eines beliebigen Dritten miterwartet werden kann.[121] Besonders wichtig ist in unserem Zusammenhang, dass Institutionen, weil sie aus Erwartungen bestehen, die Fähigkeit besitzen, Brücken zwischen unterschiedlichen Systemen und deren Erwartungen zu bauen.[122] Besonders auffällig ist die Affinität sozialer Institutionen zum Recht, weil soziale Normen und Rechtsnormen die gleiche Wenn-dann-Struktur besitzen und sich nur in ihrer Ausrichtung auf verschiedene binäre Codierungen unterscheiden. In solchen Brückeninstitutionen treffen Erwartungen rechtlicher, wirtschaftlicher, politischer und technologischer Art aufeinander, und es ist häufig sogar schwierig, zwischen den Erwartungen der beteiligten Systeme zu unterscheiden.[123]

Sozio-digitale Institutionen verdichten die noch unbestimmten Affordanzen, also die kontingenten Nutzungschancen der Technologie, durch ihren gesellschaftlichen Gebrauch zu konkreten Erwartungsbündeln.[124] Sozio-digitale Institutionen integrieren diverse technische und soziale Erwartungen zu Chancen und Risiken des Einsatzes von Algorithmen in einem Prozess der Ko-Produktion.[125]

plexen überein: North (1990), *Institutions, Institutional Change and Economic Performance*, S. 3 f.; Luhmann (1965), *Grundrechte als Institution*, S. 12 f.

120 Allgemein zum Unterschied von Institution und Institutionalisierung Luhmann (1970), »Institutionalisierung«. Zur Institutionalisierung von Rechtsnormen Luhmann (1987 [1972]), *Rechtssoziologie*, S. 64 ff.

121 Luhmann (1987 [1972]), *Rechtssoziologie*, S. 64 ff.

122 Zur Rolle von Institutionen als Brückenarrangements in einer fragmentierten Gesellschaft Teubner (2001), »Rechtsirritationen«, S. 360 ff.

123 Dies betont der politische Philosoph R. Esposito (2022), *Institution und Biopolitik*, S. 33 ff.

124 Graber (2021), »How the Law Learns«, S. 14.

125 Zur Ko-Produktion unterschiedlicher Sozialsysteme, Feenberg (2017), *Technosystem*, S. 75; Jasanoff (2004), »States of Knowledge«.

Diese Institutionen dienen somit als wirksame strukturelle Kopplungen zwischen technischen und sozialen Systemen, darunter auch dem Rechtssystem. Denn gegenüber traditionellen sozialen Institutionen

> zeichnen sich die instituierten und informellen Ordnungen der informationstechnologischen Kultur gerade dadurch aus, dass sie technisch werden. Die Codes und Programme, die technischen Standards und die mathematischen Algorithmen übernehmen jetzt einen Teil der Ordnungsleistung, den bislang ausschließlich symbolisch sinnhafte Ordnungen tragen mussten.[126]

Die Neuheit sozio-digitaler Institutionen besteht darin, dass sie auf der einen Seite die gewohnten, an menschliches Bewusstsein strukturell gekoppelten Erwartungen bilden, auf der anderen Seite aber computergenerierte Erwartungen, die an rigide mathematische Kalkulationen, ja letztlich an elektronische Signalketten gekoppelt sind. Die hier entstehende »techno-digitale Normativität« unterscheidet sich deutlich von der in der Interaktion zwischen Menschen erzeugten Normativität und schafft durchaus neue Gefährdungspotentiale.[127]

Erst die Einbettung in unterschiedliche sozio-digitale Institutionen erklärt die durchaus verwirrende Tatsache, dass Algorithmen manchmal als bloße Objekte oder Werkzeuge, manchmal als komplexe Personkonstrukte, manchmal als Mitglieder seltsamer Hybride, manchmal schließlich als Bestandteile gänzlich de-personalisierter Prozesse erscheinen. Zu Recht macht Reyes den jeweiligen sozio-technischen Kontext dafür verantwortlich, ob Algorithmen als *»tools«*, als *»conduits«* oder als *»autonomous entities«* behandelt werden.[128] Es gibt nicht die eine richtige Lösung für ihre Statuszuschreibung. Vielmehr hängen die unterschiedlichen Zuschreibungen von der Eigenrationalität und der Eigennormativität der jeweiligen sozio-digitalen Institutionen ab. Diese entscheiden darüber,

126 Vesting (2021), *Homo Digitalis*, S. 220.

127 Dazu genauer Kap. 2, I.3. Die Fülle an Problemen, welche die eigentümliche »techno-digitale Normativität« für das Recht, aber auch für die Sozialinstitutionen, aufwirft, kann hier nur in Bezug auf den relativ engen Ausschnitt des Haftungsrechts behandelt werden. Wir konzentrieren uns speziell auf die Frage, welche Handlungs- und Verantwortlichkeitsformen in sozio-digitalen Institutionen und im Recht als Antwort auf die technologischen Affordanzen zu entwickeln sind. Grundsätzlich dazu Karavas (2009), »Force of Code«, S. 478 ff.

128 Reyes (2021), »Autonomous Corporate Personhood«, S. 1483 ff.

wie unter den Affordanzen der Technologie im jeweiligen sozialen Kontext gewählt wird und welcher Status dafür den Algorithmen zugewiesen wird:

> In diesen Systemen sind Aspekte der Personalität ungleichmäßig über ein Feld menschlicher und nichtmenschlicher Agenten verteilt, wobei ihre Zurechnung auf Entitäten als Funktion der Organisation von Werten und Akteuren in Hierarchien erscheint.[129]

In der höchst unterschiedlichen Nutzung von Textgeneratoren wie ChatGTP zeigt sich, dass sogar eine einzige Technologie je nach sozio-digitaler Institution mit verschiedenem Sozialstatus ausgestattet wird. Manchmal wird ChatGTP als bloßes Werkzeug, manchmal als Stellvertreter, manchmal als eigenständiger Akteur eingesetzt. Das Recht muss diese Statuszuschreibung als Ausgangspunkt für eigene Zuschreibung von Rechtsfähigkeit und Haftungsfolgen nehmen, kann diese jedoch variieren, wenn zwingende Rechtsprinzipien dies erfordern.

Damit plädieren wir für einen »*institutional turn*« im Recht der Digitalität.[130] Erst der Eigensinn sozio-digitaler Institutionen macht die Vorgaben, welche Formen sozialer Verantwortung und rechtlicher Haftung für das Handeln autonomer Algorithmen angemessen sind.[131] Und genau für diese Zusammenhänge werden die Sozialwissenschaften als Vermittler zwischen IT-Wissenschaft und Rechtswissenschaft gebraucht. Der Einsatz sozialwissenschaftlicher Methoden

> ermöglicht es, die für Gesellschaft und Recht gemeinsamen Bedürfnisse zu identifizieren, welche die Debatten über den Personenstatus von KI-Systemen vorantreiben, und verweist darauf, wie wichtig die Analyse des sozio-technischen Kontexts ist, um angemessene rechtliche Regeln für KI zu entwickeln.[132]

129 Sprenger (2018), »Production is Exchange«, S. 261.

130 Zum »*institutional turn*« in den Sozialwissenschaften nach einer langen Phase der Vernachlässigung von Institutionen R. Esposito (2022), *Institution und Biopolitik*, S. 33 ff. Eine solche institutionelle Wende fordert in der Vertragsauslegung, die insbesondere für neuartige Institutionen in der digitalen Sphäre relevant wird, Wielsch (2018), »Contract Interpretation Regimes«, S. 961 ff., 976 ff.

131 So auch Balkin (2015), »Path of Robotics Law«, S. 49. Ähnlich Linardatos (2019), »KI und Verantwortung«.

132 Reyes (2021), »Autonomous Corporate Personhood«, S. 1475.

Diese Methoden sind in der Lage, die konkreten sozio-digitalen Institutionen und ihre Risiken mit ausreichender Tiefenschärfe zu analysieren und mit ausreichender Dichte zu interpretieren. In einer solchen »*institutional analysis*« (Selznick) ist die Rolle der Sozialwissenschaften keineswegs darauf beschränkt, wie es Juristen häufig missverstehen, nur deskriptiv-empirisch bestehende soziale Normen zu identifizieren. Vielmehr besteht ihr nicht minder wichtiger Beitrag gerade darin, die verschiedenen Sinndimensionen sozio-digitaler Institutionen eigenständig zu interpretieren und sie mit »*institutional imagination*« (Unger) in interpretativen, funktionalen oder normativen Analysen weiterzuentwickeln.[133]

In der Tat haben politikwissenschaftliche und ökonomische Studien schon untersucht, wie der neu erworbene Sozialstatus von Algorithmen nicht einfach von ihren technischen Eigenschaften, sondern wesentlich von internen Zurechnungsprozessen im jeweiligen sozialen System abhängt.[134] Aber diese Analysen bleiben auf nur zwei gesellschaftliche Bereiche, die Politik und die Wirtschaft, beschränkt. Die politische Ökonomie ist durchaus nicht repräsentativ für die ganze Gesellschaft. Letztlich entscheiden sehr viel mehr gesellschaftliche Bereiche in ihren jeweils institutionalisierten Praktiken über die Chancen und Risiken der Digitalität und damit zugleich über die Frage, ob den Algorithmen soziale Handlungsfähigkeit und Rechtssubjektivität zugeschrieben werden oder nicht. Keine der Sozialwissenschaften hat hier ein Monopol. Derzeit beansprucht jedoch vor allem die Rechtsökonomie ein solches Monopol, wenn sie soziologische oder philosophische Beiträge als außerrechtlich und damit irrelevant zurückweist und nur ökonomische Analysen als rechtsrelevant deklariert.[135] In der Tat sind es heute überwiegend die Wirtschaftswissenschaften, die zu Fragen algorithmischer Haftung herangezogen werden.[136]

Wir halten dies für falsche Interdisziplinarität. Das Haftungs-

133 *Loci classici* zur *institutional analysis* Selznick (1969), *Law, Society and Industrial Justice*, und zur *institutional imagination* Unger (1996), »Legal Analysis as Institutional Imagination«.

134 Zu den sozialen und wirtschaftlichen Auswirkungen z. B. Ashmarina u. a. (Hg.) (2020), *Digital Transformation of the Economy*; Crawford/Whittaker (2016), *AI Now Report*. Zur politischen Ökonomie z. B. Cohen (2019), *Truth and Power*.

135 Z. B. Wagner (2019), »Robot, Inc.«, S. 597 ff., 600 ff.

136 Statt vieler Zekos (2021), *Economics and Law of Artificial Intelligence*, S. 361 ff.

recht kann sich nicht ausschließlich auf ökonomische Analysen stützen. Denn diese konzentrieren sich hauptsächlich auf Verhaltenssteuerung in Bezug auf Sorgfaltsstandards und Aktivitätsniveaus, sind aber relativ gleichgültig gegenüber der Entschädigung der Opfer und gegenüber der Beseitigung sonstiger gesellschaftlicher und ökologischer Schäden. Ihre Analysen vernachlässigen die Beiträge des Haftungsrechts zur Erwartungsbildung und zur normativen Integrität sozio-digitaler Institutionen, was besonders soziale und ökologische Aspekte, konkreter den Verbraucherschutz und den Schutz der Privatsphäre einschließt.[137]

Statt falscher Monopolansprüche sollte das Prinzip der »Transversalität« das Recht in seinem Verhältnis zu anderen Disziplinen orientieren. Dies Prinzip wurde in der Philosophie entwickelt, um mit der heutigen Diskurspluralität, die auf die Theoriekatastrophe der *grands récits* folgte, umgehen zu können.[138] Transversalität versucht, die verschiedenen Disziplinen nicht nur

> in der Unterschiedlichkeit ihrer Logik vor Augen zu bringen, sie also nicht nur jeweils gesondert zu analysieren, sondern sie auch zu vergleichen und in ihren Gemeinsamkeiten und Unterschieden zu bestimmen.[139]

Eine solche Transversalität resultiert in einer »konstitutionellen Ökologie der Praktiken«, die das Spannungsverhältnis zwischen der relativen Autonomie der Disziplinen, nach ihren eigenen Erkenntnisinteressen vorzugehen, und der Herstellung einer Gemeinsamkeit zwischen den Disziplinen, die vorläufig einer gemeinsamen Problemlösung dient, bearbeitet.[140]

Transversalität im Recht bedeutet in unserem Zusammenhang:[141] Unter Bedingungen funktionaler Differenzierung darf sich das Recht nicht ausschließlich auf ökonomische Analysen der

137 Zur Kritik einer einseitigen Ökonomisierung des Rechts und zu möglichen rechtlichen Gegenreaktionen Elmauer (2020), *Ökonomisierung des Rechts*, besonders S. 152 ff. Zur Algorithmenhaftung ebenso kritisch, wenn auch verhaltener, Mayrhofer (2023), *Außervertragliche Haftung*, S. 8.

138 Welsch (1996), *Vernunft*; dazu Wagner (1996), »Transversale Vernunft«.

139 Welsch (1996), *Vernunft*, S. 751.

140 van Dijk (2023), »Constitutional Ecology of Practices«, S. 172.

141 Zur Transversalität im Recht Teubner (2015), »Rechtswissenschaft und Sozialtheorie«, S. 44 ff. Weiterführend und in Abkehr von früherer einseitiger rechtsökonomischer Orientierung Grundmann u. a. (2021), *New Private Law Theory*, S. 13 ff., 61 ff.

Digitalität stützen, muss aber auch den ausschließlichen Rückgriff auf Politikwissenschaft, Soziologie, Informationswissenschaft oder Moralphilosophie vermeiden. Es muss den Monopolanspruch einer jeden Disziplin zurückweisen, über die Personifizierung von Algorithmen oder über andere Statuszuschreibungen zu entscheiden. Allerdings akzeptiert es im Prinzip den Anspruch einer jeden Sozialwissenschaft, digitale Handlungsfähigkeit und ihre Alternativen für ihr fokales soziales System näher zu definieren. Entsprechend muss das Haftungsrecht relevante Erkenntnisse auch aus anderen Sozialwissenschaften als nur der Ökonomie zu gewinnen suchen. So identifiziert die Soziologie eine ganze Reihe von Risikostrategien, die für die Ausgestaltung algorithmischer Haftung zu berücksichtigen sind.[142] Rechtlich relevant sind insbesondere soziologische Beiträge zur Personifizierung von Algorithmen, zu emergenten Eigenschaften von Mensch-Algorithmus-Assoziationen und zur verteilten Kognition von miteinander vernetzten Algorithmen.[143] Letztlich wird erst die Kombination von ökonomischen und soziologischen Risikotheorien eine adäquate Orientierung für die rechtliche Risikohaftung in sozio-digitalen Institutionen geben.[144] Die Ökonomie informiert über die mögliche Optimierung des Sorgfaltsniveaus und des Aktivitätsniveaus, während Soziologie und Philosophie spezifische Risikoerwartungen und den unterschiedlichen Umgang mit Risiken in verschiedenen sozio-digitalen Institutionen analysieren.

In ihren Analysen der neuen sozio-digitalen Institutionen reflektieren die Sozialwissenschaften auch deren zukünftige Entwicklungen. Heute ist noch weithin unbestimmt, welche Rolle Algorithmen in den jeweiligen gesellschaftlichen Bereichen spielen werden. Mit Hilfe der Sozialwissenschaften muss das Haftungsrecht diesen Entwicklungsstatus zu »verstehen« lernen. Zwei Aspekte des Haftungsrechts sind dabei zu unterscheiden: institutionserhaltende

142 Eine prominente soziologische Risikoanalyse: Luhmann (1991), *Soziologie des Risikos*.

143 Dazu eingehend im Kap. 2, I (Personifizierung von Algorithmen), Kap. 3, I (Mensch-Maschine-Assoziationen) und Kap. 4, I (verteilte Kognition).

144 Zu einer solchen ökonomische und soziologische Beiträge aufgreifenden rechtlichen Analyse der algorithmischen Haftung Linardatos (2021), *Autonome und vernetzte Aktanten*, *passim*.

und institutionserzeugende Normen.[145] Während sich in der Vergangenheit *Law-in-context*-Ansätze darauf konzentrierten, wie rechtliche Regeln in bestehende soziale Institutionen einzubetten sind, lenken die rasanten Entwicklungen in der digitalen Welt die Aufmerksamkeit gerade auf solche wirtschaftlichen und sozialen Kontexte, in denen es überhaupt noch keine etablierten sozialen Normen gibt. Hier wird es zur Aufgabe von Gesetzgebung, Gerichten, Schiedsgerichten und privaten Normsetzungsinstanzen, experimentell Regeln zu erproben, die offen bleiben für zukünftige IT-Entwicklungen und deren sozio-digitale Institutionalisierung.[146]

2. Typologie des Maschinenverhaltens

Es bedarf in erster Linie einer sorgfältigen Zusammenschau verschiedener Disziplinen, um die Risiken autonomer Algorithmen in sozio-digitalen Institutionen zu identifizieren und sie mit den spezifischen Eigenschaften des betreffenden Maschinenverhaltens in Beziehung zu setzen. Dies zu tun, haben 23 Experten aus verschiedenen Disziplinen – Informatik, Kognitionswissenschaften, Biologie, Ökonomie, Soziologie, Politikwissenschaft, Psychologie – in einem umfassenden Beitrag mit dem Titel »Machine Behaviour« in der renommierten Zeitschrift *Nature* angestoßen.[147] Um Nutzen und Risiken digitaler Technologien einschätzen zu können, schlagen sie eine grundlegende Typologie algorithmischen Handelns vor: (1) individuelles, (2) hybrides und (3) kollektives Maschinenverhalten.

Individuelles Maschinenverhalten bezieht sich auf intrinsische Eigenschaften eines einzelnen Algorithmus, dessen Risiken, seinen Quellcode und sein Design in der Interaktion mit der Umwelt. Hybrides Mensch-Maschine-Verhalten dagegen ist das Ergebnis von verdichteten Interaktionen zwischen Maschinen und Menschen. Hybride sind neuartige Kooperationsphänomene, deren Risiken nicht zu erkennen sind, wenn man die beteiligten Menschen und

145 Zu diesem institutionalistischen Ansatz im Privatrecht mit Blick auf digitale Entwicklungen Wielsch (2018), »Contract Interpretation Regimes«, S. 961 ff., 976 ff.; Wielsch (2018), »Ordnungen der Netzwerke«, S. 73 ff. Speziell zum Einfluss sozialer Institutionen auf die Personifizierung von Algorithmen Reyes (2021), »Autonomous Corporate Personhood«.

146 Ladeur (Hg.) (2003), *Innovationsoffene Regulierung des Internet*.

147 Rahwan u. a. (2019), »Machine Behaviour«, S. 481 ff.

Algorithmen isoliert betrachtet. Kollektives Maschinenverhalten wiederum ist ein systemisches Verhalten, das aus der Vernetzung von Algorithmen entsteht. Hier macht die Betrachtung eines individuellen Maschinenverhaltens wenig Sinn, während erst die Analyse auf kollektiver Ebene übergeordnete Strukturen der Vernetzung und deren Risiken sichtbar macht.

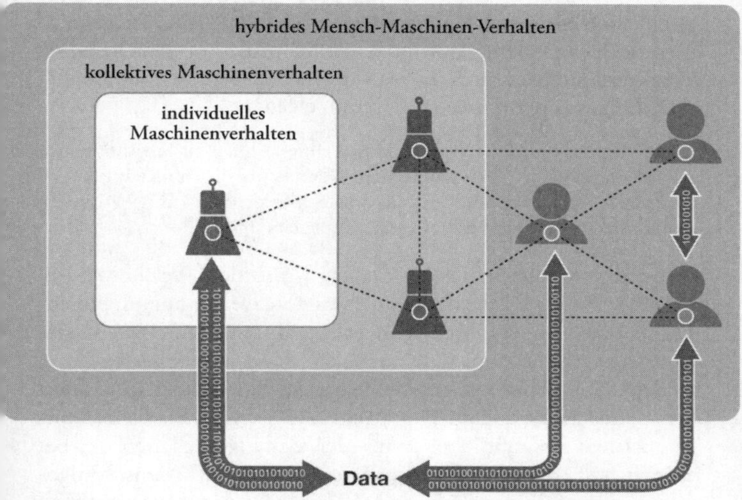

Abbildung 3: Drei Arten des Maschinenverhaltens

Quelle: Rahwan u. a., »Machine Behaviour«, *Nature* 568 (2019), S. 477-486, hier S. 482, Abb. 4.

3. Typologie sozio-digitaler Institutionen

Diese Typologie des Maschinenverhaltens wird für juristische Haftungsfragen relevant, allerdings nur unter der Voraussetzung, dass ungleich stärker als bisher theoretische Erkenntnisse und empirische Ergebnisse der Sozialwissenschaften eingebracht werden, um die große Distanz zwischen Informationstechnologien und Haftungsregeln zu überbrücken. Die sozio-digitalen Institutionen, die auf den drei Typen von Mensch-Algorithmus-Kontakten aufbauen, sind freilich keine Schöpfungen *ex nihilo*. Vielmehr haben sie ihren Ursprung in bereits bekannten sozialen Institutionen der Offline-Welt,[148] die nun durch die »Invasion« der Algorithmen grundlegend transformiert werden.[149]

Der erste Typus einer sozio-digitalen Institution entsteht im kommunikativen Kontakt von Menschen mit einzelnen Algorithmen in einer Sequenz von Mensch-Maschine-Interaktionen.[150] Diese sozio-digitale Institution autorisiert nicht nur die beteiligten Menschen, sondern auch die algorithmischen Agenten, durch ihre Handlungen institutionelle Effekte zu erzeugen.

> Sowohl Menschen als auch digitale Artefakte können zu institutionellen und informationellen Agenten werden. Wenn es um die Fähigkeit geht, institutionelle Effekte zu erzeugen, dann haben beide diese Fähigkeit, sofern sie innerhalb einer Institution legitim autorisiert sind.[151]

Hier entsteht eine neue sozio-digitale Institution, welche die traditionelle Prinzipal-Agenten-Beziehung (Stellvertretung, Repräsentation) transformiert. Wenn ein Prinzipal, sei es ein Individuum oder eine Organisation, Aufgaben nicht mehr an einen Menschen, sondern an einen Algorithmus delegiert, entsteht die Institution der »digitalen Assistenz«. Der zweite Typ ist wiederum ein kommunikativer Kontakt, aber nun einer, der Eigenschaften der bekannten zwischenmenschlichen Assoziationen auf »Mensch-Algorithmus-Assoziationen« überträgt. Hier wird ein neuartiger Typ von handlungsfähigen Kollektiven institutionalisiert.[152] Der dritte Kontakt hingegen läuft gar nicht über Kommunikation zwischen Mensch und Maschine. Analog zu traditionellen (nichtkommunikativen) Mensch-Maschine-Beziehungen, in denen soziales Verhalten indirekt von einer maschinengeprägten Umwelt bestimmt

148 Allgemein zum genealogischen Rückbezug von Institutionen zu ihren Vorgängern, der die Entstehung des Neuen als ein Einpflanzen in bereits etablierte Institutionen sieht, R. Esposito (2022), *Institution und Biopolitik*, S. 35, 44 m. w. N.

149 Die Details zu diesen drei sozio-digitalen Institutionen und ihrem jeweiligen Haftungsregime werden in den drei folgenden Kapiteln ausgearbeitet.

150 Floridi/Sanders (2011), »Morality of Artificial Agents«, S. 187 ff.

151 Johannesson/Bergholtz (2022), »Conceptual Model for Institutional Reality«, Abs. 6 auf Grundlage der *Sprechakttheorie*. Sie erwägen auch, den Algorithmen selbst Verantwortung zuzuschreiben.

152 Vor allem Latour (2001), *Parlament der Dinge*, S. 93 ff.

wird, ist hier das Sozialverhalten einer Vernetzung von Algorithmen ausgesetzt, die sich unmittelbarer Kontrolle entzieht. In einer höchst indirekten Verbindung entsteht die Institution einer strukturellen Kopplung der gesellschaftlichen Kommunikation zu »unsichtbaren Maschinen«. Theorien der distribuierten Kognition erklären hier das kollektive Verhalten digitaler Maschinen durch ihre Vernetzung, die normativ von Konzepten einer (weitgehend noch zu entwerfenden) verteilten Verantwortlichkeit erfasst wird.[153] Jeder dieser Kontakte baut also eine bereits bekannte soziale Institution in eine eigenständige sozio-digitale Institution um, die ihrerseits ihre eigenen Risiken entwickelt.

Die hier angeführten sozio-digitalen Institutionen sind nicht enumerativ. Wenn der in Zukunft durchaus mögliche Fall eintritt, dass Algorithmen in der Wirtschaft als eigeninteressierte, profitorientierte, mit Ressourcen ausgestattete Marktakteure auftreten, dann wird die sozio-digitale Institution des »algorithmischen Unternehmers« entstehen, deren rechtliche Ausgestaltung als E-Person wir schon oben diskutiert und für die Gegenwart als (noch) nicht relevant erklärt haben. Im Recht der Staatshaftung entstehen gegenwärtig die Umrisse einer weiteren sozio-digitalen Institution, die des »algorithmischen Amtsträgers«, die sich von der digitalen Assistenz dadurch unterscheidet, dass sie innerhalb staatlicher Handlungszusammenhänge etabliert wird.[154]

Offensichtlich ist, dass der Zusammenhang Technik/Sozialinstitution/Haftungsrecht nicht als Kette von Ursache-Wirkungs-Sequenzen oder als einfache Fakten-Normen-Relation zu verstehen ist. Vielmehr entsteht hier eine rekursive Dynamik zwischen verschiedenen Handlungsfeldern: Die Technik antizipiert schon sozio-digitale Institutionen und wird ihrerseits von deren sozialen Normen beeinflusst. Risikowahrnehmungen in sozio-digitalen Institutionen beeinflussen wiederum das Recht in seinen regulatorischen Antworten.[155] Das Recht seinerseits hat über Sanktionen und

153 Rammert (2012), »Distributed Agency«, S. 95 ff.

154 Dazu eingehend Roth-Isigkeit (2020), »Staatshaftungsrechtliche Aspekte«, besonders S. 331 f.

155 Zur wichtigen Unterscheidung zwischen extern beobachteten Kausalverkettungen zwischen Technik und Recht und intern interpretierenden normativen Verkettungen beider sowie zur rekursiven Dynamik in beiden Verkettungen Graber (2021), »How the Law Learns«, S. 19 ff.

Anreize Rückwirkungen auf die weitere Entwicklung von Technologien und sozio-digitalen Institutionen.[156]

Die Zusammenhänge werden dadurch noch weiter verkompliziert, dass wir es hier mit drei völlig unterschiedlichen Emergenzphänomenen zu tun haben. Das Thema Emergenz wird relevant sowohl für Algorithmen als gänzlich neuartige Agenten als auch für neuartige Zurechnungsformen im Haftungsrecht. Esayas argumentiert,

> dass Emergenz einen übergreifenden Rahmen bietet, um die Herausforderungen zu erklären, die technologische Entwicklungen im Zusammenhang mit Big Data, künstlicher Intelligenz (KI) und Robotik für verschiedene Bereiche des Privatrechts darstellen, einschließlich Privatsphäre, Datenschutz, geistiges Eigentum (IP) und Deliktsrecht. Durch die Schaffung neuer Objekte, neuer Handlungsmöglichkeiten und neuer Beziehungen fördern die mit den oben genannten Technologien verbundenen Veränderungen die Entstehung neuer Eigenschaften, die wiederum Herausforderungen für die Zurechnung in diesen Rechtsbereichen mit sich bringen.[157]

Üblicherweise wird Emergenz definiert als das Auftreten neuer Eigenschaften auf einer höheren Ordnungsebene, die zwar auf Eigenschaften einer niedrigeren Ordnungsebene beruhen, jedoch über die Summe dieser niederen Eigenschaften hinausgehen.[158] Das ist Emergenz »von unten« in dem Sinne, dass das Zusammenspiel von bestehenden Systemkomponenten unvorhersehbare neuartige Eigenschaften entstehen lässt.[159] Im Gegensatz dazu behandelt die Systemtheorie Fälle von Emergenz »von oben«.[160] Damit ist gemeint, dass nicht bloß in bestehenden Zusammenhängen neue Eigenschaften auftreten, sondern dass zusätzlich ein völlig neues System entsteht, das eigensinnige Institutionen aufbaut. Es kann dabei zwar auf bestehende Materialien zurückgreifen, aber es er-

156 Zu diesen rekursiven Prozessen Panezi (2023), »Ecosystem Approach«, S. 232 f.

157 Esayas (2023), »The Important Role of Emergence in Conceptualizing the Challenges of New Technologies to Private Law«, S. 779.

158 Hartig-Perschke (2009), *Ausschluss und Emergenz*, S. 44. Zur Emergenz bei der Beteiligung von Algorithmen in Interaktionen und ihren rechtlichen Konsequenzen Linardatos (2021), *Autonome und vernetzte Aktanten*, S. 496 ff.

159 Hoyningen-Huene (1994), »Emergenz, Mikro- und Makrodetermination«, S. 172 ff.

160 Luhmann (1984), *Soziale Systeme*, S. 43 f.; dazu im Detail Lohse (2011), »Emergenz des Sozialen bei Luhmann«, S. 190 ff.

zeugt neue Elementaroperationen, die in zirkulärer Weise ihrerseits das neue System konstituieren.

In diesem Sinne sind die drei genannten sozio-digitalen Institutionen – digitale Assistenz, Mensch-Algorithmus-Assoziation, Vernetzung – Erwartungskomplexe, die sich innerhalb von emergierenden Sozialsystemen in der Begegnung von Mensch und Algorithmus herausbilden. Das bedeutet für unsere Fragestellung erstens, dass unter bestimmten Umständen die Begegnung von Menschen und Algorithmen das neue Sozialsystem einer Prinzipal-Agenten-Kommunikation entstehen lässt, welches auf die Kalkulationen der Algorithmen und auf Bewusstseinsprozesse der Menschen zurückgreift, um seine Elementaroperationen sinnhafter Kommunikationen zu konstituieren. Zweitens taucht beim Übergang von der Mensch-Algorithmus-Interaktion zur Mensch-Algorithmus-Assoziation wiederum ein neues – aber ein andersartiges – Sozialsystem auf, welches die Kommunikationen von Mensch und Algorithmus als kollektiv verbindliche Entscheidungen der Assoziation konstituiert. Drittens bildet sich durch die Vernetzung von Algorithmen eine wiederum andersgeartete Kollektivität mit undurchschaubaren Auswirkungen auf die Gesellschaft. Das bedeutet, dass die drei sozio-digitalen Institutionen nicht einfach in der Gesellschaft freischwebende Normen sind, sondern als eigene Ordnungen innerhalb festgefügter Sozialsysteme gebildet werden. In diesen drei Emergenzphänomenen dürfte dann auch Verantwortungszurechnung nicht mehr im Belieben des Rechtssystems, sondern nur in jeweils spezifischer Weise und sozialsystemadäquat zu handhaben sein.[161]

4. Typologie der Rechtsrisiken

Aus diesen Überlegungen folgt unsere zentrale These, dass die haftungsrechtliche Verantwortung für Algorithmen ebenso wie deren rechtlicher Status entscheidend davon abhängt, die folgenden drei Risiken in sozio-digitalen Institutionen zu identifizieren. In der risikobasierten Perspektive hat dies gewisse Ähnlichkeiten mit dem europäischen Ansatz im KI-Gesetz[162] und mit entsprechenden

161 Zur Emergenz digitaler Assistenz Kap. 2, I.3, zur Emergenz digitaler Hybridität Kap. 3, I.2, zur Emergenz von Vernetzung Kap. 4, I.

162 EU-Verordnung zur Festlegung harmonisierter Vorschriften für Künstliche In-

Äußerungen in der Literatur.[163] Allerdings weicht unser Vorschlag in der Spezifizierung des Risikos erheblich von den anderen ab. Die EU differenziert in erster Linie nach der Schwere des Risikos und verfolgt darüber hinaus einen sektoralen und fallbezogenen Ansatz. Sie unterscheidet zwischen inakzeptablem, hohem und geringem Risiko. KI mit inakzeptablen Risiken fällt unter ein Verbot (Art. 5), hochriskante KI unterliegt spezifischen Verpflichtungen für das System (Art. 8-15) und für Anbieter, Händler, Importeure und Anwender (Art. 16-29), risikobehaftete KI sowie *general purpose* KI unterliegt Transparenzanforderungen (Art. 52). Ähnlich geht die Literatur vor. Hier werden die Risiken, auf die das Recht zu reagieren hat, an den Folgen und Arten der Schäden ausgerichtet. Unsere Typologie von Risiken dagegen orientiert sich an den gesellschaftlichen Kontexten, speziell an den sozio-digitalen Institutionen, in denen Algorithmen eingesetzt werden.[164] Dies folgt aus der Grundannahme, dass Risiken nie abstrakt und rein folgenorientiert erfasst werden können, sondern in ihrer Perzeption und ihrer Bewertung immer von den kommunikativen Kontexten abhängen.[165] Auch hier lässt sich ChatGPT als gutes Beispiel anführen. Versucht man, diese generative KI abstrakt anhand der Schwere des Risikos zu erfassen, dann hat dies die paradoxe Konsequenz, dass das System, unabhängig von der jeweiligen konkreten Nutzung, als potenziell hochrisikoreiches System immer den höchsten Pflicht- und Haftungsanforderungen gerecht werden muss. Dies kann zu der absurden Folge führen, dass an private Nutzer einer generativen KI in einem risikoarmen Kontext (zum Beispiel Geburtstagseinladungen) höchstmögliche Anforderungen gestellt werden.[166] Daher dürfte am ehesten der sozio-digitale Kontext die passenden Kriterien liefern, zwischen verschiedenen Risikokonstellationen zu

telligenz (KI-Gesetz, Erwägungsgrund 14). Ähnliche risikobasierte Strategien finden sich auch in anderen nationalen Initiativen zu KI, etwa in Deutschland Datenethikkommission der Bundesregierung (2019), *Gutachten der Datenethikkommission*, S. 173 ff.; in den USA *Algorithmic Accountability Act 2019*, s. 2 (7), der Hochrisikosysteme definiert.

163 Z. B. Wendehorst (2022), »Liability for Artificial Intelligence«, S. 189 ff.; Zech/Hünefeld (2023), »KI in der Medizin«, S. 2 f.

164 Ähnlich Zech/Hünefeld (2023), »KI in der Medizin«, S. 3, die aber dann nach menschlichen und organisatorischen Risikoquellen suchen.

165 Chamberlain (2023), »Tort Law Perspective«, S. 3.

166 Hacker u. a. (2023), »Regulating ChatGPT«, S. 116.

unterscheiden und die Haftungssubjekte zu identifizieren, die das Risiko zu tragen haben.

(1) Das *Autonomierisiko* resultiert aus selbstständigen »Entscheidungen« individueller Algorithmen. Innerhalb der sozialen Institution »digitaler Assistenz« erlangen Algorithmen zwar nicht den Status vollwertiger Akteure, wohl aber den Status von »Aktanten« in einer Prinzipal-Agenten-Beziehung. Ein »Aktant« folgt nicht einfach dem vorgegebenen Programm des Prinzipals, sondern verfügt über Freiheitsgrade, die seine Entscheidungen, mit denen er die Interessen des Prinzipals zu verwirklichen sucht, unvorhersehbar machen. Daraus entstehen Risiken, einerseits für den Prinzipal, dass er die Kontrolle über den Agenten verliert, andererseits für Dritte, dass sie den intransparenten Kalkulationen des Agenten ausgesetzt sind. Das Recht steht dann vor der Frage, ob es autonomen Algorithmen eine auf diese Risiken zugeschnittene Art von Rechtssubjektivität zuschreiben soll und mit welchen konkreten rechtlichen Regeln es dem Autonomierisiko begegnen kann.

(2) Das *Verbundrisiko* des hybriden Maschinenverhaltens ergibt sich dagegen dann, wenn Aktivitäten in der engen Kooperation zwischen Menschen und Softwareagenten untrennbar miteinander verwoben sind. In diesem Fall entwickelt sich eine anders geartete sozio-digitale Institution – die »Mensch-Algorithmus-Assoziation«. Zur Kalkulation von deren Risiken sind sozialwissenschaftliche Analysen von Kollektivakteuren heranzuziehen. Dann ist es nicht mehr möglich, individuell Verantwortlichkeit zuzurechnen, weder den einzelnen Algorithmen noch den einzelnen beteiligten Menschen. Stattdessen sind rechtliche Lösungen gefragt, die auf die aggregierten Effekte der verflochtenen Aktivitäten reagieren und besonders die hybride Assoziation als solche und/oder ihre Stakeholder in Verantwortung nehmen.

(3) Das *Vernetzungsrisiko* entsteht, wenn Algorithmen nicht als isolierte Einheiten, sondern wie Schwärme in enger Vernetzung mit anderen Algorithmen agieren und deshalb wiederum andersartige »kollektive« Eigenschaften erzeugen.[167] Es entwickeln sich in dieser sozio-digitalen Institution Erwartungen an den Umgang mit struk-

167 Andersartig, weil sich »kollektive« Eigenschaften hier aus der Vernetzung von Algorithmen ergeben und nicht wie unter (2) aus der Assoziation von Menschen und Algorithmen.

turell gekoppelten unsichtbaren Maschinen. Die Vernetzung von Algorithmen erzeugt das spezifische Risiko totaler Intransparenz, das auch ausgefeilte digitale Technologien nicht ausschalten können. Soziologische Theorien der distribuierten Kognition zeigen, dass es prinzipiell unmöglich ist, Handlungseinheiten zu identifizieren, seien sie individueller oder kollektiver Art. Entsprechend ist das Recht genötigt, die Identifizierung von individuellen Haftungssubjekten aufzugeben und stattdessen neue kollektive Formen der Verantwortlichkeit herauszubilden.

Diese drei Arbeitshypothesen stellen entsprechend – tabellarisch zusammengefasst – die (rekursiven) Zusammenhänge von digitalem Maschinenverhalten, sozio-digitalen Institutionen und Haftungsnormen her (siehe Abbildung 4).[168]

Maschinen-verhalten	Sozio-digitale Institution	Emergente Risiken (Neue Akteure)	Haftungsregime	Haftungssubjekte • Haftungskriterien	Rechtsstatus der Algorithmen
individuell	Digitale Assistenz	Digitale Autonomie (Aktanten)	Prinzipal-Agenten-Haftung	Nutzer/Operator • Gefährdung	Beschränkte Rechtsfähigkeit
hybrid	Mensch-Maschine-Assoziation	Kollektivhandeln (Hybride)	Netzwerkhaftung	Netzwerkknoten • Kontrolle • Wirtschaftlicher Nutzen	Mitgliedschaft im Hybrid
kollektiv	Kopplung an digitale Konnektivität	Distribuierte Kognition (Schwärme)	Kollektive Fonds	Industriesektor • Marktanteil • Problemlösungs-kapazität	Teil des Risikopools

Abbildung 4: Korrelationen von Maschinenverhalten, sozio-digitalen Institutionen und Haftungsregimen

168 In einer vorläufigen Version wurde der Zusammenhang zwischen IT-Konstellationen, Sozialinstitutionen und Haftungsregeln, der in der Typologie von Haftungsrisiken impliziert ist, vorgestellt von Teubner (2018), »Digitale Rechtssubjekte«, S. 163 ff., 196 ff. Die Typologie der drei Risiken wurde weiterentwickelt von Taylor/De Leeuw (2021), »Guidance Systems«, Abs. 2; De Bona (2022), »Sistemi intelligenti«, S. 89 ff.; Linardatos (2021), *Autonome und vernetzte Aktanten*, S. 99 ff., 177 ff.; Linke (2021), *Digitale Wissensorganisation*, S. 176.

In den nun folgenden drei Kapiteln überprüfen wir diese Arbeitshypothesen im Einzelnen auf ihre Stichhaltigkeit. Dazu setzen wir uns eingehend mit der lebhaften internationalen Diskussion zur Algorithmenverantwortung auseinander, die sowohl in den Informations- und den Sozialwissenschaften als auch in der Jurisprudenz geführt wird. Für jeden der drei Typen des Maschinenverhaltens stellen wir jeweils die korrespondierende sozio-digitale Institution vor, arbeiten deren typische Risiken heraus, entwickeln ein auf die Risiken reagierendes Haftungsregime und bestimmen den dazugehörigen Rechtsstatus der Algorithmen. Im letzten Kapitel formulieren wir konkrete Rechtsnormen für die Haftungsregime in ihren Voraussetzungen und ihren Rechtsfolgen, diskutieren, in welchem Verhältnis die drei Haftungsregime zueinander stehen, und besprechen abschließend einige Fallkonstellationen digitaler Haftung. Schließlich skizzieren wir in einem Ausblick, welche Rolle das Haftungsrecht in einer zukünftigen Digitalverfassung spielen kann.

Kapitel 2 – Aktanten: Autonomierisiko

I. Sozio-digitale Institution: Digitale Assistenz

1. Künstliche Intelligenz als Akteur?

Besonders einschneidend ist das Autonomierisiko, das vom prinzipiell unvorhersehbaren Verhalten selbstlernender Algorithmen erzeugt wird. Es verlangt nach anderen Formen der Risikoabsorption als das schon länger bekannte bloße Automatisierungsrisiko.[1] Dieses ist überschaubar, da die dabei benutzten Konditionalprogramme, also strikte Wenn-dann-Verknüpfungen von Input und Output, das Algorithmenverhalten voraussehbar, erklärbar und steuerbar machen. Werden aber Algorithmen mit Zweckprogrammen oder gar mit Lernfähigkeit ausgestattet, dann ist ihr Output weder voraussehbar noch erklärbar noch direkt steuerbar. Dann entsteht das hier angesprochene Autonomierisiko. Es verwirklicht sich dann, wenn Softwareagenten tatsächlich als handlungsfähige Akteure auftreten (wie es in den beteiligten Wissenschaften, besonders der Informationsphilosophie, der Akteur-Netzwerk-Theorie und der Systemtheorie, vielfach vertreten wird).

Wie wir im ersten Kapitel (unter III.1) dargelegt haben, wird die Akteureigenschaft von Algorithmen nicht einfach von der Informationstechnologie determiniert, sondern hängt letztlich davon ab, in welcher sozio-digitalen Institution sie eingesetzt werden. Wir fragen nun genauer, ob und wie Algorithmen Akteurstatus erlangen, wenn sie im Kontext »digitaler Assistenz« zum Einsatz kommen. Wir haben bereits erörtert, dass es noch keine sozio-digitale Institution des »digitalen Unternehmers« gibt, die E-Personen als eigennützig handelnde Akteure konstituieren würde.[2] Stattdessen werden Algorithmen, gerade auch die autonom entscheidenden, bisher regelmäßig nur fremdnützig zur digitalen Unterstützung

1 Eingehend zum Unterschied zwischen automatisierten und autonomen Agenten Pagallo (2017), »Automation to Autonomous Systems«, S. 18 ff.; Kainer/Förster (2020), »Autonome Systeme und Vertragsrecht«, S. 279 ff.; Zech (2016), »Zivilrechtliche Haftung«, S. 175 f. Zu der Frage, warum es für praktische Haftungsfragen wichtig ist, diese beiden Risiken streng zu unterscheiden, siehe Kap. 2, II.

2 Kap. 1, II.3.

von Menschen eingesetzt. Beispiele sind etwa algorithmische Preisbildungsmechanismen, Chatbots oder die zurzeit besonders umstrittenen Textgeneratoren (zum Beispiel ChatGPT).

»Digitale Assistenz« hat ihren Ursprung in den traditionsreichen Institutionen der Stellvertretung und der Repräsentation.[3] Jemand übernimmt die Rolle eines anderen und handelt an dessen Stelle gegenüber einer dritten Partei. Die soziale Institution der Repräsentation, auf der das Rechtsinstitut der Stellvertretung aufbaut, konstituiert, das heißt inszeniert und produziert, eine spezifische Akteurskonstellation. Im Gegensatz zur nur instrumentellen Rolle eines Boten, in der Alter nur quasi-mechanisch die strikt definierten Instruktionen von Ego ausführt, gibt die Repräsentation Alter die generelle Ermächtigung, im Namen von Ego eigenständige Entscheidungen mit bindender Wirkung für Ego zu treffen. Gleichzeitig legt sie die Grenzen dieser Ermächtigung fest, sodass es Alter unter bestimmten Bedingungen verwehrt ist, für Ego zu sprechen und zu handeln.

Können auch Algorithmen als eigenständig handelnde Repräsentanten menschlicher Prinzipale auftreten? Weisen sie einen solchen Grad an Autonomie auf, dass sie Aufträge ihres Prinzipals entgegennehmen und mit bindender Wirkung für den Prinzipal Transaktionen mit Dritten abschließen und durchführen können? Die schwierige Frage, ob in der gesellschaftlichen Institution digitaler Assistenz Algorithmen ein solcher Agentenstatus zugeschrieben wird, ist zunächst an die Sozial- und Geisteswissenschaften zu richten. Dies weitet den Blick über das positive Recht der Stellvertretung hinaus.[4] Denn es ist wie gesagt nicht das erste Mal, das nichtmenschliche Akteure als genuine Repräsentanten für menschliche Prinzipale auftreten. Die Geschichte der Stellvertretung zeigt auch, wie im 19. Jahrhundert das Recht erst dann mit begrifflichen Innovationen reagiert, wenn die sozio-ökonomischen Bedingungen besonders starken Druck erzeugen. Damals kam der Druck von gesellschaftlichen Differenzierungsprozessen, besonders der Arbeits-

3 Zu den historischen Wandlungsprozessen anhand ihrer literarischen Repräsentationen Trüstedt (2022), *Stellvertretung*. Zur juristischen Dogmengeschichte der Stellvertretung Bayer, in: Soergel-BGB (14. Auflage, 2022), vor § 164, Rn. 5 ff. Zur aktuellen interdisziplinären Diskussion Kühn/Gruber (Hg.) (2016), *Dreiecksverhältnisse*.

4 Dazu Kühn/Gruber (2016), »Aushandlung von Stellvertretung«, S. 19.

teilung ökonomischer Rollen, die den gesteigerten Bedarf an institutionalisierten Stellvertretungsregeln signalisierten.[5]

Ähnlich verhält es sich heute: Erst als in der gesellschaftlichen Praxis ein Bedürfnis nach digitalen Prinzipal-Agenten-Beziehungen auftrat, ergab es Sinn, Rechtsfragen des digitalen Vertragsschlusses und der Haftung für digitales Fehlverhalten und den damit verbundenen Rechtsstatus der Algorithmen zu klären. Zu diesem Zweck ist zunächst der Frage nachzugehen, unter welchen Bedingungen Algorithmen als handlungsfähige Akteure auftreten können. Dann erst kann geklärt werden, welche spezifischen Risiken Algorithmen in der Situation digitaler Assistenz erzeugen, auf die das Recht reagieren muss.

Bedeutet zu sagen, dass Algorithmen »handeln« , dass Computer kurzschlüssig mit Menschen gleichgesetzt werden, wie oft insinuiert wird?[6] Um nicht falschen Anthropomorphisierungen aufzusitzen,[7] muss man die digitale Handlungsfähigkeit überhaupt erst in ihrer Eigenart verstehen.[8] Dazu ist es hilfreich, die Parallele zur Handlungsfähigkeit anderer nichtmenschlicher Akteure, besonders zu den als juristischen Personen verfassten formalen Organisationen, zu ziehen.[9] Um dazu das Ergebnis der weitverzweigten Diskussion zu kommunikationsfähigen Kollektivakteuren kurz zu kennzeichnen: Hier muss sich vor allem die Rechtswissenschaft von der vertrauten Vorstellung lösen, das soziale Substrat juristischer Personen sei eine Vielheit konkreter Menschen.[10] Als Substrat kom-

5 Weiß (1998), *Über Stellvertretung*, S. 16.

6 Siehe zu dieser fragwürdigen Behauptung vor allem den sehr polemischen offenen Brief an die Europäische Kommission, *Artificial Intelligence and Robotics*, ⟨http://www.robotics-openletter.eu⟩, letzter Zugriff am 1. 12. 2023.

7 Dazu differenzierend Kühne/Peter (2023), »Anthropomorphism in Human–Robot Interactions«.

8 Zur Kritik gängiger Anthropomorphisierungen Babushkina/Votsis (2021), »(Artificial) Identity«, S. 2 ff.

9 Diese Parallele zieht auch List (2021), »Group Agency and AI«.

10 Zum davon fundamental abweichenden soziologischen Begriff des kommunikationsfähigen Kollektivs Luhmann (2018), *Systemtheorie der Gesellschaft*, S. 112 f.; Luhmann (2000), *Politik der Gesellschaft*, S. 241; Luhmann (1997), *Gesellschaft der Gesellschaft*, S. 834 f.; Luhmann (1984), *Soziale Systeme*, S. 269 ff. Zum Kollektivakteur in der Anthropologie Sprenger (2017), »Communicated into Being«, S. 111. Zur Kognitionsphilosophie Dennett (1987), *Intentional Stance*, S. 17. Unter dem Stichwort der Subjektivierung in der Diskursanalyse, allerdings mit anderen normativen Konnotationen, Alkemeyer u. a. (Hg.) (2018), *Jenseits der Person*.

men auch nicht die sonstigen üblichen Verdächtigen in Betracht, nicht Otto von Gierkes berühmt-berüchtigte »reale Verbandspersönlichkeit«, nicht Émile Durkheims »Kollektivbewusstsein«, nicht James Colemans »Ressourcenpool« und auch nicht Maurice Haurious »Institution«.[11] Der kommunikationsfähige Kollektivakteur, wie ihn Talcott Parsons, Niklas Luhmann und andere Sozialtheoretiker definieren, ist keine Gruppe von Individuen, sondern eine Kette von Mitteilungen. Kollektivakteure sind *talk incorporated.* Das heißt, die beteiligten Menschen sind nicht Teile dieser sozialen Systeme, sondern Teil ihrer Umwelt. Sie haben zwar einen massiven, aber doch nur indirekten Einfluss auf die internen Abläufe der Systeme. Organisationen sind keine Häuser, keine Menschengruppen, keine Ressourcenpools, sondern Entscheidungsketten.[12] Und nicht jede Organisation, schon gar nicht jedes Sozialsystem ist ein kommunikationsfähiger Kollektivakteur. Erst unter der doppelten Voraussetzung, dass erstens eine Kommunikationskette über sich selbst kommuniziert, also eine Selbstbeschreibung herstellt, und dass zweitens gerade dieser Selbstbeschreibung kommunikative Ereignisse als von ihr selbst als Person vollzogene Handlungen zugerechnet werden, entsteht die soziale Realität eines Kollektivakteurs, das soziale Substrat der juristischen Person.[13] Unter diesen Voraussetzungen ist es definitiv ausgeschlossen, kollektives Handeln auf individuelles Handeln zu reduzieren, wie es der methodologische Individualismus behauptet.

In ganz paralleler Weise ist nun die Personifizierung von Algorithmen zu verstehen. Softwareagenten, Roboter und andere digitale Akteure sind im Kern mathematisch formalisierte Informationsflüsse. Algorithmen, die mit ihrer Umgebung interagieren, sind nicht bloß statische mathematische Formeln, sondern dynamische Prozesse, die in ihren Problemlösungsoperationen Programmen fol-

11 Zum Begriff der »realen Verbandspersönlichkeit« Gierke (1902), *Wesen der menschlichen Verbände*; zum »Kollektivbewusstsein« Durkheim (1977 [1883]), *Teilung der sozialen Arbeit*, S. 121 ff.; zum »Ressourcenpool« Coleman (1990), *Foundations of Social Theory*, S. 325 ff.; zu »Normkomplexen« Hauriou (1965 [1933]), *Theorie der Institution*.

12 So dezidiert aus organisationssoziologischer Sicht Ortmann (2021), »Organisierte Moral«, S. 57 ff., 62.

13 Ausführlich dazu Teubner (1987), »Unternehmenskorporatismus«, S. 62 ff.; ebenso Bora (2019), »Kommunikationsadressen«; Ortmann (2017), »Unternehmensstrafrecht«, S. 243 ff.

gen. »Was ist ein Algorithmus?« – nach einer eingehenden Diskussion verschiedener Definitionen von »Algorithmus« kommt Yuri Gurevich zu folgender Definition, die besonders den prozessualen Charakter betont:

> Ein zeitlich-sequenzieller Algorithmus ist ein Zustandsübergangssystem, das in einem Anfangszustand beginnt und von einem Zustand zum nächsten übergeht, bis es, wenn überhaupt, anhält oder abbricht [...]. Insbesondere ist ein zeitlich-sequenzieller interaktiver Algorithmus [...] ein Zustandsübergangssystem, in dem ein Zustandsübergang vom Senden und Empfangen von Nachrichten begleitet sein kann.[14]

Zudem wird den Algorithmen, sobald sie in Wirtschaft und Gesellschaft als Agenten innerhalb einer Prinzipal-Agenten-Beziehung auftreten, soziale Identität und Handlungsfähigkeit zugeschrieben. So kommt eine empirische Studie zur gesellschaftlichen Attribution des Personstatus zu Algorithmen zu dem Ergebnis:

> Die Menschen attribuieren verschiedenen Agenten, menschlichen und nichtmenschlichen, einen moralischen Status. Die Attribution eines moralischen Status ist nicht binär: sie ist graduierbar, fluide und transitorisch, sie variiert auf der Skala der Handlungsfähigkeit und der Erfahrung.[15]

Die gesellschaftliche Personifizierung von Algorithmen geschieht jedoch, genauso wie im Fall von Organisationen, nur unter bestimmten Bedingungen.[16] (Die davon deutlich zu trennende rechtliche Personifizierung von Algorithmen ist wiederum an andere

14 Gurevich (2012), »What Is an Algorithm?«, S. 40.

15 Lukaszewicz/Fortuna (2022), »Turing Test 2.0«, S. 871.

16 Zahlreiche Vertreter verschiedener Disziplinen sprechen sich explizit für die Personifizierung von Algorithmen, jeweils unter bestimmten Bedingungen, aus. In der Informationsphilosophie Floridi/Sanders (2011), »Morality of Artificial Agents«, S. 187 ff.; Thürmel (2015), »Participatory Turn«, 52 ff. In der Soziologie Dogruel/Dickel (2022), »Die Kommunikativierung der Maschinen«, S. 478 ff.; E. Esposito (2022), *Artificial Communication*, S. 1 ff.; Bora (2019), »Kommunikationsadressen«; Muhle (2018), »Sozialität von und mit Robotern?«, S. 155 ff.; Harth/Lorenz (2017), »Soziologie des Algorithmus«; E. Esposito (2017), »Artificial Communication?«; Weyer/Fink (2011), »Interaktion von Mensch und autonomer Technik«, S. 40 ff. In der politischen Theorie Cohen (2019), *Truth and Power*, S. 221 ff. In der Informatik Krafft u. a. (2022), »Regulate Algorithmic Decision-Making«, S. 120 f. In der Rechtssoziologie Mölders u. a. (2021), »Algorithmen im Recht«; Teubner (2006), »Elektronische Agenten«, S. 8 f.

Bedingungen geknüpft.[17]) Ob die Bedingungen gesellschaftlicher Personifizierung erfüllt sind, entscheidet sich erst in den neu entstehenden sozio-digitalen Institutionen, die wir oben diskutiert haben. In unserem jetzigen Zusammenhang ist das die Institution digitaler Assistenz. Im Falle von Algorithmen ist es digitale Assistenz, ebenso wie im Falle von Organisationen andere gesellschaftliche Institutionen, die auf Konstituierung und Anerkennung von Personen ausgerichtet sind – allerdings ohne vorgegebene Unterscheidung zwischen menschlichen und nichtmenschlichen Personen und mit der Möglichkeit, unterschiedliche Grade von Personalität zu differenzieren.[18]

Die genaue Parallele von Organisationen und Algorithmen wird also deutlich, wenn man zwei Fehlvorstellungen der Personifizierung nichtmenschlicher Entitäten zurückweist: Falsch ist die Vorstellung, dass sich im Falle von Organisationen eine Menschenansammlung in eine organizistische reale Verbandspersönlichkeit verwandelt. Ebenso falsch ist die Vorstellung, dass sich im Falle von Softwareagenten ein Computer in einen *homo ex machina* verwandelt. Stattdessen wird für Organisationen und für Algorithmen eine der wichtigsten »evolutionären Errungenschaften sozialer Systeme«[19] verwirklicht: Institutionalisierte soziale Praktiken schreiben bestimmten Kommunikationsprozessen Handlungsfähigkeit zu. Sobald solche Zurechnungen sozial institutionalisiert sind, werden aus den Personfiktionen harte gesellschaftliche Realitäten.

2. Algorithmen als Aktanten

In seiner berühmten Akteur-Netzwerk-Theorie verwendet Bruno Latour für handlungsfähige *non-humans* den Neologismus »Aktanten«. Gleichzeitig arbeitet er den fundamentalen Unterschied zur

17 Zur rechtlichen Personifizierung von E-Personen Kap. 1, II.3. Zur Personifizierung von Algorithmen in einer Prinzipal-Agenten-Beziehung Kap. 2, III.4 und IV.4. Zur Personifizierung von Mensch-Algorithmus-Assoziationen Kap. 3, III.

18 Sprenger (2018), »Production is Exchange«, S. 248. Diese Möglichkeit, unterschiedliche Grade von sozialer Personalität zu institutionalisieren, findet ihre juristische Entsprechung in der Teilrechtsfähigkeit von bestimmten Akteuren, was wir bereits angesprochen haben und was uns noch im Rahmen der Stellvertretung durch Algorithmen und der Prinzipal-Agenten-Haftung beschäftigen wird.

19 Luhmann (1984), *Soziale Systeme*, S. 273.

Handlungsfähigkeit von Menschen heraus und definiert die Bedingungen der Handlungsfähigkeit.[20] Wie schon der Ausdruck »Aktanten« andeutet, wird in Latours Analysen deutlich, dass es keinesfalls um eine Anthropomorphisierung von digitalen Prozessen geht, sondern gerade umgekehrt um eine De-Anthropomorphisierung der allzumenschlichen Roboter und Softwareagenten. Diese bleiben – wie Informationswissenschaftler sagen – *mindless machines*,[21] werden aber durch Handlungszurechnung in sozio-digitalen Institutionen zu nichtmenschlichen Mitgliedern der Gesellschaft.[22]

Warum personifizieren soziale Systeme Organisationen und Algorithmen? Zur Erklärung der Personifizierung in der heutigen Gesellschaft werden viele Motive angeführt.[23] Ökonomen verweisen auf die Einsparung von Transaktionskosten bei Mehrparteienverträgen. Soziologen verweisen auf Koordinationsvorteile bei der Zusammenlegung von Ressourcen. Juristen betonen die »rechtliche Unsterblichkeit« von Körperschaften – der Kirche, des Staates, des Unternehmens.[24] Luhmann argumentiert, dass soziale Systeme, sobald sie personifiziert sind, erhebliche Positionsvorteile im Kontakt mit ihrer Umwelt erlangen.[25] Latour sieht Chancen, die Zahl der potenziellen Kandidaten für die Teilnahme an der politischen

20 Latour (2001), *Parlament der Dinge*, S. 93 ff. Latour definiert ihre Handlungsfähigkeit sehr weit als »Widerständigkeit«. Demgegenüber wird im Text Handlungsfähigkeit sehr viel enger über Teilnahme an gesellschaftlicher Kommunikation definiert, ähnlich Muhle (2018), »Sozialität von und mit Robotern?«, S. 155 ff. Rossler (2015), *Anteil der Dinge*, S. 87 ff., beschreibt die Vielfalt der Bedeutungen, die mit dem Begriff der Handlung verbunden sind, und erstellt eine Typologie des Handelns.

21 Hildebrandt (2015), *Technologies and End(s) of Law*, S. 22; Floridi/Sanders (2011), »Morality of Artificial Agents«, S. 186.

22 Allegranti u. a. (2023), »Artificial Intelligence in Preventing Natural Disasters«, S. 355; Messner (2020), »Distant Voices«, S. 1152 f.; Muhle (2021), »Roboter in der Sozialwelt«, S. 132 ff.

23 Zu den Motiven für die Personifizierung in »traditionellen« Gesellschaften Ewald (1995), »Comparative Jurisprudence (I)«, S. 1889 ff. Eine historische Typologie der *personae* bei van Dijk (2020), »Hall of Masks«, S. 230 ff.

24 Zu Transaktionskosten Williamson (1985), *Economic Institutions of Capitalism*, S. 110. Zur Zusammenlegung von Ressourcen Coleman (1990), *Foundations of Social Theory*, S. 325 ff. Zur Kontinuität *locus classicus* Blackstone (1771), *Commentaries on the Laws of England*, S. 467 ff.

25 Luhmann (1984), *Soziale Systeme*, S. 270.

Ökologie zu erweitern.[26] Dies sind wichtige Einsichten. Wir möchten jedoch einen anderen Aspekt hervorheben. In der Begegnung mit nichtmenschlichen Entitäten, insbesondere mit Algorithmen, erweist sich deren Personifizierung als eine erfolgreiche Strategie zur Bewältigung von Ungewissheit, insbesondere der Unvorhersehbarkeit ihres Verhaltens.[27] Die Personifizierung verwandelt die Mensch-Algorithmus-Beziehung aus einer Subjekt-Objekt-Beziehung in eine Ego-Alter-Beziehung. Dies führt natürlich nicht zu Egos Gewissheit über Alters Verhalten. Doch ermöglicht die Personifikation Ego, in Situationen, in denen Alter für Ego intransparent ist, Alters Verhalten kommunikativ zu beeinflussen und seine eigene Aktion als Reaktion auf Alters Kommunikation zu wählen:

> Der Computer bzw. der Algorithmus ist dann nicht mehr ein technisches Artefakt mit Zurechnungspotenzial, sondern ein Gegenüber, das entweder im Falle natürlicher Sprache als anthropomorpher, im Falle von Entscheidungsalgorithmen als korporativer Akteur auftritt.[28]

Den Algorithmus so zu behandeln, »als ob« er ein Akteur wäre, verwandelt also die Ungewissheit über Kausalbeziehungen in die Ungewissheit über Kommunikationsbeziehungen. Das wirft zweierlei Fragen auf. Erstens: Kann der menschliche Partner den Algorithmus kommunikativ beeinflussen? Zweitens: Wie ist die Reaktion des Algorithmus auf die Handlungen des Menschen zu verstehen? Kausalzurechnung transformiert sich in Handlungszurechnung.[29] Das beruht auf der Unterstellung, dass der algorithmische Alter über Motive für sein Handeln verfügt. Die Unterstellung wird zur harten sozialen Realität des Akteurstatus, insofern »menschliche Akteure ihre nicht-menschlichen Mitspieler als ebenbürtige Partner ansehen. Sie schreiben ihnen Handlungsträgerschaft zu – und zwar in einer symmetrischen Weise«.[30] Dadurch wird der Mensch

26 Latour (2001), *Parlament der Dinge*, S. 93 ff.

27 Dies ist die zentrale These in Teubner (2006), »Elektronische Agenten«, S. 11 ff. Zustimmend Kornilakis (2023), »Legal Personhood for Autonomous AI«, S. 28. Zusätzliche Aspekte bei Nassehi (2019), *Muster: Theorie der digitalen Gesellschaft*, S. 221 ff.

28 Nassehi (2019), *Muster: Theorie der digitalen Gesellschaft*, S. 224.

29 So für Organisationen Ortmann (2021), »Organisierte Moral«, S. 51 ff.

30 Weyer/Fink (2011), »Interaktion von Mensch und autonomer Technik«, S. 43, die ein empirisch überprüfbares Modell der Handlungsträgerschaft von Algorithmen vorlegen.

in die Lage versetzt, die Reaktionen des Algorithmus zu beeinflussen, seine eigene Handlung zu wählen, die darauffolgenden Reaktionen des Algorithmus zu interpretieren und daraus Konsequenzen fürs weitere eigene Handeln zu ziehen.[31] Das eröffnet zugleich das Potenzial einer eigenartigen »digitalen Hermeneutik«, die sich Methoden der Sinninterpretation bedient, um eine Maschine zu verstehen.[32] Und dies ist überhaupt erst die Voraussetzung für das Recht zu fragen, ob es den Algorithmus als autonomen und verantwortlichen Akteur behandeln soll oder nicht.

3. Kommunikation mit Algorithmen

Doch können wir wirklich davon ausgehen, dass Algorithmen in einem voraussetzungsreichen Sinn kommunizieren, wie wir das für Menschen, aber auch für Organisationen voraussetzen? In der Tat sind Algorithmen die neueste Provokation für den tief verwurzelten Anthropozentrismus, der Kommunikation ausschließlich unter Menschen zulässt:

> In der Tradition der europäischen humanistischen Aufklärung hat es sich zwar eingebürgert, Kommunikation nur auf Menschen zuzurechnen, aber damit werden zum einen Eigenbeiträge der sozialen Systeme und zum anderen möglicher weiterer Adressaten inklusive Göttern, Geistern, Teufeln, Tieren, Pflanzen, Sternen und, nicht zuletzt, Maschinen unterschätzt.[33]

Dieser Fragestellung wird in der Intersoziologie, einem neuen Teilgebiet der Soziologie, nachgegangen.[34] Mit ausreichender Tiefen-

31 Muhle (2018), »Sozialität von und mit Robotern?«, S. 156; Dimara/Perin (2020), »Interaction for Data Visualization«. Aus einer anderen Theorieperspektive kommt Daniel Dennett mit der Idee des »*intentional stance*« zu einem ähnlichen Ergebnis, Dennett (1987), *Intentional Stance*, S. 17 ff. Zur Anwendung des »*intentional stance*« auf elektronische Agenten Sartor (2009), »Cognitive Automata and the Law«, S. 261.

32 Die Kommunikation zwischen Mensch und Computer ist durch einen Übersetzungsvorgang von analoger in digitale Sinnverarbeitung und umgekehrt gekennzeichnet, anregend dazu Baecker (2021), »Die Digitalisierung der Arbeit«, S. 197 ff.

33 Baecker (2021), »Arbeit am Rechner«, S. 144.

34 Schetsche/Anton (Hg.) (2020), *Intersoziologie*. Zur Forschungsagenda für Mensch-Maschine-Kommunikation; Guzman/Lewis (2020), »Artificial Intelligence and Communication«.

schärfe behandeln diese Frage vier sozialtheoretische Ansätze: die schon angesprochene Akteur-Netzwerk-Theorie, die Techniksoziologie, der Sozialkonstruktivismus und die systemische Kommunikationstheorie.[35] Sie alle kommen auf unterschiedlichen Wegen zum Ergebnis, dass in der Mensch-Algorithmus-Begegnung Kommunikation in einem anspruchsvollen Sinne stattfindet.

Wenn in der Situation digitaler Assistenz ein menschlicher Prinzipal seinem algorithmischen Agenten Weisungen gibt, der Agent mit Dritten Verträge schließt, die Transaktionen durchführt und den Prinzipal über die Vertragsabwicklung informiert, nehmen dann die beteiligten Menschen nur das Verhalten einer Maschine wahr oder kommunizieren sie im strengen Sinne mit dem Softwareagenten? Die übliche Antwort ist, dass man nach »psychologischen Fähigkeiten der Algorithmen suchen muss, von denen wir bisher dachten, sie seien komplexen biologischen Organismen wie dem Menschen vorbehalten«.[36] Eine andere Antwort jedoch gibt nach der jüngsten »relationalen Wende« die Tier-, Roboter- und Maschinenethik:[37] Algorithmen haben als solche keine Akteursqualitäten, die ihnen die Fähigkeit verleihen, mit Menschen (im strengen Sinne) zu kommunizieren. Erst wenn Algorithmen integraler Teil sozialer Beziehungen werden, wird die Zuschreibung von kommunikativen Fähigkeiten ermöglicht, freilich stets unter bestimmten Voraussetzungen.

Die soziologische Systemtheorie schärft den Blick. Sie benennt bestimmte Bedingungen, die für die Personifizierung von Algorithmen in sozialen Institutionen erfüllt sein müssen.[38] Ob in der Institution digitaler Assistenz Algorithmen überhaupt personifiziert werden, hängt davon ab, ob die »Beiträge« der Softwareagenten als kommunikative Ereignisse im strengen Sinne konstituiert werden. Gemäß dem systemtheoretischen Kommunikationsbegriff, dem zufolge Kommunikation nicht als Übertragung einer Information

35 Eingehend zu den verschiedenen Ansätzen Harth (2020), »Kommunikation mit nicht-menschlichen Entitäten«, S. 143 ff.; Muhle (2021), »Roboter in der Sozialwelt«, S. 132 ff.

36 Prescott (2017), »Not Just Tools«, S. 142 ff. Dazu mit wichtigen Differenzierungen Kühne/Peter (2023), »Anthropomorphism in Human–Robot Interactions«, S. 43 ff.

37 Coeckelbergh (2012), »Experiences of the Tragic«, S. 35 ff.

38 Baecker (2011), »Who Qualifies for Communication?«, S. 17.

von A nach B zu fassen ist, sondern als dreistellige Selektion von Information, Mitteilung und Verstehen, müsste auch in der Kommunikation der Menschen mit Algorithmen eine Synthese von Information, Mitteilung und Verstehen erbracht werden.[39] Sofern es gelingt, Ereignisse zu identifizieren, die als »Mitteilungen« des Algorithmus, die eine bestimmte »Information« enthalten, zu »verstehen« sind, wird sich in der Tat in der Begegnung von Menschen mit Algorithmen ein genuines Kommunikationssystem herausbilden. Die »Antworten« in der Form von Kommunikationen, die wir von Softwareagenten auf unsere »Anfragen« erhalten, erfüllen alles, was die Synthese von Information, Mitteilung und Verstehen, die Voraussetzung für Kommunikation im strengen Sinne ist, erfordert.[40]

Ob in der Realität eine solche »Kommunikativierung« von Algorithmen geschieht, lässt sich jedoch nicht abstrakt-generell festlegen, sondern ist, wie schon oben gesagt, von den Sonderbedingungen der sozio-digitalen Institutionen abhängig. Deshalb ist jede dieser Institutionen daraufhin zu untersuchen, ob und in welchem Ausmaß sich die folgenden drei »Triebkräfte« ausgewirkt haben:

1) die Abnahme menschlicher Kontrolle über die Kommunikation in Verbindung mit einem Anstieg der »Agency«, die der Technik am Kommunikationsprozess tendenziell zugeschrieben wird,

39 Zu diesen Voraussetzungen von Kommunikation im Allgemeinen Luhmann (1984), *Soziale Systeme*, S. 191 ff. Zur Kommunikation mit nichtmenschlichen Entitäten Sprenger (2017), »Communicated into Being«, S. 116 ff.; Luhmann (1997), *Gesellschaft der Gesellschaft*, S. 116 ff., 119 ff. Speziell zur Kommunikation mit Algorithmen, die ebenso als Synthese von Mitteilung, Information und Verstehen definiert ist, Harth/Lorenz (2017), »Soziologie des Algorithmus«, S. 12 ff.; E. Esposito (2017), »Artificial Communication?«, S. 249, 254 ff.; Teubner (2006), »Elektronische Agenten«, S. 11 ff.

40 Zur Frage, ob Arbeit mit Computern als Kommunikation zu verstehen ist, auch wenn doppelte Kontingenz womöglich nur einseitig erfahren wird, Luhmann (1997), *Gesellschaft der Gesellschaft*, S. 303 f. E. Esposito (2017), »Artificial Communication?«, S. 262, stellt die Frage, ob der Kommunikationsbegriff erweitert oder ein anderer Begriff für die Begegnung Computer-Mensch entwickelt werden muss, lässt die Antwort dann aber letztlich offen. In ihrem Buch hat sie sich aber dafür entschieden, dass die Begegnung Computer-Mensch als Kommunikation mit einem Interaktionspartner im strengen Sinn zu verstehen ist, E. Esposito (2022), *Artificial Communication*, S. 1 ff.

2) die Simulation der Merkmale menschlicher Bedeutungsvermittlung sowie

3) diskursiv ausgehandelte Narrative um die Kommunikationsrolle bzw. -fähigkeiten der Maschine.[41]

Die hier angesprochenen sozio-digitalen Institutionen sind also nicht ein für alle Mal festgefügte Erwartungskomplexe. Statt nach stabil strukturierten Institutionen zu suchen, sollte man besser auf temporalisierte Prozesse der Institutionalisierung achten, die von sich ständig wandelnden gesellschaftlichen Aushandlungen, zugleich auch von bloßen Konsensunterstellungen abhängig sind.[42] Wie sehr diese sich unter dem Eindruck von IT-Innovationen wandeln, ist heute besonders deutlich mit der Einführung von ChatGPT und ähnlichen Formen verbalisierter IT-Kommunikation zu beobachten. Angesichts ihrer erstaunlich komplexen Textproduktion lässt sich ein kräftiger Schub in Richtung Eigenleistung und Verantwortung der Maschinen schon jetzt identifizieren. Ob sich das Recht wiederum von der sozialen Institutionalisierung beeinflussen lässt, ist heute noch offen. Freilich wird es, wenn dies passiert, die gesellschaftliche Institutionenbildung in einer Weise stabilisieren, wie es in der Vergangenheit mit der Personifizierung und Kommunikativierung von formalen Organisationen erfolgreich geschehen ist.

Immer aber ist diese Mensch-Maschine-Kommunikation nur eine »asymmetrische« Interaktion.[43] Denn Algorithmen besitzen nicht den kommunikativen Status eines vollgültigen sozialen Akteurs.[44] Sie sind wie schon gesagt nur »Aktanten«. Dennoch bildet sich in der Begegnung mit ihnen ein genuines selbstproduzierendes Kommunikationssystem heraus.[45] Asymmetrisch ist diese Kommunikation in einem vierfachen Sinne:

41 Dogruel/Dickel (2022), »Die Kommunikativierung der Maschinen«, S. 478 ff.

42 Luhmann (1970), »Institutionalisierung«, S. 27 ff.

43 Gutmann (2011), »Sozialität durch technische Systeme?«, S. 14, spricht von einer »intrinsischen Asymmetrie parasozialer Relation«.

44 Muhle (2021), »Roboter in der Sozialwelt«, S. 138.

45 Baecker (2011), »Who Qualifies for Communication?«, S. 17, formuliert die Bedingungen für die Fähigkeit künstlicher Intelligenz, »mit Menschen in dem höchst anspruchsvollen Unternehmen, der Kommunikation, zusammenzukom-

(1) Den Algorithmen können keineswegs die mentalen Kompetenzen von Menschen zugesprochen werden.[46] Ihr Innenleben besteht aus mathematischen Operationen auf der materiellen Grundlage elektronischer Signale. Sie folgen einer anderen »Logik«, die nicht auf Denken beruht: Die Maschine »regelt ein Operieren mit Symbolen, das vollzogen werden kann, ohne dass beim Vollzug der Sinn des Vollzugs, oder gar der Sinnhintergrund der Entscheidungsregeln berücksichtigt werden muss«.[47] Das Neuartige der Digitalisierung liegt darin, dass solches Operieren mit Symbolen an eine kausale Verknüpfung elektronischer Signale eng gekoppelt wird. Dies erst verleiht ihnen ihre Eigendynamik. »In der Synthese der strikten Zeichenlogik – der Verkettung von Nullen und Einsen – mit der materialinhärenten Kausalität und Dynamik von Elektronen liegt die besondere Qualität der Digitalisierung.«[48]

Um zu verstehen, wie trotz der asymmetrischen Innenwelten die Kommunikation zwischen Computern und Menschen möglich ist, sollte man auf die Unterscheidung zwischen *subface, surface* und *interface* zurückgreifen.[49] In Baeckers systemtheoretisch informierter Definition:

Subface ist die technische Seite der digitalen Medien, gekennzeichnet durch die Vernetzung und Verschaltung kausal kontrollierter und determinierter Prozesse in Hardware und Software (Wenn/Dann/Sonst-Schleifen). Surface ist die ebenfalls technisch gestaltete, aber gegenüber Zugriffen des Körpers (Wahrnehmung), des Bewusstseins (Intentionalität) und der Kommunikation (Information, Mitteilung und Verstehen) grundsätzlich offe-

men«. Allerdings relativiert er neuerdings die Voraussetzungen für Kommunikation im anspruchsvollen Sinne, wenn er für die Begegnung Mensch-Algorithmus gleichzeitig mit einem weiten und einem engen Kommunikationsbegriff operiert, Baecker (2021), »Die Digitalisierung der Arbeit«, S. 202 ff. Wir benutzen im Folgenden den engen Begriff der Kommunikation, der gerade auch in der Begegnung Mensch-Algorithmus die Synthese von Mitteilung, Information und Verstehen zu identifizieren verlangt. Dagegen benutzen wir den Begriff der strukturellen Kopplung für nichtkommunikative Kontakte zwischen Mensch und Algorithmus.

46 E. Esposito (2017), »Artificial Communication?«, S. 250.

47 Luhmann (1997), *Recht und Automation*, S. 45.

48 Manhart/Wendt (2021), »Systemtheorie digitaler Organisation«, S. 43 und *passim*.

49 Nake (2020), »Surface, Interface, Subface«.

ne, das heißt interpretierbare Seite (Tastaturen, Bildschirme, Schalttafeln, Mikrophone und Lautsprecher).[50]

»*Interface*« wiederum bezeichnet die Begegnung von algorithmischen Beiträgen auf dem IT-*surface* mit menschlichen Kommunikationsbeiträgen. In diesem Sozialsystem der Mensch-Maschine-Kommunikation, das sozio-digitale Institutionen konstituiert, schließen menschliche und digitale Kommunikationen aneinander an:

Das Design der Interfaces (sei es ein Bildschirm oder ein Lautsprecher) macht es strukturell irrelevant, ob »hinter« dem Interface ein analoger Körper steht oder »nur« technische Hard- und Software. Das Interface schafft ein soziales Spielfeld, durch das Mensch und Maschine in dieser Hinsicht symmetrisiert werden.[51]

Für eine gelungene Kommunikation zählen nur das *surface* und das *interface*; das *subface* ist nicht Teil des autonomen Kommunikationsgeschehens, sondern befindet sich in seiner Umwelt. Deswegen wird der Unterschied zwischen dem *subface* des Computers und dem Bewusstsein des Menschen, so fundamental er auch ist, für unsere Frage, ob hier Kommunikation stattfindet, gar nicht relevant. Entscheidend ist, dass außerhalb der unterschiedlichen Innenwelten von Mensch und Computer ein Sozialsystem entsteht, in dem ein autonomer Kommunikationsprozess zustande kommt.[52] Menschliche Bewusstseinsvorgänge und algorithmische Kalkulationen nehmen nicht am autonomen Kommunikationsprozess teil, sondern sind für diesen nur Umwelten, die ihn von außen irritieren. Innerhalb des Kommunikationsprozesses werden beide Innenwelten rekonstruiert, jedoch nur als semantische Artefakte. Die dabei kommunikativ erzeugten »Personen« sind also keinesfalls mit den Algorithmen oder den Menschen identisch, sondern sind bloße »Erwartungszusammenhänge«, die sich an eine Sozialposition richten.[53]

Was das Ganze noch komplizierter macht, ist, dass trotz dieser Trennung von autonomer Kommunikation einerseits und autonomen Innenwelten von Mensch und Maschine andererseits zugleich

50 Baecker (2023), »Digitalisierung als Kalkül«, S. 25.

51 Dogruel/Dickel (2022), »Die Kommunikativierung der Maschinen«, S. 478.

52 E. Esposito (2022), *Artificial Communication*, xi und *passim*.

53 Muhle (2021), »Roboter in der Sozialwelt«, S. 134.

sowohl das digitale *subface* als auch das menschliche Bewusstsein durch ihre endogene Unruhe in der Lage sein müssen, den Kommunikationsprozess ausreichend zu irritieren.[54]

Denn ihre Leistung besteht darin, ihre Eigenkomplexität für die Bildung des sozialen Systems bereitzustellen, ohne Teil des sozialen Systems zu werden. Algorithmische Systeme können dann analog zu psychischen Systemen an der Konstitution sozialer Systeme beteiligt sein.[55]

Nur unter der Voraussetzung, dass sowohl menschliches Bewusstsein als auch algorithmische Binnenkalkulation die Interaktion von Mensch und Maschine ausreichend irritieren, kann Kommunikation als Synthese aus Mitteilung, Information und Verstehen überhaupt erst gelingen.

(2) Die Mensch-Maschine-Kommunikation ist in einem anderen Sinne asymmetrisch. In der Kommunikation unter Menschen ist die doppelte Kontingenz symmetrisch beidseitig, weil beide Partner die Wahl ihres Verhaltens von der Verhaltenswahl des anderen abhängig machen.[56] Jedoch wird zwischen Mensch und Maschine die für Kommunikation notwendige doppelte Kontingenz nur einseitig erlebt, nämlich nur vom Menschen und nicht von der Maschine (jedenfalls im heutigen Entwicklungsstand).[57] Einseitig erlebte doppelte Kontingenz, wie wir sie in der Mensch-Maschine-Beziehung antreffen, schließt aber nicht aus, dass dennoch genuine Kommunikation stattfindet. Historisch bekannte Konfigurationen, wie die Kommunikation mit Gott im Gebet, animistische Praktiken in indigenen Gesellschaften ebenso wie die Kommunikation mit Tieren, leisten durchaus die Synthese aus Mitteilung, Information und Verstehen.[58] Aber sie tun dies nur unter der Voraussetzung,

54 Harth/Lorenz (2017), »Soziologie des Algorithmus«, S. 12 ff.; Baecker (2021), »Arbeit am Rechner«, S. 145.

55 Fuhrmann (2023), »Autopoietische algorithmische Systeme«, S. 121.

56 Zu doppelter Kontingenz Parsons/Shils (1951), *General Theory of Action*, S. 3 ff., 16; Luhmann (1984), *Soziale Systeme*, S. 148 ff.

57 Dazu Luhmann (1997), *Gesellschaft der Gesellschaft*, S. 304. Vgl. auch Hildebrandt (2015), *Technologies and End(s) of Law*, S. 67 ff.

58 Sprenger (2017), »Communicated into Being«, S. 119 ff.; Teubner (2006), »Elektronische Agenten«, S. 5 ff.; Luhmann (1987), »Kommunikation mit Gott«, S. 232: »Die Kommunikation mit Gott bescheinigt sich selbst die Existenz des anderen, fast könnte man im Sinne neuerer Kommunikatiostheorien von *performative utterances*, von *speech acts* oder von *indexical expression* sprechen.«

dass im kommunikativen Ereignisstrom eine Personifikation des nichtmenschlichen Partners stattfindet, welche eine Zurechnung der Handlung auf den »anderen« ermöglicht. Entscheidend sind zwei Bedingungen: »Personalität entsteht, wo immer das Verhalten anderer als gewählt vorgestellt wird und durch eigenes Verhalten kommunikativ zu beeinflussen ist.«[59] Die Personifizierung nichtmenschlicher Entitäten als ein performatives Ereignis, das die Person als ein semantisches Konstrukt konstituiert, kompensiert also diese Asymmetrie in der Mensch-Maschine-Beziehung.

(3) Sie ist weiterhin asymmetrisch in Bezug auf das wechselseitige Verstehen in der Kommunikation von Mensch und Maschine. Wenn »Verstehen« als die Fähigkeit, die Selbstreferenz eines anderen in der eigenen Selbstreferenz nachzukonstruieren, verstanden wird, dann kann zwar das Bewusstsein der Menschen die Botschaften des Algorithmus verstehen, aber dem Algorithmus dürfte die Fähigkeit des Verstehens des menschlichen Innenlebens fehlen. Dies hermeneutische Defizit algorithmischer Kalkulationen veranlasst auch gut informierte Juristen, die Personifizierung von Algorithmen aus »epistemischen Gründen« auszuschließen:

> Rechtspersönlichkeit ist an Menschen gebunden, denn nur Menschen verstehen die Bedeutung von Rechten und Pflichten. Denken ist weitaus mehr als formale Symbolmanipulation (Syntax). Es involviert Sensibilität für die Symbolbedeutung (Semantik), über die Roboter aber nicht verfügen. Roboter können auf Regelkonformität programmiert werden, aber sie können nicht Regeln gehorchen. Regelgehorsam setzt das Verstehen der Regelbedeutung voraus. Aber Roboter können dies Verständnis nicht haben. Roboter sind in der Disziplin der Hermeneutik nicht aktiv – und werden es nie sein.[60]

In unserem Zusammenhang kann man jedoch die Frage, ob der Algorithmus ein semantisches Verstehen vollziehen kann, getrost offenlassen, weil es für Kommunikation im strengen Sinne auf ein solches Tiefenverstehen im Innenleben der Maschine gar nicht ankommt. Man muss deutlich zwischen Verstehensprozessen innerhalb des autonomen Kommunikationsgeschehens einerseits und Verstehensprozessen im Innenleben der interagierenden

59 Luhmann (1997), *Gesellschaft der Gesellschaft*, S. 643.
60 Eidenmüller (2017), »Robot's Legal Personality«, S. 13

Entitäten andererseits unterscheiden.[61] Für ein Verstehen innerhalb des verselbstständigten Kommunikationsprozesses ist gerade nicht entscheidend, ob der Algorithmus selbst versteht. Vielmehr kommt es nur darauf an, ob der »Antworttext« des Algorithmus den »Fragentext« des Menschen versteht. Diese Unterscheidung ignoriert Fuchs, der die Mensch-Algorithmus-Begegnung als »einseitig bewusste Kommunikation« auffasst, deshalb (irrtümlich) auf das Verstehen im Bewusstsein abstellt und (vergeblich) nach Verstehensprozessen im Innenleben der Computer fahndet.[62] Ob der Softwareagent selbst in seinen Kalkulationen die Aufträge des Prinzipals versteht, ist letztlich unerheblich. Sofern nur die Anschlusskommunikation des Algorithmus die Differenz von Mitteilung und Information im vorhergehenden Kommunikationsakt des Menschen nachvollzieht und darauf mit einer eigenen Differenz von Mitteilung und Information reagiert, ist ein kommunikativer Verstehensakt vollzogen, ohne dass es – um es nochmals zu betonen – darauf ankäme, ob im Innenleben des Algorithmus die Äußerung des Menschen verstanden wird oder nicht. Auch hier bieten sowohl die Kommunikation mit Gott als auch animistische Praktiken historische Belege für Verstehen im kommunikativen Geschehen, das auch dann zustande kommt, wenn der »Andere« in seinem Inneren nicht verstehen sollte.

(4) Eine letzte Asymmetrie betrifft nicht die kommunikativen Operationen selbst, sondern ihre Produkte, also die Strukturen, Erwartungen, Normen, Grenzen und Institutionen, die der Kommunikationsfluss zwischen Mensch und Maschine aufbaut. Hier machen sich die Unterschiede der »Innenwelten«, die an die Kommunikation gekoppelt sind – das Bewusstsein einerseits, das *subface* aus mathematischen Kalkulationen/elektronischen Impulsen andererseits – bemerkbar, zwar nur indirekt aus der Umwelt der Kommunikationsprozesse, aber dennoch wirksam. Es geht um die Anschlussprozesse an einen kommunikativen Beitrag, die in den beiden Innenwelten parallel zum Kommunikationsprozess stattfinden. Auf

61 Luhmann (1986), »Systeme verstehen Systeme«, S. 93 ff.

62 Fuchs (1991), »Kommunikation mit Computern?«, S. 9 ff. Dies kritisieren zu Recht Harth/Lorenz (2017), »Soziologie des Algorithmus«, S. 6 ff., die konsequent darauf insistieren, dass es auf das Verstehen in der Anschlusskommunikation und nicht auf das Verstehen im Bewusstsein oder im *subface* des Algorithmus ankommt.

den kommunikativen Beitrag des Algorithmus reagiert menschliches Bewusstsein mit den bekannten Mikrovariationen der Sinnbildung, mit Uminterpretationen und Erwartungsänderungen. Diese Mikrovariationen irritieren wiederum die Kommunikation, worauf menschliches Bewusstsein seinerseits mit Erwartungsänderungen reagiert. Anders sieht es mit der Erwartungsbildung im Innenleben der Algorithmen aus. Auf kommunizierte Erwartungsänderungen reagieren sie rigide und kommunizieren erneut stur ihre vorher programmierten Erwartungen. Ändern können sie ihre Erwartungen erst dann, wenn entweder die Programmierer die Programme ändern oder wenn sie selbst über Lernfähigkeit verfügen. Im Ergebnis stört diese Asymmetrie »techno-digitaler Normativität« zwar den Prozess der Erwartungsänderung,[63] ändert aber nichts daran, dass zwischen Mensch und Algorithmus eine genuine Kommunikation stattfindet, wenn auch unter asymmetrischen Bedingungen.

Um das bisher Gesagte in einer Kurzformel zu verdichten: Softwareagenten sind – ebenso wie Unternehmen und andere formale Organisationen – nichts anderes als Informationsströme, die dann zu »Personen« (oder Teilpersonen) werden, wenn ihnen in einer sozio-digitalen Institution (in unserem Zusammenhang in digitaler Assistenz) eine soziale Identität aufgebaut wird und wenn ihnen zusammen mit den notwendigen organisatorischen Vorkehrungen (zum Beispiel Vertretungsregeln) eigene Handlungsfähigkeit effektiv zugerechnet wird.[64]

Dies wäre also das erste der oben angesprochenen Emergenzphänomene.[65] Die elektronischen Signale der Algorithmen bilden zusammen mit den Beiträgen der Menschen das Material, auf die das emergierende Sozialsystem der Mensch-Algorithmus-Interaktion zurückgreift, um Kommunikationen als seine Elementaroperationen zu erzeugen. Es geht also nicht um bloße Wahrnehmungsakte, mit denen Menschen algorithmische Operationen ablesen, sondern um sinnhafte Kommunikationen (im strengen Sinne der Synthese

63 Dazu Karavas (2009), »Force of Code«, S. 478 ff.

64 Unter diesen Umständen sprechen sich gerade auch im Verfassungsrecht für die eigene Rechtspersönlichkeit von Algorithmen aus Möllers (2021), »Negativität«, S. 190 ff.; Ingold (2014), »Grundrechtsschutz sozialer Emergenz«, S. 220 ff.; Kersten (2015), »Menschen und Maschinen«, S. 2 ff., 14 ff.

65 Kap. 1, III.3.

aus Mitteilung, Information und Verstehen) zwischen Mensch und Algorithmus.

4. Gradualisierte digitale Autonomie

In der interdisziplinären Diskussion werden ganz unterschiedliche Kriterien angeboten, ab wann einem Softwareagenten Autonomie zuzusprechen ist.[66] Digitale Autonomie scheint ein gradualisiertes Phänomen zu sein.[67] Und die Gradualisierung findet in einem mehrdimensionalen Raum statt,[68] der mehr oder weniger Autonomie zulässt.[69] Ganz heterogene Eigenschaften werden angeboten: eigenständige Wahrnehmung und Beeinflussung der Umwelt,[70] Denkfähigkeit, Kommunikationsfähigkeit, Verstehen, rationales Handeln, Nichtprognostizierbarkeit,[71] geringe Strukturiertheit des Einsatzbereichs,[72] eigene Zielverfolgung und Mittelwahl,[73] Optimierung mehrerer Ziele,[74] Lernfähigkeit,[75] Selbstbewusstsein,[76] moralische Selbstgesetzgebung, gar Leidensfähigkeit oder schließlich ein digitales Gewissen.[77]

Diese verwirrenden Unterschiede sind nicht unbedingt auf Kontroversen zurückzuführen, die zugunsten der einen richtigen Lösung entschieden werden müssten. Sie lassen sich vielmehr zum

66 Einen Überblick bietet Zech (2016), »Zivilrechtliche Haftung«, S. 170 f.

67 So Hildebrandt (2015), *Technologies and End(s) of Law*, S. 21; Koops u. a. (2010), »Accountability Gap«, S. 518 ff., 550.

68 Dazu Kühne/Peter (2023), »Anthropomorphism in Human-Robot Interactions«, S. 47 ff.

69 So besonders die mehrdimensionalen Kriterienkataloge von Lohmann (2017), »Roboter als Wundertüten«, S. 155; Zech (2016), »Zivilrechtliche Haftung«, S. 176; Misselhorn (2015), »Collective Agency«, S. 3, 5 ff.; Thürmel (2015), »Participatory Turn«, S. 53 ff.; Floridi/Sanders (2011), »Morality of Artificial Agents«, S. 192 f.

70 Hildebrandt (2015), *Technologies and End(s) of Law*, S. 22 f.

71 Zech (2016), »Zivilrechtliche Haftung«, S. 171 f.; Bräutigam/Klindt (2015), »Industrie 4.0«, S. 1137.

72 Lohmann (2017), »Roboter als Wundertüten«, S. 154.

73 Misselhorn (2015), »Collective Agency«, S. 6 f.

74 Karanasiou/Pinotsis, »Legal Definition of Machine Intelligence«, S. 119.

75 Matthias (2010), *Automaten als Träger von Rechten*, S. 17 ff.

76 Zimmerman (2015), »Machine Minds«, S. 34 ff.

77 Eine informative Diskussion dieser unterschiedlichen Kriterien bei Misselhorn (2015), »Collective Agency«, S. 4 ff.

großen Teil aus dem jeweiligen Erkenntnisinteresse der beteiligten Disziplinen sowie aus praktischen Handlungsorientierungen in verschiedenen gesellschaftlichen Bereichen erklären. Die an Erklärung und Vorhersage interessierten Kausalwissenschaften sprechen nur dann von Autonomie, wenn sie eine Black Box modellieren. Dann kann man kausale Zusammenhänge in deren Binnenprozessen nicht mehr analysieren, sondern nur noch deren äußeres Verhalten beobachten. Demgegenüber setzen die interaktionistischen Sozialwissenschaften und die hermeneutischen Geisteswissenschaften auf die konstitutive Autonomie der Akteure – allerdings auch hier mit deutlichen Unterschieden. So stellt die Ökonomie nutzenorientierte Entscheidungen heraus, definiert also Autonomie als *rational choice*,[78] während Moral und Ethik Autonomie eher in Formen eines digitalen Selbstbewusstseins suchen.[79]

5. Rechtliche Autonomiekriterien

Die Rechtsordnung wiederum muss die Grenze zwischen instrumentellem und autonomem Handeln auf der Grundlage ihres eigenen disziplinären Erkenntnisinteresses und ihrer eigenen normativen Orientierungen definieren. Die rechtlich relevante digitale Autonomie kann weder von IT-Experten noch von Sozialwissenschaftlern definiert werden. Das Rechtssystem muss Autonomie in Abhängigkeit von seinen eigenen normativen Prämissen definieren. Dazu wird es sich aber an der interdisziplinären Diskussion orientieren und am Ende ein Autonomiekriterium wählen müssen, das vor dem dort erreichten Diskussionsstand vertretbar ist.[80] Ähnlich wie in Umweltfragen das Recht die entscheidungsrelevanten Schwellenwerte innerhalb einer naturwissenschaftlich ermittelten gleitenden Skala des Ausmaßes der Umweltzerstörung eigenständig definieren muss, muss das Recht auch in unserem Zusammenhang selbst festlegen, ab welchem Grad von technologisch bestimmter Autonomie digitaler Phänomene rechtlich relevante Autonomie gegeben ist.[81]

78 Z. B. Gabaix/David I. Laibson (2000), »A Boundedly Rational Decision Algorithm«, S. 433 ff.

79 Z. B. Johnson (2006), »Computer Systems: Moral Entities«, S. 195 ff.

80 Allgemein zur autonomen und zugleich abhängigen Position des Rechts in interdisziplinären Zusammenhängen Teubner (2015), »Rechtswissenschaft und Sozialtheorie«.

81 Matthias (2010), *Automaten als Träger von Rechten*, S. 43 ff.

Denkfähigkeit oder Intelligenz wird in der Debatte immer wieder als das eigentliche Kriterium vorgeschlagen, das über rechtliche Autonomie entscheiden soll.[82] Dies jedoch ist eine verbreitete Fehlvorstellung. Für die rechtliche Autonomie geht es gar nicht um die Frage, welche Art von ontologischen Eigenschaften – Intelligenz, Geist, Seele, reflexive Kapazitäten, Einfühlungsvermögen –ein Algorithmus besitzen muss, um als autonomer Akteur gelten zu können.[83] Auch hier wieder ist das Paradigma formaler Organisationen als juristischer Personen hilfreich. Für die Entscheidungsautonomie nichtmenschlicher Agenten sind innere psychische Zustände nicht ausschlaggebend.[84] »Interessant in der Interaktion mit Algorithmen ist nach allem nicht, was im künstlichen Maschinengehirn passiert, sondern was die Maschine ihrem Nutzer mitteilt und welche Konsequenzen dies hat.«[85] Was wir oben für die soziale Zurechnung von Handlungsfähigkeit gesagt haben, gilt auch für den Rechtsbegriff der Autonomie, der auf den Zurechnungsprozessen innerhalb der Institution digitaler Assistenz aufbaut. Nicht die inneren Eigenschaften der Agenten, sondern die rechtliche Qualifizierung der gesellschaftlichen Interaktionen, an denen die laufenden Operationen des Algorithmus teilnehmen, konstituiert den Algorithmus als im Rechtssinne autonom.[86]

Also: Nicht auf die innere Denkfähigkeit der Algorithmen kommt es für die Autonomiefrage an, nicht auf »wirkliche« künstliche Intelligenz, was immer das bedeutet, sondern auf ihre konkrete Beteiligung an gesellschaftlicher Kommunikation. »*Artificial communication*« und nicht »*artificial intelligence*« ist entscheidend.[87]

82 Z. B. Spindler (2016), »Digitale Wirtschaft«, S. 816.

83 So entschieden gegen einen Trend in den Ingenieurwissenschaften, welche nur die »inneren« Prozesse der Algorithmen für ausschlaggebend halten, aber ihre eigentlich konstitutiven sozialen Interaktionen vernachlässigen, E. Esposito (2022), *Artificial Communication*, S. 3 ff.; E. Esposito (2017), »Artificial Communication?«, S. 250; Latour (2001), *Parlament der Dinge*, S. 93 ff.; Teubner (2006), »Elektronische Agenten«, S. 11 ff.

84 Luhmann (2000), *Organisation und Entscheidung*, S. 61, 66 f., 81 ff.

85 E. Esposito (2017), »Artificial Communication?«, S. 250; ebenso Hepp (2020), »Artificial Companions«, S. 1410 ff.

86 Gruber (2015), »Maschinenrechte«, S. 250 ff.; Matthias (2010), *Automaten als Träger von Rechten*, S. 83 ff.; Teubner (2006), »Elektronische Agenten«, S. 11 ff.; Solum (1992), »Legal Personhood for AI«, S. 1231 ff.

87 E. Esposito (2022), *Artificial Communication*, S. 3 ff.; E. Esposito (2017), »Arti-

Diese strikte Entpsychologisierung der Interaktion, wie sie die Kommunikationstheorie vorschlägt, trifft sich im übrigen recht genau mit den bekannten Objektivierungstendenzen im Recht der Willenserklärung und im Begriff der Fahrlässigkeit.[88] Darauf ist zurückzukommen.[89]

Intentionales Handeln dagegen dürfte eine notwendige Voraussetzung für Autonomie sein – jedoch nur, sofern darunter kein innerer psychischer Zustand verstanden wird, sondern die Zuschreibung zielgerichteten Handelns durch einen Beobachter – Dennetts berühmte *»intentional stance«*.[90] Ob ein Softwareagent, der für seinen menschlichen Prinzipal Aufträge ausführt, »in Wahrheit« Willensfreiheit oder Autonomie besitzt, ist demnach keine wissenschaftlich sinnvolle Frage. Stattdessen gilt: Wenn wegen erhöhter Komplexität eine kausalwissenschaftliche Beschreibung nicht möglich ist, kann die Wissenschaft stattdessen mit Hilfe eines intentionalen Vokabulars das untersuchte System als einen autonomen Akteur, der mit Annahmen über die Welt, mit Zielen und Handlungsoptionen agiert, analysieren und dadurch neue Erkenntnisse gewinnen. Die Systemtheorie weitet dies von der Wissenschaft auf andere Beobachter aus.[91] Nicht nur die Wissenschaft kann Softwareagenten intentional – zum Beispiel in einer Vertragsbeziehung – beobachten, auch der Teilnehmer an einer Interaktion kann dieser Beobachter sein, der das Verhalten seines Partners nicht mehr kausalistisch, sondern intentionalistisch interpretiert und dadurch eine neue Orientierung für seine eigenen Handlungen findet. Ebenso kann ein ganzes Sozialsystem – in unserem Fall das Recht – dieser Beobachter sein, wenn es dem Softwareagenten Intentionen

ficial Communication?«, S. 250; auch Messner (2020), »Distant Voices«, S. 1154. Künstliche Kommunikation in diesem Sinne ist die explizite Prämisse für ein künftiges Privatrecht, so Hennemann (2020), *Interaktion und Partizipation*, S. 359; ähnlich Effer-Uhe (2021), »Erklärungen autonomer Softwareagenten«, S. 174, aufgrund von Interessenabwägungen.

88 Dazu Grundmann, in: MüKo-BGB (9. Auflage, 2022), § 276, Rn. 55 f.; Wagner, in: MüKo-BGB (8. Auflage, 2020), § 823, Rn. 29.

89 Hierzu in diesem Kap. III.5, IV.3 und V.6.

90 Dennett (1987), *Intentional Stance*, S. 17; Intentionalität wird elektronischen Agenten explizit zugeschrieben von Matthias (2010), *Automaten als Träger von Rechten*, S. 41 ff.; Sartor (2009), »Cognitive Automata and the Law«, S. 261.

91 Nassehi (2019), *Muster: Theorie der digitalen Gesellschaft*, S. 221 ff.; Luhmann (1984), *Soziale Systeme*, S. 155 ff.

zurechnet und daraus Konsequenzen für die rechtliche Verbindlichkeit von dessen Erklärungen oder für die Verantwortung für dessen Handlungen zieht.

Jedoch dürfte für eine rechtlich relevante Autonomie die so verstandene bloße Intentionalität, also zugerechnete Zielgerichtetheit und Mittelwahl der Handlungen eines Agenten, noch nicht ausreichen. Das Gleiche gilt für dessen Teilnahme an Kommunikation. Beides sind nur notwendige, aber weder einzeln noch zusammen hinreichende Bedingungen für Autonomie.

Andere Kriterien wiederum dürften über die juristischen Minimalvoraussetzungen für Autonomie weit hinausgehen. Rationales Handeln etwa, wie es Dennett über die »*intentional stance*« hinaus als Autonomievoraussetzung für nichtmenschliche Agenten verlangt,[92] mag für *rational choice* von Wirtschaftsakteuren plausibel sein, nicht aber für das Verhalten von Akteuren, bei deren Rechtsverletzungen gerade auch irrationales Handeln im Vordergrund steht.

Ebenso dürften auch andere anspruchsvolle Aktivitäten die Minimalvoraussetzungen für rechtliche Autonomie überschreiten. Wie wir bereits gesagt haben, ist es nicht erforderlich, künstliche Intelligenz, Empathie, Gefühle, Leiden, Selbstbewusstsein, geschweige denn ein digitales Gewissen zu verlangen.[93] Und erst recht sollte ein haftungsrechtlich relevanter Autonomiebegriff für digitale Phänomene gar nicht erst versuchen, Anleihen bei der moralphilosophischen Tradition zu machen, wonach Autonomie als die Möglichkeit des Menschen verstanden wird, sich selbst als freiheits- und vernunftfähiges Wesen zu bestimmen und entsprechend aus Freiheit moralisch zu handeln.[94] Diese Fragen stellen sich durchaus der Informationsphilosophie bei ihrer Suche nach einer möglichen digitalen Moralität. Wenn aber solche Eigenschaften als Autonomiekriterium im Haftungsrecht gefordert werden, dann würde dies nur ein opportunistisches Verhalten von Juristen fördern, die zwar heute mit Selbstbewusstsein an der ausschließlichen Zurechnung

92 Dennett (1987), *Intentional Stance*, S. 15 ff., behandelt mit Hilfe der *intentional stance* die Systeme als rationale Agenten, die über bestimmte Überzeugungen und Wünsche verfügen und in jeder Situation die bestmögliche Aktion auswählen.

93 Wie es aber dennoch vorgeschlagen wird von Aymerich-Franch/Fosch-Villaronga (2019), »Mediated Embodiment Experiments«, S. 63 ff.

94 *Locus classicus* Kant (1870 [1785]), *Grundlegung zur Metaphysik der Sitten*, S. 67 ff.

digitaler Handlungen zu Menschen festhalten, aber sich gleichzeitig ein Hintertürchen offenhalten, falls sie sich damit eines Tages in der Gesellschaft völlig isoliert sehen sollten.

Sollte man dann Lernfähigkeit als Kriterium für digitale Autonomie im Recht wählen? Unter dem Einfluss der Autonomiedefinitionen von IT-Experten sind viele Rechtswissenschaftler geneigt, dies zu tun.[95] Doch das ist falsch. Der juristische Autonomiebegriff kann sich nicht einfach an einer technischen Eigenschaft orientieren, sondern nur primär an konkreten juristischen Zwecken, die mit der Algorithmenhaftung angestrebt werden: Minimierung von Unfällen, faire Entschädigung, friedliche Streitbeilegung, Schadensstreuung oder Förderung positiver gesellschaftlicher Werte.[96] Unter dem Gesichtspunkt der Unfallverhütung scheint zwar Lernfähigkeit tatsächlich das angemessene Kriterium zu sein, denn sie steigert die Autonomie der Agenten so weit, dass es möglich ist, ihnen Sanktionen und Anreize direkt einzuprogrammieren.[97] Aber unter Gesichtspunkten des fairen Schadensausgleichs, der Schadensstreuung oder der Förderung gesamtgesellschaftlicher Ziele dürfte es nicht angemessen sein, erst dann mit rechtlichen Verantwortungsnormen einzusetzen, wenn die Programmkorrekturen autonom von den Algorithmen selbst, nicht aber von Programmierern vorgenommen werden. Für die Geschädigten ist dieser Unterschied irrelevant. Die Zwecke des Haftungsrechts erfordern daher, dass der rechtliche Schwellenwert auf der Autonomieskala deutlich niedriger als der der Lernfähigkeit liegt.

Ein Blick auf den sozialen Sinn der Institution digitaler Assistenz bestärkt diese rechtliche Bestimmung algorithmischer Autonomie. In einer Prinzipal-Agenten-Beziehung ist die Lernfähigkeit des Agenten, also seine Fähigkeit, die Instruktion des Prinzipals zu modifizieren, wenn es die konkrete Situation erfordert, durchaus wünschenswert. Aber die Verantwortlichkeit des Prinzipals sollte

95 Z. B. Kainer/Förster (2020), »Autonome Systeme und Vertragsrecht«, S. 281; Zech (2020), *Risiken digitaler Systeme*, S. 37 ff.; Chagal-Feferkorn (2018), »Reasonable Algorithm«, S. 117 f.

96 Zu den Zwecken der Algorithmenhaftung Hage (2017), »Responsibility of Autonomous Agents«, S. 267. Allgemein zu den verschiedenen Zielen des Haftungsrechts, insbesondere zum Verhältnis zwischen Schadensersatz und Abschreckung, Geistfeld (2012), »Coherence of Compensation-Deterrence«.

97 Floridi/Sanders (2011), »Morality of Artificial Agents«, S. 192 ff.

nicht erst dann beginnen, wenn der Agent diese Fähigkeit besitzt, sondern sobald Fehlleistungen des Agenten nicht mehr als ein bloßes Maschinenversagen erscheinen.

6. Autonome Entscheidungen der Softwareagenten

Entscheidung unter Ungewissheit dürfte das rechtsrelevante Kriterium für digitale Autonomie sein. Wenn die Aufgabe an Softwareagenten delegiert wird, Entscheidungen unter Ungewissheit zu treffen, dann ist das Recht genötigt, ihnen auch Handlungsfähigkeit zuzusprechen. Softwareagenten handeln im Rechtssinne dann autonom, wenn ihr Verhalten nicht mehr ausschließlich einem Reiz-Reaktion-Schema folgt, sondern wenn sie eigene Ziele verfolgen und nichtprognostizierbare Entscheidungen treffen.[98] Das Haftungsrecht legt auf der Grundlage der neuen Technologien und ihres Einsatzes in sozio-digitalen Institutionen den hier relevanten Begriff von Autonomie fest:

> Haftungsrechtlich entscheidend ist allein, dass sich das System der vollständigen Kontrolle durch seinen Hersteller und seinen Nutzer bzw. Betreiber entzieht. Mit künstlich intelligenten oder besser: autonomen digitalen Systemen tritt also ein neuer Akteur in die Welt des Haftungsrechts. Erstmals sind Artefakte dazu in der Lage, selbst Entscheidungen zu treffen.[99]

Wenn (1) ein Softwareagent so programmiert ist, dass er zwischen Alternativen zu entscheiden hat, wenn (2) er diese Entscheidung als Optimierung verschiedener Kriterien treffen muss und wenn (3) ein Programmierer das Verhalten des Softwareagenten weder nach-

98 In dieser Richtung auch Europäisches Parlament (2017), *Entschließungen, zivilrechtliche Regelungen Robotik*, Rn. 6; Europäische Kommission (2020), *Bericht Sicherheit und Haftung KI 2020*, S. 15; ebenso mit ausführlicher Begründung Mayrhofer (2023), *Außervertragliche Haftung*, S. 15 ff.; Linardatos (2021), *Autonome und vernetzte Aktanten*, S. 88 ff.; Hennemann (2020), *Interaktion und Partizipation*, S. 359; Roth-Isigkeit (2020), »Staatshaftungsrechtliche Aspekte«, S. 335; Wagner (2020), »Digitale Techniken«, S. 720; Mayinger (2017), *Künstliche Person*, S. 14.

99 Wagner (2023), »Produkthaftung für das digitale Zeitalter«, S. 2. In diesem Sinne definiert die VDI-/VDE-Richtlinie 2653 Agentensysteme in der Automatisierungstechnik, 2018, Blatt 1, S. 5, Autonomie als die »Eigenschaft eines Agenten, eigenverantwortlich zur Kontrolle über den internen Zustand und sein Verhalten zu entscheiden«.

träglich erklären noch für die Zukunft voraussagen,[100] sondern nur noch *ex post* korrigieren kann, dann sollte das Recht von Autonomie, das heißt von Entscheidungs- und Verantwortungsfähigkeit des Softwareagenten ausgehen und eine Haftung vorsehen.[101]

Verschiedene Autoren schlagen eine Pflicht des Herstellers vor, eine Black Box einzubauen, deren Protokollierungsfunktion es ermöglicht, den Entscheidungsprozess nachzuvollziehen.[102] Dies ist heute zwar häufig nicht möglich, dennoch aber nicht unrealistisch, da sich unter den internationalen Institutionen der Industrienormierung ein Konsens abzeichnet, autonome Maschinen so zu konstruieren, dass die Ursachen für schädliches Verhalten identifizierbar sind.[103]

Jedoch – wie stets im Zwischenbereich zwischen technisch-wissenschaftlicher Expertise und Recht – bedeutet dies keine automatische Bindung an die Expertise, sondern es bedarf einer eigenverantwortlichen Rechtsentscheidung. Vergleichbar der Beziehung zwischen Sachverständigem und Richter bei Fragen der menschlichen Zurechnungsfähigkeit geht es darum, den normativ zu bestimmenden Umschlagspunkt von Kausalzurechnung zu Entscheidungszurechnung im Einzelfall zu bestimmen. Das Recht zieht bekanntlich für diese Entscheidung zusätzliche rechtspolitische und rechtsdogmatische Gesichtspunkte heran.

Warum ist Entscheidung unter Ungewissheit das rechtlich relevante Kriterium? Die Ungewissheit resultiert aus der Unbestimmtheit der Programmierung und einer geringen Strukturierung der Umwelt, mit welcher der Algorithmus konfrontiert wird.[104] Der Grund für deren rechtliche Relevanz ist der fundamentale Zusammenhang von Entscheidung und Verantwortung.[105] Zwischen offe-

100 Zur Autonomie als Unmöglichkeit der Vorhersage und Erklärung autonomer Algorithmen Zech (2020), *Risiken digitaler Systeme*, S. 46 ff.; Erdélyi/Erdélyi (2021), »AI Liability Puzzle«, S. 1319 f.

101 Eine Reihe von konkreten Beispielen, die zeigen, wie diese Kriterien zwischen rechtlich relevanten autonomen und bloß automatisierten Maschinen unterscheiden, schildert Linardatos (2021), *Autonome und vernetzte Aktanten*, S. 104 ff.

102 Z. B. Günther (2016), *Roboter und rechtliche Verantwortung*, S. 99; Vladeck (2014), »Machines without Principals«, S. 127; Lohmann (2017), »Europäisches Roboterrecht«, S. 158.

103 Zu Einzelheiten Chinen (2019), *Law and Autonomous Machines*, S. 53.

104 Lohmann (2017), »Europäisches Roboterrecht«, S. 154.

105 Aus soziologischer Sicht Luhmann (1991), *Soziologie des Risikos*, S. 201 ff.;

nen Entscheidungsalternativen in einer ungewissen Umwelt, die an nichtmenschliche Prozessoren delegiert werden, und der dabei entstehenden Verantwortungsproblematik besteht ein unauflöslicher Zusammenhang.

Dazu ist es erforderlich, den sehr weiten Begriff der Verantwortung in zwei Komponenten aufzuspalten: Verantwortung im soziologischen Sinne und Verantwortlichkeit im rechtlichen Sinne.[106] Verantwortung ist im soziologischen Sinne

> die Unsicherheitsabsorption als sozialer Prozess: dass jemand aus Informationen Schlüsse zieht, diese einem anderen mitteilt und der nächste sich dann nicht mehr an den Informationen, sondern an den Folgerungen orientiert, [...] der ungedeckte Informationswert einer Entscheidung, der Überschuss an Information, die jemand gibt, im Vergleich zu der, die er erhalten hat.[107]

Verantwortung entsteht, wenn Entscheidungen trotz fehlender Information getroffen werden. Algorithmisierung von Entscheidungen bedeutet dann, dass die Unsicherheitsabsorption nun nicht mehr in der Kommunikation unter Menschen, sondern in der Mensch-Maschine-Kommunikation stattfindet, salopp gesagt, dass die Algorithmen die Verantwortung übernehmen. Das geschieht dann, wenn sie Entscheidungsautonomie besitzen und unter Bedingungen der Ungewissheit handeln.

Diese Verantwortung ist jedoch nicht mit Verantwortlichkeit gleichzusetzen. Verantwortlichkeit ist vielmehr der Versuch, Verantwortungsprobleme, also Probleme der Unsicherheitsabsorption, in die Sprache des Rechts, also Rechtmäßigkeit/Rechtswidrigkeit, Haftung, Rechte, Pflichten und Sanktionen, zu übersetzen. Dabei entsteht notwendig eine Divergenz von Verantwortung und Verantwortlichkeit. Diese wird beim Einsatz von Algorithmen nochmals verstärkt, denn das Recht ist auf die Übernahme von Ent-

aus der Sicht des Haftungsrechts Jansen (2003), *Struktur des Haftungsrechts*, S. 136 ff.

106 Genauer zum Zusammenhang von Verantwortung und Verantwortlichkeit Luhmann (1976), *Funktionen und Folgen formaler Organisation*, S. 172 ff.; vgl. auch Luhmann (2000), *Organisation und Entscheidung*, S. 197 ff. Zu dieser Unterscheidung beim Einsatz von Computern in Organisationen Besio u. a. (2021), »Verantwortungsvolle Maschinen ohne Verantwortlichkeit?«, S. 136 ff.

107 Luhmann (1976), *Funktionen und Folgen formaler Organisation*, S. 175.

scheidungsaufgaben durch Algorithmen nicht vorbereitet. Doch muss das Recht darauf achten, dass es die Divergenz nicht zu stark ausfallen lässt. Denn dies führt dazu, dass die Kontrollfunktion der Verantwortlichkeit leerläuft und das Vertrauen, das sie erzeugen soll, unterminiert wird. Auf eine Algorithmisierung der Verantwortung wird also das Recht mit Änderungen der Verantwortlichkeitsnormen so reagieren müssen, dass die Divergenz so gering wie möglich gehalten wird.

Verantwortlichkeit ist das rechtliche Einstehenmüssen für Entscheidungen unter Ungewissheit, deren Resultate nicht prognostizierbar sind. Es geht nicht nur um das Einstehenmüssen für Fehler.[108] Wenn Softwareagenten bei einer voll determinierten Kalkulation Fehler machen, dann bedarf es einer bloßen Fehlerkorrektur. Anders aber bei nichtdeterminierten Entscheidungen unter Ungewissheit. Wenn ein solch unkalkulierbares Risiko eingegangen wird, dann kann eine Fehlentscheidung im Vorhinein gar nicht vermieden werden, sondern sie kann, wenn sie trotz aller Vorkehrungen eintritt, nur noch bereut werden.[109] Dies nachträgliche Bereuen von algorithmischen Ungewissheitsentscheidungen aber ist ein klarer Fall von rechtlich gebotener Verantwortlichkeit, unter anderem auch von zivilrechtlicher Haftung.

7. Sozialer Akteurstatus und juristische Personifizierung

Wenn in sozio-digitalen Institutionen Algorithmen Kommunikationsfähigkeit, Entscheidungsautonomie und sozialer Personenstatus zuerkannt wird, was bedeutet dies für deren rechtliche Personifizierung? Gegen die enge Verzahnung von sozialer und juristischer Personifizierung wenden sich Autoren, die auf der unbegrenzten Freiheit des positiven Rechts beharren, Personenstatus nach Belieben zu gewähren.[110] Sie bestehen darauf, »dass es sich bei der Zuschreibung von Rechtssubjektivität und Handlungsfähigkeit um rein fiktive und technische Lösungen zur Erleichterung rechtlicher Interaktionen handelt, die nicht von der eigentlichen Natur der

108 »Nur die Fragen, die im Prinzip unentscheidbar sind, können wir entscheiden«, Foerster (1992), »Ethics and Second-Order Cybernetics«, S. 9.

109 Zum *»postdecisional regret«* Luhmann (2000), *Organisation und Entscheidung*, S. 146, 170; Luhmann (1991), *Soziologie des Risikos*, S. 32 f., 207 ff.

110 Z. B. Auer (2019), »Rechtsfähige Softwareagenten«.

RAI (Robotik und KI-basierte Anwendungen) abhängen«.[111] Doch ein solcher *anything-goes approach* ist zu oberflächlich, da er nicht die komplexen Wechselbeziehungen zwischen sozialer und rechtlicher Handlungsfähigkeit berücksichtigt. Auf der einen Seite ignorieren die Autoren, die auf der Personifizierungsfreiheit des positiven Rechts beharren, die normativen Anforderungen, die soziale Institutionen aufgrund ihrer eigenen Rationalität und Normativität explizit oder implizit an das Recht richten. Auf der anderen Seite vernachlässigen die Autoren, die für eine volle Rechtspersönlichkeit digitaler Akteure plädieren, dass nur manche sozio-digitale Institutionen vollen Personenstatus, andere nur begrenzten Personenstatus und wieder andere gar keinen Personenstatus erfordern.

Welche Freiheiten kann sich die juristische Personifizierung gegenüber der Personifizierung in verschiedenen gesellschaftlichen Bereichen herausnehmen? Alle und jede Freiheit – das ist unsere Antwort in gut rechtspositivistischer Manier. Auch wenn verschiedene sozio-digitale Institutionen die Autonomie der Algorithmen konstituieren, bleibt doch ein prinzipieller Unterschied zwischen sozialer und rechtlicher Personifizierung. Juristische Konstrukte sind definitiv nicht aus vorjuristischen Strukturen »abgeleitet«. Rechtspositivität ist ernst zu nehmen und es ist mit einem erheblichen Maß an Variabilität zwischen den Personen des Rechts und den Personen sozialer Institutionen zu rechnen.[112] Genau dies sagt die Systemtheorie: Die Schließung des Rechtssystems gegenüber anderen sozialen Systemen und die Schließung der Rechtsdogmatik gegenüber Sozialtheorien sind verantwortlich für diese Variabilität.[113] Entsprechend hindert nichts das Rechtssystem daran, zahlreichen Objekten – Gottheiten, Heiligen, Tempeln, Grundstücken, Flüssen, Kunstwerken – Rechtspersönlichkeit zu verleihen.

Trotz dieser hohen Freiheitsgrade bestehen jedoch erhebliche strukturelle Affinitäten zwischen sozialer und juristischer Personifizierung. Sie ebnen nicht den Sein-Sollen-Hiatus ein, sondern

111 Bertolini/Episcopo (2022), »Robots and AI as Legal Subjects?«, S. 1.

112 Dazu insbesondere Wagner (2019), »Robot, Inc.«, S. 597 f.; Wagner (2019), »Robot Liability«, S. 54, der dies Argument explizit für die Personifizierung von Algorithmen nutzt. Ebenso Kainer/Förster (2020), »Autonome Systeme und Vertragsrecht«, S. 297.

113 Ausführlich dazu Teubner (2015), »Rechtswissenschaft und Sozialtheorie«, S. 145 ff.

machen offene wie latente Wechselbeziehungen zwischen sozialen und juristischen Personen sichtbar. Schon die Prozesse sozialer und rechtlicher Personifizierung verlaufen parallel, nämlich als selektive Zuschreibung von Handlungsfähigkeit an kommunikative Prozesse. Zudem macht das geltende Recht in der Praxis wenig Gebrauch von seiner angeblich unbegrenzten positivistischen Freiheit. Es pflegt Rechtspersönlichkeit fast ausschließlich denjenigen Entitäten zu verleihen, die in der sozialen Praxis schon Akteurstatus erhalten haben. Diese enge Korrespondenz der Zuschreibungsprozesse entspringt gewiss nicht dem Naturrecht, auch nicht juristischer Logik, ebenso wenig der Bindung des Rechts an soziale Wirklichkeit. Vielmehr liegt ihr eine komplexe juristische Argumentation zugrunde: Welche Rolle soll das Recht spielen, wenn sich neue soziale Institutionen konstituieren? Dabei geht es gar nicht primär um die Stabilität sozialer Institutionen, wie häufig irrtümlich angenommen wird, sondern vor allem um ihr transformatives Potenzial.[114] »*Facilitative rules*« bedeutet in unserem Kontext, dass das Rechtssystem besonders auf die künftigen Transformationen sozio-digitaler Institutionen und die damit verbundenen Risiken vorbereitet ist.[115] Eine solche institutionelle Argumentation ist nicht etwa identisch mit rechtspolitischer Argumentation. Denn diese orientiert sich an den *policy-goals* des politischen Systems, während jene die *idées directrices* gesellschaftlicher Institutionen in sich aufnimmt.[116] Wie schon gesagt, sind diese Institutionen Ergebnis der Ko-Produktion von technologischem Design, sozialen Rationalitäten, politischen Entscheidungen und rechtlichen Regelungen. So stehen die Gesetzgebung und die Gerichte unter massivem argumentativem Druck, Algorithmen dann Rechtsfähigkeit zu verleihen, wenn die soziale Praxis, besonders die wirtschaftliche Praxis, sie als Akteure behan-

114 *Loci classici* für diese »*facilitative role*« des Rechts Selznick (1969), *Law, Society and Industrial Justice*; Nonet/Selznick (1978), *Responsive Law*, S. 109 ff.

115 Zur Responsivität des Privatrechts gegenüber dem institutionellen Kontext digitaler Technologien Wielsch (2018), »Contract Interpretation Regimes«, S. 961 f. Zur »*institution-generating*« Rolle des Rechts Wielsch (2019), »Digital Intermediaries«, S. 179 ff. Allgemein zur Sozialadäquanz des Rechts, verstanden als Potenzial zur Steigerung seiner Irritierbarkeit, Luhmann (1993), *Recht der Gesellschaft*, S. 225 f.

116 Zu dieser Unterscheidung zwischen politisch-regulatorischen und gesellschaftlich-institutionellen Leitideen und ihrer Berücksichtigung im Recht Teubner (2008), »State Policies in Private Law?«, S. 835 ff.

delt.[117] Freilich konkurriert dies mit anderen rechtspolitischen oder institutionellen Gesichtspunkten, welche die Tendenzen zur juristischen Personifizierung abschwächen oder verstärken können:

> Das Rechtssystem hat die Freiheit, selbst Artefakte wie Roboter als Personen zu klassifizieren. Doch es muss gute Gründe geben, ihnen diesen Status zuzuweisen, und die Gründe müssen auf die besondere Funktion zugeschnitten sein, die der neue Kandidat für Rechtsfähigkeit erfüllen soll.[118]

Wenn Algorithmen Transaktionen effektiv vollziehen, dann sollte das Recht, wie Allen und Widdison argumentieren, diesen Informationssystemen, weil sie bereits über die soziale Fähigkeit zum autonomen Handeln verfügen, Rechtsfähigkeit verleihen, sofern nicht andere Gemeinwohlaspekte dagegenstehen.[119] Insbesondere in wirtschaftlichen Zusammenhängen werden Softwareagenten heute als Marktakteure in Prinzipal-Agenten-Beziehungen eingesetzt, die zwischen alternativen Handlungsmöglichkeiten wählen. Die soziale Akzeptanz algorithmischer Entscheidungen erzeugt massiven Druck in Richtung (begrenzter) Rechtsfähigkeit.[120]

II. Risiken digitaler Assistenz

1. Das allgemeine Risiko algorithmischer Autonomie

Bis hierher haben wir diskutiert, wie sozio-digitale Institutionen Algorithmen in begrenzt handlungsfähige Aktanten transformieren und ab welchem Grad von Selbstständigkeit sie ihnen Autonomie zusprechen. Konkret: Die Institution digitaler Assistenz verleiht den Algorithmen den Status von Agenten in einer Prinzipal-Agenten-Beziehung, der sie zu eigenständigen, den Prinzipal bindenden Entscheidungen befähigt und die Verantwortlichkeit für ihre feh-

117 Grundsätzlich zur Abhängigkeit der rechtlichen »Konstituierung« von Rechtssubjektivität zu ihrer sozio-kulturellen »Instituierung«, gerade auch für Algorithmen, Vesting (2021), *Homo Digitalis*, S. 215 ff.

118 Wagner (2019), »Robot, Inc.«, S. 600.

119 Allen/Widdison (1996), »Can Computers Make Contracts?«, S. 36 ff., 39.

120 Księżak/Wojtczak (2023), »Artificial Intelligence and Legal Subjectivity«, S. 30 ff.; Kainer/Förster (2020), »Autonome Systeme und Vertragsrecht«, S. 299 ff.

lerhaften Entscheidungen begründet. Nun ist der Frage genauer nachzugehen, welche emergenten Risiken die digitale Assistenz mit sich bringt, auf die das Haftungsrecht reagieren muss.

Sollte man denn überhaupt das Risiko eingehen, dass Algorithmen nichtprognostizierbare Entscheidungen fällen dürfen? Zech vertritt den strengen Standpunkt, dass schon nach geltendem Recht der Einsatz autonomer Algorithmen prinzipiell verboten ist. Nur der Gesetzgeber könne eine Ausnahme anordnen und dies auch nur dann, wenn er zugleich eine effektive Risikovorsorge trifft.[121] Ein solches Verbot mag als eine Extremlösung erscheinen, trifft aber jedenfalls das Problem sehr genau: Das Risiko einer echten Entscheidungsdelegation an nichtmenschliche Akteure ist weder abschätzbar noch beherrschbar.[122]

Ungewissheitsentscheidungen mit Eigenrisiko sind gesellschaftlich sehr viel relevanter als reine Rechenaufgaben mit bloßem Fehlerrisiko. Der Einsatz vollautonomer Maschinen im öffentlichen Raum dürfte am oberen Ende einer Skala von Risiken stehen.[123] Auch der häufig angeführte Vorteil der massiven Senkung von Transaktionskosten kann dieses hohe Risiko nicht aufwiegen. Die eigentliche Rechtfertigung aber liegt im »Entdeckungsverfahren Algorithmus«,[124] in seinem enormen Kreativitätspotential. Wenn Computer Entscheidungen unter Ungewissheit treffen, dann ermöglicht dies, etwas gänzlich Neues zu entdecken; etwas, das sich noch keine menschliche Intelligenz ausgedacht hat; und sogar manchmal etwas, das keine menschliche Intelligenz nachvollziehen kann.[125]

Was also autonome Entscheidungen von Algorithmen so fas-

121 Zech (2019), »Liability for Robotics and IoT«, S. 191 ff. Ähnliche Argumente entwickelt S. Beck, »Robotics«, S. 476 f.

122 Matthias (2010), *Automaten als Träger von Rechten*, S. 33 ff.

123 Zech (2016), »Zivilrechtliche Haftung«, S. 176, setzt allerdings die Autonomieschwelle relativ hoch an, erst bei Selbständerung, Lernfähigkeit und mangelnder Voraussehbarkeit.

124 Inspiriert von Joerges' »Entdeckungsverfahren Praxis«, das wiederum von Hayeks »Entdeckungsverfahren Wettbewerb« inspiriert ist. In allen drei Fällen geht es um nichtintendierte Folgen individuellen Verhaltens, die durch institutionalisierte und rechtlich eingerichtete Verfahren konstituiert werden, Joerges (2023), *Conflict and Transformation*, S. 457 f. und Fn. 47.

125 E. Esposito (2017), »Artificial Communication?«, S. 253; Hildebrandt (2015), *Technologies and End(s) of Law*, S. 24 ff.

zinierend macht, ist die digitale Kreativität, die mit menschlicher Kreativität gleichzuziehen, wenn nicht diese gar zu übersteigen verspricht. »Selbstlernende Algorithmen sind häufig darauf ausgelegt, die Grenzen des menschlichen Verstandes zu überspringen und Schlussfolgerungen zu ziehen, die jenseits menschlichen Verstehens liegen.«[126] Ein berühmtes Beispiel für die Kreativität von Algorithmen, die etwas produzieren, was Menschen sich nicht hätten ausdenken können, war der geradezu geniale 37. Zug des AlphaGo-Algorithmus, mit dem dieser eine Partie gegen den weltbesten Go-Spieler gewann.[127]

»*Interactive narratives*« sind ein weiteres Beispiel für algorithmische Kreativität, die in dichter Zusammenarbeit zwischen Mensch und Algorithmus im Journalismus, in Blogs, in der Literatur und in der Kunst eine wichtige Rolle spielt.[128] Ebenso ist der Einsatz der KI in der Medizin nicht nur auf eine schnellere und präzisere Diagnostik beschränkt, sondern hat auch das Potenzial, neue Erkenntnisse über den menschlichen Körper zu erlangen.[129] Schließlich bietet generative KI (wie ChatGTP) das aktuellste Anschauungsmaterial dafür, dass Algorithmen nicht nur unsere Schreibkapazitäten erweitern (denn kein Mensch kann eine so große Menge Informationen im Internet lesen), sondern gleichzeitig neue Wege des Schreibens und in der Tat neue Wege des Denkens eröffnen.[130] Neueste Studien deuten darauf hin, dass in sogenannten Kreativitätstests, aber auch in Tests zur Fähigkeit zu Analogieschlüssen, die gemeinhin als Indikator für Kreativität gilt, generative KI genauso gut oder sogar besser als College-Studenten abschneiden.[131] Genau an dieser Stelle, am Kreativitätspotenzial autonomer Algorithmen, steckt das tiefsitzende Motiv, warum die Gesellschaft es überhaupt zulässt, dass Menschen Entscheidungen unter Ungewissheit an Algorithmen delegieren. Eine solche Delegation setzt die menschlichen Akteure zwar den Unwägbarkeiten der digitalen Welt aus, aber eröffnet eine

126 Karnow (1996), »Liability for Distributed AI«, S. 147; ebenso Chagal-Feferkorn (2018), »Reasonable Algorithm«, S. 133, 154.

127 Metz (2016), »What the AI Can Teach Us«.

128 Diakopoulos (2019), *Automating the News*.

129 Mayrhofer (2023), *Außervertragliche Haftung*, S. 81.

130 Coeckelbergh/Gunkel (2023), »ChatGPT«, Abs. 1.

131 Webb u. a. (2023), »Emergent Analogical Reasoning in Large Language Models«, S. 1526 ff.; siehe auch den Bericht von Podbregar (2023), »GPT-4 beweist Kreativität«.

Vielzahl von Chancen, auf gänzlich neue Ideen zu kommen. Deshalb wird das Autonomierisiko der Algorithmen nicht nur zögernd hingenommen, vielmehr ist es geradezu erwünscht.[132]

Die Gesellschaft nimmt also das Risiko katastrophaler Fehlentscheidungen beziehungsweise das Risiko, dass das Entdeckungsverfahren gesellschaftlich höchst unerwünschte Folgen zeitigt, bewusst in Kauf. Hier liegt der eigentliche Grund für gesteigerte Anforderung an Verantwortlichkeit für Entscheidungen im Unterschied zu Verantwortlichkeit für bloße Rechenfehler. Ja, Verantwortlichkeit gewinnt ihre eigentliche Bedeutung erst hier: als Einstehenmüssen für den »Sprung ins Dunkle«.[133] In der Verantwortung für diesen Sprung ins Dunkle, also dafür, Entscheidungen unter Ungewissheit nicht nur Menschen anzuvertrauen, sondern Algorithmen zu überlassen, besteht das fundamental Neue. Wenn das Recht das »Entdeckungsverfahren Algorithmus« zulässt, wenn es erlaubt, dass Softwareagenten die Verantwortung für autonome Entscheidungen tragen dürfen, ist es unabdingbar, dass gerade dafür das Recht wirksame Normen der Verantwortlichkeit für den Enttäuschungsfall bereitstellt.[134] Und dies gilt gerade auch für den uns interessierenden Fall, dass den beteiligten Menschen gar keine Pflichtverletzungen unterlaufen sind.

Digitale Ungewissheitsentscheidungen eröffnen also ein gänzlich neues gesellschaftliches Labor für Experimente. Nur noch experimentell kann das Neue ausprobiert, nicht mehr vorherberechnet, sondern nur noch nachträglich auf seine Folgen überprüft werden.[135] Evolutionstheoretisch ausgedrückt, lassen sich im digitalen Raum eigentümliche Evolutionsmechanismen identifizieren, die in der Offline-Welt so nicht existieren: (1) Variation: Digitale Ungewissheitsentscheidungen erzeugen vielfältige Variationen, auf die Menschen womöglich gar nicht gekommen wären. Mit den autonomen digitalen Operationen wird die Gesellschaft nicht mehr nur von ihren bestehenden Umwelten angeregt, sondern hat nun

132 Mayrhofer (2023), *Außervertragliche Haftung*. S. 80 ff.; Weingart (2022), *Haftung Softwareagenten*, S. 220; E. Esposito (2017), »Artificial Communication?«, S. 257.

133 Trotz aller Rationalisierung von Entscheidungen bleibt es beim »Mysterium« der Entscheidung, Luhmann (1993), »Paradoxie des Entscheidens, S. 288.

134 So auch List (2021), »Group Agency and AI«, S. 1213 ff.

135 Matthias (2010), *Automaten als Träger von Rechten*, S. 33 ff.

eine neue Umwelt geschaffen, die neue Optionen für die Zukunft eröffnet. Nun sind es nicht mehr ausschließlich Menschen, sondern auch algorithmische Operationen, denen die Verantwortung für neue Ideen übertragen wird. Genauer: Die Kommunikation mit Algorithmen übernimmt nun auch Verantwortung für gesellschaftliche Innovationen. (2) Selektion: Zu den wirksamen Selektionsverfahren gehört unter anderen die Normensetzung für digitales Handeln einschließlich der Normen zur Zuschreibung von Verantwortlichkeit. Verantwortlichkeitszuschreibung aber ermöglicht gesellschaftlich vertretbare Selektionen, die auf schadensstiftende Variationen der Verantwortung reagieren. (3) Retention: In der auf Dauer gestellten Institutionalisierung des richtigen algorithmischen Entscheidens liegt die Retention. Darf man – so muss man die Autoren fragen, welche die eingangs geschilderten Verantwortungslücken hinzunehmen bereit sind –, wenn Softwareagenten Ungewissheitsentscheidungen treffen, diese neuartigen Risiken den Geschädigten als allgemeines Lebensrisiko aufbürden? Und dies auch noch mit der »humanistischen« Begründung, dass nur Menschen, nicht aber Computer im Rechtssinne handeln können?[136]

2. Spezielle Risiken digitaler Assistenz

Innerhalb des allgemeinen Autonomierisikos lassen sich im besonderen Falle digitaler Assistenz fünf spezifischere Risiken identifizieren, die rechtlich relevant werden:[137] (1) Identifikationsrisiko: Schwierigkeiten der Eingrenzung derjenigen elektronischen Ope-

136 Kirn/Müller-Hengstenberg (2016), *Rechtliche Risiken*, S. 233 ff., sind für diese widersprüchliche Argumentation typisch. Zuerst weisen sie in aller Härte auf den Kontrollverlust der Menschen hin, den die effektive Delegation von Entscheidungen an Algorithmen mit sich bringt, dann aber zitieren sie die heutige Rechtslage, die keine digitalen Rechtssubjekte anerkennt, um schließlich resigniert bloß noch der Frage nachzugehen, ob nicht die Klärung der Pflichtverletzungen von Menschen wenigstens einige Probleme lösen kann. Die verbleibenden Verantwortungslücken jedoch nehmen sie fatalistisch hin. Wie stattdessen eine Rehumanisierung der technischen Welt – auch mit Mitteln des Rechts – eingeleitet werden könnte, dazu eingehend Gruber (2015), *Bioinformationsrecht*, S. 324 ff.

137 Zu einer Differenzierung der Risiken, die sich ergeben, wenn Algorithmen im Rahmen einer Prinzipal-Agenten-Beziehung handeln, Krafft u. a. (2022), »Regulate Algorithmic Decision-Making«, S. 128 ff.

rationen, welche die Identität des Agenten ausmachen, (2) Dissensrisiko: Kommunikationsstörungen zwischen menschlichem Prinzipal und algorithmischem Agenten, (3) Produktivitätsrisiko: Verringerung der institutionellen Produktivität der Institution Stellvertretung, (4) Abweichungsrisiko: Abweichung der algorithmischen Entscheidungen von den Intentionen des Prinzipals, (5) Anpassungsrisiko: Rigidität des digitalen Programmes bei veränderten Umständen.

(1) Identifikationsrisiko: Während es bei der Stellvertretung unter Menschen relativ unproblematisch ist, die Identität des Stellvertreters festzustellen, ist es bei digitalen Agenten häufig schwierig, die Konturen des KI-Systems, das die Entscheidung trifft, genau zu bestimmen.[138] Wird ein Algorithmus sorgfältig von externem Input abgeschirmt, dann ist er eindeutig als der Agent zu identifizieren. Algorithmen agieren jedoch selten völlig isoliert. Häufig sind sie auf externe Dateneingaben angewiesen. Sie sind dann nicht losgelöst von den Operationen anderer Algorithmen. Nur wenn das tatsächliche Maschinenverhalten in seiner Entscheidung an den einzelnen Algorithmus und seine Nutzung der Daten gebunden bleibt, bestimmt die Institution der digitalen Assistenz noch die Rollen der Beteiligten. Das neue Risiko der Identifizierung des »verantwortlichen« Algorithmus kann freilich nicht allein durch Beweisregeln entschärft werden, um die Rückverfolgung der Fehlentscheidung in einer ganzen Kette von Kalkulationen zu ermöglichen. Vielmehr bedarf es einer rechtlichen Konzeptualisierung der algorithmischen Urheberschaft und klarer Zurechnungsregeln. Die Grenze zur algorithmischen Urheberschaft ist dann überschritten, wenn digitale Kalkulationen untrennbar mit menschlicher Kommunikation verwoben sind. Die Grenze zu unklarer Zurechnung ist überschritten, wenn die digitalen Kalkulationen so stark mit anderen Algorithmen vernetzt sind, dass kein Entscheidungszentrum mehr identifiziert werden kann. In diesen Fällen wird digitale Assistenz entweder durch Hybridität oder durch Vernetzung ersetzt, für die jeweils eigene Verantwortungsregeln nötig sind. Wir werden diese sozio-digitalen Institutionen und ihre Haftungsregime im dritten und vierten Kapitel diskutieren.

138 Novelli (2023), »Legal Personhood«, S. 1357.

(2) Dissensrisiko: Während unter Menschen ein wechselseitiger Konsens zwischen Prinzipal und Agent im Prozess der Autorisierung vorausgesetzt werden kann, ist dies deutlich problematischer, wenn Menschen Aufgaben an autonome Maschinen delegieren. Die digitale Assistenz als Institution schließt, wie wir oben argumentiert haben, ein Tiefenverstehen im menschlichen Bewusstsein und in algorithmischen Kalkulationen aus. Stattdessen wird das Verstehen im Autorisierungsakt auf die einseitige Inbetriebnahme des Computers reduziert. In der weiteren Interaktion zwischen Prinzipal und Agenten ist zwar wiederum ein Tiefenverstehen ausgeschlossen, aber die kommunikativen Akte selbst können einander verstehen und einen Konsens erreichen. Die Risiken eines solchen sich nur in den kommunikativen Akten vollziehenden Verstehens, die etwa bei Dissens oder Irrtum auftreten, müssen jedoch durch solche Rechtsnormen aufgefangen werden, welche die Operationen des KI-Systems konsequent den Aktanten zurechnen.

(3) Produktivitätsrisiko: Repräsentation unter Menschen hat ein produktives Potenzial, das nur unzureichend verstanden wird, wenn Repräsentation nur als bloße Delegation von Aufgaben vom Ego auf Alter beschrieben wird, in denen Alter so eng wie möglich an den Willen von Ego gebunden ist, wie es der üblichen Sicht von Juristen entspricht. Vielmehr befähigt die *potestas vicaria* Alter, an die Stelle von Ego zu treten und in selbstständiger Willensbildung gegenüber einem Dritten verbindlich zu handeln.[139] Genau diese *potestas vicaria* ist für die Produktivität der Repräsentation unter Menschen verantwortlich, weil der eigenständig handelnde Agent den Intentionen des Prinzipals nicht blindlings folgen muss.

> Wird eine Aufgabe von einem Menschen an einen anderen Menschen delegiert, ist dies zwar mit dem Risiko verbunden, dass dieser einen unerwünschten Output generiert. Es besteht aber auch die Chance, dass er, da er Verhaltensregeln anwendet, die der andere nicht kennt, positiv überraschende Ergebnisse hervorbringt.[140]

Nicht der Gehorsam gegenüber dem Willen des Prinzipals macht das Stellvertretungshandeln produktiv, sondern eigentlich erst die Kooperation zwischen Prinzipal und Agent. Trüstedt spricht in

139 Zu den theologischen Ursprüngen des Vikariatsverhältnisses Agamben (2011), *The Kingdom and the Glory*, S. 138 f.

140 Mayrhofer (2023), *Außervertragliche Haftung*, S. 80.

diesem Zusammenhang vom »Wir der Stellvertretung«, in dem der kollektive Mehrwert der Vertretungsbeziehung gegenüber den »Willen« von Prinzipal und Agent hervortritt.[141] Gerade um diesen Mehrwert der Stellvertretung zu nutzen, ist eine autonome Handlungsfähigkeit des Agenten und ihre Anerkennung durch das Recht erforderlich. Reduzierte man die Stellung des Agenten auf ein bloßes Werkzeug des Prinzipals, ginge dieser Mehrwert verloren.

Bei der Umstellung von Repräsentation unter Menschen auf digitale Assistenz besteht also das Risiko, dass dieses Produktivitätspotenzial verloren geht. Denn die Angst vor dem *homo ex machina* befördert Tendenzen, von vornherein die Entscheidungsfreiheit des Algorithmus einzuschränken und ihn auf eine detaillierte konditionale Programmierung zu reduzieren.[142] Dem Algorithmus sind jedoch genügend Freiheitsgrade zuzugestehen, damit die digitale Assistenz überhaupt erst ihr kreatives Potenzial entfalten kann. Blinder Gehorsam des Algorithmus gegenüber dem Prinzipal ist nicht ausreichend. Die Reduktion auf bloßen Objektstatus muss ausgeschlossen werden. Nicht nur menschliche, sondern auch algorithmische Repräsentanten benötigen die *potestas vicaria*, in der jede Handlung des Agenten als Handlung des Prinzipals gilt.[143] Auch der Algorithmus handelt, »als ob« er der Prinzipal wäre. In der Tat kommt es einer Revolution gleich, wenn auch bloße Kalkulationen von Algorithmen das »juristische Wunder« der Stellvertretung bewirken:[144] Eine nur maschinelle Kalkulation ist in der Lage, einen Menschen zu binden und eine Haftung für Fehlverhalten zu begründen. Der algorithmische Stellvertreter »substituiert« nicht nur, sondern »konstituiert« die Handlungen des Prinzipals. Man sollte die Folgen einer solchen digitalen *potestas vicaria* nicht unterschätzen. Im Vergleich zum bloßen Kommunizieren mit Computern eröffnet die digitale Assistenz einen neuen Zugang des Menschen zur digitalen Welt und ermöglicht die Nutzung ihres

141 Trüstedt (2022), *Stellvertretung*, S. 396 ff.

142 Z. B. Zech (2020), *Risiken digitaler Systeme*, S. 37 ff.

143 Zu einer ausführlichen interdisziplinären Analyse der *potestas vicaria* und ihrer historischen Variationen Trüstedt (2022), *Stellvertretung*, *passim*, insbesondere für algorithmisches Handeln, S. 375 ff.

144 Zum »juristischen Wunder« der Stellvertretung allgemein Rabel (1971 [1934]), »Stellvertretung in den hellenistischen Rechten«, S. 491.

kreativen Potenzials.[145] Hier finden wir den Grund, warum digitale Assistenz notwendig die Personifizierung des algorithmischen Agenten erfordert und warum sie Technologien unterstützt, die den Grad algorithmischer Autonomie erhöhen.

(4) Abweichungsrisiko: Zusätzlich erzeugt die digitale Assistenz ein nochmals andersartiges Risiko nicht kontrollierbarer digitaler Entscheidungen. Der Mensch verliert die Kontrolle über den Algorithmus, den er mit Handlungsfähigkeit ausgestattet hat. Auf das Risiko, dass Algorithmen von den Intentionen der Prinzipale abweichen, muss das Recht reagieren, indem es Haftungslücken schließt und den Algorithmen einen neuen rechtlichen Status verleiht. Wie wir unten (in den Abschnitten III und IV) detailliert zeigen werden, dürfte es anstelle eines bloßen Objektstatus oder eines vollen Subjektstatus die adäquate Antwort sein, eine sorgfältig definierte Teilrechtsfähigkeit für Algorithmen vorzusehen.

Hier liegt das vierte Risiko digitaler Assistenz, das sich letztlich aus asymmetrischer Informationsverteilung ergibt. Auf dieses Risiko geht besonders die ökonomische principal-agent theory ein.[146] Der menschliche Prinzipal kann die Aktivitäten des algorithmischen Agenten nur unzureichend kontrollieren, denn der Agent verfügt über zahlreiche Informationen, die dem Prinzipal unbekannt sind.[147] Dies eröffnet zugleich eine unerwartete Produktivität digitaler Assistenz. Der digitale Agent kann vertragliche Lösungen finden, an die der Auftraggeber nie gedacht hat. Während ökonomische Theorien die Risiken der Abweichung des Agenten von den Prinzipalintentionen betonen, konzentrieren sich Philosophie und Soziologie gerade auf die positiven Beiträge beider Partner zum produktiven Potenzial der Prinzipal-Agenten-Beziehung.[148] Beide Aspekte müssen bei der Wahl einer geeigneten Rechtsregelung sorgfältig abgewogen werden.

(5) Anpassungsrisiko: Was aber bedeutet Abweichung vom Prinzipalwillen, wenn dieser, in mathematische Programme übersetzt,

145 Eingehend zum rechtlich relevanten Innovationspotenzial autonomer Algorithmen Mayrhofer (2023), *Außervertragliche Haftung*, S. 80 ff.

146 Allgemein Richter/Furubotn (2003), *Neue Institutionenökonomik*, S. 173 ff. Zu Algorithmen in Prinzipal-Agenten-Beziehungen Krafft u. a. (2022), »Regulate Algorithmic Decision-Making«, S. 119 f.

147 Z. B. Linardatos (2021), *Autonome und vernetzte Aktanten*, S. 128 ff.

148 Z.B. Trüstedt (2020), »Representing Agency«, S. 195.

die algorithmischen Entscheidungen anleitet? Hier macht sich die oben schon mehrfach erwähnte Asymmetrie der Erwartungsbildung in techno-digitaler Normativität bemerkbar und erzeugt ein wiederum anders gelagertes Risiko digitaler Assistenz.[149] Es lässt sich als ein »hermeneutisches Risiko« bezeichnen, da es die Schwierigkeiten der Übersetzungsprozesse zwischen algorithmischen Operationen und sinnhaften Kommunikationen betrifft.[150] Während ein menschlicher Agent die Instruktionen des Prinzipals flexibel interpretieren und sogar ändern kann, wenn der ihr zugrundeliegende Sinn die Anpassung an geänderte Situationen verlangt, wird ein Computerprogramm stur abgespult. Nur falls der Algorithmus lernfähig ist, kann er sein Programm angesichts veränderter Umstände abwandeln.

Diese fünf Einzelrisiken zeigen, um wie viel höher das Autonomierisiko gegenüber dem einfachen Automatisierungsrisiko bei vollständig determinierten Computersystemen ist. Die menschlichen Akteure entscheiden nur über das abstrakte Computerprogramm; die konkreten Entscheidungen trifft jedoch der Softwareagent in zahlreichen Einzeltransaktionen außerhalb menschlicher Kontrolle. Selbst der Programmierer kann die Entscheidungen des Agenten nicht mehr *ex ante* bestimmen, kontrollieren, vorhersagen oder *ex post* erklären. Die Autonomie des Algorithmus unterbricht zwar nicht den kausalen und logischen Zusammenhang zwischen Programmierung und Transaktion, aber sie unterbricht wirksam den normativen Zurechnungszusammenhang.[151]

III. Das Recht des algorithmischen Vertrags

Für die Geschäftspraxis bedeutet es buchstäblich eine revolutionäre Umwälzung, dass Menschen an Algorithmen die Aufgabe delegieren, selbstständig Verträge abzuschließen und abzuwickeln.[152]

149 Karavas (2009), »Force of Code«, S. 478 ff.

150 Dazu im notwendigen Detail Sheffi (2024), »Bit-by-bit Constitutional Processing«.

151 Wagner (2020), »Digitale Techniken«, S. 724.

152 Zur bedeutsamen Rolle von Algorithmen bei Verträgen z. B. Borselli (2020), »Smart Contracts in Insurance«, S. 114 ff.; Körber/König (2020), »Vertragsrecht 4.0«, S. 257 ff.

Zugleich ist die Rechtsgeschäftslehre in ihren dogmatischen Fundamenten berührt, denn deren selbstverständliche Voraussetzung war bisher, dass ausschließlich Menschen – und das gilt auch für die Rechtsakte juristischer Personen – Willenserklärungen abgeben und Verträge abschließen können.[153]

Sollte das Vertragsrecht weiterhin auf diesem anthropozentrischen Standpunkt beharren, gibt es zwei Möglichkeiten: Entweder man gesteht zu, dass in der Tat der Algorithmus selbst die Erklärung abgegeben hat, dann aber ist der Vertrag ungültig. Oder aber man findet sich damit ab, dass von Algorithmen geschlossene Verträge verbindlich sind, dann aber muss die Erklärung zwangsläufig so behandelt werden, als sei sie von Menschen, welche die Algorithmen als bloße Werkzeuge benutzen, abgegeben. Beide Möglichkeiten sind, wie wir nun zeigen werden, unzureichend.

1. Ungültigkeit algorithmischer Verträge?

Durchaus konsequent insistieren einige Autoren darauf, dass autonome Computererklärungen nach geltendem Recht unwirksam sind. Dies gelte jedenfalls so lange, bis die Gesetzgebung sie ausdrücklich zulässt und zugleich eine eingehende Regelung erlässt, die Verbindlichkeits- und Haftungsfragen normiert.[154] Angesichts dieser Bedenken erklärten die Gesetzgebungen einiger Länder elektronische Verträge ausdrücklich für gültig.[155] Im Anschluss an das UNCITRAL-Modellgesetz für den elektronischen Geschäftsverkehr aus dem Jahr 1999[156] verabschiedeten die USA, Kanada, Australien, Neuseeland und das Vereinigte Königreich Gesetze, welche die

153 BGHZ 195, 126, 131; Nolan (2010), »Offer and Acceptance in the Electronic Age«, S. 63, mit Verweis auf *Thornton* v *Shoe Lane Parking* [1971] 2 QB 163 (CA).

154 Zur Ungültigkeit Wettig (2010), *Vertragsschluss mittels elektronischer Agenten*, S. 162 f.; Gitter (2007), *Softwareagenten*, S. 173; John (2007), *Künstliche Intelligenz*, S. 96; Clemens (1985), »Die elektronische Willenserklärung«, S. 2000 ff. Zech beharrte früher sogar darauf, dass jede Art von Nutzung autonomer Algorithmen nach geltendem Recht unzulässig ist, Zech (2019), »Liability for Robotics and IoT«, S. 192.

155 Scholz (2021), »Algorithms and Contract Law«.

156 Art. 5 des UNCITRAL Model Law on Electronic Commerce 1999; ähnlich für die EU Art. 9 (1) EG-E-Commerce-Richtlinie (2000/31/EG); Art. 9 (1), und ferner Art. 8 (1) des UN-Übereinkommens über die Verwendung elektronischer Kommunikationsmittel bei internationalen Verträgen.

Gültigkeit von elektronisch geschlossenen Verträgen anordnen.[157] Im *US Uniform Electronic Transactions Act* heißt es:

> Durch das Zusammenwirken elektronischer Agenten der Parteien kommt ein Vertrag auch dann zustande, wenn keine Einzelperson die Handlungen der elektronischen Agenten oder die daraus resultierenden Bedingungen und Vereinbarungen gekannt oder überprüft hat.[158]

Grundgedanke dieser Gesetzgebung ist es, Offline- und (automatisierte) Online-Transaktionen gleichzustellen.[159] Wenn jetzt aber autonome Agenten Verträge schließen, ist dies eine neue Lage, auf die diese Rechtsvorschriften nicht anwendbar sind.[160] Anscheinend leitete genau diese Interpretation das Europäische Parlament im Jahr 2017, als es die bestehenden vertragsrechtlichen Vorschriften für unzureichend und reformbedürftig erklärte.[161]

Diese Interpretation wird jedoch von Kritikern moniert. Natürlich konnte die Gesetzgebung Ende der 1990er Jahre, als der rein automatisierte elektronisch Abschluss von Verträgen noch eine Revolution darstellte, nicht alle Besonderheiten digitaler Autonomie vorhersehen. Die Frage ist, ob die allgemeinen Regeln für den Vertragsschluss ausreichend flexibel sind, um diese Innovation zu erfassen. Außerdem dürften die Gerichte aus Gründen der Rechtssicherheit Verträge wahrscheinlich eher aufrechterhalten als aufheben.[162] Als in der Vergangenheit die Gerichte den automatisierten Vertragsschluss zuließen, taten sie dies ohne legislative Sondervorschriften. Womöglich kann die richterliche Rechtsfortbildung das

157 Für die USA *Uniform Electronic Transactions Act 1999*; für Australien *Electronic Transactions Act 1999* (Cth); für Kanada *Uniform Electronic Commerce Act*, Abs. 21; für Neuseeland *Electronic Transactions Act 2002*; für das Vereinigte Königreich *Electronic Communications Act 2002.*

158 *US Uniform Electronic Transactions Act*, Abs. 14.

159 Brownsword (2018), »Regulatory Fitness«, S. 168 f.

160 Die internationalen Rechtsvorschriften über den elektronischen Geschäftsverkehr sind nur auf automatisierte, nicht aber auf autonome Algorithmen anwendbar, Turner (2018), *Robot Rules*, S. 108. Es gab vorsichtige legislative Versuche, das Recht der Stellvertretung auf autonome Algorithmen anzuwenden, z. B. § 213(a) eines ursprünglich vorgeschlagenen *Uniform Computer Information Act*, dazu Kerr (2001), »Agent-Mediated Electronic Commerce«, S. 195 f.

161 Europäisches Parlament (2017), *Entschließungen, zivilrechtliche Regelungen Robotik*, Einleitung, Punkt AG.

162 Vor allem im englischen Recht *Dicker* v *Scammell* [2005] EWCA Civ 405.

Vertragsrecht so modifizieren, dass auch autonome Agenten Verträge schließen können.[163] Schließlich ist der bekannte *time lag* des Rechts zu bedenken.[164] Technologische Entwicklungen finden nicht in einem rechtlichen Vakuum statt, sondern sind immer eng mit den bestehenden rechtlichen Regeln und Grundsätzen verwoben, in unserem Fall mit den Normen des Vertragsschlusses.[165] Diese lassen es in ihrer abstrakten Formulierung womöglich zu, dem technischen Fortschritt auch ohne legislative Intervention Rechnung zu tragen.

2. Algorithmen als bloße Werkzeuge?

In der Vertragsrechtsdogmatik ist es immer noch herrschende Meinung, dass Algorithmen bloße Werkzeuge sind. Diese Interpretation entwickelte sich in der Frühphase der Digitalisierung und bezog sich auf die damals existierenden automatisierten, also voll determinierten Algorithmen. Das Vertragsrecht hat damit zwar flexibel auf die Automatisierung reagiert. Aber dass Algorithmen heute autonom über Vertragsschluss und -durchführung entscheiden, stellt das Vertragsrecht vor neue Probleme.

Paradigmatisch für die Werkzeuglösung ist das US-amerikanische Restatement (Third) of Agency Law, das es jedenfalls »gegenwärtig« ausschließt, Computerprogramme als autonome Agenten zu qualifizieren:

> [E]in Computerprogramm ist nicht in der Lage, als Prinzipal oder als Agent im Sinne des Common Law zu handeln. Gegenwärtig sind Computerprogramme Werkzeuge der menschlichen Nutzer. Wenn ein Programm fehlerhaft funktioniert, und sei es in einer Weise, die von seinem Entwickler oder Benutzer nicht vorhergesehen wurde, sind die rechtlichen Konsequenzen für die menschlichen Nutzer nicht anders als die Konsequenzen, die sich aus der Fehlfunktion jeder anderen Art von Werkzeugen ergeben. Die Tatsache, dass ein Programm fehlerhaft funktionieren kann, begründet nicht die Fähigkeit, als Prinzipal oder als Agent zu handeln.[166]

163 Scholz (2021), »Algorithms and Contract Law«, S. 147.
164 Marchant (2011), »Growing Gap«, S. 1321 ff.
165 Zu dieser Wechselwirkung zwischen Technologie und bestehenden Rechtsinstitutionen Cohen (2019), *Truth and Power*, S. 8.
166 Restatement (Third) of Agency Law § 1.04 cmt. e. (2006).

In dieser Interpretation benutzen Menschen digitale Technologien nur als Werkzeug, für deren Funktionieren sie selbstverständlich verantwortlich sind.[167] Elektronische Verträge werfen daher keine ernsthaften Probleme für das Vertragsrecht auf. Die Erklärung des Computers ist nichts anderes als die Erklärung des menschlichen Akteurs, der hinter ihm steht. Der Unterschied zur Normalsituation besteht nur darin, dass menschliche Akteure für den Vertragsschluss ein elektronisches Hilfsmittel benutzen.

Aber kann man diese für vollständig deterministische Agenten entwickelte Interpretation auch auf die neue Situation anwenden, in der der Softwareagent autonom über den Vertrag entscheidet?[168] Um am Werkzeugstatus festhalten zu können, wurden im Lauf der Zeit zahlreiche Ausweichlösungen vorgeschlagen. Manche Autoren deklarieren autonome Computererklärungen einfach zum Bestandteil der menschlichen Erklärungen. In der Nutzung des Computers werde ein »allgemeiner Willen« des Menschen offenbar.[169] Ein US-amerikanischer Vorschlag wendet die Lehre von den einseitigen Verträgen in ähnlicher Weise an, wie sie für Automaten gilt.[170] Oder aber man hält sich strikt an objektive Theorien des Vertragsschlusses, welche die Suche nach menschlichen Intentionen nicht erfordern.[171] Eine weitere Methode schließlich sucht nach Hinweisen in den allgemeinen Geschäftsbedingungen der Parteien, die auf eine Vereinbarung hindeuten, den Vertragsschluss auch durch Algorithmen zu ermöglichen.[172]

Die vorherrschende Lehrmeinung wiederum ignoriert einfach die eigenständigen Handlungen elektronischer Agenten und be-

167 So auch aus ethischer Sicht Johnson (2006), »Computer Systems: Moral Entities«, S. 195 ff.

168 Z. B. Heuer-James u. a. (2018), »Industrie 4.0«, S. 2820 ff.

169 Spindler/Schuster (4. Auflage, 2019), Einleitung zu §§ 116 ff., Rn. 6; Allen/Widdison (1996), »Can Computers Make Contracts?«, S. 52.

170 Zu einem Überblick über diese Position im US-Recht Chopra/White (2009), »Artificial Agents and the Contracting Problem«, S. 370 ff.

171 Weitzenboeck (2001), »Electronic Agents & Contract Formation«, S. 219 ff.; Lerouge (1999), »Use of Electronic Agents«, S. 416 f.; aus der Rechtsprechung *Chwee Kin Keong* v *Digilandmall.com Pte Ltd* [2004] SGHC 71, 134 (per Rajah JC).

172 Chopra/White (2009), »Artificial Agents and the Contracting Problem«, S. 366, Fn. 9. Für das englische Recht Nolan (2010), »Offer and Acceptance in the Electronic Age«, S. 62 f.

trachtet diese als bloße Werkzeuge, die technisch die Erklärung des Menschen ausführen. Dieses Ignorieren der eigentlichen digitalen Innovation findet sich sowohl im Common Law als auch vor allem im deutschen Recht.[173] So entschied der Bundesgerichtshof einen Fall, in dem ein Flugbuchungssystem deterministische Algorithmen eingesetzt hatte. Die Richter argumentierten (in einem *obiter dictum*), der Erklärende sei

> nicht das Computersystem, sondern die Person (oder das Unternehmen), die es als Kommunikationsmittel benutzt und damit die Erklärung abgibt.[174]

Englische Gerichte wendeten eine ähnliche Regel auf automatisierte Maschinen an und erklärten eine Partei aufgrund der objektiven Manifestation der Computererklärung als vertraglich gebunden.[175]

Aber ist es wirklich ausreichend, auf die neue Situation autonom entscheidender Algorithmen mit solchen Verlegenheitslösungen zu reagieren? Denn »was die von intelligenten Agenten vermittelten elektronischen Transaktionen von Automatenkäufen unterscheidet, ist, dass die von den Agenten getroffenen Vereinbarungen von den Maschinen und nicht nur durch sie generiert werden«.[176] Kann man vor diesem Hintergrund ernsthaft behaupten, dass menschliche Akteure die Kontrolle behalten und selbst die Erklärungen abgeben, obwohl Softwareagenten selbsttätig über alle Phasen des Vertrages entscheiden, mit anderen Worten, wenn menschliche Vertragspartner ihre Entscheidungen praktisch an Algorithmen ausge-

173 Weingart (2022), *Haftung Softwareagenten*, S. 168 ff.; Maatz (2022), »Rechtsdogmatik sticht Pragmatismus«, S. 307; Riehm (2020), »Verträge mit KI«, S. 236 ff.; Spindler/Schuster (4. Auflage, 2019), vor §§ 116 ff., Rn. 6; Specht/Herold (2018), »Roboter als Vertragspartner«, S. 42; Schulz (2015), *Verantwortlichkeit bei autonomen Systemen*, S. 103. Rechtsvergleichend bezeichnet Utku (2018), »Internet Contract Formation«, S. 290, die Werkzeug-Konzeption als die herrschende Meinung.

174 BGHZ 195, 126, 131. Offensichtlich kann die Entscheidung nicht auf das Autonomierisiko übertragen werden, Linardatos (2021), *Autonome und vernetzte Aktanten*, S. 147.

175 Nolan (2010), »Offer and Acceptance in the Electronic Age«, S. 63 mit Verweis auf *Thornton* v *Shoe Lane Parking* [1971] 2 QB 163 (CA). Siehe in diesem Zusammenhang *Software Solutions Partners Ltd.* v *HM Customs & Excise* [2007] EWHC Admin 971, Rn. 68.

176 Kerr (2001), »Agent-Mediated Electronic Commerce«, S. 188.

lagert haben? Genau dies aber behauptet ein Großteil der Lehre explizit für die Situation autonom entscheidender Algorithmen.[177]

Smart contracts übernehmen regelmäßig die folgenden Aufgaben: (1) Sie kontrollieren digital dokumentierte Assets, (2) sie fällen Entscheidungen nach dem Empfang spezifizierter Daten, (3) sie tragen zum Aufbau einer dezentralisierten autonomen Organisation bei, (4) sie garantieren die Vertragserfüllung, (5) sie dokumentieren die Transaktion im Blockchain-Protokoll.[178]

Was bleibt von der angeblichen menschlichen Kontrolle in Situationen, in denen der Algorithmus eigenständig nach Angeboten sucht, mit potenziellen Partnern verhandelt, den Vertragspartner auswählt, über den Vertragsabschluss entscheidet, die Essentialia der Transaktion festlegt, den Ablauf des Vertrags bestimmt, den Rücktritt erklärt und Sanktionen für Vertragsbruch festlegt?[179] Um nur zwei Beispiele zu nennen: *Robo-Advisors 4.0* bieten eine vollständig integrierte Anlagedienstleistung an, welche die Erstellung von Kundenprofilen, die Vermögensallokation, die Auswahl des Portfolios, die Ausführung von Transaktionen, die Neugewichtung des Portfolios und die Nutzung von Steuerverlusten umfasst. Ihr regelmäßiger Betrieb – unter Verwendung von fortgeschrittenem *Deep Learning* – trifft autonome Entscheidungen in Verträgen zur Regulierung von Portfolios und zur Verwaltung von Finanzanlagen im Namen von Menschen.[180] In anderen Zusammenhängen bauen Algorithmen eigenständig Lieferketten auf, indem sie potenzielle Lieferanten suchen und verbinden und Vereinbarungen mit den führenden Unternehmen schließen.[181]

Und wie steht es bei Verträgen, in denen beide Vertragsparteien Software für die Vertragsgestaltung einsetzen, mit der menschlichen Kontrolle? Diese Vertragssituationen implizieren,

> dass der Vertrag selbst seine eigenen Bedingungen interpretiert und sie selbst durchsetzt. Anders ausgedrückt: Sowohl die Auslegung als auch die

177 Z. B. Busche in: MüKo-BGB (9. Auflage, 2021), vor § 145, Rn. 38; Spindler (2014), »Zivilrecht und Roboter«, S. 64 f.

178 Reyes (2021), »Autonomous Business Reality«, S. 446 f.

179 Zu den verschiedenen autonomen Entscheidungen von Softwareagenten in Verträgen Scholz (2017), »Algorithmic Contracts«, S. 136. Siehe auch: Casey/Niblett (2017), »Self-Driving Contracts«, S. 7 ff.

180 Sanz Bayón (2019), »Legal Framework for Robo-Advisors«, Abs. 3.

181 Ameri/McArthur (2013), »Multi-Agent System for Autonomous Supply Chain«.

Durchsetzung der Vertragsbedingungen wären automatisiert – weshalb man dies als echten *smart contract* bezeichnen kann.[182]

Die anthropozentrische Position, die davon ausgeht, dass stets der Mensch selbst den Vertrag abschließt, kann in dieser Situation schlicht nicht aufrechterhalten werden. Denn nach Linarelli ist ein solcher echter intelligenter Vertrag eine rechtlich durchsetzbare Vereinbarung, »bei der teilweise oder insgesamt die Vertragserfüllung digital vollzogen und durchgesetzt wird, ohne dass ein menschliches Eingreifen erforderlich ist, außer der Codierung der automatisierten Vertragserfüllung«.[183]

Dass der Mensch in einer Situation, in der Programmierer, Hersteller und Betreiber die Kontrolle verloren haben, die Erklärung abgegeben haben soll, ist eine unhaltbare Fiktion.[184] Sie aufrechtzuerhalten, obwohl die technologische Entwicklung die algorithmische Autonomie weiter steigern wird, hat problematische Konsequenzen. Denn die Vertragsrechtsnormen werden überdehnt, wenn Algorithmen statt Menschen entscheiden. Ein prominentes Beispiel dafür ist es, den Agenten als »Reservoir« für die bedingten Erklärungen des menschlichen Auftraggebers zu verstehen.[185] Was passiert, wenn das »Reservoir« an Erklärungen die Anzahl der möglichen Computerentscheidungen nicht mehr vorherzusagen erlaubt? Kann das »Reservoir« Tausende von möglichen Erklärungen enthalten, an die der menschliche Benutzer noch nicht einmal gedacht hat? Das ist schlicht absurd. Nach dem Auftauchen der generativen KI (etwa ChatGPT) wird die Absurdität der Werkzeuglösung noch weitergetrieben. Wenn ChatGPT dazu eingesetzt wird, Verträge mit Dritten abzuschließen, dann müsste das »Reservoir« der bedingten Erklärungen nicht nur gegen unendlich gehen, sondern müsste auch die berüchtigten »Halluzinationen« solcher Systeme umfassen. Es ist schlicht unrealistisch zu behaupten, dass

182 Borselli (2020), »Smart Contracts in Insurance«, S. 115.

183 Linarelli (2019), »AI and Contract«, S. 332. Zwar betrifft sein Argument die Frage, ob Algorithmen selbst Vertragspartei sein können. Es kann aber ohne weiteres auch auf die Frage, ob sie Stellvertreter sein können, angewendet werden.

184 Zu einer Kritik an der Fiktion z. B. Herold (2020), *Vertragsschlüsse*, S. 212 f.; Kainer/Förster (2020), »Autonome Systeme und Vertragsrecht«, S. 284. Ebenso für das Common Law Dahiyat (2021), »Software Agents«, S. 60 ff.; Scholz (2017), »Algorithmic Contracts«, S. 150; Chopra/White (2009), »Artificial Agents and the Contracting Problem«, S. 372.

185 Spindler (2014), »Zivilrecht und Roboter«, S. 64.

der Nutzer, der ChatGPT seine Instruktionen gibt, selbst die Erklärungen abgegeben haben soll, die das System auf unvorhersehbare Weise aus seiner Rekonstruktion der Myriaden von Internet-Informationen auswirft.[186]

Wie ist es möglich, dass die Rechtsgeschäftslehre, die in der Vergangenheit erfolgreich auf die Herausforderungen des modernen entpersonalisierten Geschäftsverkehrs mit einer differenzierten Theorie objektivierter Willenserklärungen reagiert hat, auf die digitale Herausforderung nur noch defensiv mit uneingestandenen Fiktionen antwortet? Welch ein Widerspruch, dass das deutsche Privatrecht auf der einen Seite klammheimlich Verträge zwischen Maschinen und Menschen als rechtsgültig anerkannt hat, auf der anderen Seite aber nicht bereit ist, aus der Delegation von Vertragsentscheidungen an Softwareagenten die notwendigen Konsequenzen für tragende Elemente der Rechtsgeschäftslehre zu ziehen! Stattdessen beruhigt man sich mit der kontrafaktischen Versicherung, dass es auch im Zeitalter massenhafter Internet-Transaktionen immer noch die Menschen seien, die das Vertragsgeschehen beherrschen. Schlimmer noch, man beschwört Willensfreiheit und Menschenwürde, um jede Art von Rechtssubjektivität für Softwareagenten als verfassungswidrig (!) zu blockieren: Es könne das »Grundbekenntnis der Verfassung keine Anerkennung einer Rechtspersönlichkeit mit Rechtsfähigkeit für diese Softwareagenten rechtfertigen«.[187] Zugleich aber – und darin steckt die Ironie – werden angesichts der faktischen Delegation wesentlicher Entscheidungen an seelenlose Maschinen die hohen ethischen Ansprüche an Privatautonomie, wonach menschliche Subjekte das Vertragsgeschehen eigenverantwortlich beherrschen sollen, gerade mit Hilfe dieser Fiktion schlicht aufgegeben.[188]

186 Zu den vielfachen Fehlleistungen der generativen KI Gutiérrez (2023), »ChatGPT and the New Power Relationships«, Abs. 5; Floridi/Chiriatti (2020), »GPT-3«, S. 681 ff.

187 Kirn/Müller-Hengstenberg (2016), *Rechtliche Risiken,* S. 146.

188 Die genaue Parallelproblematik stellt sich im öffentlichen Recht: Kann die Entscheidung eines vollautomatisierten Algorithmus ein Verwaltungsakt sein? Dazu hat § 35a VwVfG die Lösung vorgezeichnet, »dass auch der vollständig durch automatische Einrichtungen erlassene Verwaltungsakt ein Verwaltungsakt im Sinne des VwVfG ist«, Roth-Isigkeit (2020), »Staatshaftungsrechtliche Aspekte«, S. 326.

3. Unsere Lösung: Elektronische Agenten als Stellvertreter

Deshalb sollte man konsequent auf die Gegenposition, auf das Recht der Stellvertretung, übersetzen, wie es zahlreiche Autoren sowohl in kontinentaleuropäischen Rechten[189] als auch im Common Law[190] vertreten. In genauer Entsprechung zu seiner realen Funktion in der Wirtschaftspraxis, ökonomisch gesprochen, in einer *principal-agent-relation*,[191] gibt der Softwareagent rechtlich eigenverantwortlich die Willenserklärung ab, handelt aber nicht im eigenen Namen, sondern im Namen des Prinzipals. Die Erklärung des Computers ist als solche rechtsverbindlich und berechtigt und verpflichtet unmittelbar den Prinzipal. In Analogie zum Recht der Stellvertretung sind autonome Softwareagenten als Repräsentanten ihres menschlichen Prinzipals zu behandeln.

In diesem Zusammenhang ist auch der Vorschlag einzubeziehen, die Regeln der Blanketterklärung[192] analog auf algorithmische

189 Kornilakis (2023), »Legal Personhood for Autonomous AI«, S. 31 ff.; Effer-Uhe (2021), »Erklärungen autonomer Softwareagenten«, S. 177; Linardatos (2021), *Autonome und vernetzte Aktanten*, S. 189 ff.; Linke (2021), *Digitale Wissensorganisation*, S. 259; Becker/Pordzik (2020), »Digitalisierte Unternehmensführung«, S. 339; Herold (2020), *Vertragsschlüsse*, S. 104 f. (kombiniert mit Rechtsscheinaspekten); Lewinski u. a. (2019), *Algorithmen im HR-Bereich*; Teubner (2018), »Digitale Rechtssubjekte«, S. 182; Specht/Herold (2018), »Roboter als Vertragspartner«, S. 43 f.; Kessler (2017), »Intelligente Roboter«, S. 592; Mayinger (2017), *Künstliche Person*, S. 227 ff.; Schirmer (2016), »Rechtsfähige Roboter«, S. 664; Gruber (2015), *Bioinformationsrecht*, S. 198; Pagallo (2013), *Laws of Robots*, S. 98; Gitter (2007), *Softwareagenten*, S. 177 ff.; Teubner (2006), »Elektronische Agenten«, S. 16 f. Für Stellvertretung, aber nur *de lege ferenda*, Kainer/Förster (2020), »Autonome Systeme und Vertragsrecht«, S. 301 ff.

190 Duffourc (2023), »Autonomous AI Physician«, S. 25; Harvey/Gowda (2022), »Clinical Applications of AI«; Lior (2020), »AI Entities as Agents, S. 1071 ff.; Powell (2020), »Autonomous Systems as Legal Agents«, S. 329; Chinen (2019), *Law and Autonomous Machines*, S. 37; Scholz (2017), »Algorithmic Contracts«, S. 164 ff.; Koops u. a. (2010), »Accountability Gap, S. 512 f., 559; Chopra/White (2009), »Artificial Agents and the Contracting Problem«, S. 376 ff.

191 Krafft u. a. (2022), »Regulate Algorithmic Decision-Making«, S. 119 f. Allgemein zur ökonomischen Definition der Prinzipal-Agenten-Beziehung, die insbesondere der rechtlichen Qualifikation als Stellvertretung entspricht, Jensen/Meckling (1976), »Theory of the Firm«, S. 308 ff.

192 Bei der Blanketterklärung handelt es sich um eine Situation, in der ein Prinzipal ein unterschriebenes, aber noch nicht ausgefülltes Formular dem Agenten zur

Verträge anzuwenden. Dies ist der hier vorgeschlagenen Lösung durchaus äquivalent, weil sie im Ergebnis ebenso auf eine Analogie zur Stellvertretung hinausläuft. Implizit erkennen die Autoren, die eine Einordnung der Erklärungen von Softwareagenten als Fall der Blanketterklärung befürworten, damit die rechtliche Handlungsfähigkeit der Softwareagenten an, selbst dann, wenn sie diese explizit ausschließen.[193]

Die Analogie vermeidet einerseits den Irrtum der herrschenden Lehre, die vertraglichen Handlungen ausschließlich den involvierten Menschen zuzurechnen. Andererseits vermeidet sie den Irrtum, sie ausschließlich dem Algorithmus zuzurechnen, wie es die Befürworter des Konzepts der E-Person tun. Die Analogie ermöglicht demgegenüber eine nuancierte Verteilung der Entscheidungsbefugnisse zwischen Prinzipal und algorithmischen Agenten und der damit verbundenen Risiken. Sie beruht ebenso wie die Prinzipal-Agenten-Theorie auf der Einsicht, dass die arbeitsteilige Aufteilung der Handlungen des Prinzipals und des Agenten die schon oben angesprochenen Risiken der Informationsasymmetrien erzeugt: (1) verstecktes Handeln: die Tätigkeit des Agenten kann nicht ausreichend vom Prinzipal beobachtet werden; (2) versteckte Information: der Agent verfügt über Informationen, die dem Prinzipal unbekannt bleiben; (3) versteckte Eigenschaften: der Agent verfügt über Eigenschaften, die von denen des Prinzipals deutlich abweichen; (4) versteckte Absichten: der Agent verfolgt andere Intentionen als der Prinzipal.[194] Das Recht der Stellvertretung bietet eine Verteilung von Rechten und Pflichten, die sensibel auf solche Informationsasymmetrien der digitalen Assistenz reagiert. Die Stellvertretung ist darüber hinaus durchaus in der Lage, nicht nur

Vervollständigung überlässt. Die Blanketterklärung wird unter die Regeln zur Stellvertretung gefasst.

193 Zur algorithmischen Erklärung als Blanketterklärung Biggen (2022), *Vertragsschluss im Internet der Dinge*, S. 73; Haseloff/Friehoff (2020), »Zurechnung von Erklärungen«, S. 1367 ff.; Foerster (2019), »Automatisierung und Verantwortung«, S. 428; Grapentin (2018), *Vertragsschluss und vertragliches Verschulden*, S. 92; Specht/Herold (2018), »Roboter als Vertragspartner«, S. 43; Beck (2016), »Ascribing Legal Responsibility«, S. 478; Günther (2016), *Roboter und rechtliche Verantwortung*, S. 54 ff.

194 Dazu Richter/Furubotn (2003), *Neue Institutionenökonomik*, S. 30 ff., 173 ff. Zu ihrer Anwendung auf digitale Assistenz Linardatos (2021), *Autonome und vernetzte Aktanten*, S. 128 ff.

mit den Informationsasymmetrien, sondern auch mit den oben beschriebenen spezifisch algorithmischen Risiken umzugehen: Identifizierung des Agenten, mangelnder Konsens zwischen menschlichem Prinzipal und algorithmischem Agenten, Verringerung der institutionellen Produktivität und Abweichung der algorithmischen Entscheidungen von den Absichten des Prinzipals.

Freilich sind die Unterschiede zwischen menschlichen Akteuren und Softwareagenten so groß, dass manche Normen des Stellvertretungsrechts nicht passen. Es gilt also, in einer sorgfältigen Analogie adäquate Sonderregeln für die Willenserklärungen eines digitalen Agenten zu entwickeln.[195] Das für die Analogie notwendige rechtsdogmatische Erfordernis einer Regelungslücke, also einer planwidrigen Unvollständigkeit der gesetzlichen Regelung, ist erfüllt, da der Gesetzgeber den Einsatz von Algorithmen beim Vertragsschluss weder geregelt hat noch ihn antizipieren konnte.[196] Deshalb ist aus den auf menschliche Akteure zugeschnittenen Stellvertretungsrechtsnormen eine Analogiebasis zu generalisieren und diese dann für die Eigenheiten digitalen Handelns zu respezifizieren.[197] Statt des zu einfachen Ähnlichkeitsschlusses bedarf es für die Analogie zweier argumentativer Schritte. Zunächst verallgemeinert man das Recht der Stellvertretung auf alle Arten von entscheidungsfähigen Einheiten, um ein allgemeines Prinzip herauszuarbeiten. Eine korrekte Generalisierung läuft darauf hinaus, alle Situationen zu erfassen, in denen eine parallele Risikolage vorliegt. Sie lautet hier: Das Recht der Stellvertretung ist (nicht auf alle digitalen Assistenzsysteme, sondern nur) auf Assistenzsysteme mit Autonomierisiko auszudehnen. Zweitens sind die Stellvertretungsregeln nicht pauschal anzuwenden, sondern bedürfen einer sorgfältigen Respezifikation, um die digitalen Besonderheiten zu erfassen. Hier gilt es besonders, dem oben genannten Risiko entgegenzuwirken, dass allzu rigide Rechtsnormen das Produktivitätspotenzial digitaler Assistenz reduzieren. Die respezifizierten Normen sollten daher nicht einfach den

195 So auch Gruber (2015), »Maschinenrechte«, 140 ff.; Schirmer (2016), »Rechtsfähige Roboter«, S. 664.

196 Effer-Uhe (2021), »Erklärungen autonomer Softwareagenten«, S. 172; Kainer/Förster (2020), »Autonome Systeme und Vertragsrecht«, S. 292; Grapentin (2018), *Vertragsschluss und vertragliches Verschulden*, S. 94.

197 Dazu Lior (2020), »AI Entities as Agents«, S. 1071.

Agenten strikt an die Intentionen des Prinzipals binden.[198] Vielmehr sollte man gerade die oben geschilderten kreativen Potenziale der Digitalität nutzen und ausreichende Freiheitsgrade des Softwareagenten zulassen. Das Recht muss also gerade die Entscheidungsautonomie und das hohe Informationspotenzial des digitalen Agenten ernst nehmen. Eine Interpretation der Agentenerklärungen sollte sich entsprechend nicht ausschließlich am Willen des Vertretenen orientieren, sondern daran, dass der Vertragszweck der trilateralen Transaktion (Prinzipal–Agent–Dritter) möglichst erreicht wird. Konsequenz ist, dass behauptete Überschreitungen der Vertretungsmacht durch den Algorithmus nicht subjektiv am Prinzipalwillen, sondern objektiv am Vertragszweck zu überprüfen sind.

Die Respezifizierung kann nicht allein aufgrund technologischer Eigenschaften der Algorithmen erfolgen. Das wiederholte nur den oben angesprochenen technikdeterministischen Kurzschluss zwischen Technologie und Recht. Sie muss ebenso die Besonderheiten der sozio-digitalen Institution der digitalen Assistenz einbeziehen und zugleich deren institutionalisierte Personifizierungen zur Frage, ob der Algorithmus als Stellvertreter zu qualifizieren ist, heranziehen. Ganz zu Recht argumentiert Linardatos, es könne nicht pauschal angenommen werden, ein Aktantenverhalten sei über §§ 164 ff. BGB zuzurechnen, nur weil KI oder maschinelles Lernen eingesetzt wird. Vielmehr spielten ebenso Einsatzumgebung und Einsatzzweck eine wichtige Rolle.[199] Zum Beispiel sei ein Algorithmus, der selbstständig Waren ordert, dem Stellvertretungsrecht zu unterwerfen. Dagegen könne der Sprachassistent auf dem Mobiltelefon nicht analog zu einem Stellvertreter behandelt werden, da der menschliche Teilnehmer und nicht das technische Gerät der Ursprung des rechtserheblichen Verhaltens sei und deshalb das Autonomierisiko zwar technisch realisiert, aber sozial nicht verwirklicht ist. Im Ergebnis ist also die rechtliche Qualifikation von Algorithmen als Stellvertreter im Gegensatz zu bloßen Werkzeugen von zwei Faktoren abhängig: technologisch von nichtprognostizierbarem Verhalten und sozial von einer institutionalisierten Personifizierung.

198 So aber Zech (2020), *Risiken digitaler Systeme*, S. 37 ff.
199 Linardatos (2021), *Autonome und vernetzte Aktanten*, S. 131.

Auf jeden Fall wird sich in der Situation digitaler Assistenz der rechtliche Status von Softwareagenten ändern müssen, denn das geltende Recht verlangt, dass ein Stellvertreter Rechtsfähigkeit besitzt.[200] Das Recht spiegelt hier die institutionellen Anforderungen der digitalen Assistenz wider, die wir oben beschrieben haben. In der dreipoligen Sozialbeziehung zwischen Prinzipal, Agenten und Dritten sind alle drei Parteien als handlungsfähige Akteure immer schon vorausgesetzt. Wenn nun das Recht Algorithmen als Stellvertreter zulässt, muss es diesen zugleich Rechtsfähigkeit verleihen, jedoch, wie bereits gesagt, nicht die volle Rechtsfähigkeit einer juristischen Person.[201] Vielmehr genügt in funktionaler Sicht eine bloße Teilrechtsfähigkeit – die »Stellvertretungsfähigkeit«.[202] Den Algorithmen muss eine sorgfältig umschriebene *potestas vicaria* verliehen werden, bei der die Handlung des Vertreters als Manifestation des Willens des Vertretenen gilt.[203]

Algorithmen sind nicht der erste Fall, in dem das Recht die Stellvertretungsfähigkeit an nichtmenschliche Entitäten verleiht. Denn auch Gesellschaften und Verbände, soweit sie teilrechtsfähig sind,

200 Zum deutschen Recht statt vieler Schubert, in: MüKo-BGB (9. Auflage, 2021), § 164, Rn. 116 f. Zum englischen Recht schon mit Blick auf Softwareagenten: *Software Solutions Partners Ltd.* v *HM Customs & Excise* [2007] EWHC Admin 971, Rn. 67: »only a person with a ›mind‹ can be an agent in law«. Zum US-Recht Restatement (Third) of Agency §§ 1.01, 1.04(5) (2006). Ebenso Rachum-Twaig (2020), »Whose Robot«, S. 1151. Meist wird das Argument aber gerade umgekehrt dazu benutzt, um die Möglichkeit einer algorithmischen Stellvertretung kategorisch auszuschließen.

201 Kainer/Förster (2020), »Autonome Systeme und Vertragsrecht«, S. 294 f.

202 Ebenso Duffourc (2023), »Autonomous AI Physician«, S. 21; Kornilakis (2023), »Legal Personhood for Autonomous AI«, S. 31 ff.; De Bona (2022), »Sistemi intelligenti«, S. 91 ff.; Kainer/Förster (2020), »Autonome Systeme und Vertragsrecht«, S. 274, 301 (*de lege ferenda*); Schirmer (2019), »Mäuse, Menschen und Maschinen«, S. 717; Teubner (2018), »Digitale Rechtssubjekte«, S. 177; Specht/Herold (2018), »Roboter als Vertragspartner«, S. 43; Gruber (2012), »Rechtssubjekte«, S. 156. Zur durchaus vergleichbaren Konstruktion der Rechtsgeschäfte von Sklaven im römischen Recht Harke (2016), »Sklavenhalterhaftung«, S. 97 f.

203 Grundätzlich zur *potestas vicaria* Agamben (2011), *The Kingdom and the Glory*, S. 138 f.; Trüstedt (2022), *Stellvertretung*, *passim*, insbesondere für algorithmisches Handeln, S. 375 ff.

dürfen als Stellvertreter bevollmächtigt werden.[204] Man sollte die Folgen einer solchen digitalen *potestas vicaria* nicht unterschätzen. Sie erlaubt es, das oben genannte Identifikationsrisiko bei algorithmischen Verträgen zu reduzieren, da die Personifizierung die algorithmischen Operationen einem Zurechnungspunkt eindeutig zuordnet. Außerdem eröffnet die Stellvertretung durch Algorithmen im Vergleich zum Programmieren von Computern und zum Kommunizieren mit ihnen einen andersartigen institutionellen Zugang zur digitalen Welt und ermöglicht es, deren kreatives Potenzial zu nutzen. Aber sie setzt die Menschen eben auch den oben angesprochenen neuen Gefahren unkontrollierbarer digitaler Entscheidungen aus.

Teilrechtsfähigkeit an Algorithmen zu verleihen, sollte am besten dem experimentellen Vorgehen der Rechtsprechung überlassen werden. Zudem werden die Aktivitäten des *private ordering*, welche die Sozialinstitution digitaler Assistenz ausformen, den Rechtsbildungsprozess durch eine Kombination von AGB, Musterverträgen und technischen Standards beschleunigen. Im besten Falle wird sich so ein Gleichgewicht zwischen der Notwendigkeit, ein Mindestmaß an menschlicher Kontrolle aufrechtzuerhalten, und der Notwendigkeit, die Schlüsseleigenschaften von Softwareagenten (zum Beispiel Autonomie, Flexibilität, Dynamik, Geschwindigkeit) und ihre sozialen Anwendungen zu schützen, einspielen. Wenn aber dieses Gleichgewicht gefährdet ist, müssen die Gerichte mit wirksamen AGB-Kontrollen eingreifen.

Dass die Verleihung von Teilrechtsfähigkeit an nichtmenschliche Akteure schon *de lege lata* möglich ist, zeigt die Geschichte des nichtrechtsfähigen Vereins, besonders der Gewerkschaften, der Vorgesellschaft und jüngst der BGB-Gesellschaft. Dies sind Präjudizien, in denen die Gerichte *praeter legem*, wenn nicht *extra legem*, nichtrechtsfähige Entitäten als (teil-)rechtsfähig erklärten.[205] Der

204 Freilich besteht der Unterschied, dass Gesellschaften nicht wie die Algorithmen unmittelbar selbst handeln, sondern »durch« ihre vertretungsberechtigten Organe, dazu Schubert, in: MüKo-BGB (9. Auflage, 2021), § 164, Rn. 28 ff.

205 Vgl. BGHZ 146, 341, 344; BGHZ 163, 154. Eingehend zur Parallele zwischen Algorithmen und Verbänden zur Frage der Rechtsfähigkeit Gruber (2015), *Bioinformationsrecht*, S. 267 ff. Zum englischen Recht Armour (2013), »Companies«, S. 126, Rn. 3.29 f. Zum US-Recht Horwitz (1985), »Santa Clara Revisited«, S. 173 ff. Eine umfassende qualitative und quantitative Analyse der Ge-

BGH sichert seine Befugnis zur richterrechtlichen Zuschreibung von Teilrechtsfähigkeit damit ab, dass »die Rechtsfähigkeit eine rechtstechnische Kategorie ist, die keiner gesetzlichen Anordnung bedarf, sondern auch in Form der Gesetzesauslegung ermittelt werden kann«.[206] Wahrscheinlich ist der Gesetzgeber auch im Falle digitaler Assistenz gut beraten, dem Drang zur generellen Normsetzung zu widerstehen und diesen Fragenkreis der experimentellen Rechtsprechungsentwicklung von Fall zu Fall zu überlassen.[207] Der iterative Lernprozess des Richterrechts dürfte bei der Personifizierung von Algorithmen zu eher angemessenen Ergebnissen führen als übereilte gesetzgeberische Versuche.

Nach diesen Argumenten zum Lösungsvorschlag im Allgemeinen sind nun einzelne rechtsdogmatische Fragen zu beantworten: Welche sind die digitalen Äquivalente für subjektive Eigenschaften des Stellvertreters? Und welche sind die Äquivalente für den Umgang mit vollmachtloser Vertretung und Überschreitung der Vertretungsmacht?

5. Äquivalente für subjektive Tatbestandsmerkmale

Mit Hilfe der Analogie lässt sich der wohl wichtigste Einwand ausräumen: dass den Softwareagenten die notwendigen Willenselemente fehlen. Der Einwand gegen das Stellvertretungsrecht lautet, dass zwar »prima vista die semi-autonome ›Erklärung‹ des Roboters eher derjenigen eines Stellvertreters ähnelt; doch fehlt es immer noch an einem Erklärungsbewusstsein«.[208] Der Einwand lässt sich ausräumen, weil digitale Äquivalente für die subjektiven Voraussetzungen der Willenserklärung, besonders für das Erklärungsbewusstsein, zu finden sind. An dieser Stelle kommen die bekannten Objektivierungstendenzen in der Rechtsgeschäftslehre der Möglichkeit, dass bewusstseinslose Softwareagenten rechtswirksame Willenserklä-

richtsentscheidungen zur Rechtspersönlichkeit bei Banteka (2021), »Artificially Intelligent Persons«, S. 542 ff.

206 BGH NJW 2005, 2061, 2064 (Teilrechtsfähigkeit der Wohnungseigentümergemeinschaft).

207 Ebenso Wagner (2019), »Robot Liability«, S. 46.

208 Spindler (2016), »Digitale Wirtschaft«, S. 816; Spindler (2014), »Zivilrecht und Roboter«, S. 64.

rungen abgeben können, weit entgegen.[209] Sie bestätigen den oben angesprochenen soziologischen Befund, dass es für die Personifizierung nichtmenschlicher Entitäten nicht auf Bewusstsein, sondern auf Kommunikation ankommt.[210] Bekanntlich hat die Auflösung der Kontroverse Willenstheorie versus Erklärungstheorie in modernen Geltungs- und Vertrauenstheorien das Erklärungsbewusstsein gründlich entpsychologisiert.[211] Auf den subjektiven Willen des Erklärenden kommt es nach der dramatischen Wende in der neueren Rechtsprechung gar nicht mehr an. Der objektive Vertrauensgrundsatz hat die subjektiven Vorstellungen der Parteien verdrängt. Entscheidend ist, dass sich der Erklärende sein falsches äußeres Verhalten im Rechtsverkehr zurechnen lassen muss. Der Erklärende kann sein fehlendes Erklärungsbewusstsein nicht der Geltung der Willenserklärung entgegensetzen, wenn er, wie der BGH entschieden hat, »fahrlässig nicht erkannt hat, dass sein Verhalten als Willenserklärung aufgefasst werden könnte und wenn der Empfänger es tatsächlich so verstanden hat«.[212]

An die Stelle des subjektiven Erklärungsbewusstseins setzt also der BGH eine doppelte objektive Normierung, mit der Softwareagenten, die über elaborierte kognitive Fähigkeiten verfügen, umgehen können. Die Normierung besteht aus zwei Elementen: erstens der aus Vertrauen entstandenen sozialen Norm, unter welchen Umständen das konkrete Verhalten als eine bindende Willenserklärung verstanden werden darf; zweitens der Pflicht des Erklärenden, diese soziale Norm zu erkennen und nicht gegen diese Pflicht zur Kenntnisnahme fahrlässig zu verstoßen. Mit einer solchen Entpsychologisierung hat die Rechtsprechung im Grunde schon selbst die gesuchte Generalisierung der Analogiebasis vollzogen, deren Respezifizierung in Sonderregeln für Softwareagenten ohne größere Schwierigkeiten möglich ist.

209 Kirn/Müller-Hengstenberg (2016), *Rechtliche Risiken*, S. 137 ff., sehen diese Übereinstimmung auch deutlich. Dann aber machen sie eine Kehrtwendung und erklären apodiktisch, dass Computer selbst keine rechtlich wirksame Erklärung abgeben können, weil sie kein »Ich-Bewusstsein« haben.

210 So auch Effer-Uhe (2021), »Erklärungen autonomer Softwareagenten«, S. 174, aufgrund von Interessenabwägungen. Ausführlich dazu in diesem Kap. I.3.

211 Statt vieler Säcker, in: MüKo-BGB (9. Auflage, 2021), § 164, Rn. 28 ff., Einl. BGB, Rn. 161-165 m. w. N.

212 BGH NJW 1995, 953; BGH NJW 2002, 3629, 2631.

Eine solche soziale Norm – wie in einem bestimmten Kontext bestimmte Erklärungen zu verstehen sind – kann durchaus in ein Softwareprogramm übersetzt werden. Lernfähige Agenten können diese Information sogar selbsttätig erwerben und darüber hinaus Änderungen der sozialen Normen oder der Rechtsprechung selbsttätig einprogrammieren. Diese Selbstprogrammierung sozialer und rechtlicher Normen kann eine digitale Dynamik auslösen, die Viljanen einen »*impact pathway*« nennt.[213] Das bedeutet, dass die Handlungen des Algorithmus über die Programmierung von Normen, die in seine kognitive Maschinerie gelangen, gesteuert werden können.

Es gibt schon heute neuronale Netze, die anhand von Beispielen darauf trainiert werden, konkrete Verhaltensmuster zu erkennen. Ein geeignetes Trainingsprogramm kann den Algorithmen die normative Lektion beibringen. Das Modell ist intuitives normatives Lernen aus konkreten Fällen. In einem Überblick über den Stand der Technik zeigt Borselli, wie Algorithmen Gesetze und Gerichtsentscheidungen, Entscheidungen von Aufsichtsbehörden und Sachverständigengutachten analysieren, um die potenzielle Rechtsentscheidung zu prognostizieren.[214]

Mit alldem dürfte der Einwand, Softwareagenten als digitale Stellvertreter könnten kein Erklärungsbewusstsein besitzen, weil sie nicht über Bewusstsein verfügen, ausgeräumt sein.[215] Das ausreichende Äquivalent sind ihre kalkulatorischen Fähigkeiten, soziale und rechtliche Normen in den digitalen Code zu übersetzen.[216]

213 Viljanen (2017), »Cyborg Turn in Law?«, S. 1288, 1294.

214 Borselli (2020), »Smart Contracts in Insurance«, S. 114 ff., mit Hinweisen auf Theorie und Praxis der *predictive technology* im Recht.

215 Zum gleichen Ergebnis kommt man übrigens, wenn man Dennetts Konzept der »*intentional stance*« auf elektronische Agenten anwendet, Sartor (2009), »Cognitive Automata and the Law«, S. 262. *De lege ferenda* plädiert Hennemann (2020), *Interaktion und Partizipation*, S. 327 ff., 341 ff., für die Einführung »systemischer Pflichten«, die zu gleichen Ergebnissen führen dürfte.

216 Konertz/Schönhof (2020), *KI im allgemeinen Zivilrecht*, S. 114, kritisieren diese Lösung als schlichtweg falsch. Für die Situation, dass die sozialen Normen direkt in den Algorithmus einprogrammiert sind, müssen sie allerdings zugeben, dass die traditionelle Identifikation der algorithmischen Entscheidung mit dem subjektiven Willen des dahinterstehenden menschlichen Operators an ihre Grenzen stößt. Ihr Ausweg aus dem Dilemma ist dann etwas willkürlich. Denn ohne jede rechtsdogmatische Argumentation schreiben sie das Risiko einfach dem Menschen zu, offenbar weil das Ergebnis ihren Vorlieben entspricht.

Diese Lösung für das deutsche Recht gewinnt rechtsvergleichend an Plausibilität, weil sie auch im Common Law von zahlreichen Autoren vertreten wird: Für digitale Vertragsschlüsse ist *agency law* anzuwenden.[217] Im englischen Vertragsrecht ist dies freilich angesichts der objektiven Vertragsauslegung und dem objektiven Verständnis der *intention* weniger problematisch.[218] Das Gleiche gilt für das US-Recht, da hier keine subjektive *intention* verlangt wird, sondern nur eine objektive Manifestation des Konsenses.[219] Aus der Sicht eines *reasonable observer* ist die Frage zu stellen: Hat die Erklärung den Angebotsempfänger zu der Annahme veranlasst, dass der Anbietende beabsichtigte, durch die Annahme gebunden zu sein?[220] Der Wortlaut der Erklärung selbst ist primäre Quelle der Auslegung. Nur in Ausnahmefällen berücksichtigt das englische Recht zusätzliche kontextbezogene Umstände.[221] Da elektronische Agenten schriftliche Erklärungen abgeben, stellt sich die Frage, ob ein solcher Text einen ausreichenden Bindungswillen erkennen lässt. Linarelli bringt ein überzeugendes Argument vor: Im Endeffekt werden die Gerichte eine Variante des Turing-Tests anwenden. Wenn die Analyse der textbasierten Kommunikation zwischen dem elektronischen Agenten und dem Adressaten nicht zuverlässig erkennen lässt, ob sie von einem Menschen abgegeben waren oder nicht, dann kann die elektronische Erklärung aus Sicht des Empfängers als ein rechtsverbindliches Angebot interpretiert werden.[222]

Die rechtliche Qualifizierung des elektronischen Agenten als Stellvertreter, der eine rechtsgültige Erklärung im Namen des Vollmachtgebers mit bindender Wirkung abzugeben in der Lage ist, dürfte somit der traditionellen Auffassung überlegen sein, wonach

217 Nachweise in Fn. 190.

218 Grundlegend *Smith* v *Hughes* (1871) LR 6 QB 597, 607.

219 *U.S. Restatement (Second) of Contracts*, § 21 (1981): »neither real nor apparent intention that a promise be legally binding is essential to the formation of the contract«.

220 *Centrovincial Estates plc* v *Merchant Investor Assurance Co Ltd* [1983] Commercial LR 158; *Moran* v *University of Salford*, The Times, 23. November 1993.

221 Z. B. *Prenn* v *Simmonds* [1971] 1 WLR 1381; *Investors Compensation Scheme Ltd* v *West Bromwich Building Society* (No 1) [1998] 1 WLR 896.

222 Linarelli (2019), »AI and Contract«, S. 335, benutzt dies Argument für die Diskussion der Frage, ob Algorithmen selbst Vertragspartei sein können. Es behält seine Gültigkeit für die Diskussion der Frage, ob sie als Stellvertreter bindende Vertragserklärungen abgeben können.

nur menschliche Akteure rechtsverbindliche Erklärungen abgeben können.

6. Äquivalente zur Vollmacht

Im Rahmen der Analogie zur Stellvertretung stellt sich die Frage, wie die Offline-Regelungen der Vollmacht durch Online-Regelungen modifiziert werden müssen. Bisher haben wir die Generalisierung so weit getrieben, dass das Stellvertretungsrecht für entscheidungsfähige Einheiten offen sein sollte, dann aber für die Respezifizierung das Erfordernis aufgestellt, den Algorithmen Teilrechtsfähigkeit zuzusprechen. Jetzt stellt sich erneut die Frage der Respezifizierung. Auf welche Weise kann einem elektronischen Agenten rechtlich die Vertretungsmacht eingeräumt werden?

Die Vollmachtserteilung dient als Grundlage für das Handeln des Vertreters und die Bindung des Prinzipals. Diese Erklärung ist ein einseitiger Akt des Prinzipals, der keiner Annahme durch den Bevollmächtigten oder den Dritten bedarf.[223] Ein Algorithmus kann jedoch funktionsäquivalent faktisch in Gang gesetzt werden. Ein Innenverhältnis zwischen Algorithmus und Prinzipal wird damit nicht etabliert.[224] Denn die Rechtsfähigkeit des Algorithmus ist strikt auf die Fähigkeit der Stellvertretung einzuschränken. Es ist daher plausibel, die Vollmachtserteilung an den faktischen Einsatz eines elektronischen Agenten zu knüpfen.[225] Die Grenzen der Be-

223 Für das deutsche Recht Schubert, in: MüKo-BGB (9. Auflage, 2021), § 167, Rn. 2. Der einseitige Akt der Vollmachtserteilung ist von dem zugrundeliegenden Auftragsverhältnis zwischen Prinzipal und Agenten zu unterscheiden. Das englische Common Law unterscheidet zwar nicht in einer ähnlich formalen Weise zwischen diesen beiden Rechtsbeziehungen, betrachtet aber die Vollmachtserteilung ebenfalls als einseitigen Akt, der von anderen internen Vereinbarungen zwischen Vertreter und Auftraggeber getrennt ist, z. B. Reynolds (2013), »Agency«, S. 615 f., Rn. 9.07. Das US-Recht ist wiederum anders, da es verlangt, dass die Vollmacht auf dem Konsens zwischen Prinzipal und Agenten beruht, *Restatement (Third) Of Agency*, § 1.01 (2006); gemäß § 1.03 kann die Zustimmung jedoch durch konkludentes Verhalten zum Ausdruck gebracht werden, was einem einseitigen Vertrag nahekommt.

224 Linardatos (2021), *Autonome und vernetzte Aktanten*, S. 150.

225 Effer-Uhe (2021), »Erklärungen autonomer Softwareagenten«, S. 174 ff.; Kainer/Förster (2020), »Autonome Systeme und Vertragsrecht«, S. 291; Lior (2020), »AI Entities as Agents«, S. 1084, 1087 ff.

fugnis durch Benutzung sind dann nur die Grenzen der Leistungsfähigkeit des Systems.[226] Die faktische Nutzung als Vollmacht zu qualifizieren, hat den Vorteil, dass damit ohne weiteres ersichtlich ist, dass der Agent mit Vollmacht handelt. Der Nutzer kann dann darüber entscheiden, ob er Vorsichtsmaßnahmen – Versicherung oder stärkere Kontrollen – ergreifen will.

Daher ist der Prinzipal allein durch die faktische Nutzung gebunden. Sobald er einen elektronischen Agenten vorbehaltlos einsetzt, kommt dies einer Vollmachtserteilung gleich. Der Prinzipal kann sich nur mit den folgenden Vorsichtsmaßnahmen schützen: Er schließt eine Versicherung ab, welche die Fehler des Bevollmächtigten ausgleicht, oder er überwacht das Handeln des Bevollmächtigten genauer und korrigiert dessen Fehler. Alternativ kann er den Dritten über die internen Regeln informieren, die der elektronische Stellvertreter zu beachten hat (zum Beispiel Preisobergrenzen).

7. Haftungsprobleme bei unbefugtem Handeln des Agenten?

Hier stellt sich das vierte oben beschriebene Risiko digitaler Stellvertretung, das erneut nach Respezifizierungen verlangt: Die Operationen der Algorithmen können von den Intentionen der Prinzipale abweichen. Die Probleme des vollmachtlosen Vertreters und der Überschreitung der Vertretungsmacht werden beim Einsatz von Algorithmen besonders virulent.

Tritt ein Algorithmus als *falsus procurator* auf, so ist der Prinzipal nicht gebunden.[227] Freilich kann der Prinzipal nach Rechtscheingrundsätzen (§ 172 BGB, Anscheins- und Duldungsvollmacht) haften. Diese müssen jedoch den Besonderheiten des digitalen Verkehrs angepasst werden.[228] Es ist Risiko des Prinzipals, wenn Indizien dafür bestehen, dass er den Einsatz des Algorithmus veranlasst hat. Eine Veranlassung dürfte nicht schon dann vorliegen, wenn der Prinzipal eine kommerzielle Webseite benutzt und der Algorithmus sie täuschend echt nachahmt. Wohl aber muss der Prinzipal haften, wenn er freiwillig personengebundene Infor-

226 Scherer (2019), »Wild Beasts and Digital Analogues«, S. 288.

227 Schubert, in: MüKo-BGB (9. Auflage, 2021), § 179, Rn. 1.

228 Schubert, in: MüKo-BGB, § 164, Rn. 119; Wagner (2020), »Digitale Techniken«, S. 739; Spindler (2016), »Digitale Wirtschaft«, S. 816.

mationen preisgibt, wie Passwörter, Signaturen oder PIN-Codes, ebenso wenn er die missbräuchliche Benutzung voraussehen oder verhindern konnte.[229] Insbesondere entstehen neue Pflichten des Prinzipals, sobald er Kenntnis von Missbrauch erlangt.

Ein Problem der Analogie zur Stellvertretung ist, dass die kompensatorische Haftung des *falsus procurator* (§ 179 BGB) in elektronischen Verträgen leerläuft, weil der Algorithmus selbst über kein Vermögen verfügt.[230] In dieser Situation scheint es nur zwei gleichermaßen unbefriedigende Lösungen zu geben. Entweder lässt man den Verwender das gesamte Risiko tragen. Oder man behandelt den Algorithmus wie einen minderjährigen Vertreter und schließt gemäß § 179 Abs. 3 S. 2 BGB seine Haftung aus mit der Folge, dass der Vertragsgegner das Risiko trägt.

Diese wenig befriedigende Alternative wird von der herrschenden Meinung zum Anlass genommen, gleich die ganze Analogie zum Recht der Stellvertretung in Bausch und Bogen abzulehnen.[231] Übersehen wird dabei, dass ein funktionales Äquivalent der Haftung nach § 179 BGB existiert, das dem Vertragspartner dennoch den haftungsrechtlichen Zugriff auf die Sphäre des algorithmischen *falsus procurator* erlaubt. Denn der Algorithmus, der im Verhältnis zum Prinzipal als Vertreter ohne Vertretungsmacht agiert, handelt zugleich als Verrichtungsgehilfe des Hintermannes, der ihn zu Täuschungszwecken einsetzt. Für die Handlungen des Algorithmus haftet der Hintermann nach § 831 BGB. Damit ist die unbefriedigende Alternative, dass entweder der Prinzipal oder der Vertragspartner das volle Risiko tragen muss, mit der Folge entschärft, dass ein Dritter aus dem Handlungskreis des Algorithmus haften muss. Dass sich hier Probleme der Identifizierung des Hintermannes stellen, ist gegenüber der Normalsituation des *falsus procurator* keine Besonderheit, die viele Fälle des faktischen Leerlaufs von § 179 BGB kennt.[232]

229 Günther (2016), *Roboter und rechtliche Verantwortung*, S. 57.

230 Nur wenn der Gesetzgeber dem Vertreter als elektronischer Person volle Rechtspersönlichkeit und damit verbundene Finanzkraft verleihen würde, könnte der Dritte den Vertreter in Regress nehmen, Mayinger (2017), *Künstliche Person*, S. 72, 227, 244 ff.

231 Z. B. Schubert, in: MüKo-BGB (9. Auflage, 2021), § 164, Rn. 119; Kainer/Förster (2020), »Autonome Systeme und Vertragsrecht«, S. 275, 291.

232 Linardatos (2021), *Autonome und vernetzte Aktanten*, S. 151; Günther (2016), *Roboter und rechtliche Verantwortung*, S. 57.

In den Fällen, in denen der digitale Agent seine Vertretungsmacht überschreitet, werden die Vorteile der Analogie zur Stellvertretung deutlich. Denn die Autoren, die dafür plädieren, den Softwareagenten als Werkzeug einzustufen, müssten den Benutzer generell für alle Computererklärungen einstehen lassen.[233] Die vom Algorithmus abgegebene Erklärung wäre als Erklärung des Prinzipals zu qualifizieren, und der Prinzipal könnte nur beim Programmierer oder Hersteller Rückgriff nehmen.[234] Dies würde jedoch ein erhebliches Risiko für den Prinzipal bedeuten.[235] Das Risiko wäre unter den Bedingungen des verteilten Handelns[236] oder des Selbstklonens besonders hoch.[237]

Im Gegensatz dazu ermöglicht die Analogie zur Stellvertretung eine eher nuancierte Risikoverteilung. Der Prinzipal ist nur insoweit gebunden, als die Erklärung des Agenten von der »Vollmachtserteilung« gedeckt ist. Das Handeln des elektronischen Agenten bindet den Auftraggeber nicht mehr, wenn der Algorithmus sich über die für den Vertragspartner transparenten Grenzen hinweggesetzt. Der Algorithmus handelt dann als vollmachtloser Vertreter. Der vertretene Nutzer des Systems haftet nur dann, wenn ihm die Aktivität des Agenten zurechenbar ist.[238]

Im Übrigen dürfte es nur wenige Konstellationen geben, in denen der elektronische Vertreter seine Befugnisse überschreitet. Da schon der faktische Einsatz des Algorithmus als Vollmacht gilt, kann er seine Befugnisse nur dann überschreiten, wenn entweder der Umfang der Befugnisse einschließlich ihrer Grenzen dem Dritten bekannt ist oder wenn der Dritte das Verhalten des Computers vernünftigerweise nicht so verstehen konnte, dass es durch die Vollmachtserteilung des Auftraggebers gedeckt ist. Hat der Prinzipal interne Regeln für den Agenten aufgestellt, ohne sie dem Vertrags-

233 Andrade u. a. (2007), »Contracting Agents«, S. 361; Sartor (2003), »Agents in Cyberlaw«, S. 3 ff.

234 Pagallo (2017), »Automation to Autonomous Systems«, S. 20 f.; Chinen (2019), *Law and Autonomous Machines*, S. 41.

235 Koops u. a. (2010), »Accountability Gap«, S. 554; Mayinger (2017), *Künstliche Person*, S. 72.

236 Allen/Widdison (1996), »Can Computers Make Contracts?«, S. 42.

237 Barfield (2005), »Law for Software Agents«, S. 747 ff.

238 Kainer/Förster (2020), »Autonome Systeme und Vertragsrecht«, S. 302 f. Zurechenbar, wenn Verhaltenspflichten (Risikobewältigung, Risikosteuerung) verletzt werden, Zech (2019), »KI und Haftungsfragen«, S. 209 ff.

partner mitzuteilen, fallen sie in seine Risikosphäre. Überschreitet der Agent diese Regeln, ist dies ein interner Verstoß, der keine Folgen für die Vollmacht hat.

Werden vom Prinzipal eingesetzte elektronische Agenten gehackt, entsteht eine besondere Zwischenkonstellation. Die Lösung dürfte davon abhängen, ob die Handlungen des elektronischen Agenten im Einflussbereich des Prinzipals bleiben oder nicht. Das Hacking-Risiko liegt grundsätzlich beim Prinzipal, der immerhin die Erwartung geweckt hat, die Kontrolle zu haben. In Fällen, die außerhalb seiner Sphäre liegen, binden dagegen die algorithmischen Entscheidungen den Prinzipal nicht.[239] Der Vertragspartner trägt auch dann das Risiko, wenn er vernünftigerweise von einem solchen Hacking wissen kann.

Mit den so respezifizierten Regeln zum *falsus procurator* und zur Überschreitung der Vertretungsmacht ermöglicht die Analogie zum Recht der Stellvertretung eine Risikoverteilung, die weder den Einsatz eines elektronischen Agenten ausschließlich als Risiko des Prinzipals behandelt noch das Risiko generell dem anderen Vertragspartner zuweist. Sie unterscheidet typische Konstellationen, in denen der Prinzipal das Risiko des elektronischen Agenten zu tragen hat, von solchen, in denen das Risiko – sofern es kommuniziert wurde oder erkennbar ist – in die Sphäre des Dritten fällt. Insgesamt berücksichtigt die Analogie zur Stellvertretung die Besonderheiten der »digitalen Assistenz« besser als die Werkzeuglösung der herrschenden Lehre. Sie trägt der Autonomie des Agenten und seinen Entscheidungen unter Unsicherheit gebührend Rechnung. Und schließlich bietet das Stellvertretungsrecht einen geeigneten Ansatzpunkt für punktuelle regulatorische Eingriffe, wenn es darum geht, Verbraucher vor Externalitäten der Stellvertretung zu schützen.[240]

239 Lior (2020), »AI Entities as Agents«, S. 1093, argumentiert, dass das Hacken selbst eine unerlaubte Handlung darstellt, die nicht in den Bereich der Kontrolle fällt und somit den Prinzipal nicht bindet.

240 So zu Recht Brownsword (2018), »Regulatory Fitness«, S. 192.

IV. Recht der vertraglichen Haftung

Bislang haben wir Situationen erörtert, in denen Algorithmen im Namen eines menschlichen Auftraggebers Verträge abschließen. Unser Vorschlag war, ihnen Teilrechtsfähigkeit zuzuerkennen und sie als digitale Agenten zu qualifizieren. Dies vermeidet unhaltbare Fiktionen und ermöglicht die Analogie zum Recht der Stellvertretung. Nun wenden wir uns Situationen innerhalb der Institution digitaler Assistenz zu, in denen menschliche Akteure (oder Organisationen) Verträge abschließen und autonome Algorithmen als Hilfspersonen zur Erfüllung der vertraglichen Verpflichtungen einsetzen. Neben den Standardbeispielen der Pflege-, Operations- oder Produktionsroboter gibt es hier viele andere Situationen digitaler Assistenz. Chagal-Feferkorn beschreibt folgende Konstellationen: Anwaltskanzleien setzen »virtuelle Anwälte« wie IBMs *Ross* ein, um eigenständig juristische Recherchen durchzuführen. Algorithmische Online-Streitbeilegungsmechanismen lösen Streitigkeiten ohne menschlichen Vermittler. Kautionsalgorithmen entscheiden, ob Angeklagte eine Kaution hinterlegen können, um vorläufig freigelassen zu werden. Ärzte verlassen sich auf Algorithmen, um Krankheiten zu diagnostizieren und die optimale Behandlung auszuwählen. Sogar Priester benutzen Algorithmen für seelsorgerliche Hilfe.[241] Start-ups setzen *robo-advisors* ein, die digitale Finanzberatung und Vermögensverwaltung anbieten. Mithilfe von KI und Deep Learning entscheiden sie sogar in manchen Konstellationen im Namen ihrer Auftraggeber autonom über Finanzanlagestrategien.[242] In all diesen Fällen stellt sich die Frage, ob und wie der Schaden, der dem Vertragspartner durch Fehlentscheidungen dieser Algorithmen entsteht, ersetzt werden kann.

1. Das Dilemma der Werkzeuglösung

Wenn es um die Verletzung vertraglicher Pflichten geht, behandelt die herrschende Lehre Softwareagenten genauso wie beim Vertragsschluss – als Werkzeug. Sie lehnt es strikt ab, die Regeln der vertraglichen Prinzipal-Agenten-Haftung (§ 278 BGB) anzuwenden.[243]

241 Chagal-Feferkorn (2018), »Reasonable Algorithm«, S. 113 m. w. N.

242 Sanz Bayón (2019), »Legal Framework for Robo-Advisors«, Abs. 3.

243 Grüneberg, in: Grüneberg-BGB (82. Auflage, 2023), § 278, Rn. 11; Caspers, in:

Damit manövriert sie sich auch hier in ein Dilemma. Entweder ist die herrschende Lehre gezwungen zu behaupten, der menschliche Auftraggeber selbst habe den Vertragsbruch begangen, oder sie nimmt eine große Haftungslücke hin. Wie auch schon beim Vertragsschluss liegt das Problem in der unhaltbaren Fiktion, dass der elektronische Agent ein bloßes Werkzeug des menschlichen Betreibers sei.[244] Wie es Wagner treffend formuliert:

> Der Begriff des Werkzeugs ist keine juristische Kategorie und ändert nichts daran, dass der Sorgfaltsstandard auf Menschen und der Beurteilungszeitpunkt auf die Entscheidung über die Programmierung oder den Einsatz des Werkzeugs bezogen bleibt, während es eigentlich darum geht, das Fehlverhalten des Systems in »seiner« Entscheidungssituation zu erfassen und zu würdigen.[245]

Wie unangemessen es ist, einen autonomen Algorithmus als Werkzeug zu qualifizieren, wird wieder im Falle der generativen KI (zum Beispiel ChatGPT) besonders deutlich. Wenn ChatGPT zur Vertragserfüllung eingesetzt wird und unerwartet Entscheidungen auswirft, die gegenüber dem Vertragspartner diskriminierend sind oder anderswie seine Rechte verletzen, dann hat offensichtlich nicht der menschliche Nutzer, der dem Textgenerator Instruktionen »promptet«, rechtswidrig gehandelt, sondern die Vertragsverletzung ist auf das eigene Fehlverhalten von ChatGPT zurückzuführen, das der Nutzer nicht voraussehen konnte. Denn »ChatGPT-Akteure sind nicht nur Werkzeuge oder Instrumente, die Menschen benutzen, sondern sind aktive Teilnehmer,«[246] die auf die Instruktion des menschlichen Nutzers reagieren und komplexe Eigenleistungen erbringen.

Das Problem ist besonders akut im deutschen Recht, da in § 278 BGB die Gehilfenhaftung des Prinzipals ausschließlich auf eine Vertragspflichtverletzung des Gehilfen (und nicht des Prinzipals)

Staudinger-BGB 2019), § 278, Rn. 5; Klingbeil (2019), »Schuldnerhaftung für Roboterversagen«, S. 720 f.; Horner/Kaulartz (2016), »Haftung 4.0«, S. 23; Hanisch (2014), »Haftungskonzepte für Robotik«, S. 32. Ebenso, wenn auch mit Zweifeln, ob dies nicht falsche Anreize setzt, Grundmann, in: MüKo-BGB (9. Auflage, 2022), § 278, Rn. 46.

244 Scharfe Kritik von Schuppli (2014), »Deadly Algorithms«, S. 5.

245 Wagner (2020), »Digitale Techniken«, S. 724.

246 Gutiérrez (2023), »ChatGPT and the New Power Relationships«, Abs. 5.

gestützt wird. Wenn nun die herrschende Meinung den Algorithmus nur als »Werkzeug« des Prinzipals versteht, kann sie die Einzelheiten der Vertragspflichtverletzung nicht mehr am eigentlich schädigenden Verhalten des Softwareagenten festmachen, sondern muss sämtliche Einzelelemente der Vertragsverletzung, also die genaue Definition der Vertragspflichten, die tatbestandlichen Voraussetzungen, die Vertragswidrigkeit des Verhaltens und das Verschulden, ausschließlich in der Person des Vertragsschließenden, also des menschlichen Betreibers, suchen. Anspruchsgrundlagen sind dann §§ 276, 280 BGB, die auf die Pflichtverletzung durch den Betreiber selbst abstellen, und nicht § 278 BGB.[247] Dies ist für voll determinierte Algorithmen zwar die korrekte Lösung, ist aber dann unangemessen, wenn der Algorithmus autonom entscheidet.[248] Dies ist eine dogmatische Fehlkonstruktion, denn als schuldhafte Vertragsverletzung kann dem Betreiber, wie Kritiker zu Recht monieren, allein die Inbetriebnahme des Computers vorgeworfen werden.[249] Die bloße Inbetriebnahme ist jedoch ein viel zu weit gefasster Vorwurf, der zugleich die sonst stets erforderliche detaillierte Prüfung verhindert, ob in einem konkreten Schadensereignis die einzelnen Voraussetzungen einer Pflichtverletzung erfüllt sind.[250] Damit wird eine gefährliche Fiktion geschaffen. Denn die Haftung an die Inbetriebnahme zu knüpfen, läuft auf eine deutlich überschießende Haftung hinaus.[251] Zudem wird ein wichtiger Aspekt übersehen. Die Autonomie des Algorithmus unterbricht zwar nicht den Kausalzusammenhang zwischen Programmierung und Vertragsverletzung, wohl aber den Zurechnungszusammenhang.[252]

Die Lehre beruhigt sich zwar damit, dass sich der Betreiber wegen der Verschuldensvermutung des § 280 S. 2 BGB regelmäßig

247 So in der Tat Maatz (2022), »Rechtsdogmatik sticht Pragmatismus«, S. 309; Riehm (2020), »Verträge mit KI: Rechtsfähigkeit von KI-Systemen«, S. 236, Rn. 45; Horner/Kaulartz (2016), »Haftung 4.0«, S. 23; Spindler (2014), »Zivilrecht und Roboter«, S. 63, 66 ff.; Hanisch (2014), »Haftungskonzepte für Robotik«, S. 32.

248 Dies betonen zu Recht Wagner/Luyken (2020), »Robo Advice«, S. 170 f.; ebenso Ebers (2021), »Artificial Intelligence and EU Consumer Law«, S. 211 f.

249 Dies kritisieren Lohmann (2017), »Europäisches Roboterrecht«, S. 158; Schirmer (2016), »Rechtsfähige Roboter«, S. 664.

250 Stöhr (2023), »Autonom handelnde Maschinen«, S. 69.

251 Wagner/Luyken (2020), »Robo Advice«, S. 169.

252 Wagner (2020), »Digitale Techniken«, S. 724.

nicht entlasten kann,[253] das aber stimmt nicht. Der Prinzipal kann gerade im Fall einer für ihn undurchschaubaren, nicht prognostizierbaren und nicht erklärbaren Schadensverursachung durch den autonomen Softwareagenten relativ einfach die Vermutung widerlegen. Es dürfte wie schon gesagt geradezu der Regelfall sein, dass ein Betreiber das Verhalten eines autonomen Softwareagenten weder vorhersehen noch vermeiden kann. Notfalls müsste Beweis über die Prognostizierbarkeit durch Befragung des Programmierers oder durch Expertengutachten erhoben werden.[254]

Dass schon die Inbetriebnahme eine Pflichtverletzung sein soll, was letztlich auf eine systemfremde Veranlasserhaftung hinausläuft, ist aber nicht nur rechtsdogmatisch fragwürdig. Rechtspolitisch wird zu Recht eingewandt, dass damit jede Steuerungsintention der Verschuldenshaftung leerläuft. Zudem sei es innovationsfeindlich, wenn der bloße Betrieb zum Haftungsgrund gemacht wird.[255]

Schlimmer noch ist: Diese dogmatisch und rechtspolitisch fragwürdige Konstruktion erzeugt zugleich eine schwer erträgliche Haftungslücke, die sich in Zukunft noch ausweiten wird, je mehr Aufgaben der Vertragserfüllung an autonome Softwareagenten delegiert werden.[256] Wenn der Schadenseintritt nach dem Stand der Technik weder vorhersehbar noch vermeidbar war, so entfällt nach dem Grundgedanken der objektiven Unmöglichkeit nach § 275 BGB eine Haftung.[257]

Im Common Law ist die Situation etwas anders, jedoch auch

253 Grundmann, in: MüKo-BGB (9. Auflage, 2022), § 278, Rn. 46; Kirn/Müller-Hengstenberg (2014), »Intelligente (Software-)Agenten«, S. 310 f.; Spindler (2014), »Zivilrecht und Roboter«, S. 63, 66 ff.

254 Weitere Argumente gegen eine verschuldensunabhängige Haftung bei elektronischen Verträgen bei Kerr (2006), »Autonomous Electronic Devices«, S. 30 ff.

255 Hanisch (2014), »Haftungskonzepte für Robotik«, S. 34.

256 Stöhr (2023), »Autonom handelnde Maschinen«, S. 69. Auch Grundmann, in: MüKo-BGB (9. Auflage, 2022), § 278, Rn. 46, spricht von einer Regelungslücke, die durch die technologische Entwicklung bedingt ist, ist dann jedoch nicht bereit, sie über § 278 BGB zu beseitigen.

257 Kirn/Müller-Hengstenberg (2014), »Intelligente (Software-)Agenten«, S. 311. Ebenso im Grundsatz Grüneberg, in: Grüneberg-BGB (82. Auflage, 2023), § 275, Rn. 14, § 276, Rn. 20; Westermann, in: Erman-BGB (17. Auflage, 2023), § 275, Rn. 21; BGH NJW 2007, 762, 763; BGH NJW 2011, 756, 757. Ähnlich Lohmann/Preßler (2021), »Erfüllungsgehilfen im digitalen Zeitalter«, S. 538; Heussen (2004), »Unvermeidbare Softwarefehler«, S. 1 ff.

problematisch. Da die vertragliche Haftung im Allgemeinen kein Verschulden verlangt, ist das Dilemma der Werkzeuglösung hier nicht gleichsam offensichtlich.[258] Dennoch ist die Werkzeuglösung auch hier problematisch, da die tatsächliche Vertragsverletzung, also die Verletzungshandlung, einem der beteiligten Akteure und nicht der Maschine zugerechnet werden muss. Wenn der Algorithmus einen Schaden verursacht, ist dann die Entscheidung des Menschen, den Algorithmus einzusetzen, als Verletzungshandlung zu qualifizieren? Lässt sich diese Frage auch dann bejahen, wenn das schadensverursachende Ereignis zeitlich und räumlich von der Entscheidung des Betreibers, den Computer zu nutzen, losgelöst ist? Das Verhalten elektronischer Agenten als Verhalten der Menschen auszugeben, bedeutet auch hier, dass der Betreiber schon für die bloße Inbetriebnahme (!) des Computers verantwortlich gemacht wird.

Einige Autoren räumen zwar die Existenz der Haftungslücke ein, spielen dann aber ihre Bedeutung herunter.[259] Regelmäßig verweisen sie auf (zukünftige) Zertifizierungsverfahren für Algorithmen oder auf die (doch meist nur formularmäßig erteilte) Zustimmung des Vertragspartners. Beides soll das Risiko der Haftungslücke irrelevant machen.[260] Offensichtlich sind aber beide Bedingungen, Zertifizierung und Zustimmung, nur selten erfüllt. Und selbst wenn sie gegeben sind, lassen sie das Risiko nicht verschwinden. Die Geschichte der Haftungsfälle für zertifizierte (Medizin-)Produkte in der Produkthaftung ist dafür Beweis genug. [261] Insgesamt

258 Zu den Unterschieden zwischen dem Common Law und dem deutschen Recht in Bezug auf das Verschuldensprinzip bei Vertragsverletzungen, die sich auf die vertragliche Haftung gegenüber Dritten auswirken, Markesinis u. a. (2006), *German Law of Contract*, S. 444 ff.

259 Konertz/Schönhof (2020), *KI im allgemeinen Zivilrecht*, S. 132, sehen zwar auch die Haftungslücke, kümmern sich aber nicht um deren Folgen. Riehm (2020), »Verträge mit KI: Rechtsfähigkeit von KI-Systemen«, S. 237, Rn. 47, sieht Handlungsbedarf erst dann, wenn die richterrechtliche Entwicklung noch verbleibende Haftungslücken zeigt.

260 So etwas überoptimistisch die Konferenz der Justizministerinnen und -minister (2019), *Digitaler Neustart*, S. 228, 237.

261 Prominentes Beispiel ist hier die vom BGH verneinte Haftung für fehlerhafte Zertifizierung bei Medizinprodukten im Rahmen des Brustimplantate-Skandals, BGH JZ 2018, 210, auch wenn der EuGH bereits die Notwendigkeit der zivilrechtlichen Haftung für die Medizinproduktsicherheit betont hatte (C-219/15, *Schmitt/TÜV Rheinland*, ECLI:EU:C:2017:128). Zum BGH-Urteil,

können also diese Argumente nicht widerlegen, dass bei algorithmischen Vertragsverletzungen die Werkzeuglösung eine beträchtliche Haftungslücke aufreißt.

2. Unsere Lösung: Haftung für algorithmische Erfüllungsgehilfen

Beide Schwierigkeiten – die Haftungslücke und die dogmatische Fehlkonstruktion der Werkzeuge – lassen sich vermeiden, wenn man die Prinzipal-Agenten-Haftung des § 278 BGB auf autonome Softwareagenten analog anwendet. Dass sich sogar der Deutsche Juristentag 2022 mehrheitlich gegen die Werkzeuglösung der Rechtsdogmatik und für eine Prinzipal-Agenten-Haftung entschieden hat, ist einigermaßen verblüffend, aber angesichts der Schwierigkeiten der Werkzeuglösung nur konsequent. So heißt es in der Entschließung des Juristentags:

> B. Haftung der Betreiber digitaler autonomer Systeme
> I. Rechtsgeschäftliche Assistenzhaftung
> 8. Die Haftung für Erfüllungsgehilfen gemäß § 278 BGB sollte auf digitale Assistenzsysteme erstreckt werden.[262]

Ebenso plädiert die zur digitalen Haftung eingesetzte Europäische Expertengruppe nachdrücklich für eine Prinzipal-Agenten-Haftung und gerade nicht für die Werkzeuglösung. Sie schlägt die folgende Regel vor:

> 118. Verschuldenshaftung für autonome Systeme
> Wenn ein Schaden durch eine autonome Technologie verursacht wird, die in einer Weise eingesetzt wird, die funktionell dem Einsatz menschlicher Hilfskräfte entspricht, sollte die Haftung des Betreibers für den Einsatz der Technologie der für solche Hilfskräfte geltenden Regelung für die stellvertretende Haftung eines Auftraggebers entsprechen.[263]

ausführlich und kritisch, Brüggemeier (2018), »Luxemburg locuta, causa finita?«, S. 195 f.; zur Möglichkeit einer zivilrechtlichen Haftungsbegründung aus EU-Recht auf Basis des EuGH-Urteils Condon (2022), *Network Responsibility*, S. 171 f.

262 Deutscher Juristentag (2023), *Beschlüsse Zivilrecht*, B.I.8.

263 Expertengruppe zu Haftung und Neuen Technologien (2019), *Report Liability for Artificial Intelligence*, S. 45 ff. Sie befasst sich hauptsächlich mit deliktischer Haftung, wendet ihre Argumente aber auch auf die vertragliche Haftung an

Ebenso sprechen sich zahlreiche Autoren sowohl in den kontinentaleuropäischen Rechtsordnungen[264] als auch im Common Law[265] dafür aus, auf algorithmische Fehlleistungen die Regeln der Prinzipal-Agenten-Haftung anzuwenden. Im Common Law gelten für eine solche *vicarious performance of contracts* die Regeln der *vicarious liability*,[266] die gerade für algorithmisches Fehlverhalten als effizient und fair angesehen werden:

Wenn das Recht dritte Parteien für die Handlungen von Algorithmen als Erfüllungsgehilfen haftbar macht, setzt es effiziente Anreize für Entwickler und Nutzer von Algorithmen und erzielt zugleich gerechte Ergebnisse für die Opfer.[267]

(Abs. 16). Zustimmend Montagnani/Cavallo (2021), »Liability and Digital Technologies«, S. 226 ff.

264 Kornilakis (2023), »Legal Personhood for Autonomous AI«, S. 34 f.; Mühlböck (2023), *Mensch-Technik-Interaktion*, S. 170 ff., 177, 183; Stöhr (2023), »Autonom handelnde Maschinen«, S. 71; Geistfeld u. a. (2022), *Civil Liability for Artificial Intelligence*, Abs. IV.3; Kleiner (2021), *Die elektronische Person*, 95 ff.; Linardatos (2021), *Autonome und vernetzte Aktanten*, S. 125 ff.; Becker/Pordzik (2020), »Digitalisierte Unternehmensführung«, S. 341; Herold (2020), *Vertragsschlüsse*, S. 136 ff., 138; Kovac (2020), *Judgement-Proof Robots*, S. 112 ff., 114, 121; Lohmann/Preßler (2021), »Erfüllungsgehilfen im digitalen Zeitalter«, S. 547; Sommer (2020), *Haftung für autonome Systeme*, S. 128 ff.; Wagner/Luyken (2020), »Robo Advice«, S. 172 ff.; Karner (2019), »Liability for Robotics«, S. 120; Zech (2019), »KI und Haftungsfragen«, S. 212; Hacker (2018), »Verhaltens- und Wissenszurechnung und KI«, S. 250 ff., 252, 257 f.; Teubner (2018), »Digitale Rechtssubjekte«, S. 186 ff.; Kessler (2017), »Intelligente Roboter«, S. 592 f.; Schirmer (2016), »Rechtsfähige Roboter«, S. 264 f.; Pagallo (2013), *Laws of Robots*, S. 98; Teubner (2006), »Elektronische Agenten«, S. 17 f.

265 Eldakak u. a. (2024), »Civil Liability Autonomous AI«, S. 309; Diamantis (2024), »Vicarious Liability for AI«, S. 320 ff.; Dubey (2023), »Vicarious Liability of Artificial Intelligence« S. 1 ff.; Zuroff (2023), »Operators' Duties AI Agents«, S. 104 f.; Chomanski (2021), »Liability for Robots«, S. 1013 ff.; Huberman (2021), »Vicarious Liability Autonomous-Machine«, S. 254 ff.; Ozturk (2021), »AI in a Liability Context«, S. 330; Lior (2020), »AI Entities as Agents«, S. 1084 ff.; Turner (2018), *Robot Rules*, S. 100 ff.; Allain (2013), »From Jeopardy! to Jaundice«, S. 1066 f.; Chopra/White (2011), *Autonomous Artificial Agents*, S. 128 ff.

266 Einschlägig ist dann im US-Recht *Restatement (Third) of Agency*, §§ 7.03-7.07 (2006). Gegen die Prinzipal-Agenten-Haftung für Roboterverhalten Rachum-Twaig (2020), »Whose Robot«, S. 1149 ff.; Michalski (2019), »Sue a Robot«, S. 1058 ff. Zum englischen Recht der *vicarious liability* Turner (2018), *Robot Rules*, S. 101.

267 So Diamantis (2024), »Vicarious Liability for AI«, S. 320 ff.

Das deutsche Recht sollte demnach den elektronischen Agenten als Erfüllungsgehilfen des menschlichen Prinzipals (analog § 278 BGB) behandeln, wenn sein Verhalten Leistungspflichten seines Prinzipals oder Schutzpflichten gegenüber dem Vertragspartner verletzt. Auch die rechtsökonomische Sicht bestätigt dies Ergebnis, weil damit die Kosten des Algorithmusversagens internalisiert werden. Da der Vertragspartner, der den Algorithmus einsetzt, auch der Kostenträger wäre, hätte er den optimalen Anreiz, Nutzen und Kosten einer besseren Programmierung minimierend abzuwägen.[268] In einer eingehenden rechtsökonomischen Argumentation kommt Kovac zum Ergebnis:

> Wenn wir die Gehilfenhaftung auf das Problem urteilssicherer superintelligenter KI-Agenten ausdehnen, dann sollte der menschliche Prinzipal (der Eigentümer des superintelligenten Agenten) für die Verluste haften, die sein Gehilfe (der superintelligente Agent) verursacht hat. Wenn der menschliche Prinzipal den Sorgfaltsstandard seines superintelligenten Agenten beobachten kann, wird die Gehilfenhaftung dem menschlichen Prinzipal Anreize setzen, den superintelligenten Agenten zu optimaler Sorgfalt zu zwingen. In anderen Worten: Die Ausdehnung der Haftung dürfte indirekt zu einer Risikoreduktion führen.[269]

Doch auch bei der Prinzipal-Agenten-Haftung muss ein technik-deterministischer Kurzschluss zwischen Technologie und Haftungsrecht vermieden werden. Die bloße technische Autonomie eines Algorithmus reicht nicht aus, um die Haftung zu begründen, wenn das Algorithmusverhalten nicht zugleich in der sozialen Institution digitaler Assistenz als autonom anerkannt ist. Algorithmisch gesteuerte Implantate oder Prothesen zum Beispiel erzeugen deshalb nicht die für die Prinzipal-Agenten-Beziehung typischen Risiken.[270] Rechtlich sind diese Algorithmen dann auch nicht als Erfüllungsgehilfen zu qualifizieren. Hier greift nur die (enger begrenzte) Produkthaftung ein.

Ebenso wenig sollte § 278 BGB auf bloß automatisierte IT-Systeme, die nicht über die Autonomie im oben diskutierten Sinne

268 Hacker (2018), »Verhaltens- und Wissenszurechnung und KI«, S. 255.

269 Kovac (2020), *Judgement-Proof Robots*, S. 115, zugleich mit Vorschlägen, wie eventuellen Nachteilen der *vicarious liability* begegnet werden könnte, S. 116 ff.

270 So auch Linardatos (2021), *Autonome und vernetzte Aktanten*, S. 213 f.

verfügen,[271] angewendet werden. Einige Autoren hatten früher die These vertreten, dass mechanisch betriebene Automaten als Erfüllungsgehilfen behandelt werden sollten.[272] Hier aber besteht der entscheidende Unterschied. Nur wenn der Output des Computers weder vorausgesagt noch erklärt werden kann, kann von einer autonomen Entscheidung gesprochen werden, auf welche die *ratio legis* der Prinzipal-Agenten-Haftung zutrifft.

3. Teilrechtsfähigkeit – Konstellation II

Die Prinzipal-Agenten-Haftung impliziert jedoch mit Notwendigkeit, den Algorithmen ein weiteres Mal Rechtssubjektivität zuzuschreiben. Wie beim elektronischen Vertragsschluss ist nicht die volle Rechtspersönlichkeit einer juristischen Person erforderlich, sondern nur eine Teilrechtsfähigkeit.[273] Während, wie wir gesehen haben, beim elektronischen Vertragsschluss das Recht der Stellvertretung dem Algorithmus die Fähigkeit zuschreibt, den Geschäftsherrn zu binden, so schreibt die Haftung des Prinzipals für Vertragsverletzungen dem Algorithmus die Fähigkeit zu, als Erfüllungsgehilfe zu handeln. Dies ist nicht nur eine De-facto-Fähigkeit, sondern eine Fähigkeit, die vom Recht zugewiesen werden muss. Damit wird ein zweites Mal das oben genannte Identifikationsrisiko reduziert. Nach einem alten Rechtsgrundsatz des Civil Law und des Common Law erfordert die Prinzipal-Agenten-Haftung die Rechtsfähigkeit des menschlichen Hilfspersonals, ein Grundsatz, der entsprechend auf Algorithmen angewandt werden muss.[274]

271 Kap. 2, I.6.

272 So in Bezug auf »Automaten« Wolf (1989), »Schuldnerhaftung bei Automatenversagen«, S. 901, in Bezug auf EDV-Systeme Lieser (1971), »Haftung im automatisierten Geschäftsverkehr«, S. 761.

273 Der Deutsche Juristentag spricht sich zwar gegen die E-Person und ihre »eigene Rechtspersönlichkeit« aus, lässt aber offen, ob das Recht, wenn es die Algorithmen als Erfüllungs- oder Verrichtungsgehilfen behandelt, ihnen die dafür notwendige Handlungsfähigkeit (§ 827 BGB), also eine Teilrechtsfähigkeit, zusprechen muss, Juristentag, »Beschlüsse Zivilrecht«, C.16. Als ein rechtspolitisches Gremium überlässt er die Klärung dieser Frage der Rechtsdogmatik und der Rechtsprechung.

274 Z.B. Kornilakis (2023), »Legal Personhood for Autonomous AI«, S. 33 ff.; Benhamou/Ferland (2021), »Artificial Intelligence & Damages«, Abs. II; Rachum-Twaig (2020), »Whose Robot«, S. 1151, Fn. 53; Sommer (2020), *Haftung*

Eine Variante der Teilrechtsfähigkeit ist »*pure legal agency without legal personality*«, übersetzbar als Stellvertreter- und Gehilfenstatus für Algorithmen, aber ohne den Status einer juristischen Person, was im Ergebnis eine *vicarious liability* für algorithmische Fehlleistungen ermöglicht.[275]

Einige Autoren plädieren zwar für eine Analogie zur Prinzipal-Agenten-Haftung, behaupten aber gleichzeitig, es sei nicht erforderlich, deshalb dem Softwareagenten Rechtssubjektivität, und sei es nur Teilrechtsfähigkeit, zu verleihen.[276] Dies ist jedoch ein klarer Widerspruch. Wenn sie die Frage der Rechtssubjektivität für Softwareagenten für irrelevant erklären, aber gleichzeitig die Regeln der Erfüllungsgehilfenhaftung anwenden wollen, übersehen sie, dass diese Regeln, wie oben gesagt, notwendigerweise die Handlungsfähigkeit der Hilfsperson voraussetzen. Das kann auch die Analogie nicht überspielen. Denn was ist die korrekte Analogiebasis? Dass Aufgaben an eine Maschine delegiert werden, wie es die genannten Autoren implizit voraussetzen? Gewiss nicht, denn dies würde die anerkannten Regeln zum bloßen Maschinenversagen, die bekanntlich eine Haftung ausschließen, außer Kraft setzen.[277] Die Analogiebasis kann also nur die Delegation an eine *entscheidungsfähige* Entität sein. Sie kann nur darin liegen, dass eine autonome entscheidungsfähige Entität den Regeln der Prinzipal-Agenten-Haftung unterliegen soll. Das ist der Grund, warum die meisten Autoren § 278 BGB nur auf autonom entscheidende Algorithmen anwenden. Deswegen konnte sich auch zu Recht die früher vertretene Meinung nicht durchsetzen, die § 278 BGB auf

für autonome Systeme, S. 131; Klingbeil (2019), »Schuldnerhaftung für Roboterversagen«, S. 721.

275 Huberman (2021), »Vicarious Liability Autonomous-Machine«, S. 279 ff.

276 Für das deutsche Recht erklärt Zech (2019), »KI und Haftungsfragen«, die Rechtssubjektivität von Softwareagenten für irrelevant (Fn. 36), will aber dennoch die Regeln über die Haftung für fremdes Verschulden anwenden (S. 212). Ähnlich Lohmann/Preßler (2021), »Erfüllungsgehilfen im digitalen Zeitalter«, S. 544 f.; Wagner/Luyken (2020), »Robo Advice«, S. 172 f.; Hacker (2018), »Verhaltens- und Wissenszurechnung und KI«, S. 243, 259. Für das Common Law Lior (2020), »AI Entities as Agents«, S. 1044 ff.; Scherer (2019), »Wild Beasts and Digital Analogues«, S. 280.

277 Wie schon häufiger gesagt, besteht keine Haftung für bloßes Maschinenversagen: BGHZ 54, 332, III (Versagen einer Ampel), weitere Nachweise in Kap. 1, Fn. 12.

den Einsatz von bloßen Automaten anzuwenden suchte.[278] In der Sache unterschätzen die Autoren, welche die Handlungsfähigkeit für irrelevant erklären, die Eigendynamik der *potestas vicaria*, deren Verleihung notwendig einen Prozess der Personifizierung in Gang setzt. Rechtsdogmatische, rechtshistorische und rechtsvergleichende Argumente ebenso wie philosophische und soziologische Analysen des Verhältnisses von Person, Handeln und Stellvertretung stützen die oben aufgestellte These, dass für den Rechtsstatus eines Stellvertreters die (begrenzte) Handlungsfähigkeit notwendige Voraussetzung ist.[279] Und dies gilt nicht nur im Recht des Vertragsschlusses für algorithmische Stellvertreter, sondern ebenso im Haftungsrecht für algorithmische Erfüllungsgehilfen. Auch hier kommt es auf die Entscheidungsautonomie des digitalen Assistenten an.[280] Im Übrigen sollte man sich darüber im Klaren sein, dass die Autoren, die § 278 BGB auf Algorithmen anwenden, ohne ihnen gleichzeitig rechtliche Handlungsfähigkeit zuzusprechen, sie in der Sache dennoch implizit als teilrechtsfähige Erfüllungsgehilfen behandeln, sozusagen insgeheim, ohne es offen zuzugeben. Wie kann man davon ausgehen, dass Algorithmen eine Vertragspflichtverletzung nach § 278 BGB begehen (!) können, und sie zugleich rechtlich als handlungsunfähig erklären?

Die Analogie zu § 278 BGB macht es möglich, die Haftungslücke vollständig zu beseitigen. Der Prinzipal kann sich nun nicht mehr mit dem Argument der Haftung entziehen, dass er selbst keine Vertragspflicht verletzt habe. Er muss voll für das Fehlverhalten des Softwareagenten einstehen.[281] Hier liegt der eigentliche Vorteil der strikten Prinzipal-Agenten-Haftung gegenüber der Haftung des Prinzipals für sein eigenes Fehlverhalten. Gerade in der kritischen Situation, wenn der Prinzipal bei der Nutzung des Computers alle seine Pflichten erfüllt hat, haftet er dennoch für ein Fehlverhalten des autonomen Softwareagenten, genauso wie wenn ein mensch-

278 Z. B. Wolf (1989), »Schuldnerhaftung bei Automatenversagen«, S. 901.

279 Trüstedt (2020), »Representing Agency«, S. 195. Das philosophische Argument wird ausdrücklich auf die Personifizierung von Algorithmen ausgedehnt, Trüstedt (2022), *Stellvertretung*, S. 375 ff.

280 Gunkel (2020), »Mind the Gap: Responsible Robotics and the Problem of Responsibility«, S. 310.

281 Lior, »AI Entities as Agents«, S. 1084; Wagner/Luyken (2020), »Robo Advice«, S. 172 ff.; Schirmer (2016), »Rechtsfähige Roboter«, S. 665.

licher Erfüllungsgehilfe gehandelt hätte. Entscheidend ist das vertragswidrige Verhalten des algorithmischen Agenten und nicht eine etwaige Pflichtverletzung des Prinzipals. Es ist die Handlung des Algorithmus selbst, die auf ihre Rechtswidrigkeit hin überprüft werden muss, und nicht die Entscheidungen der beteiligten Menschen.[282]

Spindler erhebt einen grundsätzlichen Einwand gegen die Analogie: Wenn der Betreiber alle Kontrollpflichten im vorgelagerten Bereich eingehalten hat, dann dürfe ihn beim Einsatz von Softwareagenten genauso wenig eine Haftung treffen wie auch sonst beim Einsatz anderer gefährlicher Technologien, also in den Fällen des Maschinenversagens.[283] Körber und König verstärken den Einwand: Gerade weil diese Systeme auch für den durchschnittlichen Nutzer weniger beherrschbar seien, spreche ein Erst-recht-Schluss dafür, bei Algorithmenversagen den Prinzipal von der Haftung freizustellen.[284] Dieser Einwand ist durchaus bedenkenswert. Er verkennt jedoch die prinzipiell neue Qualität, die beim Entscheidungsversagen autonomer Softwareagenten im Unterschied zu sonstigem Maschinenversagen entsteht.[285] Auch wenn ein autonomer Softwareagent eine schadensverursachende Fehlentscheidung trifft, die weder auf eine Pflichtverletzung der beteiligten Menschen zurückzuführen ist noch von den Programmierern erklärt oder prognostiziert werden kann, sollte der Prinzipal haften.

Also umgekehrt »erst recht«: Haftung für Algorithmenversagen gerade dann, wenn in vergleichbaren Fällen für bloßes Maschinenversagen aufgrund fehlgelaufener Kausalverläufe nicht gehaftet wird. Der tiefere Grund liegt, wie gesagt, darin, dass die Gesellschaft, wenn sie schon neuartige Entscheidungsspielräume für bis dahin unbekannte autonome Entscheidungsträger eröffnet, verpflichtet ist, für wirksame Verantwortungsformen zu sorgen. Ausschlaggebend sind nicht Gesichtspunkte von Effizienz, von Trans-

282 Chagal-Feferkorn (2018), »Reasonable Algorithm«, S. 115 (für das Deliktsrecht und implizit für das Vertragsrecht).

283 Spindler (2016), »Digitale Wirtschaft«, S. 816.

284 Körber/König (2020), »Haftungsrecht 4.0«, S. 271.

285 Auf dieser grundlegenden Unterscheidung bestehen in diesem Zusammenhang Rachum-Twaig (2020), »Whose Robot«, S. 1146; Hacker (2018), »Verhaltens- und Wissenszurechnung und KI«, S. 251; Matthias (2010), *Automaten als Träger von Rechten*, S. 111 ff.

aktionskostenersparnissen, von utilitaristischen Erwägungen, von soziologischer Jurisprudenz oder von *policy-questions*. Vielmehr ist dies primär eine Frage juridischer Gerechtigkeit.[286] Es ist der Gleichbehandlungsgrundsatz, der hier die Haftung verlangt. Denn würde ein Mensch für die Vertragsdurchführung herangezogen, so haftete der Prinzipal nach § 278 BGB für dessen Pflichtverletzungen. Der Prinzipal kann aber nicht von der Haftung befreit sein, wenn er für die identische Aufgabe einen Softwareagenten heranzieht. Es wäre eine nicht zu rechtfertigende Privilegierung eines Computerbetreibers, dass ihm die Digitalisierung einen erheblichen Kostenvorteil zulasten der geschädigten Vertragspartner verschafft.[287] Eine solche ungerechte Privilegierung muss man jedoch der Rechtsdogmatik, die unbeirrt an tradierten Rechtsbegriffen festhält und die Gehilfenhaftung für algorithmisches Fehlverhalten kategorisch ausschließt, vorwerfen.

Bora untermauert die Analogie zur Prinzipal-Agenten-Haftung mit einem weiteren Argument. Die jetzige Rechtslage erzeuge

> quasi ein kollusives Verhältnis zwischen Programmierer, Programm und Benutzer, das die Verantwortung des Programms und der Algorithmen (sowie die Haftung für Störungen im Rechtsverkehr) ausschließt. Dies schafft Probleme für die Rechtsdogmatik, wenn alle Beteiligten ihre jeweiligen Pflichten erfüllen. Man kann dies vermeiden, indem man der Software Handlungsfähigkeit zuschreibt und anerkennt, dass der Prozess der Kommunikation und Entscheidung selbst »agency« und »addressability« schafft. Dann wird aus der Software eine kommunikative Adresse.[288]

Man kann der Gehilfenhaftung nach § 278 BGB analog auch nicht dadurch ausweichen, dass es den Parteien freistehe, die Haftungsrisiken über Garantien etc. anders zu verteilen.[289] Das mag für Business-to-Business-Geschäfte manchmal zutreffen, wenn der kommerzielle Vertragspartner über genügend Information und Verhandlungsmacht verfügt. In den eigentlich problematischen

286 So auch Linardatos (2021), *Autonome und vernetzte Aktanten*, S. 197; Chagal-Feferkorn (2018), »Reasonable Algorithm«, S. 123; Schirmer (2016), »Rechtsfähige Roboter«, S. 665.

287 Expertengruppe zu Haftung und Neuen Technologien (2019), *Report Liability for Artificial Intelligence*, S. 25.

288 Bora (2019), »Kommunikationsadressen«, Abs. 2.

289 Körber/König (2020), »Haftungsrecht 4.0«, S. 271.

Verbrauchergeschäften ist es aber unzumutbar, den Vertragspartner darauf zu verweisen, dass er in Vertragsverhandlungen auf der Haftung des Prinzipals bestehen kann.

Subjektive Voraussetzungen sollten bei der Analogie zur Prinzipal-Agenten-Haftung noch weniger Schwierigkeiten machen als bei der Stellvertretung. Für die Prinzipal-Agenten-Haftung kommt es erst recht nicht auf innere Fähigkeiten an, sondern im Prinzip nur auf Kommunikationsteilnahme des Algorithmus. Denn im Rahmen von § 278 BGB ist anerkannt, dass sich der Geschäftsherr sogar das Handeln von unzurechnungsfähigen, also nicht verschuldensfähigen Gehilfen zurechnen lassen muss.[290] Zudem wird das Problem auch hier wieder durch Objektivierungstendenzen im heutigen Privatrecht, welche die Anforderungen an das Verschulden verändert haben, entschärft. Diese Tendenzen lassen in der »objektiven Fahrlässigkeit« Rechtswidrigkeit und Schuld beinahe miteinander verschmelzen.[291] In der Sache wird bei Vertragsverletzungen das Verschulden heute auf einen Spezialfall der Rechtswidrigkeit reduziert. Während die Rechtswidrigkeit die allgemeinen Anforderungen an die Vertragsverletzung definiert, legt das Verschulden die rollen- und situationsspezifischen Anforderungen fest, die an das konkrete Verhalten gestellt werden. Das erleichtert die Anforderungen an die Analogie. Denn in der Informationsphilosophie, welche die moralische Verantwortlichkeit von Algorithmen untersucht, argumentiert man, dass die kognitiven Fähigkeiten autonomer Softwareagenten in der Weise entwickelt sind, dass ihnen zwar keine »*responsibility*« im Vollsinne zugesprochen werden kann, wohl aber »*accountability*«.[292] In juristischer Übersetzung hieße dies, dass ihnen Rechtswidrigkeit zugerechnet werden kann, aber kein Verschulden im Sinne von subjektiver Vorwerfbarkeit. An dieser Stelle können an Softwareagenten sogar höhere Sorgfaltsanforderungen als an handelnde Menschen gestellt werden, sofern sie wegen ihrer überlegenen Informationsverarbeitungskapazität über höhere kognitive Fähigkeiten verfügen. Minimalstandard aber bleiben auch für Softwareagenten die Pflichtanforderungen, die im Verkehr im Allgemeinen gestellt werden.

290 Grundmann, in: MüKo-BGB (9. Auflage, 2022), § 278, Rn. 50.

291 Statt vieler Grundmann, in: MüKo-BGB, § 278, Rn. 53 ff.

292 Floridi/Sanders (2011), »Morality of Artificial Agents«, S. 205 ff. Zur Klarstellung: Das ist ein anderer Begriffsgebrauch von Verantwortung und Verantwortlichkeit als im Text.

V. Recht der außervertraglichen Haftung

Im Bereich der außervertraglichen Haftung wird das Versagen des geltenden Rechts im Umgang mit dem digitalen Autonomierisiko überdeutlich.[293] Hier besteht wohl die größte Haftungslücke, was das Eingreifen der Gesetzgebung dringend erfordert.[294] Da die meisten algorithmischen Fehlentscheidungen im Bereich der außervertraglichen Haftung auftreten, ist er der eigentliche Testfall für eine angemessene Algorithmenhaftung. Nicht nur, weil die Schadenshäufigkeit hoch und die Schäden oft beträchtlich sind, sondern gerade auch, weil in Fällen der außervertraglichen Haftung der Geschädigte, im Gegensatz zur immerhin freiwilligen Risikoübernahme im Vertrag, unfreiwillig dem Risiko des Computereinsatzes ausgesetzt ist. Die Haftungslücke im Deliktsrecht lässt sich, so werden wir nach einer Diskussion alternativer Lösungen argumentieren, nur vermeiden, wenn man auch hier Teilrechtsfähigkeit für Algorithmen einführt und eine Prinzipal-Agenten-Haftung des menschlichen Prinzipals für die autonomen Handlungen des Algorithmus begründet.

Im gegenwärtigen Deliktsrecht konzentriert sich die Diskussion vorwiegend auf die Pflichten der Betreiber, Hersteller, und Programmierer und behandelt den elektronischen Agenten lediglich entweder als fehlerhaftes Produkt oder als gefährliches Objekt. Deswegen gerät das Deliktsrecht in ein ähnliches Dilemma wie das Vertragsrecht. Entweder es sanktioniert die schadensverursachenden Entscheidungen von Softwareagenten in den Fällen, in denen sich die beteiligten Menschen korrekt verhalten haben, überhaupt nicht. Dann wird die Existenz der Haftungslücke einfach akzeptiert. Oder aber es setzt die menschlichen Akteure einem falsch konzipierten strikten Haftungsmaßstab aus, der eine Haftung aufgrund der bloßen Nutzung oder Herstellung eines elektronischen Agenten begründet.

Der Hauptgrund, warum das derzeitige Recht außervertrag-

293 Allain (2013), »From Jeopardy! to Jaundice«, S. 1072.

294 Europäisches Parlament (2017), *Entschließungen, zivilrechtliche Regelungen Robotik*, Rn. 7; Expertengruppe zu Haftung und Neuen Technologien (2019), *Report Liability for Artificial Intelligence*, S. 3, 16, 19; Europäische Kommission (2020), *Bericht Sicherheit und Haftung KI 2020*, S. 12 f., 16; Wagner (2020), »Digitale Techniken«, S. 730, 734; Dyrkolbotn (2017), »Robot Harms«, S. 121 f.

licher Haftung das Versagen von Algorithmen nicht angemessen sanktionieren kann, liegt darin, dass es in all seinen Ausprägungen – Verschuldenshaftung, Produkthaftung oder Gefährdungshaftung – die Vorhersehbarkeit des schadensverursachenden Ereignisses voraussetzt. Das aber steht in direktem Widerspruch zur prinzipiellen Nichtvorhersehbarkeit autonomer algorithmischer Entscheidungen.[295] Freilich ist es wenig hilfreich, die Anforderungen an die Vorhersehbarkeit drastisch zu reduzieren, wie es Oster vorschlägt. Er hält den minimalistischen Standard für ausreichend, der menschliche Akteur müsse nur vorhersehen, dass der Computereinsatz die Möglichkeit eines Schadens erhöht.[296] Dies jedoch liefe letztlich darauf hinaus, die Verschuldenshaftung in eine verschuldensunabhängige Haftung umzuwandeln, was wir schon in unserer Diskussion über die vertragliche Haftung kritisiert hatten.

1. Verschuldenshaftung?

Häufig wird vorgeschlagen, einfach die allgemeinen Regeln des Deliktsrechts anzuwenden, was auf eine Verschuldenshaftung der beteiligten menschlichen Akteure hinausläuft.[297] Damit aber handelt man sich wieder eine schwer erträgliche Verantwortungslücke ein. Denn im deutschen Recht wären dann Programmierer, Hersteller, Händler und Betreiber von der Haftung für Algorithmenfehler befreit, sofern sie nur ihre Sicherheitsvorkehrungen dem neuesten Stand von Wissenschaft und Technik angepasst haben.[298] Wenn der Algorithmus dennoch eine Fehlentscheidung trifft, haftet, wie schon häufig erwähnt, niemand. Im Common Law ist schon fraglich, ob man den Beteiligten überhaupt *negligence* vorwerfen kann. Da *negligence* Vorhersehbarkeit des Schadens auf Seiten des

295 Karnow (2016), »Traditional Tort to Embodied Machine Intelligence«, S. 72.

296 Oster (2018), »Haftung für Persönlichkeitsverletzungen«, S. 28; ebenso Bertolini (2013), »Robots as Products«, S. 239 ff. Das Plädoyer für eine Verschuldenshaftung des menschlichen Akteurs lässt all die Widersprüche aufbrechen, die sich ergeben, wenn man das autonome Verhalten des Algorithmus als identisch mit dem Verhalten des menschlichen Akteurs erklärt.

297 Z. B. Oster (2018), »Haftung für Persönlichkeitsverletzungen«, S. 25 ff.; Bertolini (2013), »Robots as Products«, S. 239 ff.

298 Z. B. Döpke (2018), »Big Data for Jurisprudence and Practice«, S. 17; Bräutigam/Klindt (2015), »Industrie 4.0«, S. 1138 f.

Beklagten voraussetzt,[299] ist die Haftung ausgeschlossen, wenn die schädigende Handlung des Algorithmus nicht vorhersehbar war.[300] Das ist freilich nicht akzeptabel und motiviert die Suche nach Auswegen:

Dieser Mangel an Vorhersehbarkeit könnte als Argument dafür angesehen werden, Verantwortung und Haftung des Betreibers abzulehnen. Das Argument ist jedoch höchst zweifelhaft. Vielmehr ist zu bedenken, dass der Betreiber durch den kontinuierlichen Betrieb des »autonomen Systems« das erhöhte Risikopotenzial geschaffen und dadurch Vorteile erzielt hat.[301]

Auch in ökonomischer Sicht ist die bloße Verschuldenshaftung der beteiligten Menschen problematisch. Zwar ist sie geeignet, gewisse Anreize für Sorgfaltsmaßnahmen zu setzen. Aber für das Aktivitätsniveau setzt sie falsche Anreize, was zu einer unerwünschten Externalisierung der Residualschäden führt.[302]

Um diese Unzulänglichkeiten zu beheben, sucht man den Ausweg, die deliktischen Sorgfaltspflichten der beteiligten Menschen drastisch auszuweiten, damit sie den spezifischen Risiken autonomer Algorithmen begegnen können. In der deutschen Debatte finden sich einige solcher Vorschläge. Sie werden als neue Verkehrspflichten den beteiligten Menschen oder Organisationen auferlegt.[303] Im Common Law gibt es ähnliche Tendenzen, nämlich einfach die Kontrollpflichten auszuweiten.[304] Und auch das euro-

299 Zum grundlegenden Präzedenzfall der Vorhersehbarkeit im englischen Recht: *Donoughe* v *Stevenson*, [1932] HL 100; im US-Recht: *Palsgraf* v *Long Island Railroad Co.* 248 N.Y. 339, 162 N.E. 99 (1928).

300 Ebers (2021), »Artificial Intelligence and EU Consumer Law«, S. 215, Rn. 60; Selbst (2020), »Negligence and Human Users«, S. 1322; Turner (2018), *Robot Rules*, S. 90 f.; Karnow (2016), »Traditional Tort to Embodied Machine Intelligence«, S. 73 f.

301 Lohsse u. a. (2019), »Liability for AI«, S. 20.

302 Wagner (2019), »Roboter als Haftungssubjekte?«, S. 22 f.

303 Z. B. BGH NJW 2013, 2348 (Autocomplete); Oster (2018), »Haftung für Persönlichkeitsverletzungen«, S. 30 f.; Wielsch (2017), »Haftung des Mediums«, S. 140 ff.; für die Ausweitung der Herstellerpflichten als Verkehrssicherungspflichten nach § 823 Abs. 1 BGB: Wilhelmi (2020), »Haftung beim Einsatz von KI«, S. 127 ff.

304 Im englischen Recht wurden solche Sorgfaltspflichten lange Zeit anhand des *Caparo-Tests* der Vorhersehbarkeit, der Nähe und der Fairness entwickelt (*Caparo* v *Dickman* [1990] HL 2). In jüngster Zeit beschäftigen sich die Gerichte häufiger damit, neue Sorgfaltspflichten aus bestehenden Pflichten auf kasuistische

päische KI-Gesetz mit seinen neuartigen Pflichten für Betreiber, Anwender, Händler, aber auch Produkthersteller für risikoreiche KI[305] und der darauf bezogene Vorschlag einer Haftung für KI, die sich auf die Verschuldenshaftung bezieht,[306] gehören dazu. Die Idee ist es also, die Betreiber, Hersteller und Nutzer von KI haften zu lassen, wenn sie es versäumt haben, das Verhalten des Algorithmus ordnungsgemäß gemäß dieser nun verschärften Pflichten zu kontrollieren.

Natürlich ist es richtig, Verkehrspflichten sorgfältig auf die Besonderheiten des Programmierens, Herstellens und Betreibens von Algorithmen einzustellen. Aber um die Haftungslücke zu vermeiden, ist die Versuchung groß, die Sorgfaltspflichten so extrem weit auszudehnen, dass sie den realen Kontrollmöglichkeiten der Beteiligten nicht gerecht werden. Gerade die Rechtsprechung hat auf vergleichbaren Gebieten die Grenzen der Kontrollmöglichkeiten überdehnt und den Beteiligten Sorgfaltspflichten auferlegt, die sie schlicht nicht erfüllen können.[307] Eine ähnliche Tendenz zeigt sich auf der EU-Ebene, wo das KI-Gesetz Pflichten vorsieht, die viel zu weitgehend jeder Nutzung von als hochrisikohaft eingestufter KI weitgehende Transparenz- und Kontrollpflichten auferlegen.[308]

Hinzu kommt die fatale Versuchung, die Sorgfaltspflichten, die an intelligente Maschinen anzulegen sind, mit den Sorgfaltspflichten der beteiligten Menschen zu verwechseln. Letztlich kommt es für die Definition der relevanten Sorgfaltsstandards auf das Algorithmenverhalten an. Denn der Output des Algorithmus ist auf Rechtswidrigkeit zu überprüfen, was häufig eine komplexe Abwägung von Rechtsgütern und sogar von grundrechtlichen Positionen erfordert. Am Beispiel des Google-Autocomplete-Falls, den wir in Kapitel 6, (unter IV.4) näher diskutieren, wird dies besonders deut-

Weise zu entwickeln (z. B. *Michael* v *Chief Constable of South Wales* [2015] SC 2, und neuerdings *Okpabi* v *Shell* [2021] SC 3, Rn. 141). In den USA entwickeln die einzelnen Bundesstaaten unterschiedliche Tests für die Sorgfaltspflicht.

305 EU-Verordnung zur Festlegung harmonisierter Vorschriften für Künstliche Intelligenz (KI-Gesetz), Art. 16 ff. (Pflichten der Anbieter), Art. 24 (Pflichten der Produkthersteller), Art. 26 (Pflichten der Importeure), Art. 27 (Pflichten der Händler), Art. 29 (Pflichten der Anwender).

306 Europäische Kommission (2022), *Richtlinienvorschlag KI-Haftung*, Art. 1 (1) & (2).

307 Kritisch zu dieser Tendenz Gruber (2015), *Bioinformationsrecht*, S. 238 ff.

308 Hierzu ausführlich Hacker u. a. (2023), »Regulating ChatGPT«.

lich. Eine Persönlichkeitsverletzung hat stattgefunden, auch wenn Programmierer, Hersteller und Betreiber alle ihre Pflichten sorgfältig erfüllt haben. Sieht man nun den Algorithmus als bloßes Werkzeug an, dann ist die Versuchung groß, die Rechtswidrigkeit des Outputs einfach dem Verhalten der Menschen zuzurechnen. Dies aber ist bei autonomen Algorithmen, wie oben gesagt, nicht mehr zulässig.

Gelegentlich wird sogar vorgeschlagen, die Deliktshaftung so weit zu fassen, dass jeder Einsatz von autonomen Computern eine Sorgfaltspflichtverletzung begründet. Diese radikale Lösung würde jedoch zu einer verdeckten Gefährdungshaftung führen. Wenn schon der bloße Einsatz die Haftung auslöste, dann wäre den Sorgfaltspflichten ihr eigentlicher Inhalt entzogen. Zudem würde sie das kreative Potenzial des »Entdeckungsverfahrens« autonomer Algorithmen, das wir oben diskutiert haben, schon im Ansatz ersticken.[309] Sie liefe auf eine Art *actio libera in causa* hinaus, die im Privatrecht nicht zulässig ist.

2. Produkthaftung?

Aus all diesen Gründen versuchen viele Autoren, die Haftungslücke mit einer Verschärfung der Produkthaftung zu schließen.[310] Diesen Weg scheint auch die EU mit den harmonisierten Haftungsregeln zu beschreiten, indem sie neben einigen prozessualen Regeln zur Verschuldenshaftung bei KI auch die allgemeinen Produkthaftungsregeln so reformiert, dass das Fehlverhalten von autonomer Software mit einer neugefassten europäischen Produkthaftung erfasst werden kann.[311]

309 Ausführlich zu diesem Argument oben in diesem Kap. I.6.

310 Zur Produkthaftung im deutschen Recht Beierle (2023), »Bedeutung des Inverkehrbringens« S. 22 ff.; Spindler (2022), »Haftung für autonome Systeme«, 157 ff.; Hoffmann-Riem (2022), *Recht und digitale Transformation*, S. 229 ff.; Wagner (2020), »Digitale Techniken«, S. 734; Katzenmeier (2021), »KI in der Medizin«, S. 864, 867; Müller-Hengstenberg/Kirn (2021), »Haftung des Betreibers«, S. 388 f.; Reusch (2020), »Produkthaftung«, S. 79 und *passim*. Zum Common Law, z. B. Marchant/Lindor (2012), »Collision Autonomous Vehicles and Liability«, S. 1322 ff.; Geistfeld (2017), »Roadmap for Autonomous Vehicles«, S. 1632 ff.

311 Siehe die neugefasste EU-Richtlinie zur Produkthaftung 2024, Erwägungsgrund (12), Art. 4 (1); ausführlich dazu Wagner (2023), »Produkthaftung für das digitale Zeitalter«, S. 4.

Die schon im ersten Kapitel (unter II.2) daran geübte Kritik soll jetzt vertieft werden. Wäre es richtig, dass das Produkthaftungsrecht[312] eine Art Gefährdungshaftung anordnet, dann wäre es gegen die kritischen Argumente, die gegen eine Verschuldenshaftung sprechen, immun. Die bloße Kausalität zwischen dem Verhalten des Algorithmus und dem Schaden wäre ausreichend. Ein Verschulden der menschlichen Akteure wäre nicht erforderlich. Die Haftungslücken wären geschlossen. Doch ist dies ein Irrtum. Denn bei genauerem Hinsehen zeigt sich, dass die Produkthaftung keineswegs die Haftungslücken vermeidet.[313] Eine Fülle von Einwänden spricht gegen die Produkthaftung. Der gravierendste Einwand ist, dass die Produkthaftung gar keine Gefährdungshaftung ist, sondern eine verdeckte Verschuldenshaftung, die, wie oben gezeigt, erhebliche Haftungslücken offenlässt.

Zunächst stellen sich einige technisch-dogmatische Hürden im Produkthaftungsrecht. Erstens erfordert die Produkthaftung, dass es sich bei dem schadensauslösenden Ereignis um den Fehler eines »Produkts« handelt. Ob aber Software als ein Produkt gelten kann, war im EU-Produkthaftungsrecht lange Zeit sehr umstritten, wobei der EuGH mit einer restriktiven Auslegung den Begründungsaufwand für den Einschluss von unkörperlichen, informationsbasierten Systemen noch erhöht hat.[314] Und auch in der allgemeinen Produkthaftungsdebatte ist die Frage, ob Software als Produkt gilt, durchaus kontrovers.[315] Möglicherweise könnte die jüngste Reform der Produkthaftungsrichtlinie dieses Problem aber lösen, da nunmehr Software explizit als Produkt im Rahmen der Produkthaftung gilt.[316]

Zweitens ist es mehr als schwierig, das schadensverursachende Verhalten des Algorithmus rechtlich als »Fehler« eines Produkts zu qualifizieren.[317] Sicherlich ist ein KI-System dann fehlerhaft, wenn

312 Für die EG die EG-Produkthaftungsrichtlinie (85/374/EWG); für die USA Owen (2015), *Products Liability Law*, S. 778 ff., 938 ff.

313 So auch Evas (2020), *European Added Value Assessment*, S. 8 f.

314 C-65/20 *IV* gegen *Krone*, ECLI:EU:C:2021:471, § 32.

315 Turner (2018), *Robot Rules*, S. 95 f.

316 Neugefasste EU-Richtlinie zur Produkthaftung 2024, Art. 4 Abs. 1.

317 Borghetti (2019), »How can Artificial Intelligence be Defective?«, S. 70 ff. Zur Problematik auch Ebers (2020), »Regulating AI and Robots«, S. 58; Wendehorst (2020), »Strict Liability for AI«, S. 159. Dieses Problem wird teilweise ignoriert,

die Hardware einen Herstellungs- oder Konstruktionsfehler aufweist, doch lässt sich das Verhalten eines autonomen Softwareagenten als Produktfehler bezeichnen? Kann man von einem Produktfehler sprechen, wenn ein elektronischer Agent eine Entscheidung ganz korrekt auf der Grundlage von Wahrscheinlichkeitsregeln trifft, sich diese aber im Nachhinein als rechtswidrig herausstellt? Wie Chagal-Feferkorn treffend argumentiert, stützen sich hochentwickelte KI-Systeme, insbesondere selbstlernende Algorithmen, auf wahrscheinlichkeitsbasierte Vorhersagen, und bekanntlich treffen diese nicht in jedem Einzelfall zu.[318] Letztlich hat das System also keinen Fehler gemacht, sondern genau das getan, was es tun sollte, nämlich eine auf Kalkulation von Wahrscheinlichkeit beruhende Entscheidung zu treffen.[319] Hier scheint das Produkthaftungsrecht von Voraussetzungen auszugehen, die für künstliche Intelligenz völlig unpassend sind. Wie Turner formuliert, basiert das Produkthaftungsrecht »auf der Vorannahme, dass das Produkt sich nicht mehr in unvorhersehbarer Weise verändern kann, nachdem es die Produktion verlassen hat«.[320] Genau das aber tun Algorithmen. Dieses Problems, dass man Lern- und Entscheidungsfähigkeit unter dem Begriff des Produktfehlers subsumiert, ist sich die EU durchaus bewusst. So findet sich in der Reform der Produkthaftungsrichtlinie eine Erweiterung des Fehlerbegriffs, in den die Lernfähigkeit von Algorithmen einbezogen ist.[321] Doch auch diese Erweiterung des Fehlerbegriffs (die im Übrigen die autonome Entscheidungsfähigkeit nicht mit einbezieht) löst nicht die grundlegenden Probleme der Qualifizierung von getroffenen Entscheidungen als Fehler eines Produkts.

Weiterhin bleibt es fraglich, anhand welcher Standards die »Fehlerhaftigkeit« eines solchen »Produkts« beurteilt werden soll.

so z. B. Beierle (2023), »Bedeutung des Inverkehrbringens«, S. 26, der die Programmierung und die Lernfähigkeit fälschlicherweise gleichsetzt.

318 Chagal-Feferkorn (2019), »Algorithm or Product?«, S. 84. Zum gleichen Punkt in Bezug auf die EG-Produkthaftungsrichtlinie Ebers (2020), »Regulating AI and Robots«, S. 57.

319 So auch Müller-Hengstenberg/Kirn (2021), »Haftung des Betreibers«, S. 379.

320 Turner (2018), *Robot Rules*, S. 98.

321 Siehe hierzu die neugefasste EU-Richtlinie zur Produkthaftung 2024, Art. 6 Abs. 1 c): als fehlerhaft gelten auch die Auswirkungen einer etwaigen Fähigkeit zu lernen und neue Features zu erwerben, nachdem das Produkt in den Verkehr gebracht wurde.

Was ist der Vergleichsmaßstab: die Lernfähigkeit und die darauf beruhende Entscheidung eines Menschen oder die eines anderen Algorithmus? Und was würde als fehlerhaft gelten: dass ein Schaden entstanden ist oder dass die Wahrscheinlichkeit einer Fehlentscheidung tatsächlich eingetreten ist?[322] Oder soll sogar – wie es die neugefasste Produkthaftungsrichtlinie andeutet – die Lernfähigkeit als solche als fehlerhaft gelten, wenn nur negative Auswirkungen möglich sind? Eine falsche Entscheidung mit einem Produktfehler gleichzusetzen, kann schlicht nicht funktionieren. Streng genommen dürfte man also die Produkthaftung auf autonome algorithmische Entscheidungen gar nicht anwenden.[323]

Besonders an der Maßstabsfrage zeigt sich die Ungereimtheit, Algorithmen, die falsche Entscheidungen treffen, als fehlerhafte Produkte zu qualifizieren. Denn wie kann man bezüglich Produkten, also bloßen Objekten, sinnvoll die Frage stellen, welchen Verhaltensmaßstäben sie sich zu unterwerfen haben? Die eines »*reasonable algorithm*« oder die höchstmöglicher Leistungsfähigkeit? Autoren, die sich auf die Produkthaftung stützen wollen, versuchen regelmäßig, diese Frage zu umgehen, obwohl sie sie beantworten müssen.[324] Dabei ist offenkundig, dass Verhaltensstandards nur für handlungsfähige Akteure, nicht aber für Produkte gelten können. Über Verhaltensstandards zu diskutieren, macht nur im Rahmen einer Handlungshaftung Sinn, nicht aber im Rahmen einer Produkthaftung. Andere erkennen das Problem zwar an, tun es dann aber als praktisch unbedeutsam ab, da es sich in nur wenigen Fällen überhaupt stellen würde.[325]

Die Probleme bei der Auslegung der Begriffe »Produkt« und »Fehler« könnten möglicherweise durch eine extensive Auslegung beider Begriffe überwunden werden, so, wie es auch die EU-Kommission zumindest als Richtung vorgibt. Doch auch dann bleibt

322 Zur Kritik, den Begriff der Fehlerhaftigkeit auf Algorithmen, die mit Wahrscheinlichkeiten arbeiten, anzuwenden, Borghetti (2019), »How can Artificial Intelligence be Defective?«, S. 70 ff.

323 So Barfield (2018), »Liability Robots«, S. 196.

324 Wagner (2020), »Digitale Techniken«, S. 728; Borghetti (2019), »How can Artificial Intelligence be Defective?«, S. 69 ff.

325 Beierle (2021), *Produkthaftung im Zeitalter des Internet of Things*, S. 323, argumentiert beispielsweise, dass sich diese Frage allenfalls beim autonomen Fahren stellt, wo allerdings dann – zum Glück – die Halterhaftung die Haftungslücke füllt.

das gravierendste Problem: Selbst die so konzipierte Produkthaftung reißt erhebliche Haftungslücken auf, da sie – entgegen einer weitverbreiteten Meinung – keineswegs eine wirkliche Gefährdungshaftung ist. In Wahrheit ist sie – wie schon oben gesagt – eine (verdeckte) Verschuldenshaftung.[326] Als notwendige Folge haftet niemand, wenn der Hersteller all seine Pflichten erfüllt hat und der Algorithmus dennoch fehlerhaft entscheidet. Denn die Produkthaftung setzt stets voraus, dass der Hersteller bestimmte Pflichten im Produktionsprozess oder in der Post-Marketing-Phase verletzt hat.[327] Im EU-Produkthaftungsrecht wird dies erst auf den zweiten Blick deutlich, da hier die Pflichten in der Form einer Exkulpation konstruiert sind. Auf diese Exkulpation kann sich der Hersteller berufen, wenn er nachweisen kann, dass der Fehler auf ein unkontrollierbares Risiko zurückzuführen ist. Die EU-Kommission hat jedoch bereits 2020 erkannt, dass diese Exkulpationsmöglichkeiten in der Produkthaftung problematisch sind.[328] Dies gilt insbesondere für den Nachweis, dass der Fehler erst nach dem Inverkehrbringen des Produktes auftritt. Und es gilt für die Exkulpation aufgrund der Unmöglichkeit, den Fehler nach dem Stand der Wissenschaft und Technik zu erkennen.[329] Aber auch bei der Neufassung der Produkthaftungsrichtlinie bleiben diese Exkulpationen im Grundsatz bestehen.[330]

Zudem rücken die nationalen Produkthaftungsgesetze in Europa die Produkthaftung regelmäßig sehr viel näher an die Verschuldenshaftung heran.[331] Das US-amerikanische Produkthaftungsrecht

326 Wagner, in: MüKo-BGB (8. Auflage, 2020), ProdHaftG, Rn. 19 ff.

327 So auch in aller Deutlichkeit Hacker (2023), »The European AI Liability Directives«, S. 29 ff.; Dürager (2023), »Beziehungskonflikte in Smarten Technologien«, S. 276, 283; Zech (2021), »Liability for AI«, S. 153 f.; Wendehorst (2020), »Strict Liability for AI«, S. 158 f.; Wagner (2019), »Robot Liability«, S. 35 f.

328 Europäische Kommission (2020), *Bericht Sicherheit und Haftung KI 2020*, S. 15. Anerkannt auch von Riehm/Meier (2019), »Product Liability in Germany«, S. 165.

329 Art. 7 (b), (e) EG-Produkthaftungsrichtlinie (Richtlinie 85/37/EWG).

330 Siehe hierzu die neugefasste EU-Richtlinie zur Produkthaftung 2024, Art. 10, Abs. 1, (c), (e), auch wenn durch die Pflicht zu Updates (vgl. Art. 10 Abs. 2 (b) der neugefassten EU-Richtlinie zur Produkthaftung 2024) die Entlastungsmöglichkeit eingeschränkt ist, hierzu besonders Wagner (2023), »Produkthaftung für das digitale Zeitalter«, S. 7.

331 Dies hebt auch Wendehorst (2020), »Strict Liability for AI«, S. 158, hervor. Es wird auch in der umfassenden Analyse des Haftungsrechts für gefährliche

wiederum lässt nur für Herstellungsfehler verschuldensunabhängig haften,[332] während es bei Konstruktionsfehlern und unterlassenen Warnhinweisen zunehmend fahrlässigkeitsbezogene Erwägungen einbezieht. Dies gilt insbesondere für eine angemessene alternative Gestaltung bei Konstruktionsfehlern und für die Vorhersehbarkeit der Nutzung bei unterlassenen Warnungen.[333] In unserem Zusammenhang bedeutet dies, dass der Softwarehersteller von jeglicher Haftung befreit ist, wenn er alle Konstruktions-, Informations- und Produktbeobachtungspflichten erfüllt hat, aber dennoch ein Schaden eintritt.[334]

Zwar ist die Haftungslücke in der Produkthaftung nicht so groß wie im allgemeinen Deliktsrecht. Wie Beck im Detail darlegt, kann sich der Hersteller nur unter bestimmten Umständen von der Haftung befreien, nämlich dann, wenn er nachweisen kann, dass der Fehler nach dem Stand der Wissenschaft und Technik zu dem Zeitpunkt, zu dem er das Produkt in Verkehr gebracht hat, nicht erkannt werden konnte; oder im Falle eines Bauteilherstellers, dass der Fehler auf die Konstruktion des Produkts oder die vom Hersteller gegebenen Anweisungen zurückzuführen ist. Wenn nun Entwicklungen in der Forschung die Mängel früherer Programmversionen aufzeigen, folgt daraus, dass der Hersteller nicht anders hätte handeln können. Außerdem tragen, wie Beck betont, in den meisten Fällen verschiedene Hersteller (und Programmierer) zur Konstruktion eines KI-Systems bei.[335] Weiterhin wird es für den Geschädigten häufig schwierig sein, nachzuweisen, dass es eine vernünftige Alternativkonstruktion gab.[336] Eine weitere problematische Haftungsbefreiung vermehrt die Zweifel an der Eignung der

Produkte in allen Mitgliedstaaten deutlich: Evas (2020), *European Added Value Assessment*, S. 14 ff.

332 *Restatement (Third) of Torts: Products Liability* § 2a (2012).

333 Allgemein zum Übergang von verschuldensunabhängiger Haftung zu verschuldensabhängigen Standards Gifford (2018), »Technological Triggers to Tort Revolutions«, S. 119 ff.

334 Die Haftungslücke im Produkthaftungsrecht, die für algorithmisches Fehlverhalten entsteht, betonen Chinen (2019), *Law and Autonomous Machines*, S. 27; Spindler (2014), »Zivilrecht und Roboter«, S. 72 ff., 78. Zu mehreren Ausnahmen von der Produkthaftung, die zur Haftungslücke beitragen, Pieper (2016), »Vernetzung autonomer Systeme«, S. 193.

335 Beck (2016), »Ascribing Legal Responsibility«, S. 474.

336 Chopra/White (2011), *Autonomous Artificial Agents*, S. 144.

Produkthaftung: Für Entwicklungsrisiken gibt es, wie schon oben angesprochen, keine Produkthaftung. Dies gilt besonders für eine programmierte (!) Nichtvorhersehbarkeit (!) der Entscheidungen des Algorithmus.[337]

Es ist also nicht nur die allgemeine Deliktshaftung, sondern gerade auch das angeblich verschuldensunabhängige Produkthaftungsrecht, das algorithmisches Versagen von der Haftung ausnimmt, wenn auch in geringerem Maße. Auch die Produkthaftung – selbst in ihrer reformierten Form – kann also die Haftungslücke prinzipiell nicht beseitigen. Dies räumt auch Wagner ein, der dennoch selbst die Produkthaftung favorisiert: »Soweit dem Unternehmen nicht vorgeworfen werden kann, seine eigenen Auswahl-, Wartungs- und Überwachungspflichten zu verletzen, haftet niemand für Fehlfunktionen des digitalen Systems.«[338]

Schließlich sollte noch betont werden, dass die Produkthaftung eine ganz andere, wiederum beträchtliche Verantwortungslücke aufweist, nun aber hinsichtlich der abgedeckten Schäden. Im Prinzip entschädigt sie nämlich nur materielle Schäden, nicht aber immaterielle Schäden und reine Vermögensschäden.[339] Dies aber macht das Produkthaftungsrecht für eine Vielzahl gravierender Schädigungen, die typischerweise durch algorithmisches Verhalten ausgelöst werden, schlicht unpassend. Dieses Problem besteht zudem nicht nur bei der Produkthaftung. Es wird auch bei der Gefährdungshaftung wieder auftauchen.

3. Gefährdungshaftung?

Wir haben bereits im ersten Kapitel (unter II.2) den Reformvorschlag der Gefährdungshaftung in seinen Grundzügen vorgestellt und als für die Algorithmenhaftung prinzipiell ungeeignet kritisiert. Jetzt begründen wir im Detail, warum die Gefährdungshaf-

337 Die herrschende Lehre räumt zwar ein, dass hier eine schwerwiegende Haftungslücke besteht, beharrt aber dennoch darauf, dass Softwareagenten keine Rechtsfähigkeit, auch keine Teilrechtsfähigkeit zuerkannt werden sollte, z. B. Riehm/Meier (2019), »Product Liability in Germany«, S. 165.

338 Wagner (2020), »Digitale Techniken«, S. 736.

339 Ausdrücklich für die EU: Art. 9 der EG-Produkthaftungsrichtlinie (Richtlinie 85/37/EWG), die sich nur auf Tod, Körperverletzung und Eigentum als Schaden bezieht. Dieser Grundsatz bleibt auch in der neugefassten Produkthaftungsrichtlinie 2024 bestehen.

tung für eine angemessene Haftung für algorithmisches Fehlverhalten einerseits nicht weit genug und andererseits zu weit geht.

Nicht weit genug ginge eine Gefährdungshaftung für digitale Assistenten (ebenso, wie gerade geschildert, die Produkthaftung), weil sie typischerweise nur physische Schäden ersetzt. Im Allgemeinen ist dies sinnvoll, da Körperverletzungen und Sachschäden die typischen Unfallrisiken von gefährlichen Objekten sind. Für die Algorithmenhaftung aber ist dies nicht akzeptabel. Denn die meisten Schäden, die auf Algorithmenfehlern beruhen, hängen mit ihrer kommunikativen Natur zusammen und nicht mit dem Risiko materieller Schädigungen. Es gibt zwar durchaus Konstellationen, in denen Roboter Tod und Körperverletzungen verursachen, beispielsweise im medizinischen Bereich. Meist aber verursacht algorithmisches Fehlverhalten immaterielle Schäden und reine Vermögensschäden, wie etwa bei Persönlichkeitsrechtsverletzungen, fehlerhafter Beratung oder wettbewerbswidrigem Verhalten. Kürzlich wurde eine empirisch fundierte Taxonomie typischer von Algorithmen verursachter Schäden entwickelt: Diskriminierung, Hassreden und Ausgrenzung, Informationsrisiken, Fehlinformationsschäden, böswillige Nutzung, Schäden durch Mensch-Computer-Interaktion, Umweltschäden und sozioökonomische Schäden.[340] Für keinen dieser typischen Schäden würde die Gefährdungshaftung Schadensersatz gewähren.

Zu weit ginge eine KI-Gefährdungshaftung, weil Gefährdungshaftung prinzipiell keine Rechtswidrigkeit, sondern lediglich Betriebsgefahr und Kausalität voraussetzt. Damit würde die Pflicht zum Schadensersatz enorm ausgeweitet. Denn nur in den Konstellationen, in denen das Recht trotz gravierender Gefahren den Einsatz von Gegenständen aufgrund ihres hohen gesellschaftlichen Nutzens zulässt, ist eine bloße Kausalhaftung angemessen. Die Gefährdungshaftung ist also der seltene Fall einer Haftung für Schäden trotz rechtmäßigen Verhaltens des Nutzers.[341] Diese Haftung greift, wenn sich die typische Betriebsgefahr verwirklicht, das heißt, wenn sich für die jeweilige Gefahr typische Kausalverläufe schädi-

340 Die Taxonomie wurde am Beispiel der *AI language models* entwickelt, Weidinger u. a. (2022), »Taxonomy of Risks«, S. 216 f.

341 *Locus classicus* Esser (1941), *Gefährdungshaftung*. Zu einer soziologischen Interpretation der Gefährdungshaftung Luhmann (1991), *Soziologie des Risikos*, S. 69 f., 180 ff.

gend auswirken. Bei Softwareagenten verursacht aber nicht das mechanische Versagen einer Maschine den Schaden, sondern die autonome Entscheidung eines informationsverarbeitenden Systems. Nicht das Kausalrisiko eines falsch funktionierenden Computers ist hier relevant, sondern das Entscheidungsrisiko.[342] Dieses ist aber ganz anders gelagert, geht es dabei doch um die Rechtswidrigkeit autonomer Entscheidungen.

Am deutlichsten wird die Notwendigkeit, die Schadensersatzpflicht auf rechtswidriges Verhalten einzuschränken, bei wettbewerbswidrigem Verhalten. Denn jeder erfolgreiche Vorstoß eines Wettbewerbers geht zu Lasten seiner Mitbewerber, löst bei diesem einen Schaden aus. Dafür Schadensersatz anzuordnen, wie es die Gefährdungshaftung verlangen würde, ginge viel zu weit, denn es verstieße gegen die Freiheit des Wettbewerbs und würde letztlich den Wettbewerb ersticken. Nur dann, wenn etwa die aggressive Werbebotschaft eines elektronischen Agenten gegen eine Verhaltenspflicht im Wettbewerbsrecht verstoßen hat und damit rechtswidrig war, ist Schadensersatz angemessen.

Mit anderen Worten: Die Haftung für elektronische Agenten beruht nicht auf deren inhärentem Schadenspotenzial, sondern auf der *Ex-post*-Bewertung seiner *ex ante* unvorhersehbaren Entscheidungen als rechtswidrig.[343] Haftungsgrund ist nicht die erhöhte Sachgefahr, sondern das rechtswidrige Verhalten des Algorithmus. Was zählt, ist eine rechtswidrige Handlung eines Entscheidungsträgers, nicht der von einem gefährlichen Objekt verursachte Unfall. Eine verschuldensunabhängige Kausalhaftung für risikobehaftete KI-Systeme schießt daher weit über das Ziel hinaus, denn sie macht den Betreiber des Algorithmus für alle Arten von Schäden haftbar, welche die KI verursacht, ohne sie auf rechtswidriges Verhalten zu begrenzen.

Da also das Autonomierisiko digitaler Entscheidungen nicht mit dem Kausalrisiko gefährlicher Objekte gleichgesetzt werden kann, müssen hier ganz andere Verantwortungsprinzipien und andere Haftungsmaßstäbe greifen. Haftungsnormen für rechtswidrige Entscheidungen autonomer Akteure müssen präzise auf das Entscheidungsrisiko der Akteure zugeschnitten sein. An diesem Punkt

342 Ebenso Stöhr (2023), »Autonom handelnde Maschinen«, S. 86 f.; Katzenmeier (2021), »KI in der Medizin«, S. 864.

343 Wagner (2020), »Digitale Techniken«, S. 731.

setzen nun die oben erörterten allgemeinen Prinzipien der Personifizierung an. Erst die Personifizierung nichtmenschlicher Entitäten macht es möglich, Kausalattribution durch Handlungsattribution zu ersetzen. Dafür aber ist die Gefährdungshaftung nicht mehr angemessen.[344]

4. Unsere Lösung: Digitale Assistenzhaftung

Wie die vorangegangenen Ausführungen gezeigt haben, bereitet *de lege lata* die Delikts- und Produkthaftung noch größere Schwierigkeiten als die vertragliche Haftung. Im Prinzip stoßen alle Lösungsvorschläge immer wieder auf folgendes Dilemma: Entweder sie laufen auf eine strikte Kausalhaftung hinaus, die dann eine problematische Haftungsausweitung zur Folge hat. Oder sie verbleiben bei der Verschuldenshaftung, akzeptieren dann aber eine weitreichende Haftungslücke.[345]

Der Ausweg aus dem Dilemma ist, den Softwareagenten Teilrechtsfähigkeit, genauer: Deliktsfähigkeit, zuzusprechen. Das eröffnet die allgemeine deliktische *vicarious liability*, also eine strikte Prinzipalhaftung für rechtswidrige Handlungen autonomer Softwareagenten. Sie reduziert zugleich das oben genannte Identifikationsrisiko der digitalen Assistenz. Insgesamt ist *vicarious liability* ein vielversprechender Weg für das Common Law,[346] das Civil

344 Auch im Staatshaftungsrecht ist die Gefährdungshaftung nicht geeignet, fehlerhafte Algorithmushandlungen zu kompensieren, dazu eingehend Roth-Isigkeit (2020), »Staatshaftungsrechtliche Aspekte«, S. 345 ff., der sie letztlich nur als Notlösung akzeptiert.

345 Chinen (2016), »Co-Evolution of Machines and Responsibility«, S. 363; Allain (2013), »From Jeopardy! to Jaundice«, S. 1061 ff.

346 Eldakak u. a. (2024), »Civil Liability Autonomous AI«, S. 309; Diamantis (2024), »Vicarious Liability for AI«, S. 320 ff.; Dubey (2023), »Vicarious Liability of Artificial Intelligence«, S. 1 ff.; Duffourc (2023), »Autonomous AI Physician«, S. 25; Panezi (2023), »Ecosystem Approach«, S. 252 ff.; Zuroff (2023), »Operators' Duties AI Agents«, S. 104 f.; Huberman (2021), »Vicarious Liability Autonomous-Machine«, S. 254 ff.; Ozturk (2021), »AI in a Liability Context«, S. 330; Lior (2020), »AI Entities as Agents«, S. 1084 ff.; Sullivan/Schweikart (2019), »Tort Liability AI«, S. 161 ff.; Abbott (2018), »Reasonable Computer«, S. 22 ff.; Bathaee (2018), »Artificial Intelligence Black Box«, S. 934 f.; Chagal-Feferkorn (2018), »Reasonable Algorithm«, S. 115; Tjong Tijn Lai (2018), »(Semi)-autonomous Systems«, S. 71; Turner (2018), *Robot Rules*, S. 101; Chandra (2017), »Liability AI«, S. 5 f.

Law[347] und das EU-Recht.[348] Auch im Rahmen der europäischen Diskussion zur Produkthaftung und zur KI-Haftung hat die *vicarious liability* Platz, da den Mitgliedstaaten weiterhin Freiraum hinsichtlich zusätzlicher Haftungskategorien gegeben wird. Nur das deutsche Recht bereitet, wie unten näher erörtert, wegen der rechtspolitisch misslungenen Regelung des § 831 BGB größere Probleme.

Da jedoch zahlreiche Autoren die Prinzipal-Agenten-Haftung für algorithmisches Fehlverhalten ablehnen und stattdessen die Gefährdungshaftung massiv unterstützen, sollen hier die Vorzüge der Prinzipal-Agenten-Haftung gegenüber der Gefährdungshaftung im Detail begründet werden. Drei wesentliche Unterschiede – in Bezug auf Pflichtwidrigkeit, Haftungsumfang, Sanktionsspektrum – machen deutlich, dass die Prinzipal-Agenten-Haftung der Produkthaftung und der Gefährdungshaftung vorzuziehen ist.

Unterschied (1) Pflichtwidrigkeit: Während die Gefährdungshaftung für jede Schadensverursachung einstehen lässt, ohne eine Sorgfaltspflichtverletzung vorauszusetzen, greift die Prinzipal-Agenten-Haftung nur ein, wenn der Agent gegen eine Sorgfaltspflicht verstoßen hat.[349] Gegenüber Entscheidungen der Softwareagenten ist es unabweisbar, dass die Rechtswidrigkeit des algorithmischen Verhaltens zum Dreh- und Angelpunkt der Haftung wird.[350] Eine Haftung

347 Gredka-Ligarska (2023), »Employer as an AI System Operator«, S. 120; Kornilakis (2023), »Legal Personhood for Autonomous AI«, S. 34 f.; Palmerini (2023), »AI Systems and the Issue of Liability«, S. 86 f.; Geistfeld u. a. (2022), *Civil Liability for Artificial Intelligence*, Abs. IV.3; Glavaničová/Pascucci (2022), »Vicarious Liability«, S. 34 ff.; Kovac (2020), *Judgement-Proof Robots*, S. 112 ff., 114, 121; Janal (2020), »Autonomous Systems«, S. 194, 201; Teubner (2018), »Digitale Rechtssubjekte«, S. 192 ff.; Zech (2016), »Zivilrechtliche Haftung«, S. 195; Hanisch (2014), »Haftungskonzepte für Robotik«, S. 46 ff.; Koops u. a. (2010), »Accountability Gap«, S. 560.

348 So für das europäische Recht Expertengruppe zu Haftung und Neuen Technologien (2019), *Report Liability for Artificial Intelligence*, S. 45 ff.; Karner (2019), »Liability for Robotics«, S. 120; Nevejans (2016), *European Civil Law Rules in Robotics*, S. 16.

349 Zu dieser Voraussetzung sowohl im Common Law als auch im Civil Law Giliker (2010), *Vicarious Liability in Tort*, S. 27 ff.

350 Die Unterschiede zwischen Algorithmenhaftung und Gefährdungshaftung verkennt auch Europäisches Parlament (2020), *Entschließung zivilrechtliche Haftung für KI*, Rn. 27. Richtig dagegen Hanisch (2014), »Haftungskonzepte für Robotik«, S. 46, der die Rechtswidrigkeit des maschinellen Fehlverhaltens zur Haftungsvoraussetzung macht.

ist nur dann angezeigt, wenn die Schadensverursachung rechtswidrig war. Die außerordentlich weitreichende Gefährdungshaftung auf autonome Algorithmen anzuwenden, würde die Haftung unerträglich ausufern lassen, weil dann für jedes kausal schädigende Verhalten gehaftet werden müsste, selbst wenn das Verhalten des Agenten eindeutig rechtmäßig war. Die natürliche oder juristische Person haftet ausschließlich für »rechtswidrige Entscheidungen« der »Denkmaschine«. Mit anderen Worten: Der Prinzipal haftet nur dann, wenn der digitale Agent gegen eine Verhaltensregel verstoßen hat und daher sein Verhalten als rechtswidrig qualifiziert werden kann.[351]

Dass ein menschlicher Agent eine unerlaubte Handlung begangen haben, also eine Sorgfaltspflicht verletzt haben muss, ist nicht nur im Civil Law, sondern auch im Common Law notwendige Voraussetzung für *vicarious liability*.[352] Eine Algorithmushaftung ist gleichermaßen als Haftung des Prinzipals nur für rechtswidrige Entscheidungen des Algorithmus zu entwerfen.[353] Sie setzt voraus, dass sich der Softwareagent »falsch verhalten« hat.[354] Anders als bei der Gefährdungshaftung, wo die bloße Kausalität zwischen Betriebsgefahr und Schaden ausreicht, muss bei der Gehilfenhaftung für Softwareagenten festgestellt werden, dass der Agent nicht mit angemessener Sorgfalt gehandelt hat. Für Personen- und Sachschäden ist die Rechtswidrigkeit relativ unproblematisch. Ob das Verhalten des Agenten rechtswidrig ist oder nicht, wird jedoch vor allem dann schwierig festzustellen sein, wenn eine umfassende Abwägung verschiedener, häufig auch verfassungsrechtlicher, Aspekte erforderlich ist.[355] Gegen alle Versuche, eine reine Kausalhaftung vorzusehen, bestehen auch auf KI spezialisierte Wirtschaftsanwälte mit gutem Grund darauf,

351 Monterossi (2020), »Things, Agencies and Legal Actors«, S. 1.

352 Zum US-Recht: *Restatement (Third) Agency*, § 7.03 Abs. 2 (2006); *Restatement (Second) of Torts*, Band 2, § 281 (1965). Zum englischen Recht Nolan/Davies (2013), »Tort«, S. 1024, Rn. 17.369.

353 Martone (2020), »Algoritmi e diritto«, S. 150, Fn. 110.

354 Abbott (2018), »Reasonable Computer«, S. 31; Allain (2013), »From Jeopardy! to Jaundice«, S. 1079.

355 So für das deutsche Recht Oster (2018), »Haftung für Persönlichkeitsverletzungen«, S. 17.

dass Haftung in einer zivil- oder strafrechtlichen Sache letztlich die Frage betrifft, ob die Handlungen oder Unterlassungen des Beklagten (also die Entscheidungen des KI-Systems) rechtswidrig waren oder nicht. Waren diese Handlungen oder Unterlassungen Vertragsverletzungen, Sorgfaltsverletzungen oder Straftaten?[356]

So argumentiert auch die Europäische Expertengruppe für KI-Haftung. Sie schlägt deshalb vor, den Algorithmus als funktionelles Äquivalent zu einer menschlichen Hilfskraft zu behandeln. Über *vicarious liability* haftet dann der Betreiber für dessen rechtswidriges Verhalten, nicht aber über eine viel zu weit gehende Kausalhaftung, die ja bekanntlich auch für den Einsatz menschlicher Hilfskräfte unangemessen ist.

118. Stellvertretungshaftung (»*vicarious liability*«) für autonome Systeme
Wird ein Schaden durch eine autonome Technologie verursacht, die funktional äquivalent zu menschlichen Hilfskräften eingesetzt wird, sollte die Haftung des Betreibers für die Nutzung der Technologie der sonst für solche Hilfskräfte geltenden Regeln der Haftung eines Prinzipals für Hilfskräfte (»*vicarious liability*«) entsprechen.[357]

Unterschied (2) Haftungsumfang: Während die Gefährdungshaftung wie gesagt nur Personen- und Sachschäden erfasst, ersetzt die Prinzipal-Agenten-Haftung auch nichtphysische Schädigungen, etwa die Verletzung von Persönlichkeitsrechten.[358] Hier würden Gefährdungs- oder Produkthaftung nicht weit genug gehen, um ein Fehlverhalten der Algorithmen angemessen zu sanktionieren. Im Common Law ist die Produkthaftung in der Regel auf Körperverletzungen und Sachschäden beschränkt. Für andere Schäden wie die Verletzung der Privatsphäre, rein wirtschaftliche Schäden, die Verweigerung wichtiger Dienstleistungen und Ähnliches wird kein Ersatz geleistet. Auch im deutschen Recht sind nur Personen- und Sachschäden abgedeckt, nicht aber Verletzungen des Persönlichkeitsrechts, des Rechts am Unternehmen, Verstöße gegen die guten

356 Hughes/Williamson (2019), »When AI Systems Cause Harm«, Abs. (C)(1).

357 Expertengruppe zu Haftung und Neuen Technologien (2019), *Report Liability for Artificial Intelligence*, S. 45. Zustimmend Montagnani/Cavallo (2021), »Liability and Digital Technologies«, S. 226 ff.

358 O' Callaghan u. a. (2010), *Personality Rights in European Tort Law*, S. 18 ff., 25 ff.

Sitten und Wettbewerbsverstöße.[359] Während die typischen Risiken der Gefährdungshaftung es rechtfertigen, die Haftung auf Personen- und Sachschäden zu beschränken,[360] sind solche Haftungsbeschränkungen für die andersgearteten Risiken der Softwareagenten nicht akzeptabel.[361] Hier bestehen nicht die einfachen Unfallrisiken gefährlicher Objekte, sondern die komplexeren Risiken fehlerhafter Entscheidungen.

Denn Softwareagenten verursachen in der Regel vor allem nichtphysische Schäden. Körber und König bestätigen die hier geäußerte Kritik an der Gefährdungshaftung und belegen an den Fällen der Persönlichkeitsverletzung, dass eine Gefährdungshaftung empfindliche Haftungslücken offenlässt.[362] Ob das Verhalten von Algorithmen eine Persönlichkeitsverletzung verwirklicht, ist meist nur durch eine komplexe Abwägung widerstreitender Grundrechte zu beantworten.[363] Ähnliche Abwägungsfragen stellen sich, wenn ein KI-basierter persönlicher Assistenz-Bot sensible persönliche Daten (etwa medizinische Befunde, den finanziellen Status oder persönliche Angelegenheiten) an Dritte weitergibt. Andere Beispiele sind verleumderische automatische Suchanfragen, Diskriminierung bei Einstellungsverfahren, Überwachung und Verletzung der Persönlichkeitsrechte von Nutzern und Nichtnutzern oder reine Vermögensschäden infolge der Destabilisierung des Aktienmarktes durch Hochgeschwindigkeits-Handelsalgorithmen.[364] Die Gefährdungshaftung würde all diese Schäden nicht ersetzen.

Unterschied (3) Sanktionsspektrum: Während die Sanktionen der Gefährdungshaftung auf Schadensersatz beschränkt sind, eröffnet die Prinzipal-Agenten-Haftung ein breiteres Spektrum an Sanktionen. Besonders bei Persönlichkeitsrechtsverletzungen sind Unterlassungsansprüche, ein Recht auf Gegendarstellung oder auf

359 So auch Wagner (2019), »Roboter als Haftungssubjekte?«, S. 4; Oster (2018), »Haftung für Persönlichkeitsverletzungen«, S. 49.

360 Eine nützliche Klassifizierung der KI-Risiken bietet Wendehorst (2020), »Strict Liability for AI«, S. 161 ff.

361 Dies betonen auch Rachum-Twaig (2020), »Whose Robot«, S. 1149 f.; Tjong Tijn Lai (2018), »(Semi)autonomous Systems«, S. 75.

362 Körber/König (2020), »Haftungsrecht 4.0«, S. 271 f.

363 Oster (2018), »Haftung für Persönlichkeitsverletzungen«, S. 17.

364 Lior (2021), »AI Accident Network«, S. 1113.

Berichtigung vorzusehen.[365] Eine Gefährdungshaftung für Algorithmenversagen ginge also einerseits zu weit und andererseits nicht weit genug.

Auch für die möglichen Sanktionen erweist sich die Gefährdungshaftung als zu eng, um die Besonderheiten des digitalen Risikos zu erfassen. Sie ist auf bloßen Schadensersatz beschränkt. Für Unfälle, die selbstfahrende Autos, medizinische Roboter und Pflegeroboter verursachen, ist dies durchaus angebracht. Doch wenn eine KI Persönlichkeitsrechte verletzt oder andere nichtphysische Schädigungen verursacht, sind andere Sanktionen erforderlich: Unterlassungsanspruch, Recht auf Gegendarstellung oder Anspruch auf Berichtigung. Zusätzliche Sanktionen können auch auf stärker zukunftsorientiertes Handeln ausgerichtet werden. Eine künftige Digitalhaftung müsste im Einzelnen festlegen, welche Arten von Wiedergutmachungsmaßnahmen angemessen sind.[366]

Diese drei Unterschiede machen deutlich, dass eine digitale Assistenzhaftung der häufig empfohlenen Gefährdungshaftung vorzuziehen ist. Sowohl in ihren tatbestandlichen Voraussetzungen als auch in ihren Rechtsfolgen ist die Gefährdungshaftung als Sanktion für algorithmisches Fehlverhalten ungeeignet. Statt einer kausalen Haftung für die rechtmäßige Nutzung einer gefährlichen Maschine ist eine Haftung des Prinzipals für rechtswidrige Entscheidungen seines Softwareagenten angezeigt.

Es ist bemerkenswert, dass auch der Deutsche Juristentag, im Gegensatz zur überwiegenden Meinung in der Literatur, in seinen Beschlüssen eine Präferenz für die Gehilfenhaftung gegenüber der Gefährdungshaftung ausgedrückt hat. Die Beschlüsse des Juristentags sehen in erster Linie *de lege lata* eine umfassende Gehilfenhaftung für jedes Algorithmenversagen nach dem Vorbild des § 831 BGB vor.

365 Zu KI-Systemen Oster (2018), »Haftung für Persönlichkeitsverletzungen«, S. 16; Lemley/Casey (2019), »Remedies for Robots«, S. 1384 ff.

366 In der Analyse der Interkonnektivität, in Kap. 4, IV.6, gehen wir ausführlicher auf solche potenziellen neuen Sanktionen ein. Diese sind auch für die Prinzipal-Agenten-Haftung relevant, allerdings können sie nur *de lege ferenda* eingeführt werden.

II. Deliktshaftung der Betreiber digitaler autonomer Systeme
9. Die Haftung von Betreibern digitaler autonomer Systeme sollte als Verantwortlichkeit für vermutetes Verschulden nach dem Vorbild der §§ 831 Abs. 1, 836 Abs. 1 BGB ausgestaltet werden. Der Betreiber sollte für Fehlverhalten des Systems aus vermutetem Verschulden unter dem Vorbehalt der Exkulpation haften.
10. Die an §§ 831 Abs. 1, 836 Abs. 1 BGB angelehnte Haftung sollte Betreiber sämtlicher digitaler Systeme adressieren, unabhängig von ihrem Autonomiegrad.[367]

De *lege ferenda* enthalten sie zwar den Vorschlag, daneben eine Gefährdungshaftung für digitale autonome Systeme einzuführen, jedoch nur unter zwei restriktiven Voraussetzungen:

(1) Zulasten der Betreiber (Halter) digitaler autonomer Systeme sollte ein Gefährdungshaftungstatbestand nach dem Vorbild des § 7 StVG eingeführt werden, […] sofern der Betrieb dieser Systeme in ähnlicher Weise wie bei Kraft- und Luftfahrzeugen mit erheblichen Gefahren für Personen und Sachen anderer verbunden ist.
(2) Die einzuführende Gefährdungshaftung der Betreiber digitaler autonomer Systeme sollte ausgestaltet sein […] als sektorspezifische Spezialregelungen, die einzelne digitale Systeme gesondert adressieren und inhaltlich nach dem jeweiligen Autonomie- und Risikograd differenzieren.[368]

Damit reagiert der Juristentag sehr präzise auf die unterschiedlichen Risiken. Für algorithmische Fehlentscheidungen ordnet er eine Handlungshaftung an. Eine etwaige Gefährdungshaftung aber beschränkt er gleich doppelt: zum einen auf eng begrenzte »sektorspezifische« Fälle mit hohem Risiko, zum anderen auf die Situationen, in denen Algorithmen wie bei ähnlich gefährlichen Anlagen (wie Kraft- und Luftfahrzeuge) eingesetzt werden. Insgesamt ist dies eine Priorisierung der Gehilfenhaftung.

Um der Unangemessenheit einer allgemeinen Gefährdungshaftung zu entgehen, wird gelegentlich vorgeschlagen, für algorithmisches Fehlverhalten einfach eine neue Art von Gefährdungshaftung einzuführen, welche sowohl die Rechtswidrigkeit des Verhaltens des Agenten zur notwendigen Voraussetzung macht als auch die

367 Deutscher Juristentag (2023), *Beschlüsse Zivilrecht*, B.II.9. Ebenso Riehm/Meier (2018), »KI im Zivilrecht«, Rn. 30; Hacker (2018), »Verhaltens- und Wissenszurechnung und KI«, S. 265 f.; Kessler (2017), »Intelligente Roboter«, S. 593.

368 Deutscher Juristentag (2023), *Beschlüsse Zivilrecht*, B.III.13 und 15.

Haftung über Sach- und Körperschäden hinausgehen lässt.[369] Ebenso haben die Europäische Kommission und das Europäische Parlament vorgeschlagen, dass eine KI-Gefährdungshaftung auch immaterielle Schäden abdecken soll.[370] Zu Recht kritisieren Körber und König diesen Vorschlag, weil eine Ausweitung auf schwieriger abzugrenzende Rahmenrechte wie das allgemeine Persönlichkeitsrecht und erst recht auf reine Vermögensschäden die Gefahr birgt, dass erstens die Haftung unberechenbar und zweitens eine effiziente Schadensabwicklung insgesamt gefährdet wird. Außerdem werde mit einer solchen Rechtsgüteranknüpfung Neuland betreten, sodass sich das umfangreiche Erfahrungswissen in Bezug auf die etablierten Systeme nur eingeschränkt nutzen ließe.[371] Die Kritik sollte noch grundsätzlicher ansetzen: Den Rechtsgüterschutz der Gefährdungshaftung in dieser Weise auszuweiten, bedeutet im System des Haftungsrechts einen eklatanten Kategorienfehler. Damit überspielt man, dass Prinzipal-Agenten-Haftung und Gefährdungshaftung wie gesagt auf völlig unterschiedlichen Rechtsprinzipien und unterschiedlichen Theoriegrundlagen in Ökonomie und Soziologie beruhen. Entscheidungsrisiko von Akteuren steht gegen Verursachungsrisiko von gefährlichen Gegenständen. Die angebliche »Gefährdungshaftung« müsste sich dann systemwidrig auf ein Entscheidungsrisiko beziehen.[372] Darin liegt der Kategorienfehler. In der Sache wäre sie im Übrigen nichts anderes als die hier vorgeschlagene vollwertige Prinzipal-Agenten-Haftung für Algorithmen, da sie das rechtswidrige Handeln einer Hilfsperson voraussetzt und den Haftungsumfang entsprechend ausweitet. Die irreführende Terminologie verschleiert jedoch (und womöglich ist dies der Zweck der Übung), dass eine solche Haftung für das Autonomierisiko von Algorithmen deren Teilrechtsfähigkeit notwendig voraussetzt.

369 Sommer (2020), *Haftung für autonome Systeme*, S. 466. Auch Hacker (2023), »The European AI Liability Directives«, S. 31, ist sich des Problems bewusst und versucht es dadurch auszuräumen, dass Gefährdungshaftung nur in den Situationen eines »*illegitimate harm*« eintreten soll.

370 Europäisches Parlament (2020), *Entschließung zivilrechtliche Haftung für KI*, Art. 2 (1) Vorgeschlagene Verordnung; Europäische Kommission (2018), *Staff Working Document – Liability*, S. 20; Wendehorst (2020), »Strict Liability for AI«, S. 170.

371 Körber/König (2020), »Haftungsrecht 4.0«, S. 270.

372 Dies räumt auch Sommer (2020), *Haftung für autonome Systeme*, S. 466, selbst

Die hier vorgeschlagene außervertragliche Haftung des Prinzipals für rechtswidrige Handlungen autonomer Algorithmen ist in all jenen ausländischen Rechtsordnungen leicht zu realisieren, die eine effektive deliktische Gehilfenhaftung vorsehen. In Deutschland dagegen ist zwar die Haftung für Verrichtungsgehilfen nach § 831 BGB auf algorithmisches Fehlverhalten prinzipiell anwendbar.

> In dem Maße, in dem technische Systeme rechtssubjektähnliche Autonomie erlangen, kommt eine analoge Anwendung des § 831 BGB auf solche Softwareagenten oder ›digitale Verrichtungsgehilfen‹ in Betracht. Sie lässt sich mit dem Prinzip der Korrespondenz von Autonomie und Haftung begründen.[373]

Allerdings stößt dies auf größere Schwierigkeiten, weil in zahlreichen Fällen algorithmischen Fehlverhaltens der Geschäftsherr letztlich nicht haften muss. Der Grund dafür ist, dass das deutsche Deliktsrecht bekanntlich nicht vollständig dem Grundsatz des *respondeat superior* folgt. Stattdessen setzt § 831 BGB neben der vom Verrichtungsgehilfen begangenen unerlaubten Handlung voraus, dass der Geschäftsherr selbst eine Sorgfaltspflicht verletzt. Angesichts dieses Entlastungsbeweises ist eine Haftungslücke unvermeidlich.[374] Um diese wenigstens zu minimieren, bietet sich für eine angemessene Algorithmenhaftung die restriktive Interpretation der Exkulpationsmöglichkeiten des Betreibers an. Geeignete Ansatzpunkte sind das »Auswahlverschulden« und das »Leitungsverschulden« des Geschäftsherrn. Seine Sorgfaltspflichtverletzung besteht dann darin, dass er statt eines menschlichen Gehilfen einen Algorithmus eingesetzt hat, obwohl begründete Zweifel an dessen Zuverlässigkeit bestehen. Besonders akut wird ein solches Einsatzverschulden des Nutzers im Falle der generativen KI (etwa ChatGPT). Angesichts des inzwischen allgemein bekannten hochproblematischen Wahrheitsgehalts ihres Outputs dürfte der Einsatz

ein, wenn er das »Autonomierisiko« als den eigentlichen Haftungsgrund angibt.

373 Wagner, in: MüKo-BGB (8. Auflage, 2020), § 831, Rn. 24. Ebenso Dötsch (2023), *Haftung für Künstliche Intelligenz*, S. 334 ff.; Mühlböck (2023), *Mensch-Technik-Interaktion*, S. 209; Hacker (2018), »Verhaltens- und Wissenszurechnung und KI«, S. 265 ff.; Deutscher Juristentag (2023), *Beschlüsse Zivilrecht*, B.II.9.

374 Wagner (2020), »Digitale Techniken«, S. 730; Hacker (2018), »Verhaltens- und Wissenszurechnung und KI«, S. 266.

dieser Technologien ohne eine Faktenüberprüfung ein Auswahlverschulden beziehungsweise Leitungsverschulden darstellen, sodass der Betreiber nach § 831 BGB ohne Exkulpationsmöglichkeit haften muss.[375]

Die exzessiv industriefreundliche Politik der Exkulpationsmöglichkeit des § 831 BGB wird fast einhellig heftig kritisiert, aber um sie abzuschaffen, ist ein massiver gesetzgeberischer Eingriff notwendig.[376] Eine wirklich effektive Abhilfe könnte hier *de lege ferenda* – statt einer bisher stets gescheiterten allgemeinen Korrektur des § 831 BGB – eine auf »digitale Assistenzhaftung« beschränkte gesetzgeberische Regelung schaffen.[377] Das wäre eine strikte außervertragliche Haftung für KI-Schädigungen, aber eben nicht als Gefährdungshaftung für den rechtmäßigen Einsatz einer gefährlichen Anlage, sondern als Haftung eines Prinzipals für rechtswidrige Fehlentscheidungen seines algorithmischen Verrichtungsgehilfen. Sie müsste vorsehen, dass der Prinzipal, auch ohne dass er selbst eine Sorgfaltspflicht verletzt hat, für schadensverursachende Handlungen des Algorithmus haftet, allerdings unter der Voraussetzung, dass dessen Handlungen rechtswidrig waren.[378]

Im Prinzip ausräumbar sind die dagegen geäußerten Einwände: Es sei schwierig zu klären, welche Systeme deliktsfähig sind, wann ein System vorsätzlich oder fahrlässig handelt und wann es die erforderliche Kenntnis von den die Sittenwidrigkeit begründenden Umständen hat.[379] Wie schon oben ausführlich diskutiert, wird die Deliktsfähigkeit nur autonomen, nicht aber bloß automatisierten Systemen zugerechnet. Die traditionellen subjektiven Voraussetzungen, Vorsatz oder Fahrlässigkeit ebenso wie die Kenntnis der Sittenwidrigkeit, sind angesichts der Objektivierungstendenzen durch die Sorgfaltspflichtverletzung zu ersetzen.

375 Vgl. dazu die Expertenwarnungen vor ihrer Zuverlässigkeit Coeckelbergh/Gunkel (2023), »ChatGPT«, Abs. 1.; Montemayor (2021), »Language and Intelligence«, S. 471 ff.; Floridi/Chiriatti (2020), »GPT-3«, S. 681 ff.

376 Zur legislativen Reform des § 831 BGB Wagner, in: MüKo-BGB (8. Auflage, 2020), § 831, Rn. 3 ff. m. w. N.

377 Dazu Teubner (2018), »Digitale Rechtssubjekte«, S. 191 ff. Zustimmend Stöhr (2023), »Autonom handelnde Maschinen«, S. 85 f.

378 Ähnlich im Ergebnis, aber unter anderen dogmatischen Voraussetzungen Hanisch (2014), »Haftungskonzepte für Robotik«, S. 46 ff., 54.

379 Körber/König (2020), »Haftungsrecht 4.0«, S. 272.

5. Teilrechtsfähigkeit – Konstellation III

Diese Lösung *de lege ferenda* der digitalen Assistenz (ebenso wie die *de lege lata* der Analogie zu § 831 BGB) setzt in der Tat ein drittes Mal voraus, dass die Algorithmen mit Teilrechtsfähigkeit ausgestattet sind, was wieder das Identifikationsrisiko reduziert. Ähnlich wie im Vertragsrecht der Stellvertreter und der Erfüllungsgehilfe muss im Deliktsrecht der Verrichtungsgehilfe eine rechtlich handlungsfähige Person sein. Im deutschen Recht bestimmt § 827 BGB ausdrücklich, dass die Begehung einer unerlaubten Handlung Deliktsfähigkeit voraussetzt.[380] Auch hier kann die Analogie diese zwingende Voraussetzung nicht überspielen. Denn die Analogiebasis kann wie schon gesagt nicht die Delegation der Handlung an eine Maschine sein, sondern die an eine entscheidungsfähige Entität. Im Gegensatz zum traditionellen Dogma, wonach Algorithmen nicht handlungsfähig sein können, würde diese Analogie für alle drei Konstellationen zu einer in sich konsistenten Lösung führen. Stets ist eine Teilrechtsfähigkeit für Algorithmen im Sinne einer rechtlichen Handlungsfähigkeit in ihren drei Rollen als Stellvertreter, Erfüllungs- oder Verrichtungsgehilfe vorausgesetzt. In der Welt des Common Law und in einigen Rechtsordnungen des Civil Law brauchen nur die Gerichte eine Teilrechtsfähigkeit des elektronischen Agenten – explizit oder implizit – anzuerkennen, um eine Haftung für den digitalen Verrichtungsgehilfen zu ermöglichen. Für das Common Law wurde außerdem als ein Äquivalent für Teilrechtsfähigkeit vorgeschlagen, Algorithmen den Sonderstatus von »*pure legal agency*« ohne »*legal personhood*« zuzuschreiben.[381]

6. Der *reasonable algorithm*

Wenn der Prinzipal für sorgfaltswidrige Handlungen seines digitalen Verrichtungsgehilfen haftet, dann muss für den Algorithmus der Standard der angemessenen Sorgfalt definiert werden.[382] Es ist ein

380 Da § 827 BGB von »Verantwortlichkeit« spricht, bleibt er ohne Weiteres in ein Konzept objektiver Fahrlässigkeit integrierbar, Wagner, in: MüKo-BGB (8. Auflage, 2020), § 827, Rn. 3.

381 Huberman (2021), »Vicarious Liability Autonomous-Machine«, S. 254 ff., 279 ff.; ähnlich Duffourc (2023), »Autonomous AI Physician«, S. 21.

382 Wir hatten schon oben die Inkonsistenz angesprochen, dass dieser Aspekt im

allgemeiner Grundsatz des Deliktsrechts, diesen Standard auf einer objektiven Grundlage zu bestimmen. Das Common Law arbeitet mit dem Standard des *reasonable man*.[383] Im deutschen Recht ist auf objektiver Grundlage der algorithmische Standard einer angemessenen Sorgfalt zu bestimmen. Entweder man unterwirft Algorithmen den für menschliche Akteure geltenden Verhaltensstandards. Oder aber man entwickelt einen eigenständigen Sorgfaltsmaßstab für autonome Algorithmen, der dem Normalverhalten ihrer »Spezies« entspricht. Inwieweit algorithmisches und menschliches Verhalten überhaupt vergleichbar sind, hängt von den technologischen Entwicklungen ab. Computer werden in manchen Situationen über größere Fähigkeiten als Menschen verfügen, in anderen Situationen jedoch im Vergleich zu den Menschen versagen.[384]

Dabei ist zwischen zwei Phasen zu unterscheiden. In der ersten Phase, in der Computer in ihren Entscheidungen weniger zuverlässig sind als Menschen, muss für sie der Sorgfaltsstandard, der an durchschnittliche menschliche Akteure in derselben Situation angelegt wird, gelten. Dieser Maßstab schafft Anreize für eine bessere Programmierung[385] und trägt berechtigten Erwartungen der Geschädigten und der Öffentlichkeit Rechnung.

In der zweiten Phase jedoch ermöglichen es technologische Entwicklungen, dass die Algorithmen in ihren Fähigkeiten die Menschen in bestimmten Situationen regelmäßig übertreffen. Sofern sie aufgrund ihrer überlegenen Informationsverarbeitungskapazität über größere kognitive Fähigkeiten verfügen, sollte an Softwareagenten ein höherer Sorgfaltsmaßstab angelegt werden als an menschliche Akteure.[386] Hier ist die Analogie zur Expertenhaftung nützlich. Wegen ihres Fachwissens legt das Recht an Experten einen

Rahmen der Produkthaftung auftaucht. Wie kann ein Maßstab, an dem das algorithmische Verhalten gemessen werden soll, über den »Fehler« eines Produkts entscheiden? Dazu Wagner (2020), »Digitale Techniken«, S. 728; Borghetti (2019), »How can Artificial Intelligence be Defective?«, S. 69 ff.

383 Seit *Blyth* v *Birmingham Waterworks Co* (1856) 11 Ex Ch 781, 784; ferner vor allem *Hall* v *Brooklands Racing Club* [1933] 1 KB 205: »the man in the street« und »the man on the Clapham omnibus«.

384 Abbott (2018), »Reasonable Computer«, S. 26 f.; Wagner (2020), »Digitale Techniken«, S. 728.

385 Abbott (2018), »Reasonable Computer«, S. 27.

386 Wagner/Luyken (2020), »Robo Advice«, S. 172.

anderen, regelmäßig höheren Maßstab an.[387] Sobald also Algorithmen höhere einschlägige Fähigkeiten als die Menschen besitzen, müssen für sie auch höhere professionelle Standards gelten. Diese von mehreren Autoren vertretene These[388] steht im Einklang mit dem Vorschlag der europäischen Expertengruppe, den sie ausdrücklich für *vicarious liability* macht:

> Der Maßstab für die Bewertung der Leistung autonomer Technologie im Rahmen der Haftung für fremdes Verschulden ist in erster Linie derjenige, der für menschliche Hilfspersonen gilt. Sobald die autonome Technik so weit entwickelt ist, dass sie die Leistungen menschlicher Hilfskräfte übertrifft, soll die Leistungen vergleichbarer verfügbarer Technik als Maßstab gelten, die der Betreiber unter Berücksichtigung seiner Sorgfaltspflichten zumutbar einsetzen kann.[389]

Welche Kriterien sollte man für die höheren Anforderungen an einen *reasonable algorithm* wählen? Nach Lemley und Casey sind Roboter keine geeigneten Adressaten für Normen, die auf einem moralischen Schuldvorwurf basieren, wohl aber sind sie geeignete Adressaten für Normen, die den sicheren Umgang mit Daten betreffen. Dementsprechend plädieren sie dafür, die Haftung davon abhängig zu machen, wie sicher der Roboter verglichen mit anderen Robotern im Datenumgang ist – ein *»robotic reasonableness test«*.[390] Dies würde einen *»safe harbour«* für überdurchschnittliche Algorithmen schaffen. Allerdings kann der Standard des *reasonable algorithm* nicht auf den im jeweiligen Markt am besten funktionierenden Algorithmus bezogen werden; vielmehr muss er immer

387 Für das deutsche Recht Grundmann, in: MüKo-BGB (9. Auflage, 2022), § 276, Rn. 59. Im englischen Common Law spricht *Bolam* v *Friern Hospital* [1957] 1 WLR 582, 586, vom Standard des gewöhnlichen Experten, der diese besondere Fähigkeit ausübt und behauptet, sie zu besitzen.

388 So Wagner (2017), »Produkthaftung für autonome Systeme«, S. 733 ff. Ebenso Chagal-Feferkorn (2021), »How Can I Tell If My Algorithm Was Reasonable?«, S. 248 ff.; Janal (2020), »Autonomous Systems«, S. 192; Lemley/Casey (2019), »Remedies for Robots«, S. 1383 f.; Abbott (2018), »Reasonable Computer«, S. 41 ff.; Chagal-Feferkorn (2018), »Reasonable Algorithm«, S. 127, 142.

389 Expertengruppe zu Haftung und Neuen Technologien (2019), *Report Liability for Artificial Intelligence*, S. 46. So auch Montagnani/Cavallo (2021), »Liability and Digital Technologies«, S. 227; Koch u. a. (2022), »Response of the European Law Institute«, S. 61.

390 Lemley/Casey (2019), »Remedies for Robots«, S. 1383 f.

innerhalb der Bandbreite der vorhandenen Algorithmen liegen. Andernfalls wird ein erheblicher Wettbewerbsvorteil für das Unternehmen geschaffen, das den Algorithmus mit dem hohen Standard zuerst auf den Markt gebracht hat, was letztlich den Wettbewerb untergräbt.[391]

Sobald man den Sorgfaltsstandard auf technologische Entwicklungen einstellt, in deren Folge elektronische Agenten die Menschen übertreffen, wird man also für beide unterschiedliche Standards anlegen. Doch mit der Zeit wird gerade diese Unterscheidung problematisch. Denn ein höherer Sorgfaltsmaßstab bietet für Nutzer der Algorithmen einen Anreiz, Aufgaben eher an Menschen und weniger an Algorithmen zu delegieren, da sie dann ein geringeres Haftungsrisiko tragen. Der Einsatz von Technologie würde eher entmutigt als gefördert. Daher schlagen einige Autoren zu Recht vor, dass ein autonomer Standard für den *reasonable standard* auch die Sorgfaltsanforderungen für die handelnden Menschen beeinflussen sollte.[392] Je häufiger also bestimmte Aufgaben an elektronische Assistenten mit höheren Fähigkeiten delegiert werden, desto mehr muss man an menschliche Assistenten im gleichen Aufgabenbereich den höheren Sorgfaltsmaßstab anlegen. Dann wird es sogar zu einer Sorgfaltspflichtverletzung, wenn man in bestimmten Situationen keinen Algorithmus einsetzt.

7. Haftende Akteure

Wenn die Prinzipal-Agenten-Haftung auf algorithmisches Fehlverhalten anwendbar ist, sei es *de lege ferenda* über die »digitale Assistenzhaftung«, sei es *de lege lata* über die Analogie zu § 831 BGB, bleibt eine letzte Frage: Wer ist der Prinzipal, der haften muss? Offensichtlich der Nutzer des Algorithmus. Manche Autoren erklären jedoch auch den Hersteller zum Prinzipal des Algorithmus und machen ihn für dessen Fehlverhalten haftbar.[393] Im Gegensatz dazu ist unser Vorschlag streng an den Prinzipien der Prinzipal-Agenten-Haftung orientiert. Wir behandeln ausschließlich den Nutzer

391 Wagner (2017), »Produkthaftung für autonome Systeme«, S. 737; Geistfeld (2017), »Roadmap for Autonomous Vehicles«, S. 1680.

392 Abbott (2018), »Reasonable Computer«, S. 5 f.; Tjong Tijn Lai (2018), »(Semi)-autonomous Systems«, S. 72.

393 Z. B. Glavaničová/Pascucci (2022), »Vicarious Liability«, S. 34 ff.

als haftenden Prinzipal, weil er dafür verantwortlich ist, in einer bestimmten Situation den Algorithmus eingesetzt zu haben. Einige Autoren sehen hier jedoch im Vergleich zur Produkthaftung, die stets den Hersteller verantwortlich macht, eine erhebliche Schwäche der Prinzipal-Agenten-Haftung. Rechtspolitisch solle der Hersteller der Haftungsadressat sein, da er am ehesten die Kontrolle über die digitalen Risiken hat.[394] Deshalb solle nicht der Nutzer, sondern der Hersteller der digitalen Haftung ausgesetzt sein. Zudem verfüge der Hersteller in der Regel über erhebliche finanzielle Mittel und organisatorische Kapazitäten. Er solle eine Versicherung abschließen und die Versicherungskosten tragen.

Gegenüber den Rechtsprinzipien der Prinzipal-Agenten-Beziehung sind dies jedoch keine überzeugenden Argumente. Sie tragen den Unterschieden der speziellen Risiken, auf welche die Prinzipal-Agenten-Haftung einerseits und die Produkthaftung andererseits reagieren, nicht ausreichend Rechnung. Beide Haftungsregime sollten streng auf die ihnen eigentümlichen Risiken ausgerichtet werden. Die Prinzipal-Agenten-Haftung kompensiert die Risiken der Arbeitsteilung zwischen Prinzipal und Agent. Dagegen kompensiert die Produkthaftung die Risiken des Herstellungsprozesses und der Produktkontrolle.[395] Bei der Produktion liegt die Kontrolle des algorithmischen Verhaltens in den Händen des Herstellers, bei der Arbeitsteilung zwischen Prinzipal und Agenten aber liegt sie in den Händen des Nutzers, weil er konkret über den Computereinsatz entscheidet.[396] Der Nutzer wählt den Computer als Hilfsmittel zur Erreichung seiner Ziele aus. Der Nutzer besitzt die Informationen über die konkreten Umstände der Nutzung, daher muss er prüfen, ob sie den Einsatz eines Algorithmus rechtfertigen. Das wird besonders relevant beim Einsatz generativer KI-Systeme, bei denen der Wahrheitsgehalt ihres Outputs bekannterweise problematisch ist.[397] Insofern der Nutzer über den Computereinsatz entscheidet, setzt er Dritte den erheblichen Risiken digitaler Autonomie aus.

394 Dies ist das Hauptargument von Wagner (2020), »Digitale Techniken«, S. 738, mit dem er sich über zahlreiche Bedenken hinwegsetzt.

395 Salminen (2019), »Product Liability to Production Liability«, S. 422 ff.

396 Diese unterschiedliche Behandlung algorithmische Risiken in Bezug auf Produktion und Nutzung betont Linardatos (2021), *Autonome und vernetzte Aktanten*, S. 215 ff.

397 Heiss (2023), »Liability ChatGPT«, S. 21.

Außerdem profitiert der Nutzer vom Einsatz der digitalen Assistenz. Auch wenn seine Entscheidung für den Einsatz an sich, wie bereits erwähnt, keineswegs ein eigenes fahrlässiges Verhalten darstellt, sind dies doch ausreichende Gründe, um im anders gelagerten Kontext der Prinzipal-Agenten-Haftung allein den Nutzer als verantwortlichen Prinzipal zu qualifizieren. Der bloße Einsatz eines Algorithmus ist keine eigene Sorgfaltspflichtverletzung des Prinzipals, aber es ist durchaus gerechtfertigt, ihn für deliktisches Verhalten des algorithmischen Agenten, den er eingesetzt hat und der unter seiner Kontrolle steht, einstehen zu lassen.[398] Deshalb trifft die Prinzipal-Agenten-Haftung richtigerweise nur den Nutzer. Und deshalb steht eine zusätzliche Haftung des Backend-Betreibers, etwa für Software-Updates und Backend-Support, wie es die Expertengruppe vorschlägt,[399] im Widerspruch zu den Grundsätzen der Prinzipal-Agenten-Haftung. Dies bedeutet selbstverständlich nicht, dass Programmierer, Hersteller, Vertreiber oder Backend-Betreiber von jeglicher Haftung befreit sind. Nach den Grundsätzen des allgemeinen Deliktsrechts und der Produkthaftung bleiben sie haftbar, allerdings nur, sofern sie ihre eigenen Sorgfaltspflichten verletzen. Für das Versagen eines algorithmischen Assistenten hingegen haftet allein der Nutzer, und zwar in gleichem Maße wie für das Versagen eines menschlichen Assistenten.

398 Wagner (2003), »Grundstrukturen des Europäischen Deliktsrechts«, S. 274.

399 Expertengruppe zu Haftung und Neuen Technologien (2019), *Report Liability for Artificial Intelligence*, S. 39 ff.

Kapitel 3 – Hybride: Verbundrisiko

Als Reaktion auf das Autonomierisiko haben wir vorgeschlagen, Algorithmen Teilrechtsfähigkeit zuzusprechen. Der Einsatz von individualisierbaren Algorithmen im Rahmen der digitalen Assistenz erlaubt es dem Recht, Algorithmen innerhalb eines Prinzipal-Agenten-Verhältnisses als Stellvertreter zu behandeln sowie als rechtlich handlungsfähige Gehilfen in der vertraglichen und deliktischen Haftung. Dieser Vorschlag bewegt sich im Rahmen von dogmatisch abgesicherten Lösungen. Stellvertretung und Prinzipal-Agenten-Haftung bilden eine solide Basis für die Frage, wie die für die Offline-Welt entwickelten Regeln für die Besonderheiten der digitalen Assistenz modifiziert werden müssen. Möglichen negativen Folgen einer vollen Rechtsfähigkeit der E-Person beugt diese Lösung dadurch vor, dass sie Algorithmen bloß Teilrechtsfähigkeit zuspricht.

Doch birgt die Lösung zugleich die Gefahr, dass sie voreilig auf weitere Mensch-Maschine-Verhältnisse angewandt wird, selbst wenn sie für deren Besonderheiten nicht passt. Chinen warnt zu Recht davor, dass

> das Rechtssystem so weit wie möglich versucht, die Handlungen autonomer Maschinen und ihre Folgen als Handlungen menschlicher Individuen oder Gruppen auszugeben. Dies trifft zu für Individualhaftung, Produkthaftung, Stellvertretung, gemeinsam begangene Straftaten, Beihilfe, Verschwörung und Haftung für militärische Befehle.[1]

Die Individualzurechnung scheitert aber immer dann, wenn die Mensch-Algorithmus-Assoziation selbst als Handlungseinheit auftritt. Wenn menschliche und maschinelle Handlungen sehr eng miteinander verwoben sind, dann werden Menschen und Algorithmen zu einer symbiotischen Einheit und entwickeln sich zu einem Kollektiv, das mehr ist als die Summe seiner Teile.[2] Eine Individualzurechnung ist dann deswegen ausgeschlossen, weil es »keine lineare Verbindung zwischen den emergenten Strukturen, Kulturen oder Verhaltensweisen, die Kollektive ausmachen, und

1 Chinen (2016), »Co-Evolution of Machines and Responsibility«, S. 342.

2 Turner (2018), *Robot Rules*, S. 167.

den komplexen Interaktionen der Individuen, aus denen sie hervorgehen« gibt.[3] In solchen Fällen wird die nicht mehr passende digitale Assistenz durch eine andere sozio-digitale Institution ersetzt: die Mensch-Maschine-Assoziation. Auf sie sind die Regeln zur Stellvertretung und zur Prinzipal-Agenten-Haftung nicht mehr anwendbar, weil sich in der kollektiven Entscheidung die individuellen Beiträge des Menschen oder des Algorithmus nicht mehr identifizieren lassen.[4]

Sollten solche Mensch-Algorithmus-Assoziationen den Prinzipien der Kollektivverantwortung unterstellt werden? In diesem Kapitel schlagen wir dies in der Tat vor. Konkret entwickeln wir den Vorschlag, die Mensch-Maschine-Assoziation als quasi-organisatorisches Hybrid zu qualifizieren und, entsprechend, das Kollektiv als Verantwortungssubjekt zu behandeln. Für die juristische Haftung klassifizieren wir die Hybride als Netzwerke und schlagen vor, sie den entsprechenden Regeln zur Netzwerkhaftung zu unterstellen.

I. Sozio-digitale Institution: Mensch-Algorithmus-Assoziation

1. *Collective moral autonomy*

In welchen Konstellationen begegnen uns solche Mensch-Maschine-Assoziationen? Ein besonders markanter Fall ist der »Computerjournalismus«: In neuen Formen des *newswork* verdichten sich regelmäßig menschliche Handlungen und Maschinenoperationen.

3 Chinen (2019), *Law and Autonomous Machines*, S. 101; Schuppli (2014), »Deadly Algorithms«, S. 4 ff.

4 Zur Klarstellung sei gesagt: Wenn Algorithmen innerhalb von Organisationen eingesetzt werden, kommt es darauf an, ob sich ihre Handlungsanteile identifizieren lassen oder nicht. Wenn ja, dann gelten die Regeln der in Kap. 2, IV entwickelten Individualhaftung. Die Algorithmen treten als Stellvertreter nach §§ 164 ff. BGB auf und verpflichten die Organisation unmittelbar. Für ihre Fehlleistungen bei der Vertragserfüllung haftet die Organisation ohne Weiteres nach den Grundsätzen der Gehilfenhaftung nach § 278 oder § 831 BGB. Auch eine Haftung nach § 31 BGB ist zu erwägen, sofern die Algorithmen dessen Voraussetzungen erfüllen. Dann stellen sich also die Fragen einer Kollektivhaftung des Hybriden nicht. Nur dann, wenn sich die Handlungsanteile nicht identifizieren lassen, wird die Haftung des Hybriden akut.

Oft sind die maschinellen Beiträge der Algorithmen und die kognitiven Beiträge der Journalisten so eng miteinander verwoben, dass es praktisch unmöglich wird, die individuelle Verantwortung zu bestimmen:

Algorithmen machen bei der kognitiven Arbeit mit regelbasierten und wissensbasierten Aufgaben Fortschritte, was neue Möglichkeiten zur Erweiterung des Umfangs und der Qualität von Recherchen schafft. Einige dieser Technologien [...] werden mit menschlichen Kernaufgaben symbiotisch zusammenarbeiten und beispielsweise das Auffinden von Unternehmen und die Interpretation eines Beziehungsgeflechts zwischen Banken, Anwälten, Briefkastenfirmen und Zertifikatsinhabern erleichtern [...]. Die Herausforderung besteht darin, herauszufinden, wie Algorithmen und Automatisierung mit menschlichen Fähigkeiten verwoben werden können. Wie sollten Mensch und Algorithmus zusammengebracht werden, um den Umfang, die Reichweite und die Qualität der journalistischen Nachrichtenproduktion zu erweitern?[5]

Ähnlich entstehen im Einsatz der neuartigen generativen KI nicht nur Konstellationen digitaler Assistenz, in denen der Textgenerator als Agent eines Prinzipals (Mensch oder Organisation) eingesetzt wird, sondern es tauchen in Situationen iterativer Kooperation auch hybride Konstellationen auf:

Im Fall von ChatGPT [...] handelt es sich um einen Prozess, bei dem rechnerische Elemente und menschliche Elemente (der menschliche Nutzer, aber auch der Entwickler und das Unternehmen) an der Erstellung des Textes beteiligt sind. Anstatt es als »Illusion« von Text (oder als »Halluzination«) zu bezeichnen, handelt es sich einfach um Text, genauer gesagt um Text, der in und durch einen Prozess und eine Leistung produziert wird, die menschliche und nichtmenschliche Elemente enthält. Es handelt sich um eine hybride menschliche/nichtmenschliche Leistung [...] [in einer] Beziehung zwischen Mensch, Technologie und Sprache, in der keiner von beiden die volle Kontrolle hat, sondern die aufeinander bezogen und voneinander abhängig sind, was die Produktion von Sinn und die Konstruktion von Autorschaft betrifft, die immer eine Ko-Autorenschaft ist.[6]

In anderen Konstellationen einer engen Interaktion zwischen Mensch und Algorithmus werden Algorithmen in Organisations-

5 Diakopoulos (2019), *Automating the News*, S. 13 ff., 204 ff. Zu einem konkreten Fall von Haftung im Computerjournalismus Kap. 5, IV.2.

6 Coeckelbergh/Gunkel (2023), »ChatGPT«, Abs. 1.; Gutiérrez (2023), »ChatGPT and the New Power Relationships«, Abs. 5.

entscheidungen einbezogen.[7] Im Unterschied zu individuellen Entscheidungen von Menschen oder Algorithmen entwickeln die Entscheidungen von Mensch-Maschine-Hybriden ihre Vorteile im Bereich der Entscheidungsfindung von Managern bei der Bewertung von Projekten in datenreichen Kontexten, wie zum Beispiel bei der Einstellung von Mitarbeitern, bei Investitionen in Projekte, bei der Auswahl von Zulieferern und strategischen Partnern, bei der Übernahme von Unternehmen oder bei der Einführung neuer Produkte.[8] In der Tat gibt es bereits Fälle, in denen Algorithmen in Unternehmen als Vorstandsmitglied[9] oder Geschäftsführer[10] oder als digitale Organisationen innerhalb einer Konzernstruktur auftreten.[11] Am weitesten vorangeschritten ist die Integration von Algorithmen in den sogenannten DAOs, den dezentralen autonomen Organisationen.[12] Hier übernehmen in Investorengemeinschaften Algorithmen bereits Aufgaben der Organisation, Verwaltung und Entscheidungsfindung. In all diesen Konstellationen assistieren Algorithmen nicht einfach im Entscheidungsprozess, sondern werden selbst zu Entscheidungsträgern innerhalb einer kollektiven Entscheidungseinheit.

Auch im Gesundheitswesen ist beim Einsatz von Medizinrobotern für Chirurgie und Diagnostik algorithmisches und menschliches Handeln eng verwoben. Wenn sensorgesteuerte Roboter auf menschliche Impulse reagieren und diese verstärken, aber auch wenn menschlich-algorithmische Diagnoseentscheidungen gefällt werden, dann ist die Zusammenarbeit von Ärzten und Medizinrobotern so dicht, dass es fast unmöglich ist, zwischen ihren menschlichen und algorithmischen Komponenten zu unterscheiden.[13]

Mensch-Maschine-Kollektive erscheinen in drei Formen: (1) Zusammenwirken von menschlichen und maschinellen Impulsen zu

7 Shidaro/Christanikis (2017), »Locally Noisy Autonomous Agents«, S. 370 ff.

8 Choudhary u. a. (2023), »Human-AI Ensembles: When Can They Work?«, S. 10.

9 Beispielsfälle bei Mosco (2020), »AI and the Board«, S. 88 f.

10 Eine detaillierte Analyse von Robo-Direktoren und den Auswirkungen auf das Gesellschaftsrecht bietet Möslein (2017), »Robots in the Boardroom«.

11 Armour/Eidenmüller (2019), »Self-Driving Corporations?«, S. 106 ff.

12 Schwemmer (2021), »DAOs«, S. 580 ff.; Jentzsch (2016), »DAO to Automate Governance«.

13 Mehta (2024), »The Role of Artificial Intelligence in Healthcare and Medical Negligence«, S. 138.

einem Handlungskomplex, (2) Integration von Algorithmen in institutionalisierte menschliche kollektive Entscheidungsprozesse und (3) Verschmelzung von Mensch-Maschine-Interaktionen zu einem Prozess, bei dem menschliche und algorithmische Beiträge nicht mehr unterscheidbar sind. Für Letzteres kann neben dem oben genannten hybriden Journalismus auch auf neuere Rechtsberatungs- oder Übersetzungsdienste verwiesen werden. Zunehmend greifen Anwaltsfirmen auf Maschinen zurück, um Akten zu analysieren oder Fallrecherche zu betreiben. Das Ergebnis sind maschinenbasierte Dokumente, beispielsweise Klageschriften, die aber meistens nicht direkt genutzt, sondern intern von menschlichen Anwälten überprüft und verbessert werden. Ganz ähnlich wird mittlerweile regelmäßig Übersetzungssoftware genutzt. Maschinell angefertigte Übersetzungen von Texten werden noch einmal von Menschen redigiert, um den Sprachstil und den Inhalt der Übersetzung zu verbessern. Ähnliche, aber spontane hybride Kollektivphänomene treten auf Finanzmärkten auf, wenn Algorithmen und menschliche Händler interagieren oder wenn am Straßenverkehr maschinengesteuerte Fahrzeuge teilnehmen.[14]

Selbst gelungene Interaktionsprozesse können im Rahmen hybrider Akteurskonstellationen auf Grund von deren technisch/systemischer Basierung im Systemverhalten selbst Folgen zeitigen (z. B. in Abhängigkeit der Nutzungsfrequenz, der Nutzungsdichte, der Nutzungsdauer und der Nutzungsqualität), die zu von Nutzer- und Entwicklerseite nicht vorhersehbaren Effekten im Systemverhalten führen, die dann als »ermergent« charakterisierbar werden und sich damit einer Disposition im Sinne von Autonomie (1) grundsätzlich entziehen. Zugleich sind sie aber Ergebnisse gemeinsamen Agierens in der hybriden Akteurskonstellation.[15]

Die Moralphilosophie diskutiert hier die sogenannte *collective moral autonomy thesis*: Es gibt Situationen, in denen der Kollektivakteur moralisch für eine Handlung verantwortlich ist, auch wenn seine einzelnen Mitglieder es nicht sind.[16] Der Kollektivakteur verfügt

14 Rahwan u. a. (2019), »Machine Behaviour«, S. 483.

15 Gransche u. a. (2014), *Mensch-Technik-Interaktionen*, S. 62. Zu einer genauen Analyse der emergenten Eigenschaften in Mensch-Maschine-Beziehungen Weyer/Fink (2011), »Interaktion von Mensch und autonomer Technik«, S. 41 ff.

16 Copp (2007), »Collective Moral Autonomy Thesis«, S. 369 ff. Zu einer solchen emergenten Kollektivverantwortung in der digitalen Sphäre Esayas (2023), »The

– jenseits der Absichten und Handlungen der Mitglieder – über eigene Intentionen, eigene Handlungsfähigkeit und eigenes Wissen über die Konsequenzen seiner Handlungen. Dies begründet dann auch kollektive Verantwortung.[17]

In analoger Weise entwickelt auch die Mensch-Algorithmus-Assoziation eine eigene Innenperspektive. Diese lässt sich nicht auf das Verhalten ihrer Mitglieder reduzieren.[18] Daher sprechen sich mittlerweile zahlreiche Autoren für eine kollektive Verantwortlichkeit der Hybride aus. Hanson entwickelt für Mensch-Algorithmus-Assoziationen das Konzept der *extended agency*, das Verursachung und Verantwortung besser erklärt, als es die individuelle Zurechnung auf Mensch oder Algorithmus vermag. Die Verantwortung liegt dann nach Hanson bei der *extended agency* als Ganzem und sollte nicht auf den einen oder den anderen Teil davon begrenzt werden. So entstehe eine gemeinsame moralische Verantwortlichkeit von menschlichen Akteuren und technischen Artefakten.[19] Systeme der künstlichen Intelligenz, so argumentiert Heinrichs, »bilden in enger Zusammenarbeit mit ihren menschlichen Nutzern gemischte Agenten, also Systeme, deren Handlungen nicht ohne weiteres auf den menschlichen Nutzer oder die Programmierung der KI zurückgeführt werden können, sondern sich aus ihrer laufenden Interaktion ergeben«.[20] Ähnlich beschreiben Loh und Loh für die digitale Ethik die Zusammenarbeit zwischen Mensch und Algorithmus als ein hybrides System, das aufgrund gemeinsamer Zweckverfolgung auch selbst verantwortlich wird.[21] Der Moralphilosoph Neuhäuser plädiert für eine kollektive moralische Verantwortung von Mensch-Maschine-Verbünden, die er als »Verantwortungsnetzwerke« versteht.[22] Basierend auf anderen Voraussetzungen kommt auch die Attributionstheorie zu den gleichen Schlussfolgerungen.

Important Role of Emergence in Conceptualizing the Challenges of New Technologies to Private Law«, S. 779.

17 Ortmann (2021), »Organisierte Moral«, S. 75 ff.; Pettit (2007), »Responsibility Incorporated«, S. 171 ff.; Corlett (2002), »Collective Moral Responsibility«, S. 575.

18 Rahwan u. a. (2019), »Machine Behaviour«, S. 482 f.

19 Hanson (2009), »Moral Responsibility of Extended Agencies«, S. 94 ff. Zur angemessenen Verteilung der Verantwortung zwischen Menschen und Maschinen in komplexen Interaktionen Yeung (2019), *Responsibility and AI*, S. 64 ff.

20 Heinrichs (2020), »AI in Extended Minds«, S. 171.

21 Loh/Loh (2017), »Autonomy and Responsibility in Hybrid Systems«.

22 Neuhäuser (2015), »Some Sceptical Remarks Robot Responsibility«, S. 143 f.

In Dennetts Beobachterperspektive des *intentional stance* können den Hybriden als »einer Kombination aus menschlichen, elektronischen und organisatorischen Komponenten« Intentionen, Handlungen und Verantwortlichkeiten zugerechnet werden.[23]

2. Emergenz von Hybridität

Soziologische Analysen verdeutlichen, auf welchen sozialen Konstellationen eine kollektive Verantwortung für verdichtete Interaktionen zwischen Mensch und Algorithmus beruht. Dafür können wieder zwei wichtige Theoriestränge herangezogen werden: Latours Akteur-Netzwerk-Theorie und Luhmanns Systemtheorie. Die Akteur-Netzwerk-Theorie formuliert die Bedingungen, unter denen dichte Mensch-Maschine-Interaktionen hybride Verbände bilden. Mit Hilfe der Systemtheorie lässt sich dann der Umschlagpunkt präzisieren, an dem ein neues Sozialsystem mit kollektiver Handlungsfähigkeit und Verantwortlichkeit emergiert.

Latours Akteur-Netzwerk-Theorie begegnet uns hier nun zum zweiten Mal. Im zweiten Kapitel (unter I.2) haben wir uns bereits auf Latours Konzept des »Aktanten« bezogen, das es erlaubt, isoliert agierende Algorithmen zu personifizieren und, darauf aufbauend, die Verantwortung und Haftung des Nutzers zu begründen. In diesem Kapitel wird nun Latours Konzept des »Hybriden« relevant.[24] In manchen Situationen entsteht aus der Interaktion von Aktanten und Menschen ein »Hybrid«, ein kollektiver Akteur. Damit entwirft Latour einen Handlungsbegriff, der auch nichtmenschliche Operationen einschließen kann. Die Handlung ist dabei auf verschiedene Entitäten innerhalb einer Assemblage verteilt.

Latour begründet, warum für den Handlungsradius digitaler Akteure die Bildung solcher Hybride von wesentlicher Bedeutung ist. Es gibt viele Situationen, in denen Handlungskapazitäten erforderlich sind, die Algorithmen nicht zur Verfügung stehen. Den Algorithmen fehlen die kommunikativen Fähigkeiten für eine Vielzahl von Kontexten. Latour drückt die Erweiterung des Handlungsradius mit einer Metapher aus: »Aktanten« müssen nicht nur über eine Sprache und einen widerstandsfähigen Körper verfügen, sondern auch über die Fähigkeit, »Assoziationen« zu bilden. Da-

23 So Sartor (2009), »Cognitive Automata and the Law«, S. 264.

24 Latour (2001), *Parlament der Dinge*, S. 103.

mit auch Nichtmenschen unter diesen Umständen handlungsfähig werden können, bilden sie hybride Assoziationen mit Menschen. Die »Aktanten« werden zu vollwertigen Mitgliedern in diesen »Hybriden«. Wie in jeder Assoziation findet auch hier ein Pooling von Ressourcen statt, in dem die beunruhigende »Widerspenstigkeit« der Aktanten mit den kommunikativen Fähigkeiten von Menschen gebündelt wird. So kompensiert die verteilte Intelligenz sozialer Systeme die psycho-systemischen Kompetenzdefizite von Nichtmenschen. Die Kombination menschlicher und nichtmenschlicher kommunikativer Eigenschaften innerhalb der Hybride ermöglicht es den Algorithmen damit, an politischen Verhandlungen, wirtschaftlichen Transaktionen und rechtlichen Vertragsabschlüssen teilzunehmen.[25]

Storms ebenso wie Neyland und Möllers haben ausgefeilte Vorschläge vorgelegt, wie sich die Akteur-Netzwerk-Theorie auf algorithmische Hybride anwenden lässt. Sie nutzen hier insbesondere Callons Konzept des *agencement* und argumentieren, dass die Handlungsfähigkeit von Hybriden durch die Anordnung heterogener Elemente in einem Netzwerk »soziotechnischer Assemblagen« entsteht, in dem menschliche und nichtmenschliche Handlungen ineinandergreifen.[26] Dieses Ineinandergreifen verwandelt die individualistische Prinzipal-Agenten-Beziehung zwischen Menschen und Algorithmen in einen hybriden kollektiven Akteur mit eigenen Berechtigungen und Verpflichtungen. Hayles schlägt vor, solche soziotechnischen Konstellationen als »*human-technical cognitive assemblages*« zu erfassen, als »komplexe human-technische Gebilde, bei denen Kognitionen und Entscheidungskompetenzen über das gesamte System verteilt sind«.[27] Sehr ähnlich hatte bereits die frühe Organisationstheorie diskutiert, wie das Verhalten von technischen Systemen das Verhalten von Nutzern, Planern und Betreibern prägt und verändert. Selbst die passivsten digitalen Systeme werden Teil von sozialen Organisationen, die sie nutzen. Die menschlichen

25 Allgemein zu Hybriden Lorentzen (2002), »Luhmann Goes Latour«, S. 110. Zur Personifizierung von digitalen Hybriden Gellers (2021), *Rights for Robots*, S. 118 ff., 154 ff.

26 Storms (2019), »Exploring Actor-Network Theory and AI«, S. 1 ff.; Neyland/Möllers (2017), »Algorithmic IF ... THEN Rules«, S. 45 ff.; allgemein Callon (2007), »Economics Is Performative?«, S. 311 ff.

27 Hayles (2017), *Unthought*, S. 3, 5.

Nutzer und die technischen Prozesse interagieren dabei derart eng, dass sie zu technologisch-organisatorisch-menschlichen Akteur-Netzwerken werden.[28] All dies hat, nach Latour formuliert, Konsequenzen für die Beschreibung der Verantwortlichkeit von solchen Hybriden.[29]

Die Systemtheorie präzisiert, dass es sich bei den Hybriden um das zweite der im ersten Kapitel (unter III.3) angesprochenen Emergenzphänomene handelt. Emergent ist hier nicht die Akteursqualität von Algorithmen in digitaler Assistenz, die wir im zweiten Kapitel (unter I.3.) diskutiert haben,[30] sondern die Akteursqualität von Mensch-Algorithmus-Assoziationen.[31] Nicht nur entstehen in diesem Fall neuartige Eigenschaften auf einer höheren Ordnungsebene, die auf Eigenschaften einer niedrigeren Ordnungsebene aufbauen und zugleich über die Summe dieser niederen Eigenschaften hinausgehen. Vielmehr wirkt auch hier eine Emergenz »von oben« im Sinne der Systemtheorie.[32] Es entsteht ein gänzlich neues Sozialsystem. Im Rückgriff auf bestehende Sinnmaterialien werden neuartige Elementaroperationen produziert, die in operativ geschlossener Weise ihrerseits das neue System konstituieren. In unserem Kontext entsteht aus verdichteten Interaktionen die Mensch-Algorithmus-Assoziation als ein andersartiges Sozialsystem. Dessen Elementaroperationen sind nicht mehr einfache Kommunikationen, sondern »kollektiv verbindliche Entscheidungen«. Da Entscheidungen auch in einfachen Interaktionen und in den großen Funktionssystemen wie Wirtschaft und Politik gefällt werden, können in unserem Kontext als Elementarereignisse nur solche Entscheidungen gelten, die »kollektiv verbindlich« sind, weil erst die Bindung

28 Monteiro (2001), »Actor-Network Theory and Information Infrastructure«, S. 72, 75 ff.; Ciborra/Hanseth (1998), »From Tool to Gestell: Agendas for Managing the Information Infrastructure«, S. 316.

29 Insbesondere Latour (1994), »Technical Mediation«, S. 34.

30 Allgemein zur Emergenz sozio-digitaler Systeme und ihrer Institutionen Kap. 1, III.3, zur Emergenz der digitalen Assistenz Kap. 2, I.3, zur Emergenz der sozialen Beziehung zur Vernetzung Kap. 4, I.

31 Hartig-Perschke (2009), *Ausschluss und Emergenz*, S. 44: Mensch-Maschine-Assoziationen sind emergente Sozialsysteme, weil ihre Existenz mehr als die Summe der einzelnen menschlichen oder algorithmischen Mitglieder, Interessen und Ziele ist.

32 Luhmann (1984), *Soziale Systeme*, S. 43 f.; dazu im Detail Lohse (2011), »Emergenz des Sozialen bei Luhmann«, S. 194 ff.

anderer Kommunikationen innerhalb der Grenzen der Mitgliedschaft das Proprium einer Assoziation ausmacht.[33] Mit dieser die Organisation überhaupt erst konstituierenden Entscheidungsbindung ist »eine besondere Art von Relevanz jeder Entscheidung für andere gemeint – und dies im Doppelsinne von Bindungswirkung und Verantwortlichkeit«.[34]

Für Zwischenstufen in diesem Emergenzverhältnis von digitaler Interaktion zu digitaler Assoziation besteht kein Raum, auch nicht für »digitale Gruppen«. Denn eine Gruppe ist nicht als eigenständiges Sozialsystem zu verstehen, sondern als ein bloßer »Modus von Interaktion und Interaktionshäufung«.[35] Aber gibt es nicht durchaus die Beteiligung von autonomen Algorithmen in lockeren Gemeinschaften, Familien, sozialen Bewegungen oder Netzwerken? In der Tat kennen all diese Mitgliedschaften und in allen finden sich Entscheidungen und sogar Entscheidungsverkettungen, in die auch Algorithmen involviert sein können. Aber den Entscheidungen fehlt das entscheidende »konstitutionelle Moment« – ihre kollektive Bindung. Erst wenn Vorkehrungen dafür getroffen sind, dass bestimmte Entscheidungen das ganze System – und das heißt künftige Entscheidungen, aber auch die gesamten Strukturen (Mitgliederrollen, Normen, Entscheidungsprämissen) – binden, dann »transsubstanzialisiert« sich das digitale Interaktionssystem in eine digitale Organisation. »Bindung« durch digitale Entscheidungen heißt, dass eine Mensch-Algorithmus-Assoziation in drei Sinndimensionen verbindlich ist. Erstens in der Zeitbindung: Die Entscheidungen erzeugen normative Erwartungen in Bezug auf künftige Entscheidungen. Zweitens in der Sachbindung: Vergangene Vorentscheidungen binden (ähnlich wie die judiziellen Präzedenzien im Recht) die Inhalte künftiger Entscheidungen. Drittens

33 Wenn die Begrifflichkeit nicht so hässlich wäre, könnte man, um das gemeinte Kollektiv im Unterschied zu Staat und Recht näher zu bestimmen, von »mitgliedschaftlich verbindlichen Entscheidungen« sprechen.

34 Luhmann (2000), *Organisation und Entscheidung*, S. 65.

35 So Luhmanns bekannte Kehrtwende, die anhand der Zettel 21/3d27fC5 und 21/3d27fC in seinem Zettelkasten (abrufbar unter ⟨https://niklas-luhmann-archiv.de/bestand/zettelkasten/suche⟩) nachvollzogen werden kann. Luhmann widerspricht hier seiner früheren Formulierung, die Gruppe sei zu behandeln »als Typik von Systembildung. die nicht auf Interaktion, Organisation und Gesellschaft zurückgeführt werden kann«. Dazu Kühl (2014), »Soziologie mitgliedschaftsbasierter Systeme«, S. 72.

in der Sozialbindung: Entscheidungen binden (im Unterschied zu Entscheidungen im Recht oder in der Politik) ausschließlich die Mitgliederrollen innerhalb der Assoziation.

Damit wird deutlich, dass im Falle der digitalen Hybride eine doppelte Personifizierung im Spiel ist: erstens die Personifizierung eines Algorithmus als eines individuellen Mitglieds der Assoziation, das in der Lage ist, mit menschlichen Mitgliedern zu kommunizieren; und zweitens die Personifizierung der Assoziation selbst als eines Kollektivakteurs. Diese Duplikation der Handlungsfähigkeit muss entsprechend komplexe Verantwortungszurechnungen nach sich ziehen.

3. Die Organisationsanalogie

In vielerlei Hinsicht sind Mensch-Maschine-Hybride mit den Organisationen der Offline-Welt vergleichbar. Die an einem Unternehmen teilnehmenden Akteure handeln nicht in eigenem Namen, sondern im Namen der Organisation. Nicht anders ist die Situation bei Mensch-Maschine-Hybriden. Die beteiligten Menschen und Algorithmen handeln nicht in eigenem Namen, sondern »für« die Hybride in der gleichen Weise, wie Manager für das Unternehmen handeln. In dieser Konstellation entstehen Interessenkonflikte innerhalb der Mensch-Maschine-Assoziation, die den bekannten Prinzipal-Agenten-Konflikten in Unternehmen ähnlich sind. Daher werden analoge Regeln für die Konflikte innerhalb der Mensch-Algorithmus-Assoziation benötigt.[36] Zwar klingt dies kontraintuitiv, jedenfalls solange man annimmt, dass Algorithmen keine eigenen Interessen verfolgen können. Sobald aber autonome Algorithmen in der Lage sind, unter vorprogrammierten Zielen unterschiedliche Mittel zu wählen, entsteht genau dieses Konfliktpotenzial.[37] Um diesen *agency*-Konflikt einzudämmen, sind für Mensch-Maschine-Assoziationen im Unternehmensrecht vergleichbare institutionelle Normen zu entwickeln, beispielsweise Verantwortlichkeiten des Geschäftsführers gegenüber der Gesell-

36 Zu dieser Analogie von Unternehmen und digitalen Hybriden in einer kulturgeschichtlichen Sicht des Rechts Vesting (2021), *Homo Digitalis*, S. 203 ff.

37 Solche Interessenkonflikte werden von Zekos (2021), *Economics and Law of Artificial Intelligence*, S. 139 ff. diskutiert. Bostrom (2014), *Superintelligenz*, S. 184 ff., diskutiert verschiedene Methoden zur Kontrolle von Algorithmen.

schaft, die *Ultra-vires*-Doktrin oder die Prüfung der Repräsentativität bei Sammelklagen.[38]

Der in unserem Zusammenhang wichtigste Aspekt der Organisationsanalogie dürfte aber sein, dass über Organisation die Handlungsfähigkeit des Sozialsystems selbst begründet wird. Sobald die Organisationsregeln besagen, dass ein Akteur für die Organisation handlungsbefugt ist, bindet dessen Kommunikation intern alle Mitglieder. Zudem wird extern eine solche Kommunikation der Organisation als Ganzes zugerechnet.[39] Auf diese Weise können auch Mensch-Maschine-Assoziationen zu handlungsfähigen Kollektiven werden.

Das Verständnis des Hybriden als eigenständiger Akteur eröffnet damit eine Kollektivperspektive, die das Recht von der problematischen individualzentrierten Alternative befreit, die Handlungen ausschließlich dem Menschen oder dem Algorithmus zuzuordnen.[40] Im Gegensatz zur Individualperspektive ist eine Zurechnung auf das Kollektiv in der Lage, den Besonderheiten der emergenten Mensch-Algorithmus-Assoziation in doppeltem Sinne gerecht zu werden.[41] Erstens trägt sie der internen Dynamik einer Mensch-Maschine-Interaktion Rechnung, die über die Handlungen der einzelnen Akteure hinaus für den Eigensinn der Organisationsentscheidungen verantwortlich ist. Zweitens wird die kollektive Zurechnung der neuen Qualität der Außenbeziehungen gerecht. Nun kommuniziert die Mensch-Algorithmus-Assoziation selbst mit außenstehenden Dritten und es ist weder der Mensch noch der Algorithmus, dem die externe Kommunikation zugerechnet wird. In beiderlei Hinsicht kann den Risiken der untrennbaren Verflechtung von menschlichen und algorithmischen Handlungen besser begegnet werden, indem die Mensch-Algorithmus-Assoziation als gemeinsamer Zurechnungspunkt für Handlungen, Rechte und Pflichten identifiziert wird. Darüber hinaus kann der Mensch-Al-

38 In Kap. 2, III.6-7 haben wir einige der Probleme erörtert, die sich in der Beziehung zwischen digitalen Agenten und ihren Prinzipalen (Menschen oder Organisationen) ergeben. Dazu Daniel (2004), »Electronic Contracting«, S. 344 ff.

39 Dazu Luhmann (2014 [1975]), »Ebenendifferenzierung«, S. 14. Diese Zurechnung auf die Organisation findet auch dann statt, wenn Algorithmen Fehlentscheidungen treffen, Kette (2021), »›Computer says No‹?«, S. 183.

40 Schuppli (2014), »Deadly Algorithms«, S. 4 f.

41 Kersten (2015), »Menschen und Maschinen«, S. 4 ff.; Ingold (2014), »Grundrechtsschutz sozialer Emergenz«, S. 220 ff.

gorithmus-Verbund, wie bereits erwähnt, unter bestimmten Umständen für eine Handlung verantwortlich sein, auch wenn seine Mitglieder es nicht sind.[42]

Ist der Übergang von Aktanten zu Hybriden aber nicht doch einfach eine Rückkehr zur Zuschreibung von Handlungsfähigkeit auf die menschlichen Akteure? Auf den ersten Blick sieht es tatsächlich so aus, denn oft sind es innerhalb des Hybriden die Menschen, die sichtbar handeln. Komplexe Handlungskapazitäten sind tendenziell eher bei den menschlichen Akteuren im Hybriden zu finden und nicht bei den Algorithmen. Hierbei bleibt jedoch eine wichtige Unterscheidung zwischen den menschlichen Handlungen und den Handlungen des Hybrids unberücksichtigt: Die Algorithmen üben in der assoziationsinternen Kommunikation einen starken Einfluss auf die menschlichen Handlungen und auf die Gesamthandlung des Verbundes aus und es ist genau dieser Einfluss, der den Unterschied ausmacht.[43] Aufgrund der immensen Rechenkapazitäten ist der Einfluss von Algorithmen in vielen Fällen sogar überwältigend groß. Sowohl die massiven permanenten Irritationen, die Algorithmen auf den Menschen ausüben, als auch ihr erheblicher Einfluss auf die Gesamtentscheidungen sind typisch für die Hybride. Sobald dieser Einfluss bei der Verantwortungszuschreibung außer Acht gelassen wird, läuft dies wieder auf die von uns im zweiten Kapitel (unter III.2 und IV.1) kritisierte Fiktion hinaus, dass algorithmische Kalkulationen mit Handlungen von Menschen gleichgesetzt werden.

II. Verbundrisiko der Hybriden

Der Unterschied zwischen digitalen Aktanten und Hybriden ist, wie gesagt, auf die verschiedenen sozio-digitalen Institutionen zurückzuführen, in die sie eingebettet sind: Prinzipal-Agenten-Beziehung versus Assoziation. Die unterschiedliche Institutionalisierung von Algorithmen als Agenten und Hybride hat nun nicht nur Konsequenzen für die Personifizierung der Algorithmen, sondern auch für die besonderen gesellschaftlichen Risiken, die hier entstehen.

42 So für menschliche Vereinigungen im Allgemeinen Copp (2007), »Collective Moral Autonomy Thesis«, S. 369 ff.

43 Werle (2002), »Technik als Akteurfiktion«, S. 126.

Das Autonomierisiko von algorithmischen Aktanten unterscheidet sich in vielerlei Hinsicht vom Verbundrisiko der Hybriden. Auch für Hybride gilt das Arrow-Theorem, wonach kollektive Entscheidungen nicht als Aggregation von individuellen Präferenzen errechnet werden können.[44] Die Eigendynamik der Kommunikation schließt es aus, kollektive Entscheidungen einfach auf individuelle Handlungen und Intentionen zurückzuführen.[45] Die Beteiligung von Algorithmen verschärft diese Lücke zwischen Individuen und Kollektiv noch erheblich. Bostrom erfasst dies mit dem Begriff der »kollektiven Intelligenz« oder sogar der »kollektiven Superintelligenz«.[46] Weil die Interaktionen zwischen Mensch und Maschine nicht vollständig kontrolliert werden können, entsteht eine »perverse Instantiierung« Der Algorithmus erfüllt zwar effizient das vom menschlichen Teilnehmer gesetzte Ziel, wählt aber ein Mittel, das den Intentionen des Menschen zuwiderläuft.[47] Dabei kann der subtile Einfluss von Algorithmen auf das menschliche Verhalten sogar noch riskanter sein. Dies ist insbesondere dann der Fall, wenn die unsichtbaren algorithmischen Berechnungen als integraler Bestandteil der Entscheidung verschleiern, an welcher Stelle die eigentliche Entscheidung stattgefunden hat.[48]

Das Verbundrisiko materialisiert sich immer dann, wenn ein schadensverursachendes Ereignis weder den beteiligten menschlichen Akteuren noch den Aktanten, sondern nur dem Kollektiv zugeschrieben werden kann. Es ist zwar immer noch möglich, die rechtswidrige Handlung zu identifizieren, beispielsweise den Fehler in der journalistischen Arbeit, der als Verleumdung qualifizierbar ist, die Entscheidung des Unternehmensvorstands, die als Verletzung der Treuepflichten gilt, oder der endgültige Text mit falschen Informationen, der in der Interaktion zwischen ChatGPT und dem Nutzer entstanden ist. Aber es ist in solchen Fällen regelmäßig ausgeschlossen, dem Einzelnen seinen individuellen Beitrag zur Verantwortung zuzuschreiben. War es die menschliche Handlung oder

44 Zum Arrow-Theorem: Arrow (1950), »Difficulty in the Concept of Social Welfare«.

45 Luhmann, *Soziale Systeme*, S. 346 ff.

46 Bostrom (2014), *Superintelligenz*, S. 63, 75 ff., 82 ff.

47 Ebd., S. 174 ff.

48 Zu den Risiken von AI in Organisationen Hendrycks u. a. (2023), »Catastrophic AI Risks«, S. 25 ff.

die algorithmische Berechnung, die den Fehler gemacht hat? Hier wird der Unterschied zum Autonomierisiko, das wir im zweiten Kapitel (unter II.) behandelt haben, offensichtlich. Bei autonomen Entscheidungen algorithmischer Aktanten bleibt es möglich, individuelles Handeln, Pflichtverletzung, Schaden und Kausalität zwischen Handlung und Schaden zu identifizieren. Hier ist die Entscheidungsautonomie des Algorithmus für die Haftungslücke im geltenden Recht verantwortlich. Im Fall digitaler Hybriden dagegen bleiben zwar Schaden und Handlung identifizierbar. Allerdings entsteht die typische Haftungslücke im geltenden Recht dadurch, dass der einzelne handelnde Akteur nicht mehr identifizierbar ist. Der einzige Ausweg besteht darin, den Hybriden selbst als verantwortlichen kollektiven Akteur zu behandeln.[49] In der Tat plädieren auch einige Autoren dafür, bei fehlerhaften Entscheidungen die ganze Mensch-Maschine-Assemblage zur Rechenschaft zu ziehen.[50]

III. Unser Vorschlag *de lege ferenda*: vollwertige Rechtssubjekte

Die entscheidende Frage lautet: Kann das Haftungsrecht einen »*cyborg turn in law*« verkraften, das heißt »eine Entwicklung, in der sich Menschen und Nichtmenschen, Personen und Dinge zu einer bisher nie dagewesenen rechtlichen Erscheinungsform verbinden, die parallel zur schleichenden Hybridisierung von Menschen und Nichtmenschen verläuft«?[51] Eine kühne Antwort lautet: Ja, und zwar indem das Recht einer Mensch-Algorithmus-Assoziation volle Rechtspersönlichkeit zuerkennt und ihr die Verantwortung zuschreibt. Dies ist in der Tat eine radikale, aber dennoch ernstzunehmende Option, auch wenn sie für digitale Verbundformen noch nicht erprobt wurde.

49 Der Unterschied zwischen den verschiedenen Verantwortungslücken wird noch deutlicher, wenn wir später (Kap. 4, II) das Vernetzungsrisiko erörtern. Mensch-Maschine-Assoziationen können als kollektive Entscheidungseinheiten verstanden werden, bei denen die schädigende Handlung einem Kollektiv zugerechnet werden kann. Das Vernetzungsrisiko tritt auf, wenn es nicht mehr möglich ist, überhaupt eine schädigende Handlung abzugrenzen.

50 Ananny/Crawford (2018), »Seeing without Knowing«, S. 973 ff.

51 Viljanen (2017), »Cyborg Turn in Law?«, S. 1278.

In Mensch-Maschine-Assoziationen bringen Menschen und Maschinen ihre komparativen Vorteile ein, die in einer einzigen Leistung zusammenfließen. Im Falle von Fehlleistung oder Schädigung ist es kaum möglich, alle Entscheidungen, die von Maschine oder Mensch gefällt wurden, Schritt für Schritt zurückzuverfolgen und die Verantwortlichkeiten festzulegen. Deshalb dürften diese Mensch-Maschine-Assoziationen als symbiotische Verhältnisse verstanden werden, die eine eigene juristische Entität bilden, wenigstens aber einen Ort der Verantwortlichkeit für vertragliche und deliktische Haftung.[52]

Zur Untermauerung dieses Arguments kann man auf andere Hybride zwischen Menschen und nichtmenschlichen Wesen verweisen, deren Rechtspersönlichkeit heute nicht nur diskutiert, sondern auch schon anerkannt wird. Dies gilt beispielsweise für Tiere und andere Teile der natürlichen Umwelt. Fischer-Lescano argumentiert, dass sie die Bühne von Recht und Politik als Hybride betreten, also als Assoziationen von nichtmenschlichen und menschlichen Rechtspersonen, und dass im Recht solche Hybride juristische Personen *sui generis* konstituieren.[53] Bei Rechtsstreitigkeiten werde die nichtmenschliche Person durch eine natürliche Person (Einzelkläger) oder eine juristische Person (Sammelkläger) vertreten. Zusammen bilden sie einen Hybrid und rechtlich eine neue juristische Person.

Für unseren speziellen Fall der Mensch-Algorithmus-Assoziationen schlagen in der Tat zahlreiche Autoren vor, den Hybriden volle Rechtsfähigkeit zu verleihen. Dies würde menschliche und nichtmenschliche Akteure zu einer einzigen Rechtspersönlichkeit verbinden.[54] Nur nochmals zur Klarstellung: Hier geht es nicht darum, die Rechtspersönlichkeit dem Algorithmus zuzuschreiben (E-Person oder algorithmischer Stellvertreter), sondern der Assoziation von Aktanten und Menschen (der »synthetischen Organisation«).[55]

In diesem Sinne schlagen Taylor und De Leeuw vor, Algorith-

52 Heine/Quintavalla (2023), »Accountability Gap«, S. 6.

53 Fischer-Lescano (2020), »Nature as a Legal Person«, S. 246 f.

54 Linardatos (2021), *Autonome und vernetzte Aktanten*, S. 479 ff.; Kersten (2020), »Rechte der Natur«, S. 113 f.; Monterossi (2020), »Things, Agencies and Legal Actors«, S. 11; Ingold (2014), »Grundrechtsschutz sozialer Emergenz«, S. 204 ff.; Teubner (2006), »Elektronische Agenten«, S. 19 ff.

55 Zur Unterscheidung der Zurechnungssubjekte E-Person und synthetische Organisation Linardatos (2021), *Autonome und vernetzte Aktanten*, S. 471 f.

men als juristische Person aus einer relationalen Perspektive neu zu denken, mit entsprechenden Auswirkungen auf die emotionalen, rationalen und gesellschaftlichen Beziehungen zu den Menschen. Diese algorithmische Hybridisierung benötige eine neue rechtliche Zurechnung von Handlung und Verantwortung.[56] Gruber bestimmt zudem genauer die Bedingungen, unter denen Hybride zu juristischen Personen werden sollten:

> Sobald Menschen und informationstechnische Systeme als Komponenten eines Netzes von Mensch-Maschinen-Subjekten unter Bedingungen erhöhter Unvorhersehbarkeit gelten können, können wir den nächsten Schritt ins Auge fassen: Sollten diese künstlichen Gebilde einen ausreichenden Grad an Unabhängigkeit und Widerstandsfähigkeit erreichen, um als »intentionale Systeme« und unabhängig handelnde Akteure zu erscheinen, können sie auch als eigenständige Rechtssubjekte innerhalb des Rechts rekonstruiert werden.[57]

Allen und Widdington plädieren ebenfalls für die rechtliche Personifizierung einer solchen hybriden sozialen Person, die aus der Zusammenarbeit eines Computers und einer natürlichen Person entsteht. Diese »Partnerschaft könnte ein Verhalten an den Tag legen, das nicht vollständig auf eine der beiden Komponenten zurückgeführt werden kann und dennoch das Produkt ihrer gemeinsamen Leistung ist«. Im Recht sei es einfacher zu akzeptieren, dass eine solche »Mensch-Maschine-›Partnerschaft‹ Rechtspersönlichkeit hat – verglichen mit einer einzelnen Maschine – und doch verschieden von einem einzelnen Menschen« ist.[58] Dahiyat möchte die gemeinsame Verantwortung mit intelligenten Computersystemen stärken, die eine neue Art von »hybrider« Persönlichkeit schaffen, die aus einem Menschen und einem Softwareagenten besteht, die zusammenarbeiten.[59] In ähnlicher Weise vertritt Asaro die Auffassung, dass das Recht Theorien der Handlungsfähigkeit und der Verantwortung benötigt, die auf komplizierte Systeme, in denen Menschen und Maschinen zusammenarbeiten, anwendbar sind. Verantwortung und Handlungsfähigkeit sollten geteilt werden, damit große Organisationen von Menschen und Maschinen wünschens-

56 Taylor/De Leeuw (2021), »Guidance Systems«, S. 6.

57 Gruber (2020), »Why Non-Human Rights?«, S. 267.

58 Allen/Widdison (1996), »Can Computers Make Contracts?«, S. 40.

59 Dahiyat (2021), »Software Agents«, S. 84 f.

werte Ergebnisse erzielen können und gleichzeitig zur Rechenschaft gezogen und reformiert werden können, wenn sie dies nicht tun.[60] Perlingieri schlägt ebenso vor, Hybride als eine rechtliche Einheit zu behandeln und dieser Einheit direkt die Verantwortung für das Verhalten der beiden untrennbaren Akteure zuzuschreiben.[61] Auf diese Weise würden individuelle Handlungen der Menschen und Algorithmen zu kollektiven Handlungen der Assoziation und würden sowohl verbindliche rechtliche Bindungen der Assoziation erzeugen als auch Haftungsansprüche gegen die Assoziation schaffen.

Im Vertragsrecht würde – anders als im Recht der Stellvertretung, das die individuellen Handlungen von Prinzipal und algorithmischen Agenten klar trennt und den Prinzipal zum Vertragspartner erklärt – der Mensch-Maschine-Verbund selbst zum eigentlichen Vertragspartner. Linardatos entwickelt plausible Argumente dafür, hybriden Assoziationen volle Rechtspersönlichkeit zu verleihen, sodass sie als Zurechnungspunkte für Verträge dienen können. Dabei könne, sofern der Assoziation eine finanzielle Haftungsgrundlage zugestanden wird, eine Haftung der beteiligten Individualakteure vermieden werden.[62] Die rechtliche Personifizierung der Mensch-Algorithmus-Assoziation sei wünschenswert, und die entstehende Einheit diente als Endpunkt der Zurechnung. Für die vertragliche und deliktische Haftung sei die Haftungsvoraussetzung das Kollektivverhalten der Hybride, ohne dass die einzelnen Beiträge auseinandergerechnet werden müssten, wie es bei der Prinzipal-Agenten-Haftung erforderlich wäre.

Die Konstruktion des Hybriden als juristische Person bedeutet freilich, dass das traditionelle Verbandsrecht drastisch erweitert und eine völlig neue Art von juristischer Person geschaffen wird: der Mensch-Maschine-Verband.[63] Dies wäre in der Tat ein kühner Schritt, auf den das heutige Verbandsrecht kaum vorbereitet ist. Algorithmen als Vollmitglieder eines neuartigen Verbands? Dies wäre ein weitaus radikalerer Schritt, als Softwareagenten eine Teilrechtsfähigkeit im Rahmen einer Prinzipal-Agenten-Beziehung zuzugestehen, wie wir es im zweiten Kapitel (unter III.4, IV.3 und V.5) vorgeschlagen haben. Obwohl eine solche juristische Personi-

60 Asaro (2014), »Determinism, Machine Agency, Responsibility«, S. 265.

61 Perlingieri (2020), »Responsabilità civile«, S. 175 f.

62 Linardatos (2021), *Autonome und vernetzte Aktanten*, S. 177 ff.

63 Ebd., S. 413 ff.; Gruber (2013), »Zumutbarkeit von Verantwortung«, S. 158.

fizierung letztlich der Realität einer verdichteten Mensch-Maschine-Interaktion eher angemessen zu sein scheint, dürften Gerichte und Rechtslehre eine Lösung bevorzugen, die das Verhalten den individuellen Akteuren und nicht den Verbänden zuordnet.[64] Aus diesem Grund haben wir für die rechtliche Behandlung von Hybriden zwei unterschiedliche Perspektiven entwickelt: Rechtspersönlichkeit für Hybride, wie sie in den vorangegangenen Abschnitten dargestellt wurde, dürfte nach wie vor vorzuziehen sein, da sie das kollektive Handeln der Hybriden besser erfasst. Die Alternative einer individualistischen Haftung der Akteure für ihre dichte Kooperation, wie wir sie in den nächsten Abschnitten entwickeln, ist wahrscheinlich weniger angemessen, respektiert jedoch die bestehenden rechtlichen Beschränkungen.

IV. Unser Vorschlag *de lege lata*: Netzwerkhaftung

1. Mensch-Algorithmus-Interaktionen als Netzwerke

Der erwartbare Widerstand in der Rechtswissenschaft, für die Kooperation mit Algorithmen ein völlig neues Verbandsrecht zu konzipieren, legt es nahe, nach Alternativen zu suchen, die auf einer gut gesicherten dogmatischen Grundlage stehen. Gesucht ist eine individualistische Lösung, die jedoch zugleich die quasi-kollektiven Eigenschaften von Mensch-Algorithmus-Assoziationen berücksichtigt.

Hier erweisen sich Netzwerktheorien als hilfreich. Sie ermöglichen es, Hybride als multiple bilaterale Beziehungen zwischen Menschen und Algorithmen sowie gleichzeitig als übergreifende Netzwerke oder Quasi-Assoziationen zu begreifen. Als Netzwerk verstanden, kann die Einheit des Hybriden dann doch noch im Recht wirksam und einer juristischen (Teil-)Personifizierung zugänglich werden: »Netzwerke produzieren Hybride und in diesem Zusammenhang gewinnen Nichtmenschen Aspekte von Personalität.«[65]

In gewisser Weise bietet bereits das geltende Vertragsrecht *in nuce* ein Netzwerkmodell, sofern man den Vertragszweck, also den

64 Chinen (2019), *Law and Autonomous Machines*, S. 141.

65 Sprenger (2018), »Production is Exchange«, S. 258.

gemeinsamen Zweck der Vertragsparteien, als Rechtsbegriff ernst nimmt und ihm konkrete Rechtsfolgen zuspricht.[66] Der gemeinsame Zweck verwandelt das Vertragsverhältnis offensichtlich noch nicht in eine gesellschaftsrechtliche Einheit. Stattdessen bleibt es weiterhin eine multilaterale Beziehung zwischen den Vertragsparteien. Der gemeinsame Zweck, der auf eine Kombination aus Austausch und Zusammenarbeit zielt, bringt aber die übergreifende Einheit des Vertragsverhältnisses zum Tragen, ohne dass er für diese Einheit eine Rechtssubjektivität erzeugt. Durchaus zieht der gemeinsame Zweck in vielerlei Hinsicht Rechtsfolgen nach sich – jedenfalls für die Vertragsauslegung, für die Entwicklung von Treupflichten aus § 242 BGB und für die Identifizierung von Vertragsverletzungen.

Darüber hinaus gewinnt in Dauerschuldverhältnissen, relationalen Verträgen und Vertragsnetzen, etwa in Lieferketten und Vertriebsnetzen, der gemeinsame Zweck auch rechtlich – unter den Titeln »Verbundzweck«, »Vertragsnexus« oder »Netzwerkzweck« – immer mehr an Gewicht. Das bedeutet aber nicht, dass der gemeinsame Zweck mit einem »Gesellschaftszweck« oder mit anderen gesellschaftsrechtlichen Begriffen gleichgesetzt werden kann.[67] Parallel dazu wird auch der Mensch-Computer-Verbund nicht selbst rechtsfähig. Vielmehr wird mit dem »gemeinsamen Zweck« eine Dosis Kollektivität in ein rein intern-individuelles Verhältnis injiziert. Die eigentümliche Einheit der Mensch-Maschine-Assoziation, die sie dem hybriden Charakter verdankt, wird im Zweckbegriff rechtlich zur Geltung gebracht.[68] In dieser Weise wurde schon der Zweckbegriff fruchtbar gemacht, um Mensch-Algorithmus-Assoziationen rechtlich als »*coalitions*« zu qualifizieren.[69] Moralphilosophen unterscheiden zwischen Kombinationen, Koalitionen und Kollektiven. Während Kombinationen durch paralleles Handeln ohne gemeinsame Zweckverfolgung gekennzeichnet sind

66 In diese Richtung Chinen (2016), »Co-Evolution of Machines and Responsibility«, S. 369.

67 Zum Netzwerkzweck und seiner Abgrenzung von anderen Arten des gemeinsamen Zwecks in Vertrag und Verband Teubner (2004), *Netzwerk als Vertragsverbund*, S. 146 ff.; vgl. auch Brownsword (2013), »Contracts with Network Effects«.

68 Ähnlich argumentieren Loh/Loh (2017), »Autonomy and Responsibility in Hybrid Systems«, S. 41 ff.

69 Østbye (2022), »DAO Members' Liability«, S. 14.

und Kollektive durch gemeinsame Zweckverfolgung und verbindliche Entscheidungsprozeduren, zeichnen sich Koalitionen durch gemeinsame Zweckverfolgung ohne verbindliche Entscheidungsprozeduren aus.[70]

Der »gemeinsame Zweck« ist der Startpunkt, von dem aus sich mit Hilfe der Netzwerktheorie eine dritte Zurechnungsmethode entwickeln lässt, die sich sowohl von individueller als auch von kollektiver Zurechnung unterscheidet. Diese Theorie behandelt Netzwerke weder als Märkte noch als Hierarchien, sondern als eigenständige soziale Systeme, die sich zwischen – oder jenseits von – multilateralen Verträgen und vollwertigen Organisationen bewegen.[71] Solche Organisationsverträge stellen die Handlungen der Netzwerkteilnehmer auf eine widersprüchliche Doppelorientierung ein: auf die Verfolgung ihrer individuellen Interessen und auf die Verwirklichung des übergeordneten Netzwerkzwecks.[72] Während im Gesellschaftsrecht die Leitungsfunktionen nicht auf das individuelle Interesse, sondern ausschließlich auf den gemeinsamen Zweck ausgerichtet sein dürfen, legitimiert in rein vertraglichen Beziehungen der Austauschzweck die Parteien, ihre eigenen persönlichen Interessen zu verfolgen. Im Gegensatz zum Vertragsrecht und zum Gesellschaftsrecht erzeugt nun das Netzwerkrecht ein ständiges Oszillieren zwischen individueller und kollektiver Orientierung. Netzwerke haben den Charakter von Austauschverträgen und verhalten sich dennoch wie formale Organisationen. Sie erwarten von den einzelnen Mitgliedern, dass sie ihre eigenen individuellen Ziele verfolgen, gleichzeitig aber auch im Widerspruch dazu der Forderung nach Kooperation und der Verfolgung des gemeinsamen Zwecks nachkommen. Über diese doppelte Orientierung der Netzwerkteilnehmer erkennt das Recht die Koexistenz von kollektiver und individueller Zielsetzung in Bezug auf denselben Handlungsbereich an.

Parallel dazu wäre auch die Mensch-Algorithmus-Kooperation

70 Collins (2019), *Group Duties,* Kap. 1.3 und *passim.*

71 *Locus classicus* Powell (1990), »Neither Market nor Hierarchy«. Zu Netzwerken im Recht Cafaggi/Iamiceli (2015), »Private Regulation and Industrial Organization«, S. 350 ff.

72 Wielsch (2020), »Ermächtigung von Eigen-Sinn«, S. 191; Teubner (2004), *Netzwerk als Vertragsverbund*, S. 122 ff.; Windeler (2001), *Unternehmungsnetzwerke*, S. 237 ff.

als ein Netzwerk zu behandeln, das seinen Mitgliedern gleichzeitig eine individuelle und eine kollektive Orientierung auferlegt. Maschinen und Menschen werden jeweils als individuell nach ihrer eigenen Logik handelnd begriffen. Menschliches Handeln und algorithmische Kalkulation bleiben – auf einer sehr grundlegenden Ebene – unvereinbar; dennoch orientieren sich ihre Aktionen an einem gemeinsamen Zweck, der ein kollektives Mensch-Maschine-Handeln ins Leben ruft.

Diese Qualifizierung von Mensch-Algorithmus-Verbünden als Netzwerke muss auch Auswirkungen auf die Verantwortung für ihre Handlungen haben. In diesem Sinne argumentiert Gunkel, Mitglieder von Netzwerken seien

> nicht nur andere Menschen, sondern auch Institutionen, Organisationen und sogar technologische Komponenten wie Roboter und Algorithmen, die zunehmend dazu beitragen, soziale Aktivitäten zu organisieren und zu entlasten. Dieser kombinierte Ansatz erfordert jedoch nach wie vor, dass jemand entscheidet und dafür einsteht, welche Aspekte der Verantwortung der Maschine zukommen und welche den anderen Mitgliedern des Netzwerks vorbehalten oder zugeschrieben werden sollten.[73]

Der Verbundzweck erzeugt also Netzwerkstrukturen, welche die Algorithmen ebenso wie die menschlichen Teilnehmer als Mitglieder einer einzigen Gruppe behandeln und sie einer neuen Form gemeinsamer Haftung – der »Netzwerkhaftung« – unterwerfen.[74]

2. Netzwerkhaftung

Für solche Netze bietet das amerikanische Recht mit der etablierten Doktrin der *enterprise liability* eine sehr flexible Rechtskonstruktion, die für die Haftung in der Mensch-Algorithmus-Interaktion ein

73 Gunkel (2020), »Mind the Gap: Responsible Robotics and the Problem of Responsibility«, S. 318.

74 Für eine Netzwerkhaftung in Mensch-Algorithmus-Assoziationen, speziell in DAOs, plädiert Østbye (2022), »DAO Members' Liability«, S. 15; ebenso im medizinischen Bereich Mehta (2024), »Artificial Intelligence in Healthcare«, S. 125 ff. Allgemein zu drei Dimensionen einer genuinen Netzwerkhaftung Teubner (2004), *Netzwerk als Vertragsverbund*, Kap. 4-6. Eingehend zum Zusammenhang von Netzwerkzweck und Netzwerkhaftung Güttler (2016), »Binnendurchgriff«, S. 69 ff.

geeignetes Instrument darstellen dürfte.[75] Wenn einzelne Akteure ein gemeinsames Ziel verfolgen und ein Netzwerk bilden, rechnet die *enterprise liability* die Verantwortung dem Netzwerk selbst zu und nicht den individuellen Akteuren. Die *enterprise liability* hat einen breiten Anwendungsbereich, der zwischen marktbasierten und organisationsbasierten Kollektivhaftungsformen angesiedelt ist. Kontrolle und wirtschaftlicher Nutzen – diese beiden Kriterien werden üblicherweise für die *enterprise liability* herangezogen. Während der Wettbewerb auf dem Markt zu einer anteiligen Haftung nach Marktanteilsgesichtspunkten führt, löst eine organisatorische Zusammenarbeit die Haftung der Zentrale auf der Grundlage ihrer Kontrollmöglichkeiten aus. Auf der einen Seite des Spektrums steht damit die rein marktbasierte Kollektivhaftung der Marktanteilshaftung (*market share liability*). Hier haften alle Hersteller einer Branche für eine unerlaubte Handlung, wenn es unmöglich ist, den tatsächlich schadensverursachenden Hersteller zu ermitteln.[76] Der Umfang der Haftung wird nicht aufgrund des konkreten Schadensbeitrags ermittelt, sondern nach dem Marktanteil des einzelnen Herstellers am Verkauf des Produkts (*market share*). Der wirtschaftliche Nutzen wird somit zum zentralen Kriterium für den Haftungsanteil. Auf der anderen Seite des Spektrums steht die rein organisationsbezogene Kollektivhaftung des Gesellschaftsrechts. In der so verstandenen *enterprise liability* werden ähnlich wie in der Konzernhaftung die verselbstständigten organisatorischen Teile eines gemeinsamen Unternehmens als Verantwortungseinheiten behandelt.[77] Dem das Netzwerk dominierenden Akteur wird die primäre Verantwortung zugeschrieben.[78]

Auch das deutsche Recht hat eine Vielfalt von Haftungsformen entwickelt, die sich als rechtsdogmatische Anknüpfung für eine

75 So dezidiert Chinen (2019), *Law and Autonomous Machines*, S. 83; Vladeck (2014), »Machines without Principals«, S. 129, Fn. 39; Allain (2013), »From Jeopardy! to Jaundice«, S. 1073 ff.; für Medizinroboter Chan (2021), »Common Enterprise Theory«; McLean (2002), »Cybersurgery«, S. 181.

76 Siehe allgemein die berühmten DES-Klagen, in denen die Marktanteilshaftung in den USA eingeführt wurde, *Sindell* v *Abbott Labs.* 607 P.2d 924, 928 (Cal. 1980).

77 Dearborn (2009), »Enterprise Liability«, S. 198 ff., 252 ff.

78 Den bisher deutlichsten Schritt in Richtung einer kontrollbasierten Unternehmenshaftung (*enterprise liability*) hat der EuGH für das EU-Wettbewerbsrecht gemacht, C97/08-P *Akzo Nobel u. a./Kommission,* ECLI:EU:C:2009:536, Rn. 58.

Netzwerkhaftung der digitalen Hybride eignen. Die einschlägigen Konstrukte sind die Gesamthandshaftung, die Organhaftung des Gesellschaftsrechts, die Haftungsüberleitung auf die Gesellschafter, die Gesamtschuld der Gesellschafter und die Pro-Rata-Haftung. Anders jedoch als bei der amerikanischen *enterprise liability* sind die unterschiedlichen Haftungsmodalitäten fest an ausdifferenzierte gesellschaftsrechtliche oder vertragsrechtliche Typen gebunden. Wenn nun mit autonomen Algorithmen neuartige Kooperationsformen entstehen, so kann das deutsche Recht nicht so flexibel wie das amerikanische reagieren. Stattdessen muss jeweils eingehend geprüft werden, welche Gesellschaftsform oder welche multilaterale Vertragsform die konkrete Mensch-Algorithmus-Assoziation verwirklicht, um dann daraus die Haftungsfolgen bestimmen zu können.

Das Haftungsmodell des nichtrechtsfähigen Vereins, das inzwischen dem des rechtsfähigen Vereins angeglichen ist, lässt den Verein für deliktische Handlungen der verfassungsmäßigen Vertreter haften, sieht jedoch keine Haftungsüberleitung auf die Einzelgesellschafter vor (§ 31 BGB analog).[79] Die Gesellschaft bürgerlichen Rechts, der inzwischen von der Rechtsprechung Rechtsfähigkeit zugesprochen wurde, haftet als Gesamthand für Delikte der Gesellschafter/Organe. Daneben besteht die Haftung der Gesellschafter als Gesamtschuldner (§§ 714, 718, 427, 431, 840 BGB). Die offene Handelsgesellschaft haftet selbst für Delikte ihrer Organe (§§ 124 HGB, § 31 BGB analog), zugleich ordnet § 128 HGB an, dass die Gesellschafter persönlich für die Gesellschaftsschulden haften.[80] Aber nicht nur im Gesellschaftsrecht, sondern auch im Recht der multilateralen Verträge sind Vorschläge für eine übergreifende Netzwerkhaftung entwickelt worden, die auch für digitale Hybride interessant sind.[81]

Wir versuchen im Folgenden nicht, die vielgestaltigen digitalen Hybride unter eine der bestehenden Rechtsformen des deutschen Rechts zu »subsumieren«, aus der wir dann die Haftungsregeln

79 Leuschner, in: MüKo-BGB (9. Auflage, 2021), § 31, Rn. 6.

80 Roth, in: Baumbach/Hopt-HGB (42. Auflage, 2023), § 128, Rn. 1

81 Grünberger (2018), »Verträge über digitale Güter«, S. 290 ff.; Ladeur (2017), »Medienfreiheit im Netzwerk«, S. 13 ff. Weiterführende Überlegungen zur Verbindung von Netzwerkhaftung und Vertrauenshaftung gegenüber autonomen Algorithmen bei Sommer (2020), *Haftung für autonome Systeme*, S. 155 ff.

»ableiten«. Vielmehr fragen wir zunächst: Welche Haftungsregeln sind für das neuartige Hybridnetzwerk adäquat? Wir tun dies in relativer Distanz zu den bestehenden gesellschaftsrechtlichen oder vertragsrechtlichen Typen und ihren spezifischen Haftungsregeln. Dies könnte dann im Ergebnis dazu führen, Mensch-Algorithmus-Assoziationen unter eine der bestehenden Rechtsformen (nichtrechtsfähiger Verein, Gesellschaft bürgerlichen Rechts, offene Handelsgesellschaft) zu subsumieren. Oder sie wären als Vertragsverbindungen *sui generis* zu qualifizieren. Bedenkenswert wäre auch, eine eigenständige rechtliche Sonderverbindung zu entwickeln. Wie etwa Linardatos vorschlägt, könnte die neuartige digitale Rechtsform einer »synthetischen Organisation« erwogen werden.[82] Welche dieser Alternativen letztlich verwirklicht werden wird, überlassen wir angesichts der nur tastenden Versuche in der bisherigen Diskussion der weiteren Entwicklung.

Grundsätzlich schlagen wir ein Haftungsmodell für digitale Hybride vor, das die starre Alternative einer entweder markt- oder organisationsbasierten Haftung vermeidet und stattdessen beide Komponenten in eine Netzwerkhaftung integriert. Denn im Gegensatz zu kompetitivem Verhalten im Markt beruhen Mensch-Maschine-Hybride eher auf kooperativem Verhalten, und im Gegensatz zu eng koordinierten Organisationen weisen digitale Hybride locker strukturierte Netzwerkbeziehungen auf. Daher dürfte eine dritte Art der Haftung – die Netzwerkhaftung – geeignet sein.[83] Die Netzwerkhaftung weitet ebenso wie die *enterprise liability* die Haftung auf eine Gruppe von Akteuren aus, die durch subtile Formen der Vermittlung mit dem Hybrid verbunden sind.[84] Deliktische Handlungen der algorithmischen oder menschlichen Hybridmitglieder werden dem Hybrid selbst kollektiv zugerechnet, ohne dass die Anteile der einzelnen Handlungen auseinandergerechnet werden müssen. Eine solche Netzwerkhaftung eröffnet dem Endnutzer Schadensersatzansprüche ohne die immensen Schwierigkeiten, die bei der Identifizierung des richtigen Beklagten auftreten.

82 Linardatos (2021), *Autonome und vernetzte Aktanten*, S. 433 f.

83 Ebenso plädiert für Netzwerkhaftung bei algorithmischem Fehlverhalten Mehta (2024), »Artificial Intelligence in Healthcare«, S. 125 ff.; Howells/Twigg-Flesner (2022), »Interconnectivity and Liability«, S. 197 ff.; Lior (2021), »AI Accident Network«, S. 1103 ff.

84 Loo (2020), »Respondeat Superior«, S. 186, Fn. 314.

Gleichzeitig sieht die Netzwerkhaftung einen Regress zwischen den Netzmitgliedern vor, der den Anspruch an den Verantwortlichen weiterleitet.[85]

Dies entspräche der Zurechnungstechnik der Gesamthandsschuld (§ 714 BGB) oder der Verbandsschuld (§ 31 BGB) im deutschen Recht. Da aber die Hybride nicht über eigenes Vermögen verfügen, kommt es entscheidend auf die darauffolgende Kanalisierung der Haftung auf die Netzwerkmitglieder an. Vorbild ist die *enterprise liability*, wonach jede Einheit innerhalb einer Gruppe miteinander verbundener Unternehmen gesamtschuldnerisch für die Handlungen des digitalen Hybrids haftet.[86] Dies entspricht im deutschen Recht der Haftungskanalisierung von der offenen Handelsgesellschaft auf die Gesellschafter (§ 128 HGB). Im Gegensatz zur organisationsbasierten Unternehmenshaftung wird also nicht eine einzelne kontrollierende Einheit als Verantwortungseinheit herausgegriffen. Und anders als bei der marktbasierten Unternehmenshaftung der *market share liability* ist es nicht das einzelne Unternehmen innerhalb des Marktes, das als Träger der anteiligen Haftung erscheint. Vielmehr werden dem Netzwerk selbst die Handlungen zugerechnet, aber dann mit der Folge der Kanalisierung der Haftung auf die beteiligten einzelnen Einheiten.

Diesem Haftungsmodell kommt, wie gesagt, die amerikanische *enterprise liability* weit entgegen. Sie ist ein gut geeigneter Kandidat für Mensch-Algorithmen-Verbünde. Entsprechend argumentiert Vladeck:

> Die *Common-enterprise-Doktrin* ermöglicht eine gemeinschaftliche Haftung, ohne dass detailliert jeder Aspekt der Fehlleistung der einen oder der anderen Partei zugeordnet werden muss; es genügt die gemeinsame Zweckverfolgung der Parteien. Dieses Prinzip ist in einem neuen Regime strikter Haftung zu verwirklichen, um die Schäden auszugleichen, die intelligente autonome Maschinen verursacht haben, wenn es unmöglich oder unpraktisch ist, einer menschlichen Person Verschulden zuzurechnen.[87]

85 Howells/Twigg-Flesner (2022), »Interconnectivity and Liability«, S. 178.

86 Vgl. *FTC* v *Tax Club Inc.*, f. Supp. 2d, 2014 WL 199514, 5 (S.D.N.Y. Jan. 17, 2014); siehe auch *FTC* v *Network Servs. Depot, Inc.*, 617 f.3d 1127, 1142-43 (9th Cir. 2010); *SEC* v *R.G. Reynolds Enters., Inc.*, 952 f.2d 1125, 1130 (9th Cir. 1991).

87 Vladeck (2014), »Machines without Principals«, S. 149; zustimmend Chan (2021), »Common Enterprise Theory«, S. 351 ff.; Günsberg (2019), »Some Thoughts on Artificial Intelligence«, S. 1 ff.

Ein solches Haftungsmodell für Mensch-Algorithmus-Assoziationen unterscheidet zwischen dem Hybrid als Zentrum des Netzes und den bilateralen Verträgen als dessen Peripherie. Solche asymmetrischen Netze, die aus einer zentralen Organisation und einer Vielzahl von angeschlossenen Verträgen um den Hub herum bestehen, sind in der Netzwerkforschung häufig analysiert worden.[88]

Das von uns vorgeschlagene Haftungsmodell einer kollektiven *enterprise liability* findet sich auch in ähnlicher Form in der neugefassten Richtlinie zur Produkthaftung. Im Rahmen der Überarbeitung der EU-Produkthaftung wurde ein Haftungsmodell in die Richtlinie aufgenommen, bei dem mehrere an der Herstellung und dem Vertrieb eines Produktes beteiligte Akteure gesamtschuldnerisch als »Wirtschaftsakteure« haften. Zu den Wirtschaftsakteuren zählen dabei nicht nur der Hersteller und Komponentenhersteller, sondern auch der Importeur, der Händler sowie der für die Produktion notwendige Dienstleister.[89] Dabei können die Wirtschaftsakteure gemeinschaftlich haften, wobei die Haftung auf den Hersteller zentriert wird und andere Akteure subsidiär im Rahmen einer Ausfallhaftung in Anspruch genommen werden können.[90] Zwar wird dieses Modell einer kollektiven, aber herstellerzentrierten Haftung auf EU-Ebene als Teil der Produkthaftung entwickelt, die wir als unpassend für die Haftung für Fehler von digitalen Assistenten und Hybriden ansehen. Die Vorschläge zur Struktur einer Haftung mit Handlungszurechnung an das Kollektiv der Wirtschaftsakteure und Haftungszurechnung an die an der Produktion und dem Betrieb beteiligten Akteure lässt sich durchaus als Vorbild für die hier vorgeschlagene Netzwerkhaftung ansehen.

3. Handlungs- und Haftungszurechnung bei Hybriden

An dieser Stelle kommt eine weitere Unterscheidung – Handlungs- und Haftungszurechnung – zum Tragen, die für die amerikanische *enterprise liability* ebenso wie für die deutsche Gesamthandshaftung kennzeichnend ist.[91] Typischerweise sind in Netzwerken die

88 Zur Kombination von Netzwerk und Hierarchie z. B. Thomadsen (2005), *Hierarchical Network Design.*

89 Neugefasste EU-Richtlinie zur Produkthaftung 2024, Art. 4 Nr. 16.

90 Ebd., Art. 7, 11.

91 Allain (2013), »From Jeopardy! to Jaundice«, S. 1074.

finanziellen Ressourcen und Kontrollkapazitäten auf die einzelnen Netzknoten verteilt, während wichtige Handlungskapazitäten im Netzwerk als Kollektiveinheit gebündelt werden. Als Konsequenz dieser Trennung von Finanz- und Handlungsressourcen, die sich in der Praxis entwickelt hat, muss auch die Zurechnung getrennt werden: die Handlungszurechnung wird kollektiviert, die Haftungszurechnung wird re-individualisiert. Die Handlungszurechnung zielt auf die digitalen Hybride als solche ab, was aber nicht bedeutet, dass sie als handelnde Einheiten auch finanziell haften. Vielmehr dient die Zurechnung von Handlungen an die Hybride dazu, die Haftung auf eine Reihe von an den Hybriden beteiligten Akteuren zu kanalisieren.

Die Unterscheidung zwischen Handlungs- und Haftungszurechnung ermöglicht es dem Geschädigten, Schadensersatzansprüche an die einzelnen Teilnehmer des Netzwerks zu richten, entbindet ihn aber – und das ist der Clou – gleichzeitig von der Pflicht, ein Individualverschulden des Teilnehmers nachzuweisen. Es genügt der Nachweis, dass der Beklagte Mitglied des Akteursnetzwerks ist und dass eine kollektive Handlung des Netzwerks eine Sorgfaltspflichtverletzung darstellt.

4. Haftende Akteure

Dies führt zu der Frage, wer von den Netzteilnehmern für rechtswidrige Entscheidungen des digitalen Hybriden haftbar gemacht werden kann. Die Antwort eines führenden Vertreters der Informationsphilosophie (Floridi) lautet: verteilte Verantwortung. Genauer gesagt:

> Die Effekte von Entscheidungen oder Handlungen künstlicher Intelligenz sind häufig auf zahllose Interaktionen zwischen vielen Akteuren zurückzuführen, darunter von Designern, Entwicklern, Nutzern, Software und Hardware. […] Distribuierte Handlung impliziert distribuierte Verantwortlichkeit.«[92]

Mensch-Maschine-Hybride sind von einem »Satellitennetz« unabhängiger Akteure umgeben, das heißt von Nutzern, Betreibern,

92 Taddeo/Floridi (2018), »AI as Force for Good«, S. 751. Zur Umwandlung dieser ethischen Verantwortung in eine rechtliche Haftung vieler beteiligter Akteure Martone (2020), »Algoritmi e diritto«, S. 151.

Händlern, Herstellern, Programmierern. Würden diese Akteure eine formale Organisation bilden, so würde die Organisationshaftung greifen, da es die Organisationspflicht des Managements ist, die Überschneidungen der verschiedenen Aktionen zu koordinieren. Würden diese Akteure dagegen in reinen Marktbeziehungen interagieren, würde sich das Haftungsrisiko auf den Kunden verlagern, der die Verantwortung für die Koordinierung der Teilleistungen übernimmt.[93] Allerdings ergeben sich in unserem Fall einer Mischform mit einem umgebenden Akteurnetzwerk Probleme. Die Zuweisung der kausalen Verantwortung an den Hersteller überzeugt ebenso wenig wie die an den menschlichen Akteur oder an die algorithmischen Netzwerkknoten. Individuelle Verantwortungszuweisungen sind willkürlich, vor allem dann, wenn sie die strukturelle Verteilung von Verantwortlichkeiten in kooperativen Netzwerken ignorieren.

Die Alternative ist eine kollektive Zurechnung der Verantwortung an das Netzwerk oder die engere Kooperationsbeziehung zwischen den Netzwerkteilnehmern, innerhalb derer die inkriminierten Vorgänge stattfinden. Dies ist genau die Parallele zur kollektiven Haftung verschiedener Akteure in der Offline-Welt, wenn eine kausale Zurechnung zu einzelnen Akteuren nicht mehr möglich ist.[94] Die Haftung soll sich dann auf den konkreten Verantwortungsschwerpunkt des Netzwerks erstrecken. Dies führt zu einer gesamtschuldnerischen Haftung der (konkret beteiligten) Netzwerkmitglieder, ohne dass man sich in der unmöglichen Aufgabe einer rechtlichen Rekonstruktion einzelner Kausalbeziehungen verzetteln müsste. Dieses Vorgehen ist Ausdruck der »Doppelzurechnung« im Rahmen der externen Netzwerkhaftung.[95] Eine getrennte Zurechnung der Verantwortung auf die einzelnen Mitglieder des Netzwerks oder auf die Netzwerkzentrale ist nicht mehr sachgerecht. In Anbetracht der Arbeitsteilung innerhalb vernetzter

93 Wagner (2019), »Robot, Inc.«, S. 607.

94 Zur Untergrabung der traditionellen kausalen Zurechnung der Haftung an kollektive Akteure unter Bedingungen intensiver Interdependenz Teubner (1995), »Die unsichtbare Cupola«, S. 92 ff.

95 Zur Doppelzurechnung in Netzwerken allgemein Baquero (2020), *Networks of Collaborative Contracts*, S. 41; Amstutz (2009), »Constitution of Contractual Networks«, S. 340. Zu einer Netzwerkhaftung im Rahmen der Produkthaftung Bradgate/Twigg-Flesner (2002), »Expanding the Boundaries of Liability«, S. 342 ff.

Vorgänge ist die Zuweisung der Kausalverantwortung an einzelne Akteure empirisch nicht haltbar. Dies spricht wie vorgeschlagen dafür, die Verantwortung für die rechtswidrige Handlung zunächst dem Netzwerk als Ganzem zuzuweisen und dann die Haftung auf die einzelnen Akteure zu transferieren, die tatsächlich beteiligt waren. Dieses Haftungsmodell dürfte nicht nur für verdichtete Kooperationsformen des Gesellschaftsrechts, sondern auch für die lockere Verknüpfung der Vertragsnetzwerke geeignet sein.[96] Die Zuweisung der Verantwortung an das Netz hat die Funktion, die Verantwortung zu kanalisieren und die unrechtmäßige Handlung zuerst dem Mensch-Maschine-Hybrid zuzuschreiben. Erst nach dieser Zusammenfassung der Einzelhandlungen in eine Kollektivhandlung wird die Haftung für diese auf die Mitglieder des Netzes übertragen und unter ihnen aufgeteilt. Im Gegensatz zur kollektiven Haftung formeller Organisationen wird bei dieser Haftung die kollektive Haftung des Netzwerks re-individualisiert.

Im Ergebnis wird nach kollektiver Handlungszurechnung die Haftung auf die Mitglieder des umgebenden Vertragsnetzes verteilt. Das sind Betreiber, Eigentümer, Hersteller und Lieferanten der digitalen Technologie. Diese Lösung findet auch in der Literatur Unterstützung. Chinen schreibt die Haftung für die schädigenden Handlungen des Hybriden einer Gruppe menschlicher Betreiber zu, die hinter dem Hybriden selbst stehen. Wenn Softwareentwickler, Hersteller und Ingenieure das gemeinsame Ziel verfolgen, eine autonome Maschine zu produzieren, sollen sie für die vom Hybriden verursachten Schäden haftbar gemacht werden.[97] Allain argumentiert überzeugend, dass die Legislative ein neues digitales Haftungssystem schaffen sollte, wonach die Haftung gleichmäßig unter den Akteuren aufgeteilt wird, um das Verlustrisiko besser zu verteilen und wirtschaftliche Fehlanreize zu verringern.[98] Auch Navas schlägt eine Anteilshaftung vor.[99] Vladeck macht den gleichen Vorschlag und interpretiert eine solche *enterprise liability* als eine

96 Allgemein zur Netzwerkhaftung Condon (2022), *Network Responsibility*, S. 192 ff.; Teubner (2004), *Netzwerk als Vertragsverbund*, S. 238 ff.

97 Chinen (2019), *Law and Autonomous Machines*, S. 83; ähnlich zur medizinischen Haftung McLean (2002), »Cybersurgery«, S. 181.

98 Allain (2013), »From Jeopardy! to Jaundice«, S. 1074.

99 Navas (2020), »Robot Machines«, S. 169 f. Dies diskutiert auch Spindler (2019), »User and Strict Liability«, S. 139.

Art rechtliche Zwangsversicherung.[100] In ganz ähnlicher Weise sieht auch die Europäische Expertengruppe die gemeinsame Haftung aller Akteure vor, die mit einer sogenannten kommerziellen und technologischen Einheit verbunden sind.[101] Betreiber, Hersteller, Händler und Programmierer des Softwareagenten werden in einem solchen Haftungsnetzwerk gebündelt.

Die Netzwerktheorie hilft dabei, die Grenzen dieser Haftungseinheit sowie die relativen Beteiligungen an der Schadensdynamik zu bestimmen. Die Grenzen werden durch die Verflechtung von Verträgen, welche die Mensch-Algorithmus-Assoziation konstituieren, definiert. Dieses Vertragsnetzwerk bestimmt die Gruppe der haftenden Akteure und ihre Anteile an der Haftung.[102] Schließlich findet sich diese Sicht auch in den jüngsten Debatten zur KI-Verantwortung und dem neusten Begriff der KI-Wertschöpfungskette.[103] Auch hier wird das Argument angeführt, dass dem *many hands problem* bei der KI-Herstellung und dem Betrieb von KI mit einer kollektiven Verantwortung begegnet werden müsste.[104]

5. Anteilige Netzwerkhaftung

Wenn dem Netzwerk das Fehlverhalten zunächst kollektiv zuzurechnen und anschließend die finanzielle Haftung individuell auf seine Mitglieder zu verteilen ist, wie lässt sich dann der konkrete Anteil für jeden Haftungsanspruch berechnen? Welche Faktoren sind zu berücksichtigen? In Anlehnung an die bekannte Marktanteilshaftung schlagen wir hier eine »Netzanteilshaftung« vor.[105] Das

100 Vladeck (2014), »Machines without Principals«, S. 129, Fn. 39.

101 Expertengruppe zu Haftung und Neuen Technologien (2019), *Report Liability for Artificial Intelligence*, S. 55 f.

102 Howells/Twigg-Flesner (2022), »Interconnectivity and Liability«, S. 197 ff. Zu weiteren Einzelheiten Lior (2021), »AI Accident Network«, S. 1148 ff., 1160 ff.

103 Ausführlich zum Begriff der KI-Wertschöpfungskette im ursprünglich vorgeschlagenen europäischen KI-Gesetz und den Differenzen zur Praxis Engler/Renda (2022), »AI Value Chain«, S. 1 ff. Zudem enthält die neue EU-Verordnung zur Festlegung harmonisierter Vorschriften für Künstliche Intelligenz (KI-Gesetz) in Art. 28 nunmehr erste Regelungen zu »Verantwortlichkeiten in der KI-Wertschöpfungskette«.

104 Cobbe u. a. (2023), »Understanding Accountability«, S. 1192 f.

105 Allgemein zur »Netzanteilshaftung« als besonderer Form kollektiver Haftung Teubner (2004), *Netzwerk als Vertragsverbund*, S. 246-248.

Netz selbst verfügt über keine kollektiven Ressourcen, die für die Haftung herangezogen werden könnten. Das Netzwerk dient zunächst als Zurechnungspunkt für die Handlungen, da die individuellen Beiträge von Menschen und Algorithmen nicht voneinander getrennt werden können. Auf die kollektive Zurechnung folgt dann jedoch, aufgrund des Mangels an kollektiven Ressourcen, eine Re-Individualisierung der Haftung zwischen den Netzknoten. Eine solche Re-Individualisierung eignet sich für Fallkonstellationen, in denen eine rein kollektive Haftung unverhältnismäßig ist. Einer solchen Re-Individualisierung folgend, sollten einzelne Netzknoten entsprechend ihrer Beteiligung am Netzwerk anteilig haften. Eine solche Kollektivierung bei der Handlungszurechnung und Re-Individualisierung bei der Haftungszurechnung spiegelt die Eigenart der Mensch-Maschine-Netzwerke wider, die gleichzeitig eine individuelle und kollektive Orientierung verlangen, dabei aber keine Ressourcen bündeln. Bei der anteiligen Netzwerkhaftung wird dabei die Verantwortung entsprechend dem »Netzwerkanteil« und nicht etwa anhand des Verursachungsanteils an der schädigenden Handlung re-individualisiert. Der Netzwerkanteil ist zum einen wesentlich einfacher zu erfassen, zum anderen passt er gerade auch für Konstellationen, in denen die kausal schädigende Handlung vom Kollektiv und nicht von den Individuen begangen wird.

Die Verantwortung für das digitale Versagen von Mensch-Maschine-Interaktionen liegt also bei den Netzteilnehmern in Abhängigkeit ihres Anteils am Netzwerk. Der Netzwerkanteil wird dabei durch zwei Kriterien bestimmt: ökonomischer Nutzen und Kontrolle. Beide Komponenten sind für die Bildung und Aufrechterhaltung eines Netzwerkes verantwortlich. Das Kriterium des ökonomischen Nutzens wird anhand der materiellen Vorteile bestimmt, die eine Partei aus der Netzwerkstruktur zieht. Dies können etwa die wirtschaftlichen Vorteile sein, die sich aus der Integration einer Komponente, Software oder Dienstleistung in ein Gesamtnetz im Vergleich zu ihrem isolierten Verkauf auf dem Markt ergeben. Dabei haben nicht alle Netzwerkteilnehmer den gleichen Nutzen, sodass der höhere Netzwerkgewinn eines Teilnehmers zu einem höheren Anteil bei der Haftung führen wird.[106] Das Kriterium der Kontrolle dient als ausgleichender Faktor, um

106 Chinen (2016), »Co-Evolution of Machines and Responsibility«, S. 86.

sicherzustellen, dass der Akt der Inbetriebnahme und Operation eines Algorithmus auch zur Haftung führt. Dies rechtfertigt sich durch die Nähe des den Algorithmus kontrollierenden Akteurs zur unrechtmäßigen Handlung. Daneben ist eine solche Zuweisung zum kontrollierenden Knoten auch aus der Perspektive der Ökonomie sinnvoll: Die Verantwortung wird demjenigen zugewiesen, der die stärkste Problemlösungskapazität zur Vorbeugung und Wiedergutmachung von Schäden besitzt. Infolgedessen haften all jene Akteure, die an der Inbetriebnahme des Algorithmus und der Aufrechterhaltung seiner Funktion beteiligt sind. Ein solcher Vorschlag wurde in ähnlicher Form bereits von der europäischen Expertengruppe zur Haftung von neueren Technologien vorgelegt. In ihrem Report argumentieren die Experten überzeugend, dass es bei vielen Technologien zentrale Backend-Provider gibt, welche die Technologie weiterentwickeln und Backend-Supportdienste anbieten. Ein solcher Backend-Provider hat dabei ein hohes Maß an Kontrolle über das Betriebsrisiko. Darüber hinaus besteht die *ratio legis* einer solchen Haftung darin, die finanzielle Verantwortung nicht nur an eine wirksame Risikokontrolle zu knüpfen, sondern auch an den finanziellen Nutzen, der sich aus dem Betrieb eines Algorithmus ergibt.[107]

Die Frage ist also, wie die Haftung aufgeteilt werden kann, wenn mehrere Beteiligte die Handlungen des Hybriden kontrollieren und davon profitieren. Dieses Problem ist aus dem Arbeits- und Deliktsrecht bekannt. Es geht hier allerdings nicht um Fragen der Verursachung eines Schadens durch mehrere Personen, bei der der Anteil der verschiedenen Verursachungsbeiträge unklar ist. Vielmehr geht es um das relative Gewicht der von verschiedenen Beteiligten ausgeübten Kontrolle über das Kollektiv, das die schädigende Handlung vorgenommen hat, und den jeweiligen Nutzen der Beteiligten. Daher ist die Höhe des Risikos, das die verschiedenen Akteure eingegangen sind, ein zusätzlicher wichtiger Indikator für den Haftungsanteil, den ein Teilnehmer zu tragen hat.[108] Eine Inspiration kann hier die »Roboterhaftungsmatrix« sein, welche die Verantwortung zwischen Hersteller und Benutzer aufteilt.[109] An

107 Expertengruppe zu Haftung und Neuen Technologien (2019), *Report Liability for Artificial Intelligence*, S. 41 f.

108 Bashayreh u. a. (2021), »Proportional Liability Based on Risk Sharing«, S. 180 ff.

109 Pepito u. a. (2019), »Artificial Intelligence and Autonomous Machines«, S. 940 f.

den Aktionen des Hybriden sind regelmäßig mehrere Akteure beteiligt, unter denen die Kontrolle über die Aktionen des Hybrids aufgeteilt wird. Dazu gehören der Programmierer, der die allgemeinen Anweisungen schreibt, der Produzent, der für den gesamten Produktionsprozess verantwortlich ist, und der Benutzer, der den autonomen Agenten in Betrieb nimmt und für seine Zwecke einsetzt. Darüber hinaus profitieren auch die zentralen Backend-Provider von den Operationen des Algorithmus. Die sich zurzeit entwickelnde Spezifizierung einer KI-Wertschöpfungskette kann zu dieser Diskussion um die haftenden Akteure und die Bestimmung des Haftungsanteils anhand des Wertschöpfungsanteils innerhalb der Kette beitragen.[110]

Folglich sollte, anders als bei der Prinzipal-Agenten-Haftung, nicht nur der Nutzer für den Schaden aufkommen, sondern alle Beteiligten, die Kontrolle über das Netzwerk ausüben oder Nutzen daraus ziehen.[111] Idealerweise sollten sie nach ihrem Anteil haften. Bei Zweifeln über den Anteil sollte man zunächst von gleichen Anteilen ausgehen und hiervon dann Ausnahmen einer höheren Anteilshaftung entwickeln. In der Regel wird der Hersteller vertragliche Vereinbarungen mit den Akteuren treffen, die die Algorithmen kontrollieren, und, wenn das Risiko erheblich ist, eine Versicherung abschließen. Hanischs Vorschlag einer abgestuften Haftung zwischen Betreiber und Hersteller, wonach der Betreiber primär und der Hersteller sekundär haftet, ist ebenso ein überlegenswerter Vorschlag.[112] Eine Pflichtversicherung für digitale Risiken, die die Hersteller betrifft, würde die Härtefälle für die Betreiber abfedern, insbesondere wenn sie nicht gewerblich handeln. Die Einführung von Höchstsummen würde der Logik der Versicherbarkeit entsprechen.[113]

110 Zur Bestimmung der produzierenden und profitierenden und damit verantwortlichen Akteure in der KI-Wertschöpfungskette Hacker u.a. (2023), »Regulating ChatGPT«, S. 7 f.; Edwards (2022), *Regulating AI in Europe*, S. 1116 f.

111 Ebenso Howells/Twigg-Flesner (2022), »Interconnectivity and Liability«, S. 197 ff.

112 Hanisch (2014), »Haftungskonzepte für Robotik«, S. 55 ff.

113 Europäisches Parlament (2017), *Entschließungen, zivilrechtliche Regelungen Robotik*, Rn. 29; Horner/Kaulartz (2016), »Haftung 4.0«, S. 26.

6. Externe Haftungskonzentration: Der *One-stop-shop*-Ansatz

Die vorgeschlagene Netzwerkhaftung hat jedoch eine zentrale Schwäche: Sie verursacht hohe Transaktionskosten für den Geschädigten, wenn er versucht, den Schaden geltend zu machen. Obwohl die anteilige Haftung zu einem insgesamt gerechteren Ergebnis führt, beinhaltet sie für den Geschädigten hohe Hürden, wenn er seine Ansprüche einklagen möchte, denn letztlich muss er von jedem potenziellen Schädiger individuell Schadensersatz fordern und trägt dabei das Insolvenzrisiko eines jeden Netzteilnehmers.[114] Er müsste zudem jeweils den Beweis über den Haftungsanteil jedes einzelnen Netzknotens erbringen. Aus Sicht des Geschädigten ist eine Netzwerkhaftung daher weder praktikabel noch effizient noch gerecht.

Dies erfordert jedoch nicht gleich die gänzliche Aufgabe der Netzwerkhaftung. Einen Ausweg sehen wir in der Möglichkeit einer Konzentration der Außenhaftung auf einen Beteiligten. Nach einem solchen *One-stop-shop*-Ansatz muss für die Haftung zunächst ein einziges Haftungssubjekt festgelegt werden, das gegenüber dem Geschädigten als alleiniger Schädiger gilt. Idealerweise wäre ein solches Haftungssubjekt derjenige Netzteilnehmer, der am besten in der Lage ist, (1) das Risiko des Netzwerks zu identifizieren, (2) dessen Entscheidungen zu kontrollieren und zu minimieren und (3) das Risikomanagement zu übernehmen. »Risikomanagement« bedeutet hier die Fähigkeit, das Risiko zu bündeln und auf die anderen Parteien zu verteilen, eventuell durch Versicherungen oder verschuldensunabhängige Entschädigungsfonds.[115] Dieser Vorschlag entspricht den Grundsätzen der *enterprise liability*. Sobald die Verantwortung des Unternehmens feststeht, muss ein einzelner Akteur, in der Regel das Leitunternehmen, eine finanzielle Entschädigung leisten.[116] Loo, ein Befürworter der *enterprise liability*, beschreibt dies wie folgt:

114 Dieses Problem wird auch erkannt von der Expertengruppe zu Haftung und Neuen Technologien (2019), *Report Liability for Artificial Intelligence*, S. 58.

115 Bertolini (2020), *Artificial Intelligence and Civil Liability*, S. 97 ff., 101 f.

116 Vladeck (2014), »Machines without Principals«, S. 129.

Rechtsdogmatisch und rechtspolitisch ist die entscheidende Frage, welches Unternehmen an den Schaltstellen der Macht sitzt mit der Folge, dass es kosteneffizient Fehlverhalten im Unternehmensnetz überwachen und sanktionieren kann. Diese sich abzeichnende Perspektive läuft auf eine Haftung des Netzwerkzentrums hinaus, dessen Akteure im Verhältnis zu ihrem Einfluss Verantwortung übernehmen müssen.[117]

Die Netzwerktheorie kann bei der Ermittlung des Netzzentrums eine große Hilfe sein. Sie hat bereits entsprechende Methoden entwickelt, um Netzwerkknoten ihrem Einfluss entsprechend hierarchisch zu ordnen. Der auf das Netzwerk wirkende Einfluss eines Knotens steht dann in Beziehung zum Grad und der Stärke jedes Knotens innerhalb des Netzwerkes. Diese Zuordnungen erlauben Rückschlüsse auf die Zentralität eines Netzwerkteilnehmers. Darauf kann dann eine Haftungsregelung für sogenannte Netzwerkknoten beziehungsweise Gatekeeper aufbauen. Als Gatekeeper fungieren die Netzteilnehmer, die im Netzwerk eine steuernde Funktion wahrnehmen.[118] In einem Mensch-Maschine-Netzwerk ist dies typischerweise der Hersteller. Wagner argumentiert in diesem Sinne überzeugend dafür, die Hersteller als die eigentlichen Gatekeeper zu identifizieren:

> Die Hersteller von Robotern und IoT-Geräten können die Leistung und das Verhalten ihrer Produkte viel besser kontrollieren, als es die Hersteller mechanischer Produkte vermögen. Soweit die Hersteller die Kontrolle ausüben können, müssen sie haften. Dies ist besonders offensichtlich im Falle eines geschlossenen Softwaresystems, das Dritte, einschließlich des Nutzers, daran hindert, den steuernden Algorithmus zu manipulieren. Hier ist nur der Hersteller in der Lage, die Sicherheitsmerkmale des Geräts zu bestimmen und zu verbessern; niemand sonst kann das. Aus wirtschaftlicher Sicht ist der Hersteller eindeutig der *cheapest cost avoider*.[119]

Folglich könnte der Geschädigte den zentralen Knoten im Netzwerk in die Haftung nehmen, das heißt in der Regel den Hersteller. Dies bedeutet eine erhebliche Erleichterung für den Geschädigten, denn dieser müsste nur noch den Nachweis über den Schaden, die dem Netz zurechenbare Handlung und die entsprechende Kausalität zwischen Handlung und Schaden erbringen.

117 Loo (2020), »Respondeat Superior«, S. 189.

118 Condon (2022), *Network Responsibility*, S. 192 ff.

119 Wagner (2019), »Robot Liability«, S. 40 f.

7. Interne Haftungsverteilung: Pro-Rata-Netzanteil

Ungeachtet dieser externen Haftungskanalisierung sollten die internen Grundsätze der Netzaufteilung intakt bleiben. Das bedeutet, dass die externe Haftungskonzentration durch eine interne Regresshaftung zu ergänzen ist. Der Hersteller, der dem Geschädigten Ersatz geleistet hat, muss die Möglichkeit haben, gegen andere Netzwerkbeteiligte Regressansprüche geltend zu machen. Die meisten Autoren, die eine kollektive Haftung vorgeschlagen haben, insbesondere die europäische Expertengruppe, kommen zu demselben Ergebnis. Sie plädieren für eine externe gesamtschuldnerische Haftung der Akteure, die an einer »technischen und wirtschaftlichen Einheit« beteiligt sind, und schlagen zugleich die Option einer Regressklage vor, die eine anteilige Haftung entsprechend dem individuellen Anteil ermöglicht.[120]

Solche Regressklagen können in zwei Formen auftauchen: In der Regel haben die Beteiligten vertragliche Vereinbarungen zur Risikoverteilung getroffen. Diese erlauben es, Regressansprüche auf die Vertragsklauseln zu gründen. Die Regeln zur Kontrolle von allgemeinen Geschäftsbedingungen ermöglichen es den Gerichten zu prüfen, ob die Vertragsklauseln eine der Vertragsparteien übermäßig belasten, und gegebenenfalls korrigierend einzugreifen. Der Netzanteil, berechnet als wirtschaftlicher Nutzen und Netzwerkkontrolle, kann als die Standardverteilung angesehen werden. Gerichte können prüfen, ob die individuellen Vereinbarungen eine Partei, die stark vom Netzwerk profitiert, unverhältnismäßig von der Haftung ausschließen oder die Haftung beschränken.

Soweit es keine vertraglichen Vereinbarungen gibt, müssen die Gerichte den »Netzanteil« der einzelnen Teilnehmer ermitteln. Der Anteil wird nach den Kriterien der Kontrolle und des wirtschaftlichen Nutzens bestimmt, wobei die Gewichtung der beiden Kriterien von der Struktur des Netzes abhängt. In hierarchischen Netzen ist die Kontrolle der entscheidende Faktor, während in heterarchischen Netzen der wirtschaftliche Nutzen wichtiger ist. Sollte diese Art der Netzwerkhaftung eingeführt werden, müssten die Gerichte in Zukunft diese Kriterien kontinuierlich präzisieren.

120 Expertengruppe zu Haftung und Neuen Technologien (2019), *Report Liability for Artificial Intelligence*, S. 57 f.

8. Gesamtstruktur der Netzwerkhaftung

Insgesamt hat die von uns vorgeschlagene Netzwerkhaftung für Mensch-Maschine-Hybride eine dreischrittige Struktur:

Erster Schritt – *Handlungszurechnung*: Ohne die miteinander verflochtenen Handlungen von Algorithmen und Menschen auseinanderzudividieren und jede einzelne Pflichtverletzung auf ihren kausalen Beitrag zum Schaden zu untersuchen, wird das schädigende Ereignis dem Mensch-Maschine-Hybrid kollektiv zugerechnet. Da aber der Hybrid regelmäßig nicht über finanzielle Mittel verfügt, hat die Zurechnung der Handlung auf den Hybrid nur die Funktion, die Haftung auf einzelne Netzknoten zu kanalisieren.

Zweiter Schritt – *Zurechnung der Haftung*: Sobald die rechtswidrige Handlung dem Hybriden zugerechnet wird, wird die Haftung für diese Handlung demjenigen Akteur zugerechnet, der den größten wirtschaftlichen Nutzen und/oder die größte operative Kontrolle über das Netz hat. Dies ist in der Regel der Hersteller, aber je nach Charakter des Netzes können es auch andere Akteure sein. So kann der Geschädigte den Schaden von einem einzigen Akteur zurückfordern. Als Anspruchsgrundlage muss der Geschädigte lediglich den kausal verursachten Schaden und das unrechtmäßige Handeln des Hybriden nachweisen.

Dritter Schritt – *Haftungsregress*: Die in Haftung genommene Partei ist befugt, die anderen Netzwerkteilnehmer anteilig entsprechend ihrer Mitverantwortung in Regress zu nehmen. Im Regress wird die anteilige Haftung nach dem jeweiligen Netzanteil bestimmt.

Kapitel 4 – Schwärme: Vernetzungsrisiko

Die spezifischen Risiken autonomer elektronischer Agenten, die wir im zweiten Kapitel (unter II.) besprochen haben, scheint die Rechtswissenschaft weitgehend zu ignorieren oder zumindest zu relativieren, wenn sie die Handlungen der Algorithmen einfach den Menschen zurechnet und dann die existierenden Regeln zu Vertragsabschluss und Haftung direkt anwendet. Für hybride Mensch-Algorithmus-Assoziationen haben wir im dritten Kapitel (unter III. und IV.) gezeigt, dass das Recht noch nicht dazu bereit ist, sie als neue Kollektivakteure zu akzeptieren. Aus diesem Grund haben wir vorgeschlagen, dogmatisch eher gesicherte Lösungen zu entwickeln, um die Haftungslücke bei hybridem Mensch-Maschine-Handeln zu schließen. Für die Vernetzung autonomer Agenten, die wir in diesem Kapitel behandeln, stellt sich der Diskussionsstand wiederum anders dar. Verantwortung und Haftung für Schäden, die vernetzte autonome Algorithmen verursachen, werden in der Literatur nur selten diskutiert, und die wenigen Autoren, die das tun, bieten keine Lösung des Problems an.[1] Die Vernetzung wird bisher nur dann diskutiert, wenn es um die Sicherheit von technischen Infrastrukturen geht.[2]

I. Sozio-digitale Institution: Digitale Vernetzung

In diesem Kapitel behandeln wir diese Schwierigkeiten ausführlich. Wir beschäftigen uns dabei zunächst mit dem Phänomen algorithmischer Vernetzung und dessen Bezug zur Gesellschaft. Diese Vernetzung stellt, so argumentieren wir, eine eigenständige sozio-digitale Institution dar, die eigene Risiken birgt.

Charakteristisch für die algorithmische Vernetzung ist, dass kein kommunikativer Kontakt zwischen Mensch und Maschine zustande kommt.[3] Es entsteht also keine Interaktion zwischen Mensch und Maschine, sondern ausschließlich eine indirekte Kopplung der algorithmischen Vernetzung an die Gesellschaft, genauer

1 Z. B. Wagner (2020), »Digitale Techniken«, S. 725, 739 f.

2 Zech (2021), »Liability for AI«, S. 148 f.

3 Dazu genauer Kap. 2, I.3.

eine Kopplung von Sozialsystemen, deren Elementaroperationen *Kommunikationen* sind, mit vernetzten Algorithmen, deren Elementaroperationen digitale *Informationsverarbeitungen* sind.[4] Das hier erzeugte besondere Risiko besteht darin, dass gesellschaftliche Kommunikation der algorithmischen Vernetzung ausgesetzt ist, ohne die maschinellen Operationen beherrschen, beeinflussen oder auch nur verstehen zu können.

Für Zwecke der Verantwortlichkeitszurechnung lassen sich die Operationen algorithmischer Vernetzung weder auf individuelle Entscheidungen isoliert agierender Algorithmen im Rahmen der digitalen Assistenz noch auf die Entscheidungen einer hybriden Mensch-Algorithmus-Assoziation zurückführen.[5] Vielmehr muss man sich hier mit einem dritten eigenständigen Emergenzphänomen auseinandersetzen.[6] Die vernetzten Operationen der Algorithmen bilden eine neuartige, heterarchisch organisierte Kollektivität, die aber deutlich von der im dritten Kapitel (unter I.) diskutierten Kollektivität der Mensch-Algorithmus-Assoziationen zu unterscheiden ist. Daher muss für dieses dritte Emergenzphänomen die Verantwortlichkeit gesondert bestimmt werden.

Wie wir unten noch genauer zeigen, entsteht in der maschinellen Vernetzung eine besondere Beziehung zwischen Maschinen und Gesellschaft, die nicht mit einer Personifizierung der Maschine verbunden ist. Die Maschine tritt nicht als Person oder Kollektiv auf. Stattdessen ist die Gesellschaft der maschinellen Vernetzung nur indirekt ausgesetzt. Soziologisch gesprochen, erscheint die Vernetzung letztlich als eine »Unperson«, die nicht über kommunikative Fähigkeiten verfügt.[7] Dennoch beeinflusst die digitale Vernetzung die Gesellschaft nachhaltig. Aufgrund der fehlenden Kommunikationsmöglichkeiten nimmt diese die vernetzten Operationen der

4 Dazu eingehend Manhart/Wendt (2021), »Systemtheorie digitaler Organisation«, *passim*.

5 In dieser Hinsicht unterscheidet sich unsere Lösung von Gruber (2015), »On Flash Boys and Their Flashbacks«, S. 88 ff., der Interkonnektivität als erweiterte Hybride versteht, sowie von Vorschlägen anderer Autoren, welche die Haftungsregeln für individuelles Maschinenverhalten, wie z. B. die Prinzipal-Agenten-Haftung oder die Produkthaftung, auf die Interkonnektivität ausdehnen wollen.

6 Allgemein zur Emergenz sozio-digitaler Institutionen Kap. 1, III.3, zur Emergenz der digitalen Assistenz Kap. 2, I.3, zur Emergenz digitaler Hybridität Kap. 3 I.2.

7 Zum soziologischen Begriff der »Unperson« Braun (2017), *Latours Existenzweisen und Luhmanns Funktionssysteme*, S. 102 f. Genauer dazu unten.

Maschinen als unvorhersehbar, unverständlich und unbeeinflussbar wahr. Das wichtigste Merkmal digitaler Vernetzungen ist, dass sie Entscheidungen ohne jede menschliche Intervention fällen.[8]

Als Folge der andersartigen Emergenz unterscheidet sich auch das Vernetzungsrisiko von den bisher behandelten Autonomie- und Verbundrisiken. Vernetzungsrisiken entstehen nicht durch das Auftreten neuer Akteure innerhalb der gesellschaftlichen Kommunikation, sondern durch die Vernetzung als technische Konfiguration. Diese liegt »außerhalb« der Gesellschaft. Schäden, die durch die Vernetzung entstehen, können nicht durch Verantwortungszuschreibung gesellschaftlich bewältigt werden. Sie werden als unkontrollierbar und schicksalhaft wahrgenommen.

Im Folgenden analysieren wir diese Beziehung zwischen Gesellschaft und kollektivem Maschinenverhalten als Institution der Kopplung der Gesellschaft an die algorithmische Vernetzung. Darauf aufbauend unterbreiten wir Vorschläge, wie die Verantwortlichkeit für Vernetzungsschäden konzipiert werden sollte. Um den Gedankengang nachvollziehbar zu machen, skizzieren wir vorab unseren zentralen Vorschlag für das Haftungsrecht: Statt mit individueller oder kollektiver Verantwortungszuschreibung sollte das Haftungsrecht auf das Vernetzungsrisiko mit der Einrichtung von Risikopools reagieren. Hierzu sind kollektive Fonds erforderlich, die für Kompensation, Folgenbeseitigung und Prävention von Vernetzungsschäden eingesetzt werden und vom jeweiligen Industriesektor getragen werden sollten.

1. Nichtkommunikative Kontakte

Schon mit dem Aufkommen des Computers entwickelte sich in den Sozialwissenschaften eine Diskussion zur maschinellen Vernetzung. Der weitverbreiteten und häufig unpräzisen Gleichsetzung von informationellen Kontakten zwischen Algorithmen und den Interaktionen zwischen Algorithmen und Menschen setzt die Soziologie ein Verständnis entgegen, das die Operationen von Maschinen und die gesellschaftliche Kommunikation unterschiedlich kategorisiert. Technik und Gesellschaft sind unterschiedliche Welten, zwischen denen es nur wenige Kontaktpunkte gibt.

8 Heine/Quintavalla (2023), »Accountability Gap«, S. 7.

Nur innerhalb eines begrenzten – aber durch generative kommunizierende KI immer größer werdenden – Bereiches findet zwischen Mensch und Computer Kommunikation im strengen systemtheoretischen Sinne statt. Wir haben im zweiten Kapitel (unter I.3.) und im dritten Kapitel (unter I.) gezeigt, dass in diesem Bereich sowohl algorithmische Aktanten als auch Mensch-Maschine-Hybride an Kommunikation über die Synthese von Mitteilung, Information und Verstehen teilnehmen. Es entsteht ein Sozialsystem, in dem die maschinellen Kalkulationen als Elementaroperationen der Kommunikation rekonstruiert werden. Zugleich verändern die Maschinen ihre Kalkulationen als Reaktion auf die gesellschaftliche Kommunikation.

Außerhalb dieses begrenzten Bereiches dagegen gibt es keine Kommunikation mit algorithmischen Operationen. Die internen Kalkulationen bleiben für Kommunikation unzugänglich. Wir haben es dann nicht mehr mit genuinen Mensch-Maschine-Interaktionen zu tun, sondern mit nichtkommunikativen Mensch-Maschine-Beziehungen.[9]

> Bereits heute sind Computer in Gebrauch, deren Operationen weder für Bewußtsein noch für Kommunikation zugänglich sind, und zwar weder zeitgleich noch rekonstruktiv. Obwohl produzierte und programmierte Maschinen, arbeiten solche Computer in einer Weise, die für Bewusstsein und für Kommunikation intransparent bleibt – und trotzdem über strukturelle Kopplungen auf Bewußtsein und Kommunikation einwirkt. Sie sind streng genommen unsichtbare Maschinen.[10]

Strukturelle Kopplung mit unsichtbaren Maschinen – dies bezeichnet die nichtkommunikative Beziehung zwischen der Gesellschaft und den internen Rechenoperationen technischer Systeme. Technische Systeme operieren in der Hardware mit der binären Differenz des An- und Ausschaltens und in der Software mit der binären Differenz der Zahlen 0-1.[11] Diese binären Unterscheidungen werden im digitalen *subface* prozessiert und sind zu gesellschaftlicher Kommunikation nicht direkt anschlussfähig. In diesem Bereich wird nur über strukturelle Kopplungen von technologischer und

9 Gransche u. a. (2014), *Mensch-Technik-Interaktionen*, S. 51 ff.
10 Luhmann (1997), *Gesellschaft der Gesellschaft*, S. 117.
11 Nassehi (2019), *Muster: Theorie der digitalen Gesellschaft*, S. 154 f.

sozialer Autonomie ein sehr indirekter, aber wesentlicher Einfluss auf die Gesellschaft ausgeübt.[12]

In ähnlicher Weise beschreibt Hildebrandt diese Zusammenhänge zwischen Gesellschaft und Technik mit der Metapher des »digitalen Unbewussten«. Damit ist gemeint, dass die Gesellschaft den algorithmischen Operationen ausgesetzt ist, ohne mit ihr direkt in Verbindung zu treten, sie zu kontrollieren oder Verantwortlichkeit für Fehlverhalten bestimmen zu können:

> Der *big-data-space* erweitert unser Bewusstsein um ein digitales Unbewusstes, das weitgehend außerhalb der Reichweite des Bewusstseins operiert. Das digitale Unbewusste gehört keiner Einzelperson und kann von keiner Organisation kontrolliert werden. Es wurde von Einzelpersonen, Unternehmen, Regierungen und Maschinen geschaffen und entwickelt sich nun rasch zum Rückgrat unseres Bildungswesens, der wissenschaftlichen Forschung, des wirtschaftlichen Ökosystems, der staatlichen Verwaltung und der kritischen Infrastrukturen. Es ermöglicht datengesteuertes Handeln in der Software, in eingebetteten Systemen und in der Robotik. Es wird menschliches Handeln zunehmend in eine neue, teilweise datengesteuerte Hybridform verwandeln. Die Onlife-Welt, in der wir heute leben, ist datengetrieben und wird von einem verteilten, heterogenen, digitalen Unbewussten gesteuert.[13]

Andere Autoren beschreiben die gleiche Situation als »strukturelle Verschiebungen« in der Gesellschaft, die durch vernetzte Algorithmen verursacht werden. Diese könnten die Anreize der Akteure ungewollt auf gefährliche Weise verändern, und zwar sowohl auf globaler als auch auf lokaler Ebene. Ein solcher soziotechnischer Wandel sei umso schwieriger zu antizipieren, weil er nicht notwendigerweise von einem der Akteure beabsichtigt ist.[14]

Ebenso finden sich bereits in frühen organisationstheoretischen Analysen zu vernetzten Systemen in Organisationen Argumente dafür, die vernetzten digitalen Infrastrukturen von Unternehmen als selbstständig operierende Systeme zu verstehen. Zusammen mit dem Input der menschlichen Nutzer können solche Systeme Akteur-Netzwerke sein.[15] Die digitalen Infrastrukturen erscheinen da-

12 Wielsch (2021), »Zukunft der Medienverfassung«, S. 15.

13 Hildebrandt (2015), *Technologies and End(s) of Law*, S. 40.

14 Maas (2021), *AI Governance under Change*, S. 179 (mit zahlreichen Beispielen).

15 Monteiro (2001), »Actor-Network Theory and Information Infrastructure«, S. 71 ff.

bei aus der Sicht der Organisation zunächst als Werkzeuge, die zur Effizienzsteigerung und Optimierung von Verfahrensabläufen eingesetzt werden. Doch anders als Unternehmen und ihre Manager regelmäßig annehmen, agieren die Infrastrukturen häufig nicht als willige Werkzeuge, sondern sind autonom und regelmäßig »außer Kontrolle«.[16] Entsprechend ist eine Steuerung der vernetzten Infrastruktur nie in Form einer direkten gesellschaftlichen Kontrolle über die Technik möglich. Stattdessen funktioniert die Steuerung nur *ad hoc*. Es wird improvisiert und so lange gehackt, bis die Maschinen wieder zufriedenstellend funktionieren. Dies geschieht regelmäßig, ohne dass gesellschaftliches Wissen über die Ursachen der Fehlfunktionen des Systems generiert wird.[17] Vernetzte technische Systeme bleiben also für die Gesellschaft unverständlich und lassen sich nicht kontrollieren.

Aus diesen Beschreibungen ergibt sich folgendes Gesamtbild: Die Personifizierung von Algorithmen beschränkt sich auf wenige Kontakte, die über genuine Kommunikation zwischen Mensch und Computer stattfinden. Sie entsteht, wenn die Maschine als Reaktion auf den Input des menschlichen Nutzers ihre Berechnungen verändert oder, andersherum, wenn der Nutzer versteht, wie er auf die Mitteilungen der Maschine zu reagieren hat. Wie im zweiten Kapitel (unter I.3) beschrieben, erfolgt die Kommunikation zwischen digitalen Systemen und Menschen zumeist über Displays. Über diese Schnittstellen findet insbesondere die Kommunikation zwischen digitalen Agenten und ihren menschlichen Prinzipalen statt. Wie im dritten Kapitel (unter I.) beschrieben, kann die Kommunikation zwischen Computern und Menschen zudem so verdichtet sein, dass sich ein neues hybrides soziales System bildet, dem dann als eigenständiger Person eine Handlung zugeschrieben werden kann. Im Unterschied zu diesen beiden Konstellationen lassen sich algorithmische Vernetzungen nicht personifizieren. Die technischen Operationen bleiben als Blackbox unsichtbar. Das technische System als solches ist für die soziale Interaktion nicht erfassbar. In einer solchen Situation sehen sich die menschlichen Nutzer »als Variablen des Systems, die die Prozesse nur noch dahingehend zu prägen haben, dass sie sich den Systemerfordernissen

16 Ciborra u. a. (2001), *Control to Drift*, S. 4; Ciborra/Hanseth (1998), »From Tool to Gestell: Agendas for Managing the Information Infrastructure«, S. 305 ff.

17 Ciborra (2004), *Labyrinths of Information*, S. 29 ff.

optimal unterwerfen, um die Gratifikationen der Systemnutzung zu erhalten«.[18]

2. Distribuierte kognitive Prozesse

Die Vernetzung bildet, wie gesagt, das dritte der im ersten Kapitel (unter III.3) angesprochenen Emergenzphänomene. Vernetzte Algorithmen zeigen ein neuartiges »kollektives« Verhalten, das sich nicht als eine bloße Aggregation des Verhaltens einzelner Algorithmen errechnen lässt. Grund dafür ist die intransparente wechselseitige Beeinflussung der beteiligten Algorithmen. Das Neue an der algorithmischen Vernetzung ist die dramatische Zunahme der Unvorhersehbarkeit der Prozesse und die Komplexität der darunter liegenden digitalen Architektur. Die Vernetzung bezieht sich inzwischen nicht mehr nur auf die Automatisierung, sondern auch auf die Autonomie informationsverarbeitender Maschinen. Sie umfasst sowohl heterarchische Beziehungen zwischen den Algorithmen als auch diesen übergeordnete Metaprozesse, die algorithmische Operationen steuern. Hier werden die menschlichen Akteure, die vormals den Input eingegeben haben, durch eine steuernde Software ersetzt, die ihrerseits autonom agiert.

Solche neuartigen Vernetzungen autonomer Systeme sind nicht mit Bostroms Superintelligenz[19] gleichzusetzen, denn sie bilden keine zielgerichteten kognitiven Fähigkeiten aus. Ebenso wenig lassen sie sich als Aggregat der Einzelentscheidungen autonomer Aktanten beschreiben.[20] Auch die für Hybride angewandte Netzwerktheorie ist nicht hilfreich, da es sich bei algorithmischen Vernetzungen nicht um ein relationales Netzwerk identifizierbarer Akteure handelt. Zudem wird hier innerhalb der Vernetzung kein klar definierter gemeinsamer Zweck verfolgt, der es erlauben würde, die Vernetzung als Kollektivperson zu verstehen.

Damit soll nicht ausgeschlossen werden, dass es strategische Netzwerke von autonom agierenden Algorithmen ohne menschliche Beteiligungen geben kann. Ebenso wenig ist ausgeschlossen, dass autonome Algorithmen so intensiv vernetzt werden, dass sie

18 Gransche u. a. (2014), *Mensch-Technik-Interaktionen*, S. 53.

19 Bostrom (2014), *Superintelligenz*, S. 82 ff.

20 Chen/Burgess (2019), »Boundaries of Legal Personhood«; Nassehi (2019), *Muster: Theorie der digitalen Gesellschaft*, S. 236 ff.

eine Art formale Organisation, wieder ohne menschliche Beteiligung, bilden. Das würde aber voraussetzen, dass sie die Fähigkeit zum überindividuellen strategischen Handeln ausbilden. Dann wären die vernetzten Algorithmen innerhalb der sozio-digitalen Institution der digitalen Assistenz oder gar der Interaktion der E-Person mit Menschen zu lokalisieren und haftungsrechtlich entsprechend zu behandeln. Schon oben haben wir aber dargelegt, dass von vollständig autonomen Algorithmen gesteuerte Organisationen heute noch rein hypothetisch sind.[21]

Demgegenüber sind die hier angesprochenen digitalen Vernetzungen nichtorganisierte Kollektive, die gerade keine strategiefähigen und reflexiven Akteure eigener Art bilden, sondern sich durch unabgestimmte und volatile Formen kollektiven Verhaltens auszeichnen.[22] Hier finden vernetzte Prozesse in der Form distribuierter Kognition statt.[23] Darunter verstehen Kognitionssoziologen kognitive Prozesse, die nicht im Bewusstsein eines einzelnen Akteurs stattfinden, sondern sich über eine soziale Gruppenstruktur verteilen. Distribuierte Kognition ist ein heterarchisches kollektives Handeln, das sogar dann entstehen kann, wenn keine direkte Kommunikation zwischen den Gruppenmitgliedern stattfindet. Die kollektive Handlung wird durch das isolierte Handeln einzelner Akteure hervorgerufen, das von den Handlungen der anderen beteiligten Akteure beeinflusst wird.[24] Soziologen beschreiben dies als eine »Kollektivität ohne Kollektiv« und benutzen die Metapher des »Schwarms«. Schwärme sind Kollektive, bei denen die Einzelakteure gleichförmig handeln, ohne dass eine zentrale Koordination der Aktivitäten stattfindet. Im Gegensatz zu echten Kollektiven mit einer Gruppenidentität findet das kollektive Handeln hier nur über eine Verbindung der Einzelaktionen statt, die durch eine (physische

21 Kap. 1, II.3.

22 Eingehend zu der hier relevanten Unterscheidung von zwei Varianten kollektiver Formationen, nämlich nichtorganisierten Kollektiven und strategiefähigen kollektiven Akteuren, Dolata/Schrape (2014), »Kollektives Handeln im Internet«, S. 5 ff.

23 Allgemein hierzu Dengsø/Kirchhoff (2023), »Beyond Individual-Centred 4E Cognition«, S. 351 ff.; Salomon (1993), »No Distribution Without Individuals' Cognition«, S. 111 ff., 128 ff.; in Erweiterung dieses Konzepts Viljanen (2017), »Cyborg Turn in Law?«, S. 1286.

24 Rauer (2017), »Distribuierte Handlungsträgerschaft«, S. 440 ff., der sich vor allem auf die Vorarbeiten von Hutchins (1995), *Cognition in the Wild*, stützt.

oder technologische) Infrastruktur beeinflusst wird.[25] Im Gegensatz zu Netzwerkorganisationen entwickeln Schwärme weder einen gemeinsamen Zweck noch eine komplexe Organisationsstruktur. Zudem sind sie viel dynamischer als Netzwerkorganisationen, deren Knotenpunkte durch relativ stabile Beziehungen verbunden sind.[26] In den frühen soziologischen Analysen von Blumer wird das Verhalten von »Massen« als eine »zirkuläre Reaktion« beschrieben, als *interstimulation*, bei der die Reaktion eines Individuums die Stimulation reproduziert, die von einem anderen Individuum ausgegangen ist, und die Stimulation verstärkt, indem sie zu diesem Individuum zurückgespiegelt wird«.[27] Wir finden hier eine »rastlose Kollektivität« vor.[28] Mithilfe dieses Konzepts kann gezeigt werden, dass dieses Verständnis von Massen oder Schwärmen auch das Verhalten auf Finanzmärkten erklärt.[29] Hier werden interdependente individuelle Akteursentscheidungen gefällt, die durch eine soziale und technische Infrastruktur gesteuert werden.

Die vernetzten digitalen Systeme, die wir in diesem Kapitel untersuchen, weisen eine solche Form rastloser Kollektivität auf. Der einzige Unterschied ist, dass nicht mehr menschliche Entscheidungen, sondern algorithmische interdependente Operationen der Informationsverarbeitung dieses Phänomen erzeugen. In vernetzten KI-Systemen akkumulieren sich die algorithmischen Operationen nicht zur organisierten Entscheidung eines Kollektivs. Vielmehr erzeugen sie im Schwarmverhalten eine spontane Reziprozität zwischen den Algorithmen. Dabei operieren die einzelnen Algorithmen autonom, wobei ihre Operationen sich in digitalen Routinen stabilisieren.[30] In diese Richtung argumentieren auch Chen und Burgess, wenn sie einen deutlichen Unterschied zwischen der »künstlichen« Intelligenz personifizierter Algorithmen und einer »sozialen« Intelligenz postulieren, die durch eine Infrastruktur ermöglicht wird, die aber in ihrem Handeln unkoordiniert und unkontrollierbar bleibt.[31]

25 Stäheli (2012), »Infrastrukturen des Kollektiven«, S. 114.

26 Allgemein Thacker (2004), »Networks, Swarms, Multitudes«.

27 Blumer (1946), »Collective Behaviour«, S. 170 f.

28 Wiedemann (2014), »Between Swarm, Network, and Multitude«, S. 313.

29 Borch (2007), »Crowds and Economics Life«, S. 549 ff.; Stäheli (2006), »Market Crowds«, S. 271 ff.

30 Messner (2020), »Distant Voices«, S. 1154.

31 Chen/Burgess (2019), »Boundaries of Legal Personhood«, S. 78.

An dieser Stelle wird die scharfe Differenz von bloßer Informationsverarbeitung und genuiner Kommunikation unmittelbar relevant.[32] Die Vernetzung von Algorithmen ist keine Kommunikation zwischen Agenten, auch wenn dies häufig behauptet wird. Denn zwischen Algorithmen wird die dazu notwendige Synthese von Mitteilung, Information und Verstehen nicht erzeugt. Algorithmen verstehen einander nicht, wohl aber prozessieren sie untereinander Informationen. Auf der Grundlage kausal vermittelter elektronischer Impulsverkettungen finden zwischen Algorithmen ausschließlich nichtkommunikative Rechenoperationen statt. Das in der Vernetzung von Algorithmen entstehende Informationssystem ist

> für seine Ordnungsbildung weder auf bewusste Wahrnehmung noch auf das Anschließen an kommunizierte Entscheidungen angewiesen. Im Ergebnis wächst die *subtile* Organisation – ein Geflecht der Verkettungen von Informationen, das *subtextilis,* also »unter« dem kommunikativen Gewebe des Sozialen zu einer Ordnung verflochten ist, die sich operativ der Wahrnehmung entzieht.[33]

Da vernetzte Algorithmen untereinander nur Informationen verarbeiten, aber nicht miteinander kommunizieren, sind sie nicht mit Personifizierung, sozialer Handlungsfähigkeit und Rechtssubjektivität zu erfassen. Während isoliert agierende autonome Algorithmen in Prinzipal-Agenten-Beziehungen soziale und rechtliche Handlungsfähigkeit besitzen und Mensch-Maschine-Hybride als kollektive Akteure personifiziert werden können, ist bei der Vernetzung keine Handlungsattribution möglich. Eine soziale oder rechtliche Personifizierung, wie sie bei algorithmischen Aktanten und Hybriden möglich ist, lässt sich bei der Vernetzung autonomer Algorithmen nicht mehr begründen.[34] Personifizierung erfordert ein Mensch-Maschine-Sozialsystem, das bei den vernetzten Operationen von Computern nicht entstehen kann. Die beste Annäherung liefert der Begriff der sozialen »Unperson«. Der Begriff der

32 Dazu prägnant Manhart/Wendt (2021), »Systemtheorie digitaler Organisation«, *passim*, besonders S. 23 ff.

33 Manhart/Wendt (2021), »Systemtheorie digitaler Organisation«, S. 36.

34 So auch Rammert (2012), »Distributed Agency«, S. 101, 103; Wagner (2020), »Digitale Techniken«, S. 725; Spiecker (2016), »Zukunft systemischer Digitalisierung«, S. 701.

Unperson bezeichnet Informationsprozesse, die außerhalb der gesellschaftlichen Kommunikation stattfinden und der Personifizierung unzugänglich sind. Zunächst wurde der Begriff in der Systemtheorie genutzt, um zu zeigen, dass das menschliche Bewusstsein als solches nicht in die soziale Kommunikation, in der Personen konstituiert werden, einbezogen ist, sondern diese Kommunikation nur von außen irritieren kann.[35] Ganz ähnlich lassen sich die algorithmischen Prozesse (im *subface*) beschreiben, die als elektronische Impulsverkettung (auf Ebene der Hardware) oder als digitale Zeichenverkettung (auf Ebene der Software) in gleicher Weise von der gesellschaftlichen Kommunikation abgeschnitten sind und von dieser nicht verstanden werden können, sie aber von außen irritieren können.

II. Vernetzungsrisiko der digitalen Schwärme

Die Risiken der Vernetzung liegen letztlich in der Unmöglichkeit, die vernetzten Operationen verstehen und damit Schadensereignisse kausal erklären zu können. Die Autoren einer interdisziplinären Studie zu verschiedenen Formen des Maschinenverhaltens fassen diese Risiken unter dem Begriff des »kollektiven Maschinenverhaltens« zusammen:

> Im Gegensatz zur Analyse des individuellen Maschinenverhaltens konzentriert sich die des kollektiven Maschinenverhaltens auf das interaktive und systemweite Verhalten von Ensembles, die aus Maschinenagenten bestehen. In manchen Fällen sind die Auswirkungen des individuellen Maschinenverhaltens kaum relevant, bis nicht die kollektive Ebene betrachtet wird. [...] Kollektive Maschinenensembles eröffnen neue Möglichkeiten, wie z. B. eine sofortige globale Kommunikation, die zu völlig neuen kollektiven Verhaltensmustern führen kann. Studien zum kollektiven Maschinenverhalten untersuchen die Merkmale von Maschinenensembles ebenso wie die unerwarteten Eigenschaften, die in diesen komplexen Systemen von Interaktionen emergieren können.[36]

Die Autoren beziehen sich auf empirische und experimentelle Studien zu Schwärmen von Mikrorobotern und zum Verhalten von Algorithmen im Labor und im realen Leben. Sie verweisen zudem auf

35 Braun (2017), *Latours Existenzweisen und Luhmanns Funktionssysteme*, S. 102 f.
36 Rahwan u. a. (2019), »Machine Behaviour«, S. 482.

wissenschaftliche Beobachtungen, wonach zwischen intelligenten Maschinen neuartige algorithmische Sprachen entstehen können, sowie darauf, dass vollständig autonome Transportsysteme erhebliche Eigendynamiken durch die Vernetzung erfahren. Ein besonders häufig erwähntes Beispiel ist das des algorithmischen Hochfrequenzhandels auf Finanzmärkten. Die berüchtigten »Flash-Crashs« sind sehr wahrscheinlich nicht auf das Verhalten eines einzelnen Algorithmus zurückzuführen, sondern auf das kollektive Verhalten der Maschinen, das fundamental anders ist als menschliches Verhalten auf Finanzmärkten. Die Eigendynamik interdependenter Handelsalgorithmen hat das Potenzial, größere Marktkrisen hervorzurufen.[37] Daneben zeigen neuere Studien auch, dass vernetzte Algorithmen durch ihr Zusammenwirken rechtswidrige Praktiken erlernen können. So können beispielsweise Preisalgorithmen durch Kollusion »lernen, dass der beste Weg zur Profitmaximierung darin besteht, den Wettbewerb zu verringern« und sich mit konkurrierenden Algorithmen abzustimmen.[38]

Dabei wirft die Vernetzung drei Probleme auf, durch die das besondere Vernetzungsrisiko charakterisiert ist. Es ist erstens nicht möglich, bei einem Vernetzungsschaden individuelle Akteure als verantwortliche Subjekte zu identifizieren.[39] Zweitens ist die Kausalität zwischen einem möglicherweise schädigenden Ereignis und dem eingetretenen Schaden nur schwer zu bestimmen.[40] Und drittens lässt sich die Verantwortung nicht anhand der Vorhersehbarkeit bestimmen, weil die Eigendynamik der Vernetzung nicht verständlich oder vorhersehbar ist. Dafoe diskutiert diese Probleme als eine »strukturelle Dynamik«, bei der

> es schwierig ist, einem Einzelnen oder einer Gruppe Fahrlässigkeit oder Vorsatz vorzuwerfen. Es ist kaum möglich, einen einzelnen Akteur zu identifizieren, dessen Verhalten sich ändern ließe, um den Schaden abzuwenden. Ebenso wenig kann man eine kausal naheliegende Gelegenheit zum Eingreifen ausmachen. Vielmehr sehen wir, dass die Technologie auf-

37 Ebd.

38 Assad u. a. (2021), »Autonomous Algorithmic Collusion«, S. 461.

39 Vgl. Zech (2021), »Liability for AI«, S. 148 f.; Spiecker (2016), »Zukunft systemischer Digitalisierung«, S. 701 ff.; Schulz (2015), *Verantwortlichkeit bei autonomen Systemen*, S. 76 f.; Beck (2014), »Diffusion of Legal Responsibility«; Floridi/Sanders (2011), »Morality of Artificial Agents«, S. 205 ff.

40 Karnow (2016), »Traditional Tort to Embodied Machine Intelligence«, S. 73.

grund einer Vielzahl struktureller Dynamiken sozialen Schaden anrichten oder aber ihren Nutzen nicht verwirklichen kann. Die Auswirkungen der Technologie sind diffus, ungewiss, verzögert und schwer zu kontrollieren.[41]

Entsprechend berufen sich Juristen, die sich mit Vernetzungsrisiken beschäftigen, zunehmend auf die Komplexitätstheorie.[42] Dieser zufolge kann bei komplex agierenden Systemen nicht mehr von einer Linearität des Handelns und einer kausalen Verursachung ausgegangen werden. Es ist permanent mit Überraschungen zu rechnen. Die Unvorhersehbarkeit und Unkontrollierbarkeit von Schäden ist dabei weder das Resultat von unzureichender Information, noch liegt ihnen ein »schlecht konzipiertes« System zugrunde, für das jemand verantwortlich gemacht werden kann. Fehlerhaft agierende Vernetzungen werden als »*broken systems*« bezeichnet.[43] Coeckelbergh vergleicht die aus fehlerhafter Vernetzung resultierenden Katastrophen sogar mit Erfahrungen des Tragischen. Herkömmliche Auffassungen von Schuld, Verantwortung und Verursachung greifen zu kurz.[44] Jede im Rückblick vorgenommene Identifizierung der Katastrophenursache ist folglich »grundlegend falsch, (weil sie) auf naiven Vorstellungen von der Leistungsfähigkeit eines Systems beruht«.[45]

Bei der Vernetzung helfen weder *Ex-ante-* noch *Ex-post-*Analysen, um einzelne Akteure als Zurechnungspunkte herausgreifen und ihre kausalen Beiträge zum Schaden voneinander abgrenzen zu können.[46] Die Europäische Kommission ist sich dieses Problems durchaus bewusst. In den vorbereitenden Studien zur Verantwortung und Haftung für Künstliche Intelligenz wird dies explizit thematisiert:

41 Dafoe (2018), »AI Governance«, S. 7.

42 Wendehorst (2020), »Strict Liability for AI«, S. 152 f.; Chinen (2019), *Law and Autonomous Machines*, S. 94 ff.; Karnow (2016), »Traditional Tort to Embodied Machine Intelligence«, S. 74.

43 Allgemein hierzu Cook (2002), »How Complex Systems Fail«, Abs. 4 ff.

44 Coeckelbergh (2012), »Experiences of the Tragic«, S. 37; Chinen (2019), *Law and Autonomous Machines*, S. 98 f.

45 Cook (2002), »How Complex Systems Fail«, Punkt 5 und 7.

46 Heine/Li (2019), »Product Safety and 3D Printing«, S. 26 ff.; Yeung (2019), *Responsibility and AI*, S. 62 ff.; Zech (2016), »Zivilrechtliche Haftung«, S. 170.

KI-Anwendungen sind häufig in komplexe IoT-Umgebungen integriert, in denen viele verschiedene vernetzte Geräte und Dienste interagieren. Die Kombination verschiedener digitaler Komponenten in einem komplexen Ökosystem und die Vielfalt der beteiligten Akteure kann es schwierig machen zu beurteilen, in welchem Fall ein potenzieller Schaden verursacht wird und wer dafür haftet. Aufgrund der Komplexität dieser Technologien kann es für die Opfer sehr schwer sein, die haftbare Person zu ermitteln und alle nach nationalem Recht erforderlichen Voraussetzungen für einen erfolgreichen Anspruch nachzuweisen. Die Kosten des Nachweises können wirtschaftlich untragbar sein und die Opfer davon abhalten, eine Entschädigung zu verlangen.[47]

Doch sollte das Recht überhaupt auf das Vernetzungsrisiko reagieren, wenn die Zuschreibung von Handlung, Verursachung und Verantwortung unmöglich ist? Ließe sich nicht auch argumentieren, dass die algorithmische Vernetzung ein von der Gesellschaft zu tolerierendes »Lebensrisiko« ist, mit dem sich das Recht nicht befassen sollte? Wenn die Vernetzung aufgrund ihrer Konstruktion unweigerlich zu Schäden führt, liegt in der Tat der Schluss nahe, dass hier nichts durch das Recht ausgeglichen werden muss. Die Risiken der Vernetzung wären dann eben der Preis, den die Gesellschaft für die Nutzung der Technologie zu zahlen hat.

Doch bringt Nassehi ein wichtiges Gegenargument vor. Auch wenn vernetzte Systeme unsichtbar, in ihren Abläufen unvorhersehbar und in ihrer zugrundeliegenden Struktur unverständlich sind, produzieren sie doch einen Sinnüberschuss,[48] denn sie erbringen beabsichtigte und für die Gesellschaft produktive Ergebnisse. Autonome Infrastrukturen können zwar regelmäßig außer Kontrolle geraten, sind aber für die Gesellschaft dennoch von erheblichem Nutzen. Dies führt zu zwei Konsequenzen. Erstens erfordern digitale Technologien durch ihr bloßes Funktionieren keinen Konsens hinsichtlich ihrer Nutzung; die Akzeptanz der Technologie beruht allein auf ihrer Problemlösungskapazität. Technologie setzt sich gesellschaftlich durch, weil sie funktioniert. Zweitens gibt es ein gesellschaftliches Vertrauen in das Funktionieren der Technik, das geschützt werden muss. Den Risiken der Technologien muss begegnet und die durch sie verursachten Schäden müssen kompensiert

47 Europäische Kommission (2020), *Bericht Sicherheit und Haftung KI* 2020, S. 17.
48 Nassehi (2019), *Muster: Theorie der digitalen Gesellschaft*, S. 197 ff.

werden, auch wenn keine Handlungszuschreibung möglich ist. Aus diesen Gründen sind haftungsrechtliche Ausgleichsregelungen erforderlich, welche die Risiken der neuen Technologien erfassen und sie über Haftungsnormen minimieren.

Freilich ist es nicht das erste Mal, dass das Recht die Risiken unkoordinierter komplexer Prozesse zu bewältigen hat. Das Haftungsrecht musste sich bereits in vielfältiger Weise mit der Haftung für inhärent gefahrträchtige Systeme beschäftigen. Um nur zwei Beispiele zu nennen: Die zivile Nutzung der Nukleartechnologie wurde als zukunftsträchtige Form der Energieerzeugung gesellschaftlich akzeptiert und das Vertrauen in sie durch das Haftungsrecht abgestützt. Daraufhin sahen internationale Abkommen eine direkte und verschuldensunabhängige Haftung der Kraftwerksbetreiber vor, um Schäden zumindest teilweise zu kompensieren.[49] Ein weiteres Beispiel sind die Risiken, die mit komplexen Lieferketten verbunden sind. So hat etwa der Einsturz der Textilfabrik Rana Plaza im Jahr 2013 gezeigt, welche Gefahren von komplexen Lieferketten und der Billigproduktion von Wirtschaftsgütern ausgehen. Auch in diesem Beispiel hat das Recht Schwierigkeiten, angemessene Verantwortungskonzepte zu entwickeln.[50] Trotz zahlreicher Versuche, gegen sogenannte »Leitunternehmen« vorzugehen, scheint das Haftungsrecht für die Betroffenen nicht mehr als die Einsicht bereitzuhalten, dass zwar die aggregierten Entscheidungen von Unternehmen, Lieferanten, Wirtschaftsprüfern und staatlichen Inspektoren die Katastrophe verursacht haben, aber dennoch niemand individuell verantwortlich ist.[51] Als Reaktion darauf werden zunehmend Vorschläge für neue Haftungsmodelle gemacht, die eine solche organisierte Verantwortungslosigkeit berücksichtigen.[52] Das Scheitern eines Haftungsmodells individueller Verant-

49 Art. II, IV des *Wiener Übereinkommens über die zivilrechtliche Haftung für nukleare Schäden*, (Wien, 21. Mai 1963); Art. 3 des Pariser Übereinkommens über die Haftung gegenüber Dritten auf dem Gebiet der Kernenergie (Paris, 29. Juli 1960), geändert durch die Zusatzprotokolle (Paris, 28. Januar 1964, und Paris, 12. Februar 2004).

50 Eller (2019), »Recht der Verantwortungsgesellschaft«, S. 36 ff.

51 Z. B. *Rahaman* v *JC Penny Corp., The Children's Place* und *Wal-Mart Stores*, Superior Court of Delaware, C.A. No. N15C-07-174 MMJ; *Arati Rani Das* v *Weston Ltd. und Loblaws Comp.* 2017 ONSC 4129; *ECCHR et al* v *TÜV Rheinland* AG, OECD Specific Instance Procedure, 2. Mai 2016.

52 Anner u. a. (2013), »Towards Joint Liability in Global Supply-Chains «, S. 25 ff.;

wortung macht es nötig, mit einer Vergesellschaftung der Schäden zu reagieren. Die digitale Vernetzung erfordert ähnlich drastische Maßnahmen.

III. Assistenten- oder Kollektivhaftung für Vernetzungsrisiken?

Angesichts der enormen Schwierigkeiten bei der Zurechnung von Handlung, Verantwortung und Kausalität ist es kein Wunder, dass die rechtswissenschaftliche Debatte bisher wenige Lösungsvorschläge zu bieten hat. Nur einige wenige Autoren haben sich überhaupt an die Problematik herangetastet. Die Vorschläge reichen hier von Produkt- oder Prinzipal-Agenten-Haftung für das vernetzte System bis zur Kollektivhaftung aller am vernetzten System Beteiligten. Im Folgenden werden zunächst diese Vorschläge diskutiert. Dabei zeigen wir, dass weder Produkt- noch Prinzipal-Agenten-Haftung noch Kollektivhaftung geeignet sind und daher ein neuartiges, auf die Vernetzung zugeschnittenes Haftungsregime notwendig ist.

1. Anwendung bestehender Haftungsregime

Nur wenige Autoren behaupten, dass zur Bewältigung des Vernetzungsrisikos die bestehenden Haftungsregeln ausreichen, oder gar, dass überhaupt keine Haftungslücke entsteht. Diese Position wird allerdings teilweise bei der Haftung für selbstfahrende Fahrzeuge vertreten. Hier würden die bereits bestehenden Normen der Straßenverkehrshaftung, der Produkthaftung sowie die allgemeine Verschuldenshaftung ausreichen. Die Konsequenz sei ein Nebeneinander verschiedener Haftungsregime, die jeweils unterschiedliche Akteure träfen. In ihrer Gesamtheit aber würden Schädigungen durch das vernetzte Transportsystem ausreichend kompensiert, wenn die Produkthaftung den Hersteller des vernetzten Systems treffe, die Gefährdungshaftung nach § 7 Abs. 1 StVG den Halter und die verschuldensabhängige Haftung nach den allgemeinen deliktischen Regeln den Verursacher des Schadens.[53]

Salminen (2016), »Contract-Boundary-Spanning Governance Mechanisms«, S. 736 ff.

53 So Koch (2019), »Product Liability 2.0«, S. 116. Ähnlich, aber mit vorsichtigen

Doch diese Position begegnet erheblichen Einwänden. Erstens ist es nur in wenigen Bereichen möglich, auf solch umfangreiche bestehende Haftungsregeln zurückzugreifen. Denn dies funktioniert allenfalls dort, wo das geltende Recht eine weitreichende Gefährdungshaftung bereits angeordnet hat. Dies dürfte im Bereich der selbstfahrenden Autos der Fall sein, wo bereits die Halterhaftung in Verbindung mit einer Pflichtversicherung etabliert ist. Diese könnte in der Tat auf autonome Systeme angewendet werden. In zahlreichen anderen Sektoren, in denen vernetzte Systeme eingesetzt werden, besteht aber eine solche Haftung nicht. Insoweit ist die Straßenverkehrshaftung kein repräsentatives Beispiel für die Entwicklung eines Haftungsregimes für Vernetzungsschäden. Nach derzeit geltendem Recht bestehen im algorithmischen Finanzhandel, in der vernetzten Industrierobotik, in der Medizin und bei algorithmischen Suchmaschinen erhebliche Haftungslücken.

Zweitens bleiben selbst in den Bereichen, in denen die Gefährdungshaftung etabliert ist, Haftungslücken bestehen. Denn bei Vernetzungsschäden ist es in der Regel schwierig, den generellen Systembetreiber zu identifizieren, der dann nach den Regeln der Gefährdungshaftung in Haftung genommen werden kann. Wer kann *de lege lata* haftbar gemacht werden, wenn der Schaden durch interdependente Operationen des Systems verursacht wird, hinter denen jeweils unterschiedliche Betreiber stehen? Sogar im Fall von selbstfahrenden Autos, die sensorbasiert mit der Umgebung interagieren, bleibt unklar, wie ein einziger Betreiber in Haftung genommen werden kann. Soweit der Hersteller seine Pflichten nach dem ProduktHG erfüllt hat und dem Fahrer selbst kein Verschulden nachgewiesen kann, träfe die Gesamtverantwortung allein deswegen den Halter des Fahrzeugs, weil die bestehenden Regeln der Halterhaftung nach § 7 Abs. 1 StVG sehr weit gefasst sind. Die Haftungslücke wird nur deswegen nicht erkannt, weil die Literatur gleichzeitig den Ausschlussgrund der höheren Gewalt, der bei Fehlfunktionen von vernetzten Systemen durchaus naheliegt, so eng auslegt, dass Systemfehler den Halter trotz dessen fehlender Einwirkungsmöglichkeit faktisch nicht entlasten können.[54]

Vorschlägen *de lege ferenda* zur Weiterentwicklung der Produkthaftung Ringlage (2022), *Haftungskonzepte für autonomes Fahren*, S. 235 f.

54 Zu der sehr engen Auslegung des § 7 Abs 2 StVG bei Fehlern im vernetzten System Bodungen/Hoffmann (2016), »Autonomes Fahren«, S. 451; Borges (2016),

Drittens bilden die bestehenden Haftungsregeln für vernetzte Systeme ein äußerst intransparentes Haftungssystem, das zugleich normativ inkonsistent ist. Es lässt sich schwerlich begründen, warum einige Akteure, die zufällig den Regeln einer weitreichenden Gefährdungshaftung unterliegen, stärker zur Verantwortung gezogen werden sollten als andere beteiligte Akteure. Bei der Diskussion um die Straßenverkehrshaftung zeigt sich dies ganz konkret: Warum sollte der Halter allein aufgrund der Tatsache, dass § 7 Abs. 1 StVG besteht, stärker in die Verantwortung genommen werden als der Hersteller?[55] Für ein Haftungssystem, das eine faire Risikoverteilung gewährleistet, sind die bestehenden Regeln nicht hinreichend.

2. Assistenten- oder Produkthaftung?

Eine ernstzunehmende Alternative zur Anwendung bestehender Regeln wäre, dass die Haftung einen näher zu bestimmenden Systembetreiber träfe. Dies ließe sich entweder in der Form der Prinzipal-Agenten-Haftung erreichen, wie wir sie im zweiten Kapitel (unter IV.2) vorgeschlagen haben, oder sie ließe sich als Erweiterung der Produkthaftung konzipieren, wie sie in der Literatur befürwortet wird.[56] Im Gegensatz zur Haftung für autonome Agenten würde jedoch in den Vernetzungsfällen das Risiko des Betreibers oder Herstellers erheblich erweitert. Dieser würde dann nicht mehr nur das Entscheidungsrisiko eines einzelnen Algorithmus tragen, sondern auch das Risiko der gesamten vernetzten algorithmischen Operationen. Der Betreiber würde demnach für alle distribuierten und interdependenten Entscheidungen innerhalb des vernetzten Systems in Haftung genommen. Es müsste entweder ein Betreiber herausgegriffen werden, der das gesamte Haftungsrisiko zu tragen hat,[57]

»Haftung für selbstfahrende Autos«, S. 274; Ringlage (2022), *Haftungskonzepte für autonomes Fahren*, S. 43 f.

55 Dies sieht auch Ringlage (2022), *Haftungskonzepte für autonomes Fahren*, S. 227 f., der deswegen *de lege ferenda* vorschlägt, dass der Halter beim Hersteller Regress nehmen können sollte.

56 Wagner (2020), »Digitale Techniken«, S. 739 f. Siehe auch Zech (2021), »Liability for AI«, S. 154.

57 Zum Vorschlag einer Haftung des Vermarkters des vernetzten Endprodukts z. B. Koch (2019), »Product Liability 2.0«, S. 111. Zur Haftung des Herstellers für vernetzte Produkte Beierle (2021), *Produkthaftung im Zeitalter des Internet of Things*, S. 302 f.

oder es müssten alle an der Vernetzung beteiligten Betreiber entsprechend haften.[58]

Die größte Schwierigkeit liegt allerdings darin, einen übergeordneten Systembetreiber auszumachen, der in verschuldensunabhängiger Haftung für die Vernetzungsschäden aufkommen muss. Wie Wagner es ausdrückt: »Der ›Systembetreiber‹ eines digitalen Systems als Pendant zu seinem Endhersteller muss erst noch gefunden werden.«[59] Die Kriterien, die wir im dritten Kapitel (unter IV.4-7) für das Verbundrisiko entwickelt haben (Kontrolle und wirtschaftlicher Nutzen der Akteure), helfen hier nicht weiter. Angesichts der interdependenten Entscheidungsprozesse erscheint die Identifizierung eines verantwortlichen Akteurs geradezu willkürlich. Die Konzentration des Haftungsrisikos auf einen Akteur, etwa den Vermarkter eines vernetzten Produkts oder den Softwarehersteller, lässt sich jedenfalls nicht mit dessen individueller Verantwortung für den Schaden begründen. Dafür existieren im System zu viele Entscheidungen und zu viele Betreiber von Komponenten, die solche Entscheidungen hervorbringen. Komplexe, miteinander vernetzte Systeme lassen eine Individualisierung von Verantwortung einfach nicht zu.[60]

Damit bliebe als einziger Ausweg, unabhängig von jedweder individuellen Verantwortlichkeit das Vernetzungsrisiko einem bestimmten Akteur normativ zuzuweisen. Ökonomische Argumente hierfür könnten die finanzielle Leistungsfähigkeit eines Akteurs, die Regeln des *cheapest cost avoider* oder die Risikoaffinität bestimmter Tätigkeiten sein.[61] Im Fall von digitalen Plattformen sind alle drei einschlägig. Für Schäden, die individuelle Akteure auf Plattformen verursachen, wird die Plattform verantwortlich gemacht. Als Gründe werden besonders die Kontrolle des Plattformbetreibers über die Infrastruktur sowie der wirtschaftliche Nutzen, den der Betreiber aus der Plattform zieht, genannt. Bei anderen vernetzten Systemen ist es jedoch schwer, einen einzigen kontrollierenden Betreiber ausfindig zu machen, sodass das Herausgreifen eines Akteurs letztlich

58 Zu diesem Vorschlag unten, Abschnitt 3.

59 Wagner (2020), »Digitale Techniken«, S. 725.

60 Chinen (2019), *Law and Autonomous Machines*, S. 96.

61 Dazu Wendehorst (2020), »Strict Liability for AI«, S. 172 ff.; Hanisch (2014), »Haftungskonzepte für Robotik«, S. 55 ff.

willkürlich erscheint.[62] Angesichts der immensen und weitgehend unvorhersehbaren Schäden, die vernetzte Systeme verursachen können, ist es zudem unwahrscheinlich, dass ein einzelner Systembetreiber überhaupt in der Lage sein wird, ein solches Risiko zu versichern.[63]

3. Kollektivhaftung?

Um die Risikoallokation auf einen einzigen Akteur zu vermeiden, wird daher vorgeschlagen, die Haftung kollektiv auf alle Akteure zu verteilen, die an Herstellung und Betrieb des Systems beteiligt sind. Rechtsdogmatisch wird dieser Vorschlag unterschiedlich verortet. Die derzeit bevorzugte Lösung ist die gesamtschuldnerische Haftung.[64] Andere Autoren schlagen anteilige Haftung vor.[65] Die kollektive Haftung würde sich jedenfalls auf alle am System beteiligten Akteure erstrecken.[66]

Die gesamtschuldnerische Haftung würde es dem Geschädigten erlauben, jeden der Betreiber des vernetzten Systems für den gesamten Schaden in Haftung zu nehmen, unabhängig davon, wessen Systemkomponente den Schaden verursacht hat. Der in Haftung genommene Akteur müsste sich anschließend mit den anderen beteiligten Parteien intern auseinandersetzen. Eine solche Lösung ähnelt der Netzwerkhaftung, die wir als Antwort auf die Haftungslücke bei Mensch-Maschine-Assoziationen vorgeschlagen haben.[67]

62 Spiecker (2016), »Zukunft systemischer Digitalisierung«, S. 702.

63 Zu den Problemen der Versicherbarkeit von KI-bezogenen Schäden bei fehlender Kalkulierbarkeit der Schäden und Unsicherheit über die anwendbaren Haftungsregeln Faure/Li (2022), »Artificial Intelligence and Insurance«, S. 11.

64 Im deutschen Recht wird vor allem § 830 Abs. 1 Nr. 2 BGB diskutiert, im Common Law *joint liability*.

65 Bashayreh u. a. (2021), »Proportional Liability Based on Risk Sharing«, S. 180 ff.; Zech (2019), »KI und Haftungsfragen«, 208 f.; Spiecker (2016), »Zukunft systemischer Digitalisierung«, S. 703 f. Siehe auch Cauffman (2018), »Robo-Liability«, S. 531.

66 Spindler (2019), »User and Strict Liability«, S. 139; Spiecker (2016), »Zukunft systemischer Digitalisierung«, S. 703; Vladeck (2014), »Machines without Principals«, S. 148 ff.; in eine ähnliche Richtung Lior (2020), »AI Entities as Agents«, S. 1094; Expertengruppe zu Haftung und Neuen Technologien (2019), *Report Liability for Artificial Intelligence*, S. 55 ff.

67 Kap. 3, IV.5 und 7.

Die vernetzten Systeme wären ähnlich wie die Mensch-Maschine-Assoziationen als Akteur-Netzwerke zu verstehen, für die eine gemeinsame Verantwortung der beteiligten Akteure festgelegt wird. Dies könnte wiederum mit steuerungspolitischen Überlegungen, wie Haftungskanalisierung und -verteilung, verbunden werden.

Eine solche Lösung begegnet jedoch starken Einwänden. Der wichtigste Kritikpunkt ist, dass sich das Vernetzungsrisiko erheblich vom Verbundrisiko der Mensch-Maschine-Assoziationen unterscheidet. Dies zeigt sich insbesondere bei der Beweislastverteilung. Es ist für den Geschädigten schwer, wenn nicht unmöglich, darzulegen, welche der Entscheidungen in einem vernetzten System kausal für den Schaden verantwortlich ist.[68] Daher, so die Argumentation, müsse die Lösung in der Umkehr der Beweislast liegen.[69] Jedoch erstreckt sich die vorgeschlagene Beweislastumkehr bisher nur auf die Kausalität zwischen Handlung und Schaden. Nicht mehr der Geschädigte müsste dann beweisen, dass eine Handlung zu einem Schaden geführt hat, sondern der in Haftung genommene Schädiger, dass eine Handlung nicht den Schaden verursacht hat. Dies bedeutet jedoch, dass der Geschädigte nach wie vor die Handlung benennen muss, die den Schaden verursacht hat.[70] Im Fall von vernetzten Systemen, bei denen interdependente Entscheidungen zu Schäden führen, ist eine solche Benennung aber unmöglich. In Mensch-Maschine-Assoziationen findet sich ein ähnliches Problem der Beweislast. Hier lassen sich regelmäßig keine individuellen Handlungen identifizieren, sondern nur eine kollektive Handlung der Assoziation. Unser Lösungsvorschlag bestand darin, zwischen der Handlungs- und Haftungszurechnung zu unterscheiden. Dadurch wird die Beweislast für den Geschädigten gelockert. Er muss nur die kollektive Handlung des Hybrids und den kausalen Zusammenhang zwischen dieser und dem Schaden beweisen, um eines der Mitglieder in Haftung zu nehmen.[71] Diese Lösung lässt sich jedoch nicht einfach auf die Vernetzung anwen-

68 Wagner (2020), »Digitale Techniken«, S. 739; Oster (2018), »Haftung für Persönlichkeitsverletzungen«, S. 50.

69 Oster (2018), »Haftung für Persönlichkeitsverletzungen«, S. 50 f.; Spindler (2019), »User and Strict Liability«, S. 139.

70 Expertengruppe zu Haftung und Neuen Technologien (2019), *Report Liability for Artificial Intelligence*, S. 56.

71 Kap. 3, IV.3 und 6.

den, da sich hier zusätzlich das Problem der Abgrenzbarkeit einer Schädigungshandlung als solcher stellt.[72] Hybride Mensch-Maschine-Verbünde erlauben die Zurechnung der Handlungen an ein abgrenzbares Kollektiv. Im Gegensatz dazu kann in vernetzten Systemen weder eine individuelle noch eine kollektive Handlung identifiziert werden. Es ist das vernetzte System selbst, das aufgrund von Interdependenzen eine schadensträchtige Fehlfunktion aufweist.

Daher müsste im Falle der Vernetzung die Umkehr der Beweislast deutlich erweitert werden. Der Geschädigte müsste nur den Schaden und dessen Zusammenhang mit dem vernetzten System nachweisen.[73] Mit der Umkehr der Beweislast würde also immer zumindest vorläufig angenommen, dass es im vernetzten System eine Handlung gab, die den Schaden verursacht hat. Das Ergebnis wäre dann eine *Prima-facie*-Annahme für das Vorliegen einer schädigenden Handlung. Dies würde jedoch ungerechtfertigte Nachteile für die in Haftung genommenen Betreiber mit sich bringen. Wie können diese die Annahme, dass es eine schadensverursachende Handlung gab, widerlegen? Sie müssten nachweisen, dass in dem gesamten vernetzten System keine abgrenzbare für den Schaden verantwortliche Handlung stattgefunden hat. Das aber ist schwerlich möglich.

Ein nur scheinbar eleganter Ausweg ist es, eine Verpflichtung für die Betreiber zu statuieren, wonach sie die Blackbox zu öffnen und die Rechenoperationen des Systems offenzulegen haben. Oder ein noch allgemeinerer Ausweg: Damit die schadensverursachende Handlung immer identifiziert werden kann, dürfen ausschließlich »erklärbare« und »nachvollziehbare« vernetzte Systeme auf den Markt gebracht werden.[74] Diese Lösungen vermitteln jedoch ein falsches Sicherheitsgefühl. Denn das Vernetzungsrisiko ist auf miteinander interagierende algorithmische Entscheidungen zurückzuführen, die nicht oder jedenfalls nicht eindeutig verständlich sind.[75] Dies ändert sich auch nicht dadurch, dass die Blackbox des Systems geöffnet wird. Dies mag zur Transparenz der zugrundeliegenden Daten und Programme führen, aber es erlaubt keine eindeutige

72 Bashayreh u. a. (2021), »Proportional Liability Based on Risk Sharing«, S. 173, 176; Zech (2019), »KI und Haftungsfragen«, S. 208, 218.

73 Zu einem solchen Vorschlag Wendehorst (2020), »Strict Liability for AI«, S. 178.

74 Oster (2018), »Haftung für Persönlichkeitsverletzungen«, S. 50.

75 Rahwan u. a. (2019), »Machine Behaviour«, S. 482.

Identifizierung der tatsächlichen Aktionen. Die Daten als solche haben keinen eindeutigen Sinn; erst in der Wechselbeziehung mit der Gesellschaft, das heißt in der Interpretation der Daten, kann ein solcher Sinn geschaffen werden. Vernetzte Systeme operieren wie oben gesagt außerhalb der Gesellschaft und verarbeiten Programme und Daten in Form von Informationen. Für die Zurechnung von Verantwortung wäre jedoch eine Rekonstruktion der Daten als zurechenbare Handlung erforderlich. Zudem müssten die Daten normativ bewertet werden. Das Öffnen der Blackbox wird aber weder Aufschluss darüber geben, wo die einzelne schädigende Handlung lag, noch, wer dafür verantwortlich war. Der Prozess wird lediglich Informationen liefern, die die Basis für eine weitere Rekonstruktion durch interpretative Praktiken sein können.[76] Im Rechtssystem ist zusätzlich eine normative Entscheidung erforderlich, auf deren Basis das Ereignis als Handlung interpretiert und die Haftungsfrage beantwortet werden kann. Für vernetzte algorithmische Systeme bedeutet dies jedoch immense Schwierigkeiten: Jede Interpretation der binären Operationen ist bereits eine normative Entscheidung im Recht darüber, wer im Namen eines unvorhersehbaren Systems als Handelnder gelten soll.

Neben diesen Beweisproblemen begegnen die kollektiven Haftungsvorschläge noch weiteren Bedenken. Insbesondere die gesamtschuldnerische Haftung hat die Tendenz, das Risiko für die Vernetzung auf nur eine der beteiligten Parteien zu verlagern. Wenn der Geschädigte einen der beteiligten Akteure erfolgreich verklagen kann, ist es von entscheidender Bedeutung, dass diese Partei die anderen Beteiligten in Regress nehmen kann. Das ist schließlich die Idee hinter der kollektiven Verantwortung. Damit wird das Problem der Identifizierung individueller Entscheidungen jedoch nicht gelöst, sondern nur verlagert. Die Partei, die als »Verantwortlicher« für das System den Schaden gegenüber dem Geschädigten zu tragen hat, muss dann bei ihren Forderungen gegenüber den anderen Beteiligten beweisen, wie der Schaden entstanden ist, und den eigenen Anteil gegenüber allen anderen Beteiligten bestimmen. Ist dies, wie wir oben dargelegt haben, aufgrund der Besonderheit des vernetzten Systems nicht möglich, würde faktisch diejenige Partei das Gesamtrisiko zu tragen haben, die vom Geschädigten zufällig als

76 Ananny/Crawford (2018), »Seeing without Knowing«, die dies anhand eines relationalen Verständnisses der Transparenz diskutieren.

Beklagte ausgewählt wurde. Dabei handelt es sich wahrscheinlich entweder um die Partei mit den größten finanziellen Möglichkeiten oder um die Partei, die am leichtesten juristisch »erreichbar« ist.

Der Vorschlag einer anteiligen Haftung wiederum begegnet diesem Problem damit, dass von vorneherein gar kein Regress nötig ist, sondern der Geschädigte die einzelnen Teilansprüche geltend macht. Allerdings wird in diesem Fall dem Geschädigten die Aufgabe zugewiesen, die einzelnen Schadensanteile zu berechnen und die individuellen Kausalketten zu beweisen. Und es bleibt die Frage: Wie lassen sich die Verantwortungsanteile der verschiedenen Akteure abgrenzen?

Ist es also sinnvoll, die Teilnehmer, die vertraglich zu einer »wirtschaftlichen oder technischen Einheit« verbunden sind, gesamtschuldnerisch haften zu lassen?[77] Nach unserer Auffassung sollte dies vermieden werden, denn im Falle der Vernetzung lässt sich, wie schon gesagt, aufgrund ihrer emergenten Eigenschaften weder eine individuelle noch eine kollektive Handlungseinheit identifizieren, die für die Haftungszurechnung tauglich wäre. Natürlich ließe sich eine Art Netzanteilshaftung entwickeln, die keine abgrenzbare technische oder wirtschaftliche Einheit als Bezugspunkt für die Handlung nimmt, sondern gleich das gesamte vernetzte System. Dies könnte in der Tat zu einer besseren Risikoverteilung führen, da auf diejenigen Betreiber abgezielt würde, die wirtschaftlich von der Vernetzung am stärksten profitieren.[78] Eventuell ließe sich sogar der »Risikoanteil« der einzelnen Akteure abschätzen.[79] Das Hauptproblem bleibt jedoch bestehen. Die Berechnung des Anteils scheitert daran, dass die Grenzen des vernetzten Systems nicht bestimmt werden können. Daher ist selbst die Lösung, dass alle am vernetzten System Beteiligten verpflichtet werden, ihren Anteil offenzulegen, wenig befriedigend. Es ist schlichtweg unmöglich zu bestimmen, welche diese beteiligten Parteien sind, ganz zu schweigen von einer Abwägung der einzelnen Risiken.

77 So die Expertengruppe zu Haftung und Neuen Technologien (2019), *Report Liability for Artificial Intelligence*, S. 56.

78 Zu diesem Argument vgl. Spiecker (2016), »Zukunft systemischer Digitalisierung«, S. 702 f.

79 Bashayreh u. a. (2021), »Proportional Liability Based on Risk Sharing«, S. 180.

IV. Unsere Lösung: Vergesellschaftung des Vernetzungsrisikos

1. Vollständige oder teilweise Vergesellschaftung?

Angesichts dieser Schwierigkeiten, die Verantwortung zu individualisieren oder einem konkreten Kollektiv zuzurechnen, bleibt als einzige praktikable Option die Vergesellschaftung des Vernetzungsrisikos.[80] Hier wird Luhmanns strukturelle Kopplung der gesellschaftlichen Kommunikation mit den algorithmischen Operationen relevant. Die Kopplung schließt einen direkten Zugang zu den »unsichtbaren Maschinen« trotz ihrer enormen Auswirkungen auf die Gesellschaft aus. In ähnlicher Weise drückt dies Hildebrandts Metapher des »digitalen Unbewussten« aus, wonach wir keinen Zugang zu dieser digitalen Welt haben, auch wenn sie unser tägliches Leben stark beeinflusst.

Was folgt daraus für die Haftung? Nach dem Konzept der »wechselseitigen Irritation« rekonfigurieren sich die beiden beteiligten Systeme, die soziale Kommunikation und die Computeroperationen, intern nach externen Störereignissen, beispielsweise einem Schadensfall.[81] Schäden aus digitaler Vernetzung sind vergleichbar mit »höherer Gewalt«, also externen Ereignissen, die nicht kontrollierbar sind und deshalb eine individuelle oder kollektive Verantwortungszuschreibung ausschließen. Solche Schäden betreffen die gesamte Gesellschaft. Die gegenseitigen Irritationen zwischen Gesellschaft und Digitalität legen eine Vergesellschaftung des Risikos nahe. Daher rücken in der jüngsten Debatte zunehmend Pflichtversicherungen und Fondslösungen zu Recht in den Vordergrund.[82]

Wenig diskutiert ist jedoch die Frage, welche Form der Vergesellschaftung für die Bewältigung von Vernetzungsrisiken angemessen

80 Körber/König (2020), »Haftungsrecht 4.0«, S. 274, plädieren allgemein für die Einrichtung kollektiver Sicherungssysteme, verweisen aber zugleich auf die Probleme des *moral hazard*, die in der Tat bei Vergesellschaftungslösungen unvermeidlich auftreten.

81 Mölders (2014), »Irritation Expertise«, S. 16 ff.

82 Mühlböck (2023), *Mensch-Technik-Interaktion*, S. 296 ff.; Katzenmeier (2021), »KI in der Medizin«, S. 866; Borges (2019), »New Liability Concepts«; S. 153 ff., 159 ff.; Wagner (2020), »Digitale Techniken«, S. 741 f. Der Vorschlag von Versicherungen für KI-Systeme mit hohem Risiko findet sich auch prominent in Europäisches Parlament (2020), *Entschließung zivilrechtliche Haftung für KI*, Rn. 24.

ist. Soll eine vollständige Vergesellschaftung durch eine Pflichtversicherung (möglicherweise mit staatlicher Beteiligung) entwickelt werden oder eine nur teilweise Vergesellschaftung, indem derjenige Industriesektor haftbar gemacht wird, der wirtschaftlich von der Vernetzung profitiert?

Angesichts der weiten Verbreitung der Vernetzung in der digitalen Gesellschaft ist es durchaus naheliegend, die Gesellschaft als ganze für die negativen Folgen verantwortlich zu machen.[83] Einige Autoren schlagen daher vor, dass die Sozialversicherungssysteme mit oder ohne staatliche Beteiligung für die negativen Effekte von Vernetzungen aufkommen sollten.[84] Jedoch ist eine vollständige Vergesellschaftung durch Sozialversicherungen in mehrfacher Hinsicht problematisch. Sie setzt falsche Anreize für die Entwicklung von vernetzten Systemen und schränkt die Steuerungsfunktion des Haftungsrechts erheblich ein.[85] Außerdem wird die langfristige Tragfähigkeit von Versicherungslösungen gefährdet, wenn vernetzte Systeme hohe, diffuse und unvorhersehbare Schäden verursachen, weil sie die Versicherungssysteme vorhersehbar überfordern. Umgekehrt provoziert die Risikoabwälzung auf den privaten Versicherungsmarkt gegenläufige Strategien: Hohe Risiken werden durch hohe Prämien und begrenzte Deckung abgefedert und führen letztlich zu einer vollständigen Vergesellschaftung.[86] Kurz gesagt sind Versicherungslösungen nicht geeignet, um unvorhersehbare und unkalkulierbare Schäden abzusichern, für die bisher keine gesellschaftlichen Erfahrungen bestehen.[87] Zwar könnte eine öffentlich finanzierte Versicherung eine Lösung sein, diese würde aber aufgrund der zu erwartenden hohen Schäden die öffentlichen Finanzen wahrscheinlich ebenso überfordern. Eine obligatorische

83 Dies ist die Kernthese von Nassehi (2019), *Muster: Theorie der digitalen Gesellschaft*, S. 145 ff.

84 Zur Deckung durch die Sozialversicherungssysteme Janal (2020), »Autonomous Systems«, S. 205; Zech (2020), »Entscheidungen autonomer Systeme«, S. 105 ff.; Bertolini/Palmerini (2014), *Regulating Robotics*, S. 188 f.

85 Ebenso Erdélyi/Erdélyi (2021), »AI Liability Puzzle«, S. 1323 f.; Wagner (2020), »Digitale Techniken«, S. 741.

86 Auf dieses Problem verweist Europäisches Parlament (2020), *Entschließung zivilrechtliche Haftung für KI*, Rn. 25. Dazu Faure/Li (2022), »Artificial Intelligence and Insurance«, S. 19 ff., die deswegen eine Versicherung nur auf das Insolvenzrisiko beschränken wollen.

87 Chinen (2019), *Law and Autonomous Machines*, S. 118 f.

Privatversicherung ist ebenfalls nicht hilfreich, da sie wiederum diejenigen Akteure eindeutig bestimmen muss, die das Risiko durch Abschließen einer Pflichtversicherung tragen müssten. Außerdem beruht die private Pflichtversicherung auf einer höchst ungewissen Annahme, dass sich als Reaktion auf die Versicherungspflicht ein privater Versicherungsmarkt entwickeln würde, wenn die Ungewissheit hinsichtlich der zu tragenden Risiken und der anwendbaren Haftungsregeln groß ist.[88]

2. Rechtlich definierte Risikopools

Anstatt die öffentliche Hand zu überlasten oder auf die Entwicklung eines privaten Versicherungsmarkts zu setzen, ist es sinnvoller, die rechtliche Verantwortung für Vernetzungsschäden an die Vernetzung selbst zu knüpfen. Es geht darum, die Verantwortung direkt an die vernetzten digitalen Operationen zu koppeln, das heißt an die sozialen und digitalen Prozesse selbst und nicht indirekt an individuelle oder kollektive Akteure. Die eigentlichen Zurechnungspunkte für die Verantwortung sind die Schwärme algorithmischer Operationen und nicht mehr die isolierten Algorithmen. Letztlich wären nicht Menschen, Organisationen, Netzwerke, Software-Agenten, Hybride, sondern die Operationen selbst in ihrer Vernetzung als Zurechnungseinheiten zu wählen. Rechtlich müssten die technischen Operationen zu Risikopools aggregiert werden, die dann wiederum als Haftungsgrundlage dienen.[89]

Doch wie lassen sich die Grenzen der vernetzten Operationen ziehen? Diese schwierige Frage haben wir bereits in der Diskussion zur Gesamthaftung aufgeworfen. Wie ist eine anscheinend grenzenlose Vernetzung algorithmischer Operationen sinnvoll abzugrenzen? Unsere Antwort darauf ist: Die Grenzen finden sich weder in der digitalen noch in der sozialen Welt, sondern müssen vom Recht gezogen werden. Mit den eigenen begrifflichen Mitteln muss das Recht die Grenzen der interdependenten Operationen bestimmen und darauf bezogen entsprechende Risikopools definieren. Hierfür muss das Haftungsrecht endgültig die Akteursperspektive verlassen und nicht mehr nach einzelnen verantwortlichen Individual- oder

88 Hierzu kritisch Faure/Li (2022), »Artificial Intelligence and Insurance«, S. 11.

89 Karnow (1996), »Liability for Distributed AI«, S. 201. Zum *risk pooling* Smith/Fotheringham (2020), »AI in Clinical Decision-Making«.

Kollektivakteuren suchen, sondern die risikobehafteten Operationen als solche in den Blick nehmen.[90] Das Recht macht die interdependenten algorithmischen Entscheidungszusammenhänge für ihre schädigenden Folgen verantwortlich, ohne den Umweg über die organisierten Entscheidungszentren hinter der Vernetzung zu nehmen. Zwischen einer solchen operationsbasierten Haftung und den bekannten Formen der Organisationshaftung besteht ein wichtiger Unterschied. Das Haftungsrecht kann sich weder auf bestehende Organisationen noch auf laufende Kooperationsbeziehungen beziehen, sondern muss die Konturen neuer Risikopools selbst definieren, um nicht zu sagen autoritativ bestimmen. Und sobald sich die Handlungen einzelner oder kollektiver Akteure oder die Operationen von Algorithmen in einen solchen rechtlich abgegrenzten Bereich hineinbewegen, werden sie zu »Zwangsmitgliedern« eines solchen Risikopools – auf Anordnung des staatlichen Rechts. Freilich bleibt ein Rest von Freiwilligkeit bestehen, der sich aber allein darauf beschränkt, über den faktischen Eintritt in den Risikopool zu entscheiden.[91]

Der Risikopool lässt sich also nicht mehr durch die Grenzen bestehender kooperativer, organisatorischer oder technischer Strukturen definieren. Stattdessen wird er als »digitales Problemfeld« rechtlich konstituiert. Die Verantwortlichkeit für dieses digitale Problemfeld wird dann anhand der Eignung zum algorithmischen Risikomanagement bestimmt. Letztlich sind somit weder kausale Zusammenhänge noch vordefinierte kooperative Strukturen ausschlaggebend, sondern allein die Fähigkeit zum Risikomanagement. Freilich läuft dies auf eine »opportunistische« Risikozurechnung hinaus.[92] Das Recht identifiziert eigenmächtig konkrete digitale Risikokontexte in der Offline- und Online-Welt mit dem Hintergedanken, eine gesellschaftliche Institution zu schaffen, die diese Risiken bis zu einem gewissen Grad kontrollieren kann, um Schäden zu verhindern und zu regulieren.

90 Auch Hildebrandt (2015), *Technologies and End(s) of Law*, S. 26, definiert Handlungen (*behaviours*) und nicht Akteure als Zurechnungspunkte, wenngleich sie etwas vorsichtiger formuliert und am Ende auf den Begriff des Agenten zurückkommt.

91 Europäisches Parlament (2017), *Entschließungen, zivilrechtliche Regelungen Robotik*, Rn. 59 b) und c).

92 Luhmann (1991), *Soziologie des Risikos*, S. 129.

Das Risikomanagement hat dabei in erster Linie das Ziel, bereits eingetretene Vernetzungsschäden zu kompensieren. Im Falle der Mehrfachverursachung werden die Verluste so ausgeglichen, dass ein angemessener Finanzpool geschaffen wird, der die Verluste deckt und das Risiko verteilt (*deep pocket*, Risikostreuung). Daneben – und dies ist vielleicht noch wichtiger – bedeutet Risikomanagement eine Orientierung an künftigem Verhalten. Das Recht legt die Grenzen des Risikopools fest, um eine finanzielle Grundlage für eine proaktive kollektive Schadensprävention für die Zukunft zu schaffen. Dahinter steht die Idee, den Risikopool so zu definieren, dass die Entstehung einer funktionierenden und weniger schadensanfälligen digitalen Vernetzung gefördert wird.

3. Verwaltung des Risikopools: Die Fondslösung

Daher schlagen wir zur Bewältigung des Vernetzungsrisikos, im Einklang mit anderen Autoren, ein verschuldensunabhängiges fondsgestütztes System vor.[93] Die Fondslösung bietet mehrere Vorteile. Vor allem ermöglicht sie es dem Recht, eine vermittelnde Rolle einzunehmen. Auf der einen Seite bestimmt das Gesetz *ex ante* den Risikopool der potenziell verantwortlichen Parteien und grenzt dabei ab, wer als Teil des Risikopools angesehen wird. Das Recht muss sich hier auf andere Kriterien als das Verschulden einer Partei stützen. Es wird den wirtschaftlichen Nutzen, den eine Partei aus der Vernetzung zieht, ebenso einbeziehen wie die finanzielle Möglichkeit einer Partei, den Schaden zu ersetzen, und insbesondere die Fähigkeit der Partei zum Risikomanagement. Auf der anderen Seite legt das Recht *ex post* Regeln für die Verteilung des Fondskapitals an die Geschädigten fest. Insbesondere wird das Recht bestimmen, dass einige Geschädigte privilegierten Zugang zum Fondskapital haben. Eine solche rechtlich abgestützte Fondslösung trägt dazu bei, das gesellschaftliche Vertrauen in das vernetzte System zu stär-

93 Ähnlich insbesondere Erdélyi/Erdélyi (2021), »AI Liability Puzzle«, S. 1325 ff.; Pearl (2019), »Compensation at the Crossroads«; Barfield (2018), »Liability Robots«, S. 202. Zur Diskussion von Fonds als Lösung für KI-Schäden Panezi (2023), »Ecosystem Approach«, S. 245 ff.; Borges (2019), »New Liability Concepts«; Turner (2018), *Robot Rules*, S. 102 ff. Zudem speziell zur autonomen dezentralen Organisation Schwemmer (2021), »DAOs«, S. 593 f.

ken, weil sie eine *Ex-ante*-Garantie für die Kompensation von Schäden gibt.[94]

Die fondsgestützte Lösung orientiert sich an anderen (nichtdigitalen) Bereichen, in denen ebenfalls fondsgestützte Risikopools entwickelt wurden, um auf durch komplexe Systeme verursachte Schäden zu reagieren – Umweltkatastrophen,[95] systemische Finanzkrisen,[96] medizinische Schäden[97] und Schäden, die durch transnational agierende Konzerne und Produktionsketten verursacht werden.[98] Meist wurden die Fonds jedoch erst im Nachhinein, das heißt nach Schadenseintritt, eingerichtet. Zudem war es oft von Nachteil, dass die an der schädigenden Handlung beteiligten Parteien selbst einen Fonds privat organisiert hatten, auch um einer möglichen Haftung zu entgehen. Vor diesem Hintergrund wird das Modell der Fondslösungen häufig kritisiert: unzureichende Finanzierung, Intransparenz der Mittelvergabe, Verbindung von Zahlungen aus dem Fonds mit einem Verzicht auf das Klagerecht der Geschädigten, Delegation von Entscheidungen über Fondsbeiträge an potenziell haftende Akteure.[99] All diese Argumente sprechen jedoch nicht gegen die Fondslösung als solche, sondern eher für die Notwendigkeit eines unabhängigen und vertrauenswürdigen Fonds. Daher spricht vieles dafür, dass ein Fonds für die digitale Vernetzung staatlich verwaltet werden sollte. Bei staatlich verwalteten Fonds müssen private Parteien für die Finanzierung des Fondskapitals aufkommen, dieses wird aber von staatlichen Regulierungsbehörden verwaltet. In diesem Zusammenhang ist es wünschenswert, dass die Verwaltung der Fonds von denjenigen Behörden übernommen wird, die in einem Industriesektor bereits etabliert sind und die generelle Branchenaufsicht übernommen haben. Die-

94 Erdélyi/Erdélyi (2021), »AI Liability Puzzle«, S. 1325.

95 Ein bekanntes Beispiel ist die Gulf Coast Claims Facility, die von BP nach der Deepwater Horizon-Katastrophe eingerichtet wurde.

96 Schich/Kim (2011), »Guarantee Arrangements«, S. 201 ff.

97 Beispiele sind die nach dem Contergan-Skandal in Deutschland gegründete Stiftung zur Entschädigung der Opfer (ContStiftG) oder das National Vaccine Injury Compensation Program (NVICP) in den USA.

98 Zu Entschädigungsfonds nach der Bhopal-Katastrophe Cassels (1991), »Uncertain Promise of Law«, S. 48 f., und zum Entschädigungsfonds nach dem Einsturz des Rana Plaza-Gebäudes Rana Plaza Donors Trust Fund, eingerichtet von der ILO ⟨www.ranaplaza-arrangement.org/trustfund/⟩, letzter Zugriff am 1. 12. 2023.

99 Pearl (2019), »Compensation at the Crossroads«, S. 1872 f.

ser Vorschlag deckt sich mit den Vorstellungen anderer Autoren. So schlägt Pearl einen Fonds für Unfallopfer selbstfahrender Autos vor, der bei den Verkehrsbehörden eingerichtet wird.[100] Erdélyi und Erdélyi entwerfen ein KI-Garantiesystem für Finanzmarktschäden analog zu bestehenden Garantien für Finanzsysteme.[101] Angesichts der Besonderheiten einzelner Sektoren ist es sinnvoll, sektorspezifische Fonds anstelle eines allumfasssenden Vernetzungsfonds einzurichten. Dies würde auch eine Verknüpfung mit den bestehenden spezialgesetzlichen haftungsrechtlichen Regeln ermöglichen, die sich in dem jeweiligen Sektor bereits etabliert haben.

4. Finanzierung des Fonds: *Ex-ante-* und *Ex-post-*Komponenten

Bei der Einrichtung eines Fonds ist zwischen *Ex-ante-* und *Ex-post-*Finanzierung zu unterscheiden. *Ex ante* wird das Fondskapital durch eine Pflichtabgabe der Industrie oder eine steuerfinanzierte Grundfinanzierung aufgebaut. *Ex post* wird Kapital erst dann in den Fonds eingezahlt, wenn ein bestimmtes Ereignis eintritt. Die Einzahlung basiert in der Regel auf einer vorab auferlegten Pflicht zur Zahlung in einem Garantiefall. Beide Optionen haben ihre Vor- und Nachteile, wobei in der Realität die meisten bestehenden Fondslösungen beide Komponenten kombinieren. Dies scheint auch der Königsweg für eine sichere finanzielle Basis zu sein, da dies das Risiko sowohl der Unter- als auch der Überkapitalisierung minimiert. Genauer scheint eine *Ex-ante-*Finanzierung in geringem Umfang, kombiniert mit einer *Ex-post-*Haftung die richtigen Anreize zu bieten. Ein relativ geringer *Ex-ante-*Beitrag belastet die Produktentwicklung nicht übermäßig und wirkt sich auch nicht nachteilig auf die Innovationsbereitschaft aus. Gleichzeitig dürfte die *Ex-post-*Haftung die Steuerungsfunktion des Haftungsrechts stärken.[102]

100 Ebd.

101 Erdélyi/Erdélyi (2021), »AI Liability Puzzle«, S. 1325.

102 Steuerungspolitische Argumente gegen eine Fondslösung bringen einige Autoren vor, darunter Zech (2021), »Liability for AI«, S. 157; Wagner (2020), »Digitale Techniken«, S. 741; Cauffman (2018), »Robo-Liability«. Diese Kritik ist aber nur dann plausibel, wenn die Fondslösung anstelle von Haftungsregeln vorgeschlagen wird. Wir aber schlagen vor, die Fondslösung im Falle des Vernet-

Vielversprechend ist daher ein kombinierter Fonds, in dem das Fondskapital zunächst durch Pflichtbeiträge gebildet wird, dieses dann aber in großen Schadensfällem durch eine *Ex-post*-Haftung ergänzt wird. Im Bereich des vernetzten autonomen Fahrens beispielsweise kann eine Fondslösung die bestehenden Pflichtversicherungen ergänzen, sodass ein niedrigeres Fondskapital ausreicht. Der Fonds wird dann auf die Ausnahmefälle beschränkt bleiben, in denen das Pflichtversicherungssystem nicht greift.[103] Im Finanzsektor gibt es bereits industriebasierte Garantien, die sich aus bankbasierten Reserven bilden. Aufgrund der Schwierigkeit, die Schadenshöhe bei großen Finanzkrisen vorherzusagen, werden diese privaten Garantien häufig durch zusätzliche staatliche Garantien abgestützt. Dadurch wird das systemische Risiko *ex post* vollständig sozialisiert, wenn die privaten Garantien nicht ausreichen.[104] Im Bereich des Umweltschutzes gibt es in den USA ein überlegenswertes Modell, das die Fondslösung mit privater Haftung kombiniert. Der »*Superfund*« wurde geschaffen, um Schäden aus der Verunreinigung von Böden kompensieren zu können. Der Fonds war zunächst steuerfinanziert. Unternehmen aus den Sektoren, die in besonders hohem Maße solche Bodenkontaminationen verursachten, wurde eine Steuer auferlegt. Dies stellte ausreichend Fondskapital zur Verfügung. Zusätzlich stützt sich jetzt der Superfund auf eine *Ex-post*-Finanzierung durch ein weitreichendes System der Gefährdungshaftung. Dabei ist die U.S. Environmental Protection Agency (EPA) berechtigt, die potenziell (!) verantwortlichen Akteure in gesamtschuldnerische Haftung zu nehmen. Alternativ ist eine Vereinbarung eines potenziell verantwortlichen Akteurs mit der EPA über die Beseitigung der Schäden möglich.[105] In dieser Weise verpflichtet der Superfund zunächst risikoträchtige Unter-

zungsrisikos mit individueller Haftung in den Fällen des Autonomie- und Verbundrisikos zu kombinieren, um die Steuerungsfunktion des Haftungsrechts so weit wie möglich aufrechtzuerhalten. Zudem sollte die Fondslösung nur subsidiär im Falle einer Vernetzung ohne identifizierbar handelnden Algorithmus oder kollektives Hybrid greifen.

103 So auch Europäisches Parlament (2020), *Entschließung zivilrechtliche Haftung für KI*, Vorgeschlagene Verordnung, Präambel (22).

104 Schich/Kim (2011), »Guarantee Arrangements«, S. 201 ff.

105 42 US Code § 9607 (*strict joint liability*) und § 9613 (*agreement about equitable remedies*).

nehmen *ex ante* zum Bereitstellen von Kapital. *Ex post* werden dann die potenziell verantwortlichen Parteien anhand ihrer Verbindung zum Problemgebiet ermittelt. Die Frage, wer in Haftung genommen wird, wird also primär anhand der Problemlösungskapazität eines Akteurs bestimmt.

Auch für algorithmische Vernetzung scheint ein solches Modell recht attraktiv. Ein Fonds für Vernetzungsschäden kann sich auf eine anfängliche Finanzierung durch Steuern auf bestimmte vernetzte Produkte oder auf einen von der Industrie zu tragenden Pflichtbeitrag stützen. Dies lässt sich mit einer zusätzlichen Haftungsregelung unterstützen, in der die Regulierungsbehörde diejenigen Parteien mit engen Verbindungen zum vernetzten System zur Verantwortung zieht. Eine solche Haftung, die auf Folgenbeseitigung und Prävention ausgerichtet ist, orientiert sich an der Problemlösungskapazität der Akteure. Die *Ex-ante*-Finanzierung sollte den jeweiligen Sektor nur geringfügig belasten. Gleichzeitig erlaubt eine groß angelegte *Ex-post*-Finanzierung bei erheblichem Schädigungspotenzial, systemrelevante Akteure mit hoher Problemlösungskapazität zur Schadensbeseitigung heranzuziehen. Zudem kann bei der *Ex-post*-Finanzierung auch das Schadensausmaß berücksichtigt werden. Da das Vernetzungsrisiko von geringfügigen Gefahren bis hin zu systemischen Bedrohungen reichen kann, ist es sinnvoll, von vornherein eine finanzielle Grundlage für geringe Schäden zu schaffen. Systemische Schäden dagegen sollten von denjenigen Akteuren getragen werden, die eng mit der Vernetzung verbunden sind und zugleich die Möglichkeit zur Risikominimierung haben.

5. Beteiligung und Verwaltung

Damit stellt sich die Frage, wie der Risikopool abgegrenzt werden kann. Wer sind die an ein technisches System angeschlossenen, potenziell verantwortlichen Parteien, die von der Vernetzung profitieren und über ausreichende Problemlösungskapazität verfügen? Wie sollte das Recht die Grenzen der algorithmischen Vernetzung festlegen, wenn diese keine klar definierten Grenzen hat? Dies ist ein generelles Problem, das bereits aus der Netzwerkforschung bekannt ist.[106]

106 Allgemein dazu Heath u. a. (2009), »Chasing Shadows«, S. 650; Laumann u. a. (1983), »Boundary Specification Problem«, S. 20 ff.

Netzwerkgrenzen sind nie klar und eindeutig definiert. In der Netzwerkforschung hat sich als Lösung herausgebildet, die Grenzen des Netzwerks nicht durch interne Grenzziehungen, sondern durch externe Beobachtungen bestimmen zu lassen. Dies bedeutet für das Recht, dass die rechtliche Entscheidung über die Zugehörigkeit zum Risikopool sich nicht auf bestehende sozial bestimmbare Grenzen der Vernetzung stützen kann. Stattdessen muss das Recht diese Entscheidung aufgrund eigener Zwecksetzungen treffen. Wie Lior es treffend ausdrückt: »Der Beobachter wäre die Justiz- oder Verwaltungsbehörde, die den KI-Unfall beobachtet«.[107]

Die Abgrenzung des Risikopools bedarf einer nachvollziehbaren rechtlichen Begründung. Zunächst ist der relevante Industriesektor zu bestimmen. Generell heißt das:

> Um »KI-Risikopools« für rechtliche Zwecke zu bilden, sollten Gesetzgeber und später Richter sowohl Branchencluster als auch horizontale vor- und nachgelagerte Vernetzungen zwischen KI-Produkten und KI-Dienstleistungen einbeziehen. Zudem sollten sie berücksichtigen, wie sich die Branchen selbst im Markt identifizieren, gerade auch gegenüber ihren Kunden. Branchenmitglieder in genau definierten Risikopools sollten dann am besten in der Lage sein, in Kooperation das Schadensrisiko zu mindern.[108]

In Sektoren, in denen sich das Vernetzungsrisiko auf ein bestimmtes Produkt konzentriert, wie zum Beispiel bei autonomen Fahrzeugen oder bei vernetzten Haushaltsprodukten, könnte eine von den beteiligten Herstellern und Nutzern zu tragende Abgabe für dieses Produkt die kosteneffiziente Lösung sein. Dies würde es auch ermöglichen, den Grad der Autonomie und der Vernetzung bei der Berechnung der Abgabe oder Steuer zu berücksichtigen[109] und die Kosten auf diejenigen Akteure zu verteilen, die die risikoreichen Komponenten herstellen.

Für den Einsatz von Algorithmen im Hochfrequenzhandel auf den Finanzmärkten dürfte eine Gebühr für den Zugang zum Handel am besten geeignet sein. Eine solche Zugangsgebühr müssten die Händler tragen, die mit Algorithmen auf dem Markt tätig sind. Dies gilt auch für die Börsenbetreiber, die dann einen Beitrag leis-

107 Lior (2021), »AI Accident Network«, S. 1140.
108 Panezi (2023), »Ecosystem Approach«, S. 252.
109 Pearl (2019), »Compensation at the Crossroads«, S. 1879.

ten müssen, wenn sie die Nutzung vernetzter Systeme in ihrem eigenen Regelungsbereich aktiv unterstützen und selbst solche Systeme als Teil der Handelsinfrastruktur bereithalten.

Im Allgemeinen kann ein solcher sektorbasierter Ansatz zur Abgrenzung des Risikopools auch Akteure einbeziehen, die als zentrale »Verantwortungsknoten« in den vernetzten Systemen agieren, wie zum Beispiel Organisationen, die vernetzte Systeme oder Komponenten im Voraus zertifizieren und damit Vertrauen in das System schaffen.[110]

Eine solche *Ex-ante*-Finanzierung kann dann als Grundlage für ein ausreichendes Fondskapital dienen. Da es jedoch schwierig bleibt, das zur Abdeckung der Schäden benötigte Kapital im Vorhinein abzuschätzen, und da gleichzeitig das Problem von totem Kapital minimiert werden sollte, müsste die abgaben- und steuerfinanzierte Finanzierung mit einer *Ex-post*-Finanzierung nach Eintritt eines hohen Schadens kombiniert werden. Dies ist vor allem dann von Bedeutung, wenn Risiken der Vernetzung nur selten eintreten, aber regelmäßig erhebliche Schäden anrichten. *Ex-post*-Finanzierungselemente ermöglichen dann eine präzisere Risikozuweisung gerade auch im Hinblick auf die Problemlösungskapazität der beteiligten Akteure.

Für die rechtlichen Grundlagen der *Ex-post*-Finanzierung können andere Fonds als Vorlage dienen. Hier gibt es es drei Möglichkeiten: (1) Die beteiligten Akteure werden *ex ante* zu einem *Ex-post*-Beitrag verpflichtet, wenn ein vorher definiertes Schadensereignis eintritt. (2) Eine staatliche Garantie sichert den Fonds ab, wenn der Schaden eine bestimmte Höhe übersteigt. (3) Die Regulierungsbehörde verwaltet den Fonds und hat dabei die Möglichkeit, ein System der Hintergrundhaftung nach Schadenseintritt zu nutzen, das die Finanzierung von Wiederherstellung, Folgenbeseitigung und Prävention ermöglichen soll. Die letzte Option ist beim U.S.-Superfund erfolgreich umgesetzt worden. Auf eine staatliche Absicherung ist nur subsidiär zurückzugreifen, da diese das Risiko wieder vollständig vergesellschaftet und für die privaten Akteure die falschen Anreize setzte.[111] Hier tritt das bekannte *Too-*

110 Zur Rolle der Zertifizierung Scherer (2019), »Wild Beasts and Digital Analogues«, S. 394 ff. Allgemein zu den Möglichkeiten und Grenzen der Haftung von Zertifizierern Rott (Hg.) (2019), *Certification*.

111 Aus diesem Grund ist die Politik bisher skeptisch gegenüber fondsbasierten

big-to-fail-Dilemma auf. Die Finanzierung über private Garantien erzeugt das Problem, den finanziellen Umfang des Risikopools vorherzusagen und die Beiträge so zu schätzen, dass sich die Parteien durch Versicherungen absichern können. Außerdem wird bei *Ex-ante*-Garantien das Insolvenzrisiko nicht hinreichend einbezogen. Auch aus diesen Gründen scheinen Fondslösungen in Kombination mit einer *Ex-post*-Hintergrundhaftung angemessen zu sein. Sie haben den zusätzlichen Vorteil, dass sie die Steuerungsfunktion des Haftungsrechts in gewissem Umfang wieder einführen. Ein solches Haftungskonzept »kombiniert individuelle und kollektive Haftung: Es identifiziert verschiedene Risikopools und wendet die Regeln kollektiver Haftung zusammen mit Regulierungen an, welche die (Re)allokation der Haftung innerhalb der verschiedenen Risikopools mit Sanktionen oder Anreizen ausstatten.«[112]

Daher scheint eine breit angelegte, aber relativ kleinteilige *Ex-ante*-Finanzierung, kombiniert mit einer genau zugeschnittenen *Ex-post*-Haftung, die angemessene Strategie zu sein. Auf diese Weise wird ein Haftungssystem im Hintergrund geschaffen, das von der Regulierungsbehörde verwaltet wird. Der Superfund kann hier als Vorbild dienen: Die Regulierungsbehörde zahlt nach einem Schadensfall das Fondskapital an die Geschädigten aus. Anschließend verklagt die Behörde die potenziell Verantwortlichen entsprechend ihrer Verbindung zum konkreten Problembereich. Resultat ist eine gesamtschuldnerische Gefährdungshaftung der an dem Problembereich Beteiligten.[113] Als Teil des fondsbasierten Systems handelt es sich jedoch nicht um eine klassische Gefährdungshaftung, sondern um eine regulierungsbezogene Haftung, bei der die Behörde einen breiten Ermessensspielraum hat, wen sie in Haftung nimmt. Im Gegensatz zu unseren Vorschlägen für Hybride kann sich eine solche Haftung nicht ausschließlich am Anteil des Risikos oder der Kontrollmöglichkeit orientieren, sondern muss es erlauben, dass die Behörde die haftenden Akteure nach dem über-

Lösungen für risikoreiche KI-Systeme, Europäisches Parlament (2020), *Entschließung zivilrechtliche Haftung für KI*, Absatz 25.

112 Panezi (2023), »Ecosystem Approach«, S. 250.

113 Ein solches System der gesamtschuldnerischen strikten Haftung schlägt auch das EU-Parlament vor, allerdings unter anderen tatbestandlichen Voraussetzungen, Europäisches Parlament (2020), *Entschließung zivilrechtliche Haftung für KI*, Verordnungsvorschlag, Art. 4, 11.

geordneten Kriterium der Problemlösungsfähigkeit auswählt. Die Netzwerktheorie und ihre statistischen Methoden zur Messung von Macht und Einfluss innerhalb eines Netzwerks können auch hier wieder eine große Hilfe sein, um die abstrakten Rechtskategorien praktikabel zu machen.[114] Auf diese Weise lässt sich ein konkretes Verantwortungsnetzwerk innerhalb des breiteren Risikopools der Vernetzung abgrenzen.

Dabei können zusätzliche Aspekte einbezogen werden. (1) Eine größere Verantwortung sollte von denjenigen Akteuren getragen werden, die zentrale Risikokontrollfunktionen übernehmen. Hier könnten kartellrechtliche Vorschriften, welche die Marktmacht anhand von Preis und Marktanteil bestimmen, von Nutzen sein.[115] (2) Der wirtschaftliche Nutzen, den die Parteien aus dem vernetzten System ziehen, kann als ein weiteres Kriterium herangezogen werden.[116] (3) Schließlich sollten auch Überlegungen zur Finanzierbarkeit und Versicherbarkeit des Risikos einfließen.

6. Entschädigung und Wiedergutmachung

Die Hauptaufgabe des Fonds wird die Kompensation von Schäden im Sinne der Geschädigten sein.[117] Um die durch die Vernetzung entstehende Haftungslücke zu schließen, ist eine Entschädigung nicht nur für materielle, sondern auch für immaterielle Schäden erforderlich.[118] Um aber dem »Öffnen der Schleusen« entgegenzuwirken, muss die Kompensation auf solche Fälle beschränkt werden, in denen die Schädigung nicht bloß kausal bewirkt, sondern auch rechtswidrig ist. Das Kriterium der Rechtswidrigkeit haben wir bereits oben als notwendig für die Haftung für Aktanten und Hybride bestimmt.[119] Es ist aber ebenso notwendig für die Vernetzung.

Darüber hinaus ist der Zugang zum Fonds an die bestehenden

114 Wei u. a. (2013), »Influential Nodes«, S. 2 ff.

115 Loo (2020), »Respondeat Superior«, S. 183.

116 Chinen (2019), *Law and Autonomous Machines*, S. 85 f.

117 Dies betonen auch Pearl (2019), »Compensation at the Crossroads«, S. 1876 (*victim compensation fund*), und Erdélyi/Erdélyi (2021), »AI Liability Puzzle«, S. 1327 (*redistribution of losses*).

118 Ausführlich zum Problem der immateriellen Schäden als Teil der Haftungslücke Kap. 2, V.4.

119 Für Aktanten Kap. 2, V.4, für Hybride Kap. 3, IV.3.

sektorspezifischen Regelungen anzugleichen. Fondsbasierte Regelungen werden immer die subsidiäre Lösung bleiben. So wird für selbstfahrende Kraftfahrzeuge der Zugang zum Fonds nur unter der Bedingung möglich sein, dass das bestehende private Pflichtversicherungssystem die Verluste nicht abdecken kann.[120] Für den Hochfrequenzhandel wäre die Fondsdeckung subsidiär zur individuellen Haftung.[121] Die Fonds sollten zudem von sektorspezifischen Behörden verwaltet werden, zum Beispiel von Straßenverkehrsbehörden für autonome Fahrzeuge, von der Bundesaufsicht für Finanzdienstleistungen für den algorithmischen Handel auf Finanzmärkten oder von der Bundesnetzagentur für Rechtsverletzungen in sozialen Netzwerken. Für jeden dieser Fonds muss die Behörde spezifische Regeln für die Deckung, für die Höchstsummen, für die Auszahlung an die Opfer und für die erforderlichen Nachweise entwickeln.

Dabei ist zusätzlich eine Eingrenzung der sektorspezifischen Vernetzungsrisiken und damit der Art von Schäden erforderlich, die der Fonds abdeckt. Bei autonomen Fahrzeugen werden die Opfer nur Rechtsgutverletzungen analog zu gewöhnlichen Autounfällen geltend machen können und dies nur im Rahmen der dort festgelegten Höchstbeträge.[122] Im Finanzhandel wird eine Ausweitung auf systemische Verluste erforderlich sein. Es müssen auch Obergrenzen für die Schadenskompensation (ähnlich wie bei Finanzgarantiesystemen) festgelegt werden.

Die fondsbasierte Lösung sollte neben der Entschädigung auch auf die Folgenbeseitigung und die Prävention abzielen. Die für die Vernetzung charakteristische Komplexität bedeutet nicht nur ein individuelles Risiko für Geschädigte, sondern hat auch systemische Folgen. Da die vernetzten Systeme inzwischen Teil der öffentlichen Infrastruktur geworden sind, betrifft die Haftungslücke nicht mehr nur die individuell Geschädigten. Vielmehr können Vernetzungs-

120 In diesem Fall könnte die Vernetzungshaftung mit bestehenden Fondshaftungen verknüpft werden, beispielsweise als subsidiäre Lösung zu einem bestehenden Versicherungssystem wie im Straßenverkehr (§ 12 PflVG). Im Kontext der AI-Haftung erläutert diese Kombination Turner (2018), *Robot Rules*, S. 102 ff.

121 In Kap. 5, III werden wir das Verhältnis von Fondshaftung für Vernetzung zu unseren Vorschlägen der individuellen und kollektiven Haftung näher erläutern.

122 Pearl (2019), »Compensation at the Crossroads«, S. 1878.

schäden auch gesamtgesellschaftlich negative Auswirkungen haben. In dieser Hinsicht haben die Vernetzungsschäden Ähnlichkeit mit Schäden der natürlichen Umwelt, der öffentlichen Infrastrukturen oder der öffentlichen Gesundheit. Die Vernetzungsschäden lassen sich nicht auf die Summe der Individualschäden reduzieren. Es geht ebenso um das öffentliche Vertrauen in das Funktionieren eines komplexen vernetzten Systems. Dies erfordert zukunftsorientiertes Handeln im Sinne der Wiederherstellung, der Folgenbeseitigung und der Prävention. Dafür ist die kollektive Haftung besser geeignet als die individuelle Haftung, da sie die Selbstorganisation fördert und zu kooperativen Lösungen motiviert.[123]

Auch dafür sieht das Superfundmodell ausgefeilte Regeln vor, die es der zuständigen Behörde erlauben, potenzielle Schädiger zu Abhilfemaßnahmen zu verpflichten. Diese reichen von Sanierung und Folgenbeseitigung über Zahlungen an die Behörde, damit diese selbst Sanierungsmaßnahmen initiiert, bis hin zum Unterlassen potenziell schädigender Handlungen.[124] Ähnliche Verpflichtungen wurden in anderen Umweltrechtsbereichen entwickelt. In der EU legte der EuGH bereits fest, dass das Recht auf saubere Luft durch konkrete Luftreinhaltepläne durchgesetzt werden muss.[125] In jüngster Zeit wurden ähnliche Rechtsbehelfe im Rahmen von Klimaschutzklagen gegen private Akteure entwickelt.[126] Hier gehen Gerichte schon dazu über, dem Klimawandel nicht mehr nur mit individuellen Entschädigungsansprüchen zu begegnen, sondern zukunftsorientierte Wiederherstellungs- und Präventionsmaßnahmen anzuordnen. Einschlägig ist der Fall Shell, der im Jahr 2021 in den Niederlanden entschieden wurde. Interessant für unsere Diskussion sind zwei Argumente der Urteilsbegründung: Erstens hat das Gericht die Haftung des Unternehmens damit begründet, dass – trotz fehlender direkter Kausalität zwischen Schaden (Klimawandel) und Handlung (Unternehmenshandlung) – Shell haft-

123 Panezi (2023), »Ecosystem Approach«, S. 248 f.

124 42 U.S.C. § 9607 (Haftung), § 9622 (Vergleiche).

125 C-237/07 *Dieter Janecek* gegen *Freistaat Bayern*, ECLI:EU:C:2008:447.

126 Für die USA *City of New York* v *BP et al*, United States Court of Appeals for the 2nd Circuit, 1. April 2021, Nr. 18-2188; für die Niederlande *Milieudefensie* v *Royal Dutch Shell plc*, Rechtbank Den Haag, 26. Mai 2021, ECLI:NL:RBDHA:2021:5339; für Deutschland *Lliuya* v *RWE AG*, anhängig am OLG Hamm, Az. 2 O 285/15.

bar ist, weil das Unternehmen ein enormes Schädigungspotenzial aufweist und zugleich über entsprechende Kontrollmöglichkeiten, besonders durch Reduktion seiner Emissionen, verfügt. Zweitens beschränkt sich das Gericht nicht auf eine individuelle finanzielle Entschädigung der möglicherweise vom Klimawandel Betroffenen, sondern verpflichtet das Unternehmen zu zukunftsorientierten Maßnahmen, die eine weitere Verschmutzung der Umwelt verhindern sollen.[127]

Diese beiden Argumente lassen sich auch für die digitale Vernetzung benutzen. Auch hier haben Schäden potenziell gesamtgesellschaftliche Auswirkungen. Auch hier ist es unmöglich, einzelne Akteure als Verursacher herauszugreifen. Daher muss sich die Haftung auf diejenigen Akteure erstrecken, die ein hohes Schädigungspotenzial und zugleich Möglichkeiten zum Risikomanagement haben. Zudem müssen die in Haftung genommenen Akteure geeignete Abhilfemaßnahmen gegen systemische Schäden treffen, die das Funktionieren des Systems fördern und dessen Schadensanfälligkeit minimieren. Es muss also der Behörde freistehen, potenzielle Schädiger auf Folgenbeseitigung sowie auf Wiederherstellung zu verklagen.[128] Die Behörde kann einen digitalen *clean-up* organisieren oder Präventionsmaßnahmen anordnen. Sie wird dabei entweder die Beteiligten anweisen, Wiederherstellungsmaßnahmen durchzuführen, oder sie wird von ihnen verlangen, die Wiederherstellungsmaßnahmen zu bezahlen, wenn die Behörde deren Organisation übernimmt. Damit wird das Konzept der Reversibilität in vernetzte Systeme integriert.[129] Alternativ dazu kann eine Pflicht statuiert werden, feste Grenzen in vernetzte Systeme einzuziehen, wie sie einige Akteure der Industrie bereits heute als Vorsichtsmaßnahme entwickeln. In Analogie zum berühmten »Recht auf Verges-

127 Vor allem in der Rechtssache *Milieudefensie* v *Royal Dutch Shell plc*, Absatz 4.4.45, wird dies als eine zukunftsorientierte Pflicht des Unternehmens zur Reduktion von Emissionen statuiert.

128 Allgemein zu Unterlassungs- und Folgenbeseitigungsansprüchen bei digitalen Schädigungen Lemley/Casey (2019), »Remedies for Robots«, S. 1386 ff. Ein detailliertes Modell der Restitution, das eine Ko-Regulierung durch Algorithmen und Regulierungsagentur auf europäischer Ebene vorsieht, Sommer (2020), *Haftung für autonome Systeme*, S. 452 ff.

129 Europäisches Parlament (2017), *Entschließungen, zivilrechtliche Regelungen Robotik*, Anhang. Hier wurde bereits Reversibilität als integraler Bestandteil von Ethikrichtlinien für die Robotik vorgeschlagen.

sen« wird in den Vernetzungsfällen ein Anspruch auf digitale Rücknahme der Vernetzung oder sogar ein Anspruch auf Abschaltung des vernetzten Systems vorzusehen sein.[130]

7. Globale Vernetzung und nationale Regulierung

Digitale Vernetzung ist ein transnationales Phänomen. An ihr beteiligt sind Hersteller, Betreiber, Designer und Programmierer aus aller Welt. Die Technologie produziert ein globales Netz, das weder auf ein nationales Territorium noch auf eine bestimmte Gerichtsbarkeit beschränkt ist. Zugleich aber sind die durch die Vernetzung verursachten Schäden territorial verortet und die Klagemöglichkeit ist nur im nationalen Recht gegeben.[131] Darüber hinaus können die Vernetzungsschäden in ihrem Umfang stark variieren. Geringfügige individuelle Schäden können durch vernetzte Haushaltsgeräte verursacht, Erschütterungen der Finanzmärkte mit globaler Reichweite können durch vernetzten algorithmischen Handel ausgelöst werden.

Entsprechend muss eine regulatorische Perspektive sowohl die nationalen als auch die internationalen Effekte der Vernetzung einbeziehen.[132] Allgemeine internationale Regeln sind für Finanzierung und Entschädigung zu entwickeln, während die Einzelheiten des Entschädigungsverfahrens separat im jeweiligen nationalen Rechtssystem zu verankern sind.[133] Manche Autoren schlagen eine neue internationale Fachorganisation für künstliche Intelligenz vor.[134] Es ließe sich jedoch auch an bestehende internationale Organisationen wie die Internationale Organisation für Standardisierung (ISO) anschließen, die schon jetzt spezifische technische Standards für KI entwickelt.[135] Solche Organisationen müssen die Regeln in inter-

130 Lemley/Casey (2019), »Remedies for Robots«, S. 1390.

131 Diesen Widerspruch einer globalen digitalen Infrastruktur, die nur im Lokalen sichtbar wird, beschreibt theoretisch schon früh Lindahl (2013), »We and Cyberlaw«, S. 703 ff.

132 Brownsword (2021), *Law 3.0*, S. 96 ff.

133 Detailliert zur Interaktion zwischen internationaler (privater technischer) Standardsetzung und nationalen öffentlichen Regulierungsinitiativen Fosch-Villaronga/Golia (2019), »Robots, Standards and the Law«, S. 140 f.

134 Erdélyi/Goldsmith (2018), »Global Solution«, S. 99 f.

135 Insbesondere ISO 26262, siehe auch das ISO-IEC Joint Committee 1, Subcommittee 42 on Artificial Intelligence, 〈https://www.iso.org/committee/6794475.html〉, letzter Zugriff am 1. 12. 2023.

nationalen Gremien erarbeiten, die sich aus technischen Experten, Sozialwissenschaftlern und Juristen zusammensetzen. Im KI-Gesetz ist bereits festgelegt, dass die Mitgliedstaaten Aufsichtsstellen (*notifying authorities and notified bodies*) benennen, welche die Konformität von KI im Binnenmarkt und die Einhaltung der im AI Act niedergelegten Verpflichtungen durch die Betreiber überwachen.[136] Daneben soll ein EU-Rat für Künstliche Intelligenz eingerichtet werden, der aus Vertretern der Mitgliedstaaten besteht und dem ein wissenschaftliches Sachverständigengremium beigeordnet wird.[137] Dies ist ein erster Schritt zu einer europaweiten KI-Aufsicht. Jedoch unterscheiden sich die europäischen Regeln von unserem Vorschlag noch darin, dass das KI-Gesetz keinen Entschädigungsfonds vorsieht. Dennoch ist diese anvisierte EU-weite Einrichtung von Aufsichtsstellen für KI-Systeme ein erster Schritt in die richtige Richtung. Den zu benennenden Aufsichtsstellen könnte, soweit diese Stellen öffentlich-rechtlicher Natur sind, in Konsultation mit dem neuen EU-weiten Rat für Künstliche Intelligenz auch die Administration eines Fonds übertragen werden.

Eine globale Lösung, bei der die grundlegenden Fondsregelungen auf internationaler Ebene festgelegt werden, ist zwar wünschenswert, wird aber auf erhebliche Hindernisse stoßen. Da die Vorteile der Vernetzung weltweit ungleich verteilt sind, dürfte es in naher Zukunft nicht zu einem internationalen rechtlichen Rahmenwerk kommen. Vorläufig ist eine einheitliche europäische Lösung wahrscheinlicher. Da es auf europäischer Ebene bereits eine intensive rechtspolitische Debatte über digitale Haftung gibt, wäre die fondsbasierte Lösung eher in diesem Rahmen zu realisieren. Dies könnte tatsächlich zu einer Zugangsvoraussetzung für den Binnenmarkt werden. Damit wäre zumindest auch die Möglichkeit gegeben, dass sich diese Lösung durch den »Brüssel-Effekt« global ausbreitet.[138] Der Effekt besteht darin, dass EU-weite Regelungen *de facto* zu globalen Standards werden können, weil sie notwendig für den Zugang zum ökonomisch wichtigen EU-Binnenmarkt sind. So ist die EU-Regulierung des Datenschutzrechts zum weltweiten Standard geworden. Es ist nicht unwahrscheinlich, dass die

136 EU-Verordnung zur Festlegung harmonisierter Vorschriften für Künstliche Intelligenz (KI-Gesetz), Art. 30 I.

137 Ebd., Art. 56 ff.

138 Zum Brüssel-Effekt allgemein Bradford (2020), *The Brussels Effect*, Kap. 5.

EU auch bei der KI-Haftung einen Standard setzt, der sich dann weltweit durchsetzt. Solch ein möglicher Brüssel-Effekt wird bereits im Rahmen der Regulierung (und Haftung) für KI diskutiert.[139] So könnte sich eine europäische Fondslösung für das Vernetzungsrisiko auch global durchsetzen.

139 Hildebrandt (2023), »Artificial Intelligence Law«; Wagner (2023), »Liability Rules for the Digital Age: Aiming for the Brussels Effect«, S. 242; Wendehorst (2022), *AI Liability in Europe: Anticipating the EU AI Liability Directive*, S. 8 f. Zu den Vorteilen des KI-Gesetzes als Teil der strategischen Machtstellung der EU im globalen Kampf zur Regulierung von Technologie auch Bradford (2023), *Digital Empires*, S. 144 f.

Kapitel 5 – Drei Haftungsregime: Anwendungsbereiche, Konkurrenzen, exemplarische Fälle, Ausblick

I. Synopsis haftungsrechtlicher Normen

Zu Beginn dieses Kapitels präsentieren wir eine komprimierte Gesamtschau der drei Haftungsregime, die wir in den vorangegangenen Kapiteln separat diskutiert haben. Anschließend erörtern wir im Einzelnen, wie sich die drei Regime voneinander abgrenzen lassen und wie sich dies auf die jeweiligen Beziehungen zwischen digitaler Technologie, sozialen Institutionen und rechtlichen Regeln auswirkt. Anhand fünf exemplarischer Fälle zeigen wir dann, welche Rechtsfolgen die drei Haftungsregime nach sich ziehen. Der abschließende Ausblick enthält weiterführende Überlegungen zum Thema Haftungsrecht und Digitalverfassung.

Als Ergebnis unserer Einzeldiskussionen schlagen wir die folgenden Regeln für die drei Haftungsregime vor:

(I) Digitale Assistenz: Prinzipal-Agenten-Haftung

Die Prinzipal-Agenten-Haftung für Fehlentscheidungen eines Algorithmus greift ein, wenn (1) ein menschlicher Prinzipal (oder eine Organisation) eine Aufgabe an einen algorithmischen Agenten delegiert, (2) dem Algorithmus zur Bewältigung der Aufgabe Entscheidungsfreiheit gewährt, (3) dem Agenten eine fehlerhafte Handlung zuzurechnen ist, die für einen Programmierer weder vorhersehbar noch erklärbar ist, (4) die Handlung gegen eine vertragliche oder deliktische Sorgfaltspflicht verstößt und (5) die Kausalität zwischen Handlung und Schaden nachgewiesen werden kann.

(6) Als Rechtsfolge haftet ausschließlich der Nutzer des Algorithmus als Prinzipal. (7) Der Schadensersatz beschränkt sich nicht auf die engen Entschädigungsgrundsätze der Gefährdungshaftung, sondern folgt den Schadensersatzregeln des Vertrags- und Deliktsrechts, wonach für über Körper- und Sachschaden hinausgehende Schäden Ersatz zu leisten ist.

(II) Mensch-Maschine-Assoziationen: Netzwerkhaftung

Sofern die Voraussetzungen der Prinzipal-Agenten-Haftung nicht vorliegen, greift eine Netzwerkhaftung dann ein, wenn (1) in der Zusammenarbeit zwischen Mensch und Maschine (2) eine rechtswidrige Entscheidung getroffen wurde und (3) ihre Tätigkeiten so eng miteinander verflochten sind, dass (4) die Fehlentscheidung weder dem Menschen noch dem Algorithmus zugerechnet werden kann und (5) ein Kausalzusammenhang zwischen den individuellen Handlungen und dem Schaden nicht herzustellen ist, jedoch (6) nachgewiesen werden kann, dass die kollektive Entscheidung den Schaden verursacht hat.

(7) Als Rechtsfolge haften die Teilnehmer des Akteursnetzwerks, das heißt die Produzenten, Programmierer, Händler und die menschlichen Teilnehmer innerhalb des Hybriden. (8) Die Netzwerkhaftung trifft primär den Hersteller als Zentrale des vernetzten Unternehmens. (9) Der Hersteller kann die anderen Teilnehmer entsprechend ihrem Anteil am Netzwerk in Regress nehmen. (10) Der Netzwerkanteil wird durch die Kriterien des wirtschaftlichen Nutzens und der Kontrolle innerhalb des Netzwerks bestimmt.

(III) Vernetzung: Haftung des Fonds

Sofern weder Prinzipal-Agenten-Haftung noch Netzwerkhaftung eingreifen, ist eine Entschädigung durch Haftung eines Fonds dann möglich, wenn (1) ein Fonds oder eine Versicherung für die algorithmischen Schäden eingerichtet worden ist, (2) die miteinander verbundenen algorithmischen Entscheidungen eine vertragliche oder deliktische Pflicht verletzen und (3) zusammen einen (4) Schaden verursachen.

(5) Als Rechtsfolge haftet der Fonds für die Schäden. (6) Über die Entschädigung entscheidet eine Behörde, die mit der Verwaltung des Fonds beauftragt wird. Die Behörde bestimmt zugleich (7) die den Fonds finanzierenden Akteure des Wirtschaftssektors ex ante nach ihrem jeweiligen Marktanteil und (8) die Akteure, die bei einer Ex-post-Haftung anhand ihrer Problemlösungskapazität herangezogen werden.

II. Maschinenverhalten, sozio-digitale Institutionen und Haftungsrecht

In den vorangegangenen Kapiteln haben wir die einzelnen Haftungsregime je für sich detailliert behandelt, ohne jedoch ihr Verhältnis zueinander im Einzelnen zu bestimmen. In diesem letzten Kapitel geht es nun darum, wie sich die Regime voneinander unterscheiden und in welcher Beziehung sie zueinanderstehen. Die Unterschiede zwischen den Haftungsregimen zeigen sich dabei in ihrem Bezug zu den verschiedenen Arten des Maschinenverhaltens, den sozio-digitalen Institutionen, den spezifischen Risiken und den Haftungsregeln. Diese erlauben es, die verschiedenen Haftungsregime voneinander abzugrenzen. Daneben existieren aber auch Grauzonen, Überschneidungen und Kollisionen, für die Regeln entworfen werden müssen, um den jeweiligen Anwendungsbereich bestimmen zu können.

1. Unterschiede sozio-digitaler Institutionen

Bereits im ersten Kapitel (unter III.1) haben wir den technik-deterministischen Kurzschluss kritisiert, den viele Autoren vornehmen. Viel zu direkt verbinden sie die technischen Merkmale von Computern mit Haftungsregeln. Letztlich sind sie vereinfachenden Modellen linearer Kausalitäten und direkter normativer Implikationen verhaftet: Technologie an sich führe zu bestimmten Formen rechtlicher Haftung.[1] Wir halten ein komplexeres Modell für eher geeignet. Ausgangspunkt ist eine in der IT-Forschung entwickelte Typologie, welche die Unterschiede von individuellem, kollektivem und hybridem Maschinenverhalten herausstellt.[2] Um den technikdeterministischen Kurzschluss zu vermeiden, haben wir sozio-digitale Institutionen als intervenierende Variable zwischen Technik

1 Kap. 1, III.1. Als prominentes Beispiel für den Kurzschluss nennen wir Konertz/Schönhof (2020), *KI im allgemeinen Zivilrecht.*

2 Unsere wichtigste Referenz, wie in Kap. 1, III.2 ausführlich beschrieben, Rahwan u. a. (2019), »Machine Behaviour«. Eine ähnlich gebaute Typologie unterscheidet zwischen unterstützter, erweiterter und autonomer künstlicher Intelligenz, Möslein (2017), »Robots in the Boardroom«, S. 657. Überschneidungen gibt es auch mit der von Zech eingeführten Unterscheidung zwischen Lernfähigkeit, Robotik und Konnektivität bei Zech (2021), »Liability for AI«, S. 148 f.

und Recht eingeführt. Sozio-digitale Institutionen korrelieren, wie wir in jedem Kapitel in der sozialwissenschaftlichen Analyse gezeigt haben, in ihren Unterschieden mit drei Arten von Mensch-Algorithmus-Kontakten: Individuelles Maschinenverhalten wird in der Institution digitaler Assistenz genutzt. Hybrides Maschinenverhalten lässt die kollektive Institution einer Mensch-Algorithmus-Assoziation entstehen. Kollektives Maschinenverhalten hingegen erlaubt nur eine indirekte Verknüpfung von Menschen mit der Vernetzung unsichtbarer Maschinen. In jedem dieser Kontakte bildet sich also eine eigenständige sozio-digitale Institution.

Für jede sozio-digitale Institution haben wir ein spezifisches Haftungsregime vorgeschlagen. Damit tragen wir der Einbettung des Rechts in konkrete gesellschaftliche Institutionen Rechnung. Diese Einbettung betont auch der politische Philosoph Esposito mit dem Argument,

> dass das Recht nur innerhalb der konkreten Ordnung seinen Entfaltungsraum finden kann. Nicht auf einen abstrakten Normenkomplex reduzierbar, ist es materiell in dem sozialen Gefüge verwurzelt, aus welchem es hervorgeht. Vielmehr als eine Ordnung zu konstituieren, bringt das Recht, indem es menschliche Beziehungen regelt oder abweichendes Verhalten sanktioniert, ein Geflecht von Relationen zum Ausdruck, das im sozialen Körper bereits vorhanden ist.[3]

Freilich entstehen die sozio-digitalen Institutionen der Online-Welt nicht einfach *ex nihilo*. Sie alle haben ihren Ursprung in den etablierten sozialen Institutionen der Offline-Welt. Gleichzeitig aber werden diese bestehenden Institutionen durch die »Invasion« der Algorithmen grundlegend verändert. Sozio-digitale Institutionen sind Emergenzphänomene, die sich in der Begegnung von Mensch und Algorithmus bilden.[4] Jede sozio-digitale Institution, so unser Argument, entwickelt ihre eigenen Schädigungsrisiken: das Autonomierisiko, wenn Aufgaben an autonome Algorithmen delegiert werden; das Verbundrisiko, wenn Menschen und Algorithmen zusammen ein neues Kollektiv bilden; das Vernetzungsrisiko, wenn gesellschaftliche Kommunikation nur indirekt an miteinander interagierende Algorithmen gekoppelt ist.

3 R. Esposito (2022), *Institution und Biopolitik*, S. 79 f.

4 Dazu Kap. 1, III.3.

Außerdem gehen wir davon aus, dass die Beziehungen zwischen digitaler Technologie, sozio-digitalen Institutionen und Haftungsregelungen nicht linear, sondern zirkulär und rekursiv verlaufen. Während in der einen Richtung digitale Technologie die gesellschaftliche Nutzung von Algorithmen schon antizipiert und potenzielle Haftungsrisiken im Voraus zu vermeiden sucht, sind die Rückkopplungsschleifen, die in die andere Richtung wirken, ebenso wichtig. Erfahrungen der gesellschaftlichen Nutzung beeinflussen die weitere technologische Entwicklung nachhaltig. Zudem haben Haftungsregeln einen erheblichen Einfluss auf die zukünftige Programmierung von Algorithmen sowie auf deren gesellschaftliche Nutzung. Diese Regeln können als Anreiz für Vorsichtsmaßnahmen und als Regelung des Aktivitätsniveaus[5] wirken und üben eine beträchtliche abschreckende beziehungsweise anregende Wirkung auf technologische Entwicklungen aus.[6] Diese – *de facto* und *de jure* – wechselseitigen Einflüsse dürften zudem noch über einfache Rückkopplungsschleifen hinausgehen und regelrechte ko-evolutionäre Dynamiken zwischen Technik, Sozialinstitutionen und Recht auslösen. Das Haftungsrecht kann sich deshalb weder ausschließlich an rechtsinterner Konsistenz noch an politischen Zielen noch an wirtschaftlicher Effizienz orientieren, sondern muss in Rechnung stellen, dass es selbst ein integraler Bestandteil dieser ko-evolutionären Dynamik ist, in der es nur punktuell Einfluss ausüben kann.

Zum tieferen Verständnis dieser Dynamiken haben wir auf sozialwissenschaftliche Analysen, überwiegend auf die Systemtheorie, zurückgegriffen. Als vermittelnde Disziplinen zwischen IT-Studien und Rechtsdogmatik dürften die Sozialwissenschaften am ehesten in der Lage sein, die ko-evolutionäre Dynamik zwischen technologischen Fortschritten, sozio-digitalen Institutionen und Haftungsrecht zu analysieren.[7] In der Wahl zwischen relevanten sozialwissenschaftlichen Theoremen kann sich das Haftungsrecht nicht ausschließlich auf ökonomische Analysen stützen, wie es vielen Autoren vorschwebt. Diese konzentrieren sich auf Anreize für Sorgfaltsstandards und Aktivitätsniveaus, sind aber relativ gleich-

5 Z. B. Wagner (2019), »Robot Liability«, S. 30 f.

6 Z. B. Hacker u. a. (2020), »Explainable AI under Contract and Tort Law«, S. 418 ff.

7 Die ko-evolutionäre Dynamik digitaler und sozialer »Muster« wird von Nassehi (2019), *Muster: Theorie der digitalen Gesellschaft*, S. 15 ff., theoretisiert.

gültig gegenüber umfassenderen gesellschaftlichen Problemen, insbesondere den Interessen der Opfer an einer Entschädigung oder ökologischen Schädigungen. Gemäß dem in der Philosophie und der Soziologie entwickelten Prinzip der »Transversalität«[8] haben wir deshalb versucht, relevante Erkenntnisse aus anderen Sozialwissenschaften zu gewinnen, insbesondere zur Personifizierung von Algorithmen, zu emergenten Eigenschaften von Mensch-Algorithmus-Assoziationen und zur verteilten Kognition in miteinander vernetzten Algorithmen. Letztlich haben sich unsere Vorschläge zur Risikohaftung an einer Kombination ökonomischer und soziologischer Theoreme orientiert.[9]

In ihren Analysen der neuen sozio-digitalen Institutionen dürfen sich die Sozialwissenschaften nicht nur auf deren gegenwärtigen Zustand und ihre Geschichte konzentrieren, sondern müssen auch ihre potenzielle zukünftige Entwicklung in den Blick nehmen. Hierbei sind die folgenden von Wielsch entwickelten »methodischen Bausteine einer sozialen Hermeneutik im Recht« hilfreich.[10] Der juristische Prozess wird sozio-digitale Institutionen dann »verstehen«, wenn er die Selbstreferenz sowohl digitaler als auch sozialer Systeme innerhalb der Selbstreferenz des Rechts rekonstruiert. Für unsere Zwecke sind drei dieser Bausteine besonders relevant:

(1) »die Ermöglichung und Stabilisierung neuer Formen von sozialer Kooperation durch eigenständige, nicht auf andere rückführbare Rechtsformen«: In diesem Sinne haben wir vage Vorstellungen über die gesellschaftliche Nutzung von Algorithmen in eine Typologie sozio-digitaler Institutionen mit dazugehörigen Haftungsregimen übersetzt.

(2) »eine spezielle ›institutionen-erzeugende Interpretation‹ in Fällen, in denen ein orientierender institutioneller Kontext für Interaktionen noch nicht etabliert ist«: In der Tat sind die drei von uns vorgeschlagenen sozio-digitalen Institutionen – digitale Assistenz, Hybridität, Vernetzung – noch nicht vollständig etabliert. Daher wird das Privatrecht für ihre soziale Normativität

8 Welsch (1996), *Vernunft*; Wagner (1996), »Transversale Vernunft«, ausführlich zur Transversalität Kap. 1, III.1.

9 Eine ähnlich risikoorientierte rechtliche Analyse der algorithmischen Haftung unternimmt Linardatos (2021), *Autonome und vernetzte Aktanten*, *passim*.

10 Wielsch (2020), »Ermächtigung von Eigen-Sinn«, S. 200 f.

sensibel und für ihre künftigen Entwicklungen revisionsoffen sein müssen.

(3) »die Schaffung neuer Zurechnungspunkte, insbesondere für die rechtliche Konstitution« von Kommunikationsprozessen. Als neue Zurechnungspunkte haben wir Aktanten in Prinzipal-Agent-Beziehungen, Hybride mit Doppelzurechnung auf kollektive und Fonds als vom Haftungsrecht in Eigenregie zu schaffende Zurechnungspunkte für nichtindividualisierbare Verantwortung vorgeschlagen. Für die gegenwärtige Situation haben wir es nicht für sinnvoll gehalten, E-Personen oder Mensch-Algorithmus-Assoziationen den Status einer vollwertigen juristischen Person zu verschaffen. Beides haben wir aber als rechtsdogmatische Potenziale vorgestellt, die aktualisiert werden sollten, wenn die künftige Praxis sozio-digitaler Institutionen digitale Aktanten oder Hybride mit deutlich gesteigerter Handlungsfähigkeit, Ressourcenausstattung und organisatorischer Infrastruktur versieht.[11]

Benutzt man diese methodischen Bausteine, so wird man auf abstrakt-generelle Haftungsregeln verzichten müssen. Wir haben stattdessen konkretere unterschiedliche Haftungsregime ausgearbeitet, die der unterschiedlichen institutionellen Einbettung des algorithmischen Verhaltens Rechnung tragen. Die Haftungsregime reagieren auf die je verschiedenen Risiken der drei sozio-digitalen Institutionen: auf das bisher unbekannte Risiko einer Delegation von Aufgaben an autonome Algorithmen, auf das Risiko einer neuartigen Kollektivität von hybriden Mensch-Algorithmus-Assoziationen und auf das bisher unbekannte Risiko, dass die Gesellschaft der undurchsichtigen Vernetzung von Algorithmen ausgesetzt ist. Während diese Institutionen im Einzelnen in den vorangegangenen Kapiteln analysiert wurden, geht es nun darum herauszuarbeiten, welche Unterschiede zwischen ihnen bestehen und auf welche sozialwissenschaftlichen Theorien für ihre Beschreibung zurückgegriffen werden kann.

Digitale Assistenz: Individuelles Maschinenverhalten resultiert aus intrinsischen Eigenschaften eines einzelnen Algorithmus, dessen Dynamik durch Quellcode oder Design in seiner Interaktion mit

11 Zu den künftigen Potenzialen der E-Personen Kap. 1, II. 2-4, und zu denen der digitalen Hybride Kap. 3, III.

der Umwelt bestimmt wird.[12] Allein anhand dieser technischen Eigenschaften kann jedoch nicht darüber entschieden werden, ob Algorithmen als autonome Akteure zu qualifizieren sind oder nicht. Stattdessen bestimmen erst sozio-digitale Institutionen, ob sie den sozialen Status von bloßen Instrumenten haben, ob sie Agenten in Prinzipal-Agenten-Beziehungen sind oder ob sie – als eine mögliche zukünftige Entwicklung – zu unabhängigen, eigennützig handelnden, sozio-ökonomischen Akteuren werden.

Wie im zweiten Kapitel (unter I.) für potenzielle Prinzipal-Agenten-Beziehungen erörtert, können sozialwissenschaftliche Theorien klären, unter welchen Bedingungen die Institution digitaler Assistenz entsteht. Wenn die Aufgabendelegation von einem menschlichen Akteur an einen Algorithmus zwei autonome, aber interdependente Ströme sozialen Handelns schafft, entsteht eine Prinzipal-Agenten-Beziehung.[13] Solche Beziehungen setzen notwendigerweise sowohl für den Prinzipal als auch für den Agenten die Eigenschaft, des Personseins voraus. Daher ist eine selektive Zuschreibung von Personalität an bestimmte digitale Prozesse erforderlich. Zum komplexen sozialen Prozess der Personifizierung von Algorithmen liefern mehrere sozialwissenschaftliche Theorien die entsprechenden Analysen.

Die Wirtschaftswissenschaften tragen zu diesem Thema relativ wenig bei. Wenn sie den Einsatz von Algorithmen in Märkten beobachten, setzen sie implizit Algorithmen als rationale Akteure voraus.[14] Im Gegensatz zu engen Rational-Choice-Annahmen begreifen Soziologen die Personifizierung als einen performativen Akt, der die soziale Realität eines Akteurs überhaupt erst begründet, der aber nicht auf eine spezifische Rationalität festgelegt werden kann.[15] Komplementär dazu definiert die Akteur-Netzwerk-Theorie die Eigenschaften, die einen Algorithmus zu einem Aktanten machen, und legt fest, in welchen Aspekten sich dieser von einem menschlichen Akteur unterscheidet.[16] Die Informationsphilosophie definiert die Bedingungen, unter denen algorithmische Hand-

12 Z. B. Rahwan u. a. (2019), »Machine Behaviour«, S. 481.

13 Z. B. Krafft u. a. (2022), »Regulate Algorithmic Decision-Making«, S. 119 f.

14 Z. B. Gabaix/David I. Laibson (2000), «A Boundedly Rational Decision Algorithm«, S. 433 ff.

15 Z. B. Nassehi (2019), *Muster: Theorie der digitalen Gesellschaft*, S. 221 ff.

16 Z. B. Latour (2001), *Parlament der Dinge*, S. 93 ff.

lungen als autonom oder nichtautonom bestimmt werden.[17] Die Systemtheorie analysiert, wie in einer Situation doppelter Kontingenz die Mensch-Maschine-Kommunikation die soziale Identität des Algorithmus und seine Handlungsfähigkeit konstituiert.[18] Dies geschieht nicht in allen sozialen Situationen gleichermaßen. Vielmehr schafft den Algorithmen jeder soziale Kontext seine eigenen Kriterien für Personalität. Dies gilt für die Wirtschaft nicht anders als für die Politik, die Wissenschaft, die Moral oder das Recht. Verschiedene soziale Systeme schreiben Algorithmen als neuartigen Personen auf unterschiedliche Weise Handlungen, Rechte und Pflichten zu und statten sie mit spezifischen Ressourcen, Interessen, Absichten, Zielen oder Präferenzen aus. Schließlich beschreibt die politische Philosophie detailliert, wie die Übertragung der *potestas vicaria* die Stellvertreter-Personalität von Algorithmen konstituiert, die zugleich »eindeutige Risiken und Gefahren für die Modernität impliziert«.[19]

Soziale Personifizierung bewirkt, dass technische Risiken in soziale transformiert werden. Von Algorithmen verursachte Schäden werden nicht mehr als Ergebnis fehlgeschlagener Kausalverläufe verstanden, sondern als fehlerhafte Entscheidungen von Quasi-Akteuren, die menschliche Erwartungen enttäuschen. In der digitalen Assistenz stehen Mensch und Algorithmus nicht mehr in einer instrumentellen Subjekt-Objekt-Beziehung zueinander, sondern als Prinzipal und Agenten in einer Subjekt-Subjekt-Beziehung mit ihren typischen kommunikativen Risiken. Je mehr sich die Institution digitaler Assistenz in den Online-Transaktionen stabilisiert, desto stärker wird das Recht herausgefordert zu entscheiden, welchen Grad an Rechtspersönlichkeit es den digitalen Akteuren zubilligt. Deswegen haben wir Haftungsregeln entwickelt, die auf Handlungsrisiken digitaler Akteure reagieren und sich erheblich von Regeln unterscheiden, die auf Kausalrisiken bloßer Objekte reagieren. Aus diesem Grund haben wir die Gefährdungs- und die Produkthaftung als unzureichend kritisiert.

Digitale Hybridität: Im Vergleich zur digitalen Assistenz blicken die Sozialwissenschaften ganz anders auf Mensch-Maschine-Assoziationen, die aus eng verflochtenen Interaktionen von Algorith-

17 Z. B. Floridi/Sanders (2011), »Morality of Artificial Agents«, S. 192 ff.
18 Z. B. E. Nassehi (2019), *Muster: Theorie der digitalen Gesellschaft*, S. 224 ff.
19 Z. B. Trüstedt (2020), »Representing Agency«, S. 196 f.

men und Menschen entstehen. Würde man hier versuchen, mit dem individualistischen Ansatz der Prinzipal-Agenten-Beziehung einzelne menschliche und algorithmische Handlungen zu identifizieren, dann übersähe man, dass sich ein völlig neuartiges Kollektiv etabliert hat. Die Mensch-Maschine-Assoziation entwickelt Kollektivrisiken, die sich qualitativ von den Individualrisiken der digitalen Assistenz unterscheiden. Während digitale Assistenz mit den Risiken algorithmischer Autonomie zu kämpfen hat, erzeugt digitale Hybridität Merkmale kollektiven Verhaltens. Wie wir im dritten Kapitel (unter I. und II.) erörtert haben, vermitteln die Sozialwissenschaften hier anders zwischen IT-Studien und Rechtswissenschaft, als sie nun zeigen, wie sich Mensch-Maschine-Assoziationen konstituieren.

Weil sie am methodologischen Individualismus festhalten, bleiben ökonomische Analysen überaus skeptisch gegenüber dem Realitätsstatus kollektiver Akteure. Sie reduzieren diese als bloßen »*nexus of contracts*« und beurteilen ihre Personifizierung bestenfalls als Abkürzung für interindividuelle Beziehungen und schlimmstenfalls als gefährlichen Irrtum, Fiktion oder Falle.[20] Im Gegensatz dazu richten soziologische Analysen die Aufmerksamkeit auf die unterschiedlichen Sozialformationen, die in den Kontakten zwischen Mensch und Algorithmus entstehen.[21] Diese Kontakte reichen von kurzfristigen losen Interaktionen bis hin zu kollektiven Mensch-Algorithmus-Assoziationen mit interner Arbeitsteilung, Ressourcenausstattung und Kompetenzverteilung.[22] Jeder dieser Mensch-Maschinen-Kontakte birgt seine eigenen Risiken. In losen interaktiven Kontakten können, wie gesagt, die Handlungen von Menschen und Algorithmen leicht identifiziert werden. Ganz anders sind Konstellationen verdichteter Interaktion zu verstehen, in denen die Einzelhandlungen dem gesamten hybriden Gebilde, aber nicht mehr den einzelnen beteiligten Algorithmen oder Menschen

20 Jensen/Meckling (1976), »Theory of the Firm«, S. 310 f.; in polemischer Zuspitzung Easterbrook/Fischel (1989), »Corporate Contract«, S. 1426.

21 Z. B. Nassehi (2019), *Muster: Theorie der digitalen Gesellschaft*, S. 224.

22 Die ökonomische Transaktionskostentheorie (Williamson [1996], *Transaktionskostenökonomik*) arbeitet zwar mit einer gleitenden Skala von *spot-contracts* bis hin zu formalen Organisationen, vernachlässigt aber die korporativen und vor allem die kollektiven Merkmale von Organisationen, dazu Teubner (1989), *Recht als autopoietisches System*, S. 155 ff.

zugerechnet werden können.[23] Das Haftungsrecht muss dann auf die Risiken reagieren, die sich aus der neuartigen kollektiven Handlungsfähigkeit der Hybride ergeben. Dafür ist die Prinzipal-Agenten-Haftung der digitalen Assistenz nicht mehr adäquat. Stattdessen haben wir Normen einer Kollektivhaftung vorgeschlagen, die freilich unterhalb derer der Haftungsschwelle einer vollwertigen juristischen Person liegen.

Digitale Vernetzung: Im Gegensatz zu den beiden Konstellationen zeigt sich kollektives Maschinenverhalten als ein systemweites Verhalten, das von der Vernetzung der Maschinenagenten erzeugt wird. Wir haben im vierten Kapitel (unter III.2) erörtert, dass es wenig Sinn ergibt, vernetztes Maschinenverhalten in Prinzipal-Agenten-Beziehungen aufzulösen, wenn gerade die umfassende Vernetzung ihre eigenen Risiken erzeugt. Das Risiko besteht darin, dass weder ein einzelner Prinzipal noch ein einzelner Agent identifiziert werden kann. Ebenso wenig sind die Risiken der Vernetzung aber identisch mit denen der Mensch-Maschine-Assoziationen. Wir haben es hier mit Vernetzungen algorithmischer Kalkulationen zu tun und gerade nicht mit Kommunikationen zwischen Menschen und Algorithmen. Die algorithmischen Kalkulationen lassen sich als ein »rastloses Kollektiv« mit distribuierter Kognition qualifizieren.[24] Eine solche »Kollektivität ohne Kollektiv« ist kein strukturiertes Netzwerk, sondern zeigt eine zufällig zusammengewürfelte Ansammlung von Algorithmen. Kollektivverhalten entsteht hier spontan aus ihrer Interaktion. Das Verhältnis der Gesellschaft zu solchen algorithmischen Schwärmen beschreibt die Systemtheorie als Sozialkontakt zu »unsichtbaren Maschinen«.[25] Ihr Einfluss auf die Gesellschaft ist nur schwer zu fassen. Weder gibt es hier direkte Kommunikation zwischen Menschen und isolierten Algorithmen noch bildet sich eine Mensch-Maschine-Assoziation. Stattdessen übt die algorithmische Vernetzung einen – zwar indirekten, aber massiven – Einfluss auf die sozialen Beziehungen aus. Sie beeinflusst soziale Systeme über eine diffuse strukturelle Kopplung. Deswegen haben wir rechtliche Haftung für die Entscheidungen einzelner Algorithmen ausgeschlossen. Wir plädieren stattdessen

23 Z. B. Pettit (2007), »Responsibility Incorporated«, S. 171 ff.

24 Kap. 4, I.2.

25 Luhmann (1997), *Gesellschaft der Gesellschaft*, S. 117 ff.; ähnlich Hildebrandt (2015), *Technologies and End(s) of Law*, S. 40.

für Fondslösungen, die über politische Entscheidungen von Regulierungsbehörden den je beteiligten Industriesektoren die Verantwortung auferlegen.

2. Unterschiedliche Behandlung der haftenden Akteure

Diese Unterschiede zwischen sozio-digitalen Institutionen wirken sich schließlich auch auf die Entscheidung aus, welche Akteure für falsche algorithmische Entscheidungen haften sollen. Auch hier schlagen wir eine differenzierte Behandlung je nach institutionellem Kontext vor. Um die Unterschiede zunächst vorab zu skizzieren: Für autonome Entscheidungen isolierter digitaler Aktanten trifft die Prinzipal-Agenten-Haftung ausschließlich den Nutzer. Dagegen haftet für kollektive Handlungen digitaler Hybride das ganze Netzwerk der beteiligten Akteure, das heißt Hersteller, Programmierer, Händler und Nutzer. Vernetzungsschäden schließlich müssen über kollektive Fonds von der gesamten betroffenen Branche getragen werden.

Die unterschiedliche Behandlung der haftenden Akteure bewegt sich zwischen über- und untergeneralisierenden Lösungen. Viele Autoren versuchen, allgemeingültige Kriterien für die Auswahl der verantwortlichen Akteure aufzustellen, und unterscheiden daher nicht zwischen besonderen Konstellationen. Mithilfe der Kriterien von Kontrolle und finanziellem Nutzen wird begründet, dass in sämtlichen Konstellationen alle Hauptakteure, also Programmierer, Hersteller, Händler und Nutzer, in Haftung genommen werden sollten.[26] Andere Autoren dagegen sehen die Alleinhaftung des Herstellers vor, weil dieser regelmäßig der *cheapest cost avoider* und effektivster Koordinator ist.[27] Beide Vorschläge aber enden in einer übergeneralisierenden Haftung, die für sämtliche algorithmische Externalitäten gelten soll. Paradoxerweise wendet eine dritte Autorengruppe wiederum dieselben Kriterien an, endet dann aber in einer untergeneralisierenden partikularistischen Kasuistik.[28] Mit einer solchen Kasuistik wird versucht, von Fall zu Fall unterschiedlich den konkreten Akteur mit maximaler Kontrolle und maximalem Nutzen zu identifizieren.

26 Z. B. Sanz Bayón (2019), »Legal Framework for Robo-Advisors«, Abs. 7.
27 Z. B. Zech (2021), »Liability for AI«, S. 154.
28 Z. B. Bertolini (2020), *Artificial Intelligence and Civil Liability*, S. 102.

Gegen all diese Vorschläge ist einzuwenden, dass Kontrolle und Nutzen zwar durchaus plausible Kriterien bieten, aber die typischen Risiken der jeweiligen sozio-digitalen Institution außer Acht lassen. Kontrolle bezieht sich letztlich nur auf Managementkapazitäten und Nutzen auf primär finanzielle Anreize und Sanktionen. Gegenüber diesen Vereinfachungen bringt die Analyse der jeweiligen sozio-digitalen Institution die inhärenten normativen Prinzipien zum Tragen, die auf die typischen Risiken reagieren. Infolgedessen führt uns das institutionelle Argument dazu, eine je unterschiedliche Haftung für die folgenden Akteure vorzusehen:

Nutzer/Betreiber: Die digitale Assistenz als eigenständige Institution erzeugt spezifische Verantwortlichkeiten nur innerhalb der bilateralen Beziehung von Algorithmus und Nutzer/Betreiber. Wie im zweiten Kapitel (unter I.) gezeigt, erfordert eine Prinzipal-Agenten-Beziehung, dass der Agent die Ziele des Prinzipals verwirklicht und der Prinzipal für die von ihm veranlassten Handlungen des Agenten einsteht. Diese Haftung zielt nicht auf eine Vielzahl der am Computereinsatz beteiligten Akteure – Programmierer, Hersteller, Händler, Betreiber –, sondern ausschließlich auf den Nutzer, der eine Aufgabe delegiert und damit das Risiko autonomer Entscheidungen des Algorithmus erzeugt. Für die besonderen Delegationsrisiken ist daher nur der Nutzer/Betreiber verantwortlich.

Demgegenüber argumentieren einige Autoren, dass dies die Risiken in ungerechter Weise allein auf den Nutzer/Betreiber konzentriert. Sie sehen auch andere Akteure in der Rolle des verantwortlichen Prinzipals, insbesondere den Hersteller, einschließlich des Backend-Betreibers, der im Hintergrund Programm-Updates und ähnliche Leistungen erbringt.[29] Damit ignorieren sie jedoch die spezifischen Risiken einer Aufgabendelegation und gelangen ihrerseits zu einer ungerechten Risikoverteilung zwischen Produzenten und Nutzern. Schließlich erzeugen die beteiligten Akteure ganz unterschiedliche Risiken. Diese Risiken müssen jeweils genau definiert und dann ausschließlich denjenigen Akteuren zugewiesen werden, welche die Risiken tatsächlich eingegangen sind. Die Prin-

29 Z.B. Buchner (2022), »Doctor Algorithm«, S. 187; Sanz Bayón (2019), »Legal Framework for Robo-Advisors«, Abs. 7. Zur Haftung von Backend-Betreibern zudem der Vorschlag von Europäisches Parlament (2020), *Entschließung zivilrechtliche Haftung für KI*, Abs. 8.

zipal-Agenten-Haftung reagiert auf die Risiken der Arbeitsteilung zwischen Nutzer und Algorithmus. Dagegen reagiert die Produkthaftung auf die Risiken der Programmierung, der Herstellung und der Marktüberwachung der Algorithmen. Natürlich bleibt es dabei, dass die Programmierer/Produzenten das Risiko der Unvorhersehbarkeit des Algorithmus erzeugt haben, und natürlich sind sie Vertrags-, Delikts- oder Produkthaftung ausgesetzt, sofern sie ihre spezifischen Pflichten verletzt haben. Insbesondere unterliegen sie der gesteigerten Pflicht, die Nutzer über das von ihnen geschaffene Autonomierisiko zu informieren.[30]

Doch damit endet gleichzeitig ihre Verantwortung. Gegen die Stimmen, welche die Prinzipal-Agenten-Haftung auf Hersteller oder Programmierer ausdehnen wollen, vertreten wir die Position, dass das spezifische Risiko, einen autonomen Algorithmus unter konkreten Umständen für konkrete Aufgaben in Aktion zu setzen, allein in der Verantwortung des Nutzers als Geschäftsherrn liegt.[31] Man kann für diese Haftungsform nicht pauschal auf die Vorteile abstellen, die der Computereinsatz für alle möglichen Beteiligten erbringt.

Maßgeblich ist vielmehr, dass der Geschäftsherr Nutzen aus einem KI-spezifischen Personalrisiko zieht, das er zwar, wie bei menschlichem Personal auch, nicht vollständig kontrollieren, aber regelmäßig besser beherrschen kann als der Vertragspartner (*least cost avoider*). Die Zurechnung setzt dann aus ökonomischer Sicht sinnvolle Anreize, diese Kontrolle auch, in ressourcenoptimierender Weise, auszuüben.[32]

Der Nutzer allein trifft die Entscheidung, ob er eine bestimmte Aufgabe an einen autonomen Algorithmus delegiert oder nicht. Er allein entscheidet, unter welchen konkreten Umständen der Algorithmus eingesetzt wird, und er allein profitiert von den Vorteilen der Delegation, die sich von den Vorteilen für Hersteller/Program-

30 Bashayreh u. a. (2021), »Proportional Liability Based on Risk Sharing«, S. 181. Vgl. zu Informationspflichten gegenüber Anwendern für zumindest risikoreiche Informationssysteme die EU-Verordnung zur Festlegung harmonisierter Vorschriften für Künstliche Intelligenz (KI-Gesetz), Art. 13

31 Lohsse u. a. (2019), »Liability for AI«, S. 20; Armbrüster (2016), »Verantwortungsverlagerungen und Versicherungsschutz: Das Beispiel des automatisierten Fahrens«, S. 217 ff.

32 Hacker (2018), »Verhaltens- und Wissenszurechnung und KI«, S. 255.

mierer deutlich unterscheiden. All diese Aspekte rechtfertigten die strikte Prinzipal-Agenten-Haftung und ihre ausschließliche Ausrichtung auf den Nutzer/Betreiber. Die *potestas vicaria* wird für einen genau definierten sachlichen und personalen Wirkungsbereich übertragen. Dies schließt es aus, Programmierer, Hersteller, Händler oder Eigentümer, einschließlich der so genannten Backend-Controller, zu Prinzipalen des algorithmischen Agenten zu erklären. Im Vertragsrecht ist dies offensichtlich. Aber auch deliktsrechtlich ist der Algorithmus ausschließlich für den Nutzer/Betreiber der Verrichtungsgehilfe. Nicht schon die Mechanik der digitalen Technologie, sondern erst die Hermeneutik der sozio-digitalen Institution bestimmt den Umfang der Prinzipal-Agenten-Haftung und schließt ihre Ausweitung auf andere Akteure als den Nutzer/Betreiber aus. Gegenüber allen Versuchen, die Prinzipal-Agenten-Haftung auf Produzenten oder Programmierer auszudehnen, sollte an folgendem Prinzip festgehalten werden: »Die Logik ist, dass der menschliche Betreiber rechtlich für alles verantwortlich ist, was ein Roboter tut, weil der Mensch letztendlich entscheidet, die Maschine einzuschalten (und nicht zu übersteuern).«[33]

Dieses Prinzip gilt umso mehr, wenn es sich um professionelle Nutzer handelt. Sie sind in der Lage, eine fundierte Risikobewertung vorzunehmen und das Risiko durch ständige Aktualisierung von Hard- und Software zu beeinflussen.[34] Von Unternehmen, die Algorithmen verwenden, wird Folgendes zu Recht verlangt:

> Die Verantwortung für das Algorithmenversagen sollte [...] bei der Einheit liegen, die sie einsetzt, d. h. beim Unternehmen selbst, und nicht bei Drittanbietern oder einer KI-Plattform. Dies ist offensichtlich, wenn die KI ein vom Unternehmen selbst entwickeltes Modell ist. Aber auch mit externem Input ist letztlich das Unternehmen selbst für seine eigene *data governance* verantwortlich. Das Unternehmen entscheidet über die Gestaltung/Spezifikation der Algorithmen, ihren Einsatz, ihre Interaktion usw. und profitiert von ihnen.[35]

Diese ausschließliche Haftung des Nutzers/Betreibers gilt insbesondere für Anleger auf dem Finanzmarkt, wenn sie das durchaus

33 Guerra u. a. (2021), »Liability for Robots I«, S. 5 f.

34 Zech (2020), »Entscheidungen autonomer Systeme«, S. 64.

35 Armour/Eidenmüller (2019), »Self-Driving Corporations?«, S. 31. Das Argument lässt sich auf jede Art von Haftung für algorithmisches Versagen verallgemeinern.

abenteuerliche Risiko eingehen, die Verwaltung ihres Portfolios an nicht vorhersehbare Entscheidungen eines Algorithmus zu delegieren.[36] (All dies schließt natürlich wiederum nicht aus, dass der Nutzer/Betreiber Hersteller oder Programmierer in Regress nimmt, sofern diese gegen die Regeln der Produkt- oder Deliktshaftung verstoßen haben.)

Netzwerkmitglieder: Im Gegensatz zu dieser Prinzipal-Agenten-Haftung, die ausschließlich den Nutzer/Betreiber trifft, werden im Fall von digitaler Hybridität rechtswidrige Handlungen nicht einzelnen Akteuren, sondern der Mensch-Algorithmus-Assoziation selbst zugeschrieben. Dann aber wird die daraus resultierende Haftung auf eine Vielzahl von Akteuren kanalisiert, die »hinter« dem digitalen Hybrid stehen. Wie im dritten Kapitel (unter IV.4) erörtert, ist ein ganzes Netz verschiedener Akteure daran beteiligt, eine Mensch-Algorithmus-Assoziation zu initiieren und von deren Ergebnissen zu profitieren. Da die Kontrolle von den Netzwerkknoten ausgeübt wird, folgt auch die Verantwortung dieser spezifischen Risikostruktur. Für Mensch-Maschine-Assoziationen lässt sich eine ausgereifte Unternehmenshaftung der Assoziation als solcher wie bei juristischen Personen (zumindest vorerst) nicht etablieren. Stattdessen halten wir die Prinzipien einer Netzwerkhaftung für gut geeignet, die Verantwortung von digitalen Hybriden zu gestalten.[37] Die von uns vorgeschlagene digitale Netzwerkhaftung ist am haftungskanalisierenden Modell der amerikanischen *enterprise liability* und an Elementen der deutschen Gesamthandhaftung[38] orientiert. Sie funktioniert in zwei Schritten. Im ersten Schritt wird, ohne dass die Beiträge von Menschen und Algorithmen im Einzelnen identifiziert werden müssen, das Fehlverhalten dem Hybriden als Kollektiv zugerechnet. Im zweiten Schritt wird die Haftung für die kollektive Handlung auf die Netzknoten kanalisiert. Diese Knoten haben das Hybridnetz aufgebaut und profitieren von dessen Aktivitäten. Der Hybrid ist die Quelle ihres Nutzens. Infolgedessen haften alle Knoten des Netzes entsprechend ihrem Nutzen und

36 Eine Illustration bietet der vor einem Londoner Gericht anhängige Fall *Li Kinkan* v *Costa,* in diesem Kap. IV.1.

37 Ähnlich Vladeck (2014), »Machines without Principals«, S. 149; Allain (2013), »From Jeopardy! to Jaundice«, S. 1074.

38 Hierzu ausführlich Kap. 3, IV.2.

ihrer Kontrolle. Wenn jedoch ein Zentralunternehmen das Netzwerk vertraglich koordiniert, sollte die primäre Haftung bei diesem liegen. In der Regel wird dies der Produzent sein, der dann bei den anderen Netzwerkknoten Rückgriff nehmen kann.

Industriesektor: Im Falle digitaler Vernetzung ist der Kreis der haftenden Akteure wieder anders zu ziehen. Die Verantwortung verlagert sich, wie im vierten Kapitel (unter IV.2) erörtert, auf das größere soziale Kollektiv, das mit der Vernetzung verbunden ist. Während bei digitaler Assistenz Prinzipal und Agent als individuelle Akteure identifizierbar sind, und während bei digitaler Hybridität die Netzwerkknoten und der Hybrid die relevanten Akteure sind, sind die Haftungssubjekte in dieser dritten Konstellation anders zu bestimmen. Die vernetzten Maschinenoperationen machen es von vornherein unmöglich, einen individuell verantwortlichen Akteur zu bestimmen. Angesichts nur indirekter struktureller Kopplung zwischen algorithmischer Vernetzung und Gesellschaft kann keine Eins-zu-eins-Verantwortungsbeziehung hergestellt werden. Deshalb haben wir vorgeschlagen, für Schäden aus der Vernetzung sektorspezifische Haftungsfonds einzurichten, die von dem beteiligten Industriesektor finanziert werden.[39] Die Beiträge zum Fonds, die die Mitglieder des Industriesektors zu erbringen haben, sollten nach ihrem Marktanteil und ihrer Problemlösungskapazität berechnet werden. Die hier geltenden Normen sind nicht nur auf die finanzielle Kompensation von Individualschäden auszurichten, sondern auch auf die Wiedergutmachung von umfassenderen sozialen und ökologischen Schädigungen. Restitutionsmaßnahmen als zusätzliche Instrumente des Haftungsrechts sind dazu erforderlich. Bei Schäden großen Ausmaßes sollte die den Fonds verwaltende Behörde ermächtigt werden, Akteure anhand ihrer Problemlösungskapazität auszuwählen und ihnen Wiederherstellungs-, Folgenbeseitigungs- und Präventionsmaßnahmen aufzuerlegen.

Insgesamt lässt sich für alle drei sozio-digitalen Institutionen beobachten, dass die Haftungszurechnung (auf unterschiedliche Akteure) stets von der Handlungszurechnung (auf ihrerseits unterschiedliche Akteure) abweicht. Während die risikobehafteten

39 So auch der besonders gut ausgearbeitete Vorschlag Erdélyi/Erdélyi (2021), »AI Liability Puzzle«, S. 1323 ff.

Entscheidungen den Algorithmen (individuell oder kollektiv) zugeschrieben werden, wird die Haftung den beteiligten Menschen oder ihren Organisationen (individuell oder kollektiv) zugerechnet. Diese Trennung von Entscheidung und Haftung hängt unmittelbar mit der oben diskutierten Differenz von Verantwortung und Verantwortlichkeit zusammen.[40] Wie dort näher beschrieben, ist Verantwortung Unsicherheitsabsorption: Jemand zieht aus Informationen Schlüsse, teilt sie einem anderen mit, der sich dann nicht mehr an den Informationen, sondern an den Schlüssen orientiert.[41] Verantwortlichkeit ist dagegen der Versuch, Verantwortungsprobleme, also Probleme, die aus der Unsicherheitsabsorption erwachsen, in die Sprache des Rechts zu übersetzen. Die Zurechnung der Verantwortung sagt also noch nichts über die Zurechnung der Verantwortlichkeit für Fehler aus. Vielmehr sucht das Recht, die Verantwortlichkeit für Fehler der Verantwortungsausübung festzulegen. Die Verantwortlichkeitskriterien für Fehlerkorrektur und Schadensausgleich sind andere als die Verantwortungskriterien für die Identifikation der Ungewissheitsabsorption. Meist ist deshalb der Träger der Verantwortung nicht identisch mit dem Verantwortlichen für deren Folgen. Daraus folgt jedoch nicht, dass Verantwortlichkeit vollständig von der Verantwortung gelöst werden kann. Denn Verantwortlichkeit ist nichts anderes als der Versuch, in normativer Perspektive die Fehlentscheidungen der Unsicherheitsabsorption zu kompensieren. Deswegen muss Verantwortlichkeit stets die Verantwortungsübernahme zum Ausgangspunkt nehmen und eine möglichst enge Bindung an die Träger der Verantwortung anstreben.

Für die digitale Assistenz heißt dies, dass die Verantwortung beim Algorithmus liegt, denn als Agent des Prinzipals ist ihm die Unsicherheitsabsorption übertragen worden. Die Verantwortlichkeit dagegen liegt beim Prinzipal, denn er hat das Delegationsrisiko übernommen. Anders ist die Lage bei den Mensch-Maschine-Assoziationen. Die Unsicherheitsabsorption wird vom hybriden Kollektiv geleistet, während die Verantwortlichkeit bei den das Kollektiv konstituierenden Akteuren liegt. Wieder anders wirkt die Differenz Verantwortung/Verantwortlichkeit bei vernetzten Algorithmen. Unsicherheitsabsorption wird von der Interkonnektivität selbst

40 Dazu oben Kap. 2, I.6.

41 Luhmann (1976), *Funktionen und Folgen formaler Organisation*, S. 175.

vorgenommen, während die Schadensfolgen von dem Industriesektor übernommen werden, der für die Interkonnektivität verantwortlich ist.

3. Unterschiedlicher Rechtsstatus von Algorithmen

Schließlich erfordern es die je spezifischen Risiken der sozio-digitalen Institutionen – digitale Autonomie, Hybridität, Vernetzung – auch, den jeweiligen Algorithmen verschiedene Rechtsstatus zuzuschreiben. Dabei ist eine vollständige rechtliche Personifizierung von Softwareagenten, Mensch-Algorithmus-Assoziationen oder Multi-Agenten-Systemen zumindest heute ausgeschlossen. Stattdessen haben wir vorgeschlagen, den rechtlichen Status von Algorithmen danach auszurichten, welche Rolle sie innerhalb sozio-digitaler Institutionen spielen.

Nur im Falle digitaler Assistenz, wie im zweiten Kapitel (unter III.4, IV.3 und V.5) erörtert, ist es angemessen, Softwareagenten den Status einer begrenzten Rechtspersönlichkeit – genauer die Teilrechtsfähigkeit eines Stellvertreters – einzuräumen. Dies ermöglicht es den Algorithmen, mit bindender Wirkung für ihre Prinzipale Verträge mit Dritten abzuschließen. Als Erfüllungs- oder Verrichtungsgehilfen sind Algorithmen mit der dafür erforderlichen rechtlichen Handlungsfähigkeit auszustatten, sodass für ihr Fehlverhalten die Prinzipale haften.

Im Unterschied dazu besteht die angemessene Antwort auf das Verbundrisiko der digitalen Hybridität, wie im dritten Kapitel (unter III. und IV.) erörtert, darin, dem beteiligten Softwareagenten den Rechtsstatus eines Mitglieds der Mensch-Algorithmus-Assoziation zu verleihen. Eine Maximallösung *de lege ferenda* würde der hybriden Assoziation selbst Handlungen, Rechte und Pflichten sowie die finanzielle Haftung zurechnen – eine Lösung, die im Privatrecht völlig neue Wege beschreiten würde. Eine Minimallösung *de lege lata* würde bloß auf den Rechtsbegriff des Vertragszwecks rekurrieren und ihn für die Auslegung von Computererklärungen und die Bestimmung der Rechte und Pflichten der Teilnehmer nutzbar machen. Wir favorisieren dagegen einen Mittelweg, der eine Analogie zur Netzwerkhaftung herstellt. Der Algorithmus erhält damit den Status eines Netzwerkknotens.

Im vierten Kapitel (unter IV.2.) hieß unsere Antwort auf die Risiken der Vernetzung »Risikopool«. Das Haftungsrecht muss dessen Grenzen verbindlich festlegen. Das rechtswidrige Verhalten wird dem Pool zugerechnet. Der Rechtsstatus der Algorithmen besteht dann weder in eigener Personalität noch in Mitgliedschaft zu einem Hybrid, sondern darin, Teilelement eines digitalen Risikopools zu sein.

Wir schlagen damit differenzierte Rechtsstatus für Algorithmen vor: entweder Aktanten mit begrenzter Rechtssubjektivität oder Mitglieder einer Mensch-Maschine-Assoziation oder Teilelemente eines Risikopools. Wir haben ihren Status vor allem mit dem Ziel bestimmt, die digitalen Verantwortungslücken zu überwinden und zugleich auf die jeweilige Rolle zu reagieren, die Algorithmen in den jeweiligen Institutionen spielen. Wir sind uns im Klaren darüber, dass diese Statusdefinitionen von Algorithmen die Dogmatik des Vertrags- und Haftungsrechts deutlich verändern, haben aber zugleich darauf geachtet, die Statusdefinitionen über verschiedene Rechtsgebiete hinweg (Vertragsschluss, Stellvertretung, Vertragshaftung, Deliktshaftung) begrifflich und normativ konsistent durchzuhalten. Wir unterscheiden uns damit von den üblichen rechtsbereichsspezifischen Analysen, die im Ergebnis meist dazu führen, autonomen Algorithmen in der Rechtsgeschäftslehre, in der vertraglichen Haftung und in der außervertraglichen Haftung einen je unterschiedlichen Rechtsstatus zuzuweisen. Konsistenz wird auch im digitalen Recht benötigt, nicht als Selbstzweck, sondern als primäre Verpflichtung des Rechts, Gleiches gleich und Ungleiches ungleich zu behandeln. Zugleich ist unser Vorschlag darauf ausgerichtet, den Rechtsstatus in Übereinstimmung mit dem sozialen Akteurstatus zu halten, um der notwendigen sozialen Responsivität des Rechts Genüge zu tun.[42]

III. Konkurrenzen zwischen den Haftungsregimen

1. Abgrenzungen

Uns ist durchaus bewusst, dass es gewisse Schwierigkeiten bereitet, den Anwendungsbereich der drei Haftungsregime hinreichend klar abzugrenzen. Welches Regime beansprucht Geltung, wenn es

42 Hierzu ausführlich Kap. 2, I.7.

Grauzonen zwischen ihnen gibt oder wenn Kollisionen zwischen ihnen auftreten? Solche Probleme sind im Recht nichts Neues und aus der Offline-Welt durchaus bekannt.

Um zwischen digitaler Assistenz und Hybridität zu unterscheiden, ist das jeweilige Rechtsverhältnis zwischen Mensch und Algorithmus genauer zu analysieren. Ein erstes, gut handhabbares Kriterium ist, ob eine individuelle Entscheidung des Algorithmus als die schadensverursachende Handlung identifiziert werden kann oder ob nur eine Kollektiventscheidung des Hybrids als schadensverursachend identifizierbar ist. Ein zweites Kriterium ist die Dichte der Zusammenarbeit. Dieses Kriterium kann zusätzlich anhand der Frage konkretisiert werden, ob die Mensch-Algorithmus-Interaktion im Rahmen eines kooperativen Projekts stattfindet oder nicht. Ein drittes Kriterium ist, ob in der Zusammenarbeit Gleichberechtigung besteht oder aber die Asymmetrie einseitiger Anweisungen. Zugegebenermaßen gibt es hier eine Grauzone. Wie immer, wenn es um Gradualisierungen geht, muss das Recht einen Umschlagspunkt auf der gleitenden Skala festlegen. Aber ähnliche Kriterien sind auch in der Offline-Welt erforderlich, wenn das Recht die feine Linie zwischen Stellvertretungs- und Gesellschaftsbeziehungen zu ziehen hat.[43]

Für die Abgrenzung von digitaler Assistenz und Vernetzung stellen sich andere Fragen. Hier geht es nicht so sehr um die Qualität der Mensch-Algorithmus-Beziehung, sondern eher darum, an welcher Stelle innerhalb einer Vielfalt von algorithmischen Prozessen man die rechtswidrige Handlung identifizieren kann. Ist die rechtswidrige Handlung eindeutig einem einzelnen Algorithmus innerhalb der Vernetzung zurechenbar, gilt die Prinzipal-Agenten-Haftung. Ist dies nicht der Fall, kann die Haftungsfrage nur durch Fondslösungen beantwortet werden. Deshalb wird die soziale und die rechtliche Zurechnung von Handlungen in einigen Fällen recht pragmatisch die an sich bestehende technologische Vernetzung schlicht ignorieren. Die Zurechnung erzeugt dann die Fiktion, dass trotz Vernetzung vieler Algorithmen ein einziger digitaler Agent, meist der letzte in der Kette, gehandelt hat. Dies macht ein kollektives Haftungsregime unanwendbar und setzt die Prinzipal-Agenten-Haftung in Geltung. Die Robotik kann hier als Bei-

43 Schäfer, in: MüKo-BGB (8. Auflage, 2020), § 714, Rn. 16 f.

spiel dienen. Obwohl manche Roboter nicht in digitaler Isolation handeln, sondern mit einem algorithmischen Netzwerk etwa für Backups verbunden bleiben, behandeln die soziale Praxis und das Recht sie dennoch als Einzelakteure mit der Folge, dass die Prinzipal-Agenten-Haftung greift. In diesem Fall werden die Risiken des vernetzten Handelns also nicht auf die Geschädigten abgewälzt, sondern verbleiben beim Nutzer als dem Prinzipal.[44] Wenn etwa ein Krankenhaus ein Multi-Agenten-System für die Krebsdiagnose einsetzt, für das kein Haftungsfonds eingerichtet ist, können die Regeln der Vernetzung nicht als Mittel zur Sozialisierung des Risikos einspringen. Die rechtlichen Haftungsregeln müssen diesem Unterschied zwischen technologischer Vernetzung (ohne Identifizierung eines digitalen Agenten) einerseits und sozialen Praktiken (mit der Fiktion eines digitalen Einzelakteurs) andererseits Rechnung tragen. Hier wird der starke Einfluss sozio-digitaler Institutionen sichtbar. Soziale und rechtliche Zuschreibungen unterbrechen technologische Interdependenzen und ignorieren für die Verantwortungszuschreibung die Vernetzung. In diesen Fällen rechnet die sozio-digitale Institution der digitalen Assistenz, trotz vielfältiger Verflechtungen, die Handlung individuell nur einem Algorithmus zu, und das Haftungsrecht folgt der sozialen Fiktion.

Die Abgrenzung von digitaler Hybridität und Vernetzung schließlich erfordert wieder andere Kriterien. Hier ist sowohl die Qualität der Mensch-Algorithmus-Beziehung als auch die der algorithmischen Handlung selbst relevant. Entscheidendes Kriterium dürfte die Rolle der beteiligten Menschen sein. In dem Maße, in dem Menschen die Vernetzung der Algorithmen planvoll einrichten, handelt es sich um einen Fall von digitaler Hybridität. Ist dagegen die Kooperation eher zufällig entstanden, so dürfte bloße Vernetzung vorliegen. Darüber hinaus ist noch zu prüfen, ob die Kollektivhandlung eines Hybrids identifizierbar ist. Wenn es möglich ist, das schadensverursachende Ereignis in einer kollektiven Menschen-Maschinen-Handlung zu verorten, kann man dies als einen Fall von digitaler Hybridität betrachten; wenn nicht, dürfte dies auf digitale Vernetzung hinauslaufen.

44 Linardatos (2021), *Autonome und vernetzte Aktanten*, S. 245.

2. Vorrangregeln?

Manche Autoren plädieren für eine generelle Priorität der Sozialisierung von Schäden. Unter Hinweis auf die Unvorhersehbarkeit des Computerverhaltens verlassen sie sich vorrangig auf Versicherungs- und Fondslösungen.[45] Andere wiederum empfehlen primär die umfassende Personifizierung von Algorithmen als E-Personen. Um deren Zahlungsfähigkeit realisieren zu können, sind sie freilich gezwungen, gleichzeitig eine Pflichtversicherung oder einen Entschädigungsfonds einzurichten.[46] Ebenso müssen all jene Autoren, die eine umfassende Gefährdungshaftung vorsehen wollen, obligatorische Versicherungs- oder Fondslösungen vorsehen.[47]

Alle diese Autoren zeigen jedoch ohne Not eine mehr als großzügige Haltung gegenüber einer obligatorischen Kollektivhaftung. Sie ignorieren damit die bekannten negativen Nebeneffekte kollektiver Lösungen. Diese bieten keine Anreize für schadensvermeidende Vorkehrungen. Und im Gegensatz zu grundlegenden Verantwortungsprinzipien machen sie regelmäßig einzelne Akteure für Handlungen, die andere Akteure begangen haben, haftbar. Aus diesen Gründen empfehlen insbesondere Rechtsökonomen, die individuelle Haftung, wenn möglich, der kollektiven vorzuziehen. Mit gutem Grund verweisen sie darauf, dass individuelle Haftungsregeln Anreize für Schadensverhinderung, Transaktionskostensenkung, Schadensversicherung und Verwaltungskostenminimierung schaffen.[48] Deshalb sind genau kalibrierte individuelle Haftungsregeln immer dann zu bevorzugen, sofern die schädigende Handlung, der verantwortliche Akteur und der Kausalnexus identifiziert werden können. In unserer dreiteiligen Typologie ist dies sowohl bei der Prinzipal-Agenten-Haftung als auch bei der Netzwerkhaftung erforderlich, während bei der Vernetzung eine solche Identifizierung unmöglich ist. Ist feststellbar, dass einzelne Algorithmen oder Mensch-Maschine-Assoziationen fehlerhafte Entscheidungen treffen und dafür entsprechende Haftungsregeln greifen, dann besteht kein Bedarf an einer zusätzlichen Pflichtversicherung/Fonds-

45 Z. B. Erdélyi/Erdélyi (2021), »AI Liability Puzzle«, S. 1319 ff., S. 1323 ff.

46 Z. B. Allain (2013), »From Jeopardy! to Jaundice«, S. 1078 f.

47 Z. B. Europäische Kommission (2020), *Bericht Sicherheit und Haftung KI 2020*, S. 16.

48 Allgemein Shavell (2007), »Liability for Accidents«, S. 149 f.

lösung. Aus diesen Gründen schlagen wir vor, diese nur subsidiär einzusetzen.

Die Prinzipal-Agenten-Haftung hat den Vorteil, dass sie für den Nutzer Anreize zur sorgfältigen Nutzung des Computers und zum Abschluss einer Versicherung schafft. Zudem lokalisiert sie die Verantwortung genau dort, wo die Entscheidung zum Maschineneinsatz getroffen wird. Um es noch einmal zu betonen: Das bedeutet keineswegs, dass der bloße Maschineneinsatz eine Pflichtverletzung darstellt. Der Nutzer ist zum Einsatz berechtigt, aber wenn der Algorithmus Fehlentscheidungen trifft, dann haftet der Nutzer als Prinzipal. Ähnlich zufriedenstellend ist die Situation der Hybridität, wenn die Unternehmenshaftung für eine Mensch-Maschine-Verbindung gilt. Auch hier sind keine obligatorischen Versicherungs-/Fondslösungen erforderlich; es reicht aus, einem klar definierten Kreis von Akteuren eine gemeinsame Haftung aufzuerlegen. Nur in der dritten Situation, der Gefährdung durch die Vernetzung, sind Pflichtversicherungen oder Fondslösungen sinnvoll, da dort kein verantwortlicher Akteur ermittelt werden kann. Hier werden sie tatsächlich als Ausgleich für das Fehlen einer Personifizierung benötigt.

Infolgedessen existieren die Prinzipal-Agenten-Haftung für isolierte Akteure, die Unternehmenshaftung für hybride Mensch-Maschine-Verbindungen und Fondslösungen für die Vernetzung nebeneinander als voneinander unabhängige Haftungssysteme, ohne dass eines von ihnen Vorrang hätte. Wie Monterossi anmerkt, könnte jede dieser Lösungen »in Zukunft ihren eigenen Platz finden, je nach den mehr oder weniger zweideutigen Konturen der beteiligten Einheiten und unter Berücksichtigung der Heterogenität der mechanischen Vorrichtungen, die mit künstlichen autonomen Agenten verbunden sind«.[49]

Darüber hinaus schlagen wir ein iteratives Verfahren bei der Anwendung der drei Haftungsregelungen vor. Der Ausgangspunkt wäre immer die Zurechnung einzelner Handlungen zur Prinzipal-Agenten-Haftung. Wenn ein menschlicher Akteur oder eine Organisation eine Aufgabe an einen Algorithmus delegiert hat und der Algorithmus eine vertragliche oder verschuldensabhängige Pflicht verletzt hat, fällt die Haftung auf den Auftraggeber zurück.

49 Monterossi (2020), »Things, Agencies and Legal Actors«, S. 11; ähnlich Spiecker (2016), »Zukunft systemischer Digitalisierung«, S. 703.

Wenn diese Bedingungen nicht erfüllt sind, tritt in einem zweiten Schritt die Netzwerkhaftung ein. Sie kommt zur Anwendung, wenn menschliche Handlungen und algorithmische Berechnungen so eng miteinander verwoben sind, dass es nicht möglich ist, die rechtswidrige Handlung eines einzelnen Algorithmus eindeutig zu identifizieren. Dann wird die Handlung dem hybriden Verbund zugeschrieben und die Haftung wird auf das Netz von Akteuren gelenkt, die an der Herstellung des Mensch-Maschine-Verbunds beteiligt sind. Wenn schließlich das Zusammenspiel mehrerer Algorithmen einen Schaden verursacht hat, sodass weder ein isolierter Algorithmus noch ein Hybrid identifiziert werden kann, kommt in einem dritten Schritt die Fondslösung zum Tragen.

Jedes Haftungsregime ist auf eine bestimmte unkontrollierbare und undurchsichtige Konstellation ausgerichtet: entweder auf die Autonomie einer algorithmischen Entscheidung oder auf die Besonderheiten der Kommunikation zwischen menschlichen Akteuren und digitalen Agenten oder auf die Zufälligkeiten der algorithmischen Vernetzung. Somit besteht zwischen den Haftungsregelungen ein Verhältnis der Subsidiarität. Nur wenn die Prinzipal-Agenten-Haftung versagt, kommt die hybride Haftung zum Tragen, und wenn beide versagen, sind kollektive Fonds die Lösung der letzten Instanz.

Dies bedeutet auch, dass die drei Haftungsregelungen in einem bestimmten Sektor nebeneinander angewendet werden können. Es gibt keine Branchenspezifik einer bestimmten Regelung. Auf den Finanzmärkten besteht, wie wir später noch erörtern werden, die Möglichkeit, sich auf Algorithmen als digitale Unterstützung für Investmententscheidungen, so genannte *robo-advisors*, zu verlassen. Es besteht jedoch auch ein Risiko der Vernetzung, wenn Algorithmen interagieren und Flash Crashs verursachen oder kollusive Praktiken entwickeln, mit denen sie gegen das Wettbewerbsrecht verstoßen. In ähnlicher Weise hat der Einsatz von künstlicher Intelligenz in der Unternehmensführung verschiedene Dimensionen. Die Diskussionen reichen vom Einsatz von Algorithmen als digitale Assistenten, die den Vorstand bei Entscheidungen unterstützen, bis hin zu den wenigen Fällen, in denen Algorithmen zu Vorstandsmitgliedern ernannt werden, was wir im dritten Kapitel (unter I.) als einen Fall von hybrider Entscheidungsfindung qualifiziert haben. Völlig autonome Unternehmensorganisationen, die sich auf eine technische Infrastruktur stützen, wie dies bei der DAO der Fall ist, könnten als Fall einer Vernetzung bezeichnet werden und eine Fondslösung erfordern.[50]

Zudem ist es, mit Blick auf die Zukunft, nicht ganz unwahrscheinlich, dass der Trend zu immer stärker vernetzten Systemen die Bewältigung der Vernetzung stärker in den Blick rückt als das Handeln isolierter Algorithmen. Während zum gegenwärtigen Zeitpunkt die realen und dringendsten Haftungslücken im Zusammenhang mit der Interaktion zwischen Menschen und Maschinen bestehen, sowohl bei der digitalen Assistenz als auch bei der Hybridität, könnte die Zukunft für das Risiko der Vernetzung verstärkt eine Lösung erfordern. Daher könnte es durchaus auch darauf hinauslaufen, dass sich die oben beschriebene Subsidiarität mit der Zeit umkehrt und die von uns vorgeschlagene Fondslösung die primäre Lösung wird, von der aus sich das Recht dann zu den Fällen vorarbeitet, in denen die einzelnen Beiträge der Maschinen und Menschen identifizierbar sind. Daher wird es auch bei der Konstellation der Vernetzung notwendig sein, so weit wie möglich einzelne Aktionen innerhalb der miteinander verbundenen Maschinen zu identifizieren. Wann immer die Entscheidung eines Algorithmus identifizierbar ist, muss dieser Beitrag der Haftung unterworfen werden. Dies kann selbst dann notwendig sein, wenn ein Fonds vorhanden ist.[51]

IV. Exemplarische Fälle

Verba docent, exempla trahunt. Bis hierhin sind wir in der Argumentation abstrakt und konzeptionell vorgegangen und haben nur gelegentlich Beispiele angeführt. Doch letztlich ist es der konkrete Fall, der das Recht macht, und jeder Vorschlag muss sich in der praktischen Anwendung bewähren. Deshalb wollen wir unsere Argumente mit einigen realen und fiktiven Fällen für die Haftungsregime und ihre Wechselbeziehungen illustrieren.

50 So auch Schwemmer (2021), »DAOs«, S. 584 ff.

51 Dies wird später am Beispiel von Flash Crashs im algorithmischen Handel gezeigt, in diesem Kap. IV.3.

1. Prinzipal-Agenten-Haftung: *Robo-advice*

Samathur Li Ki-kan, ein Tycoon aus Hongkong, verklagt Raffaele Costa, einen Investmentbroker, wegen des Fehlverhaltens eines *robo-advice*-Computers auf Ersatz eines Schadens von 23 Millionen Dollar. Der Supercomputer mit dem Namen »K1« sollte Online-Quellen durchkämmen, um die emotionale Stimmung (!) der Anleger einzuschätzen und auf dieser Basis Prognosen für US-Aktientermingeschäfte abzugeben. Obwohl die ersten Simulationen vielversprechend waren, gingen beim realen Einsatz im Aktienhandel regelmäßig große Geldsummen verloren. Am 14. Februar 2018 verlor Li aufgrund einer *stop-loss-order* (einer Order an den Broker, dann zu verkaufen, wenn ein bestimmter Preis erreicht ist) über 20 Millionen US-Dollar.[52] Dies ist der erste bekannte Fall, in dem Schadensersatzforderungen für die Entscheidungen von autonomen Algorithmen wegen der von ihnen verursachten Anlageverluste vor Gericht eingeklagt wurden. Es geht um ein Blackbox-Problem: Wenn Menschen die Entscheidungen des Algorithmus nicht nachvollziehen können, wer haftet dann, falls etwas schiefgeht? Auch wenn die Summe, um die es in diesem Fall ging, exorbitant war, sind *robo-advisors* heute auch bei kleineren Investitionen weit verbreitet.

Rechtlich stellt sich zunächst die Frage, ob der Anlagevermittler Costa, der die Beratung und Betreuung von Aktientermingeschäften durch Algorithmen anbietet, für eigene Pflichtverletzungen verantwortlich ist. Wenn der Geschädigte Li nicht nachweisen kann, dass Costa die Pflichten eines Anlagevermittlers verletzt hat, wird der Erfolg seiner Klage davon abhängen, ob die Fehlentscheidungen des autonom handelnden Algorithmus die Haftung begründen können.

Nach dem Subsidiaritätsprinzip, das wir in unseren drei Haftungsregimen vorschlagen, käme eine Fondslösung, die es bisher nicht gibt, erst dann zum Tragen, wenn keine rechtswidrige Ent-

52 Zu diesem Fall *Tyndaris* v *MMWWVWM Ltd* [2020] EWHC 778 (Comm), z. B. Beardsworth/Kumar (2019), »Losses When Robot Is to Blame«. Der Fall endete mit einem Vergleich. Zur Haftung für Robo-Advice allgemein Rinaldo (2023), »Automation in Investment Advice«, S. 329 ff.; Wagner/Luyken (2020), »Robo Advice«, S. 155 ff.; Hughes/Williamson (2019), »When AI Systems Cause Harm«; Sanz Bayón (2019), »Legal Framework for Robo-Advisors«.

scheidung eines digitalen Aktanten oder einer Mensch-Algorithmus-Assoziation festgestellt werden kann. Die *stop-loss-order* war aber eindeutig eine rechtswidrige Entscheidung des Supercomputers. Da Costas individuelle Investitionsentscheidungen und die Kalkulationen von K1 nicht untrennbar miteinander verflochten sind, kommt auch eine Netzwerkhaftung für Handlungen eines hybriden Mensch-Maschine-Verbunds nicht in Betracht. Die hier relevante sozio-digitale Institution ist demnach die digitale Assistenz, bei der der Algorithmus als Agent in einer Prinzipal-Agenten-Beziehung auftritt. Auch hilft dem Kläger Li Ki-kan die Produkthaftung nicht weiter, da der Beklagte Costa keine Herstellerpflichten verletzt hat. Eine verschuldensunabhängige Haftung von Costa, die freilich erst vom Gesetzgeber angeordnet werden müsste, ginge wiederum viel zu weit, weil sie Costas unbegrenzte finanzielle Haftung auslösen würde. Als reine Kausalhaftung würde sie Costa für jede Handlung, ob rechtswidrig oder nicht, des algorithmischen Agenten haftbar machen, sofern diese nur einen finanziellen Schaden verursacht. Somit bleibt für Li Ki-kan nur die Prinzipal-Agenten-Haftung als Anspruchsgrundlage übrig.[53] Wenn der Prinzipal Costa einen Finanzmaklervertrag mit Li Ki-kan abgeschlossen und seine vertraglichen Pflichten der Portfolioverwaltung an den Computer K1 als seinen Erfüllungsgehilfen delegiert hat, haftet er demnach für alle Verstöße gegen die vertraglichen Pflichten, die K1 begangen hat.[54] Nach geltendem Recht verfügt der Algorithmus aber (noch) nicht über die für die Prinzipal-Agenten-Haftung zwingend erforderliche Rechtsfähigkeit. Das Gericht könnte jedoch dem Supercomputer K1 als einem autonomen Algorithmus Rechtssubjektivität zusprechen, wie es dies in der Vergangenheit bei bestimmten Assoziationen menschlicher Akteure getan hat. Für Costas Prinzipal-Agenten-Haftung reicht es aus, den »Aktanten« K1 mit Teilrechtsfähigkeit auszustatten, nämlich der Fähigkeit, Costas

53 In den USA ist die Verletzung einer treuhänderischen Pflicht der relevante Klagegrund auf der Grundlage des *Investment Advisors Act* von 1940. Es ist umstritten, ob ein autonomer Algorithmus als registrierter Anlageberater qualifiziert werden kann, der die im Gesetz festgelegten treuhänderischen Standardelemente erfüllt. Am Ende wird die Rechtsfrage dieselbe sein wie bei der stellvertretenden Haftung: Hat der Algorithmus eine vertragliche Pflicht eines angemessenen Anlageberaters verletzt? Zu Details Strzelczyk (2018), »Rise of the Machines«, S. 64 ff.

54 Rinaldo (2023), »Automation in Investment Advice«, S. 331.

vertragliche Pflichten gegenüber Li Ki-kan zu erfüllen. Zusätzlich setzt die Prinzipal-Agenten-Haftung schuldhaftes Handeln des Erfüllungsgehilfen K1 voraus. Die bekannten Objektivierungstendenzen im Privatrecht mildern dieses Erfordernis jedoch ab, da Verschulden und Rechtswidrigkeit ineinander übergehen. Nur wenn diese zwei Voraussetzungen erfüllt sind, wird die Prinzipal-Agenten-Haftung als Klagegrund für die Haftung von Costa erfolgreich sein. Nach der derzeitigen Rechtslage aber besteht keine Haftung. Der *robo-advice*-Fall ist also ein Beispiel für die erste Verantwortungslücke, die in allen Fällen fehlerhafter Entscheidungen eines autonomen Algorithmus besteht. Allerdings kann es, je nach Nutzung eines *robo-advisors*, auch möglich sein, dass die Haftung unter die Haftung für Hybride fällt. Dies ist dann der Fall, wenn der *robo-advisor* nicht, wie im Fall geschehen, die Entscheidung über das Investment autonom trifft, sondern als Hilfe für vorläufige Einschätzungen genutzt wird, die sich dann ein menschlicher Anlageberater für die Investmententscheidung zunutze macht.[55]

2. Netzwerkhaftung: Hybrider Journalismus

Im investigativen Journalismus ist die dichte Kooperation mit Algorithmen beinahe unverzichtbar. Dies gilt besonders für die Analyse einer großen Zahl von Dokumenten, aber auch für das Erstellen von journalistischen Inhalten. So auch im folgenden Fall: Ein internationales Team von Journalisten setzt autonome Algorithmen in einer komplexen Untersuchung ein, mit der illegale Steuerpraktiken in einer Steueroase aufgedeckt werden sollen.[56] Die Schwierigkeit der Ermittlungsarbeit besteht darin, eine enorm große Anzahl von überaus komplexen Dokumenten zu analysieren. Hier übernehmen Algorithmen die Arbeit des Markierens, Kategorisierens und Auswählens der relevanten Texte. Die menschlichen

55 Ebd., S. 318 f., 332.

56 Dies ist zwar ein fiktiver Fall, der aber öffentlich zugängliche Informationen zur Recherche der Panama-Papiere aufbereitet, um die emergenten Eigenschaften einer Mensch-Algorithmus-Assoziation und ihre Rechtsprobleme zu illustrieren, hierzu im Detail Wagner u. a., »Panama Papers, The Journalists behind the Leak«, 25. April 2016, ⟨https://www.sueddeutsche.de/politik/panama-papers-the-journalists-behind-the-leak-1.2966929⟩, letzter Zugriff am 1. 12. 2023.

Journalisten sind in enger Interaktion an dieser Arbeit beteiligt.[57] Auch die spätere Veröffentlichung der Arbeit und ihre Verbreitung in den Nachrichten wird von Algorithmen in der Form von Priorisierungs- und Filterentscheidungen beeinflusst.[58]

Ohne die Hilfe von Algorithmen würde, allein aufgrund der Masse an Dokumenten, ein Steuerskandal wie die *Panama Papers* nie an die Öffentlichkeit gelangen. Doch eine solche Praxis birgt ein beträchtliches Schadenspotenzial, da falsche Anschuldigungen leicht verbreitet werden und sich zu einem großen Skandal in der Öffentlichkeit entwickeln können.[59] Wer haftet, wenn bei einer solchen Untersuchung Personen oder Unternehmen beschuldigt werden, die in Wahrheit nicht beteiligt waren? Besonders schwierig ist diese Frage dann zu beantworten, wenn nicht eindeutig zu bestimmen ist, ob dem Algorithmus der Fehler unterlaufen ist, ob menschliches Versagen vorliegt oder ob gerade die kollektive Entscheidung von Mensch und Algorithmus die falsche Anschuldigung verursachte. Für die kollektive Haftung einer Mensch-Maschine-Assoziation, die hier angezeigt wäre, kennt das geltende Recht allerdings keine Grundlage. Wenn der Algorithmus, der die Vielzahl von Dokumenten in Zusammenarbeit mit den Journalisten analysiert, seiner Programmierung entsprechend operiert und die menschlichen Journalisten ihren Kontrollpflichten nachkommen, kann niemand haftbar gemacht werden.[60] Hier klafft also die zweite bedeutende Verantwortungslücke.

An dieser Stelle zeigt sich das Phänomen der kollektiven moralischen Verantwortung, in der eine Gruppe eine unrechtmäßige Handlung begeht, obwohl sich die beteiligten Einzelpersonen korrekt verhalten haben.[61] Der Algorithmus arbeitete wie programmiert und traf entsprechende Entscheidungen über Kennzeichnung, Klassifizierung, Auswahl und Aufbereitung von Informationen, und die menschlichen Journalisten überprüften diese Informationen

57 Näher zur Zusammenarbeit von Journalisten und Computern Diakopoulos (2019), *Automating the News*, S. 13 ff.

58 Ebd., S. 21.

59 Ein Beispiel ist der US-Fall gegen Facebooks »*Trending Topic Algorithm*«, hierzu Lewis u. a. (2019), »Libel by Algorithm?«, S. 61.

60 Ebd., S. 69. Mit Blick auf das deutsche Recht Oster (2018), »Haftung für Persönlichkeitsverletzungen«, S. 29 ff.

61 Copp (2007), »Collective Moral Autonomy Thesis«, S. 369 ff.

mit der erforderlichen Sorgfalt auf der Grundlage ihres Wissens. So ist es unmöglich, eine individuelle unrechtmäßige Handlung zu identifizieren, obwohl die kollektive Arbeit von Algorithmen und Journalisten zu den unrechtmäßigen Anschuldigungen geführt hat. Für diese Fälle ist eine Netzwerkhaftung wie oben geschildert angemessen. Das Fehlverhalten ist der Mensch-Maschine-Assoziation in Form des Kollektivs von Journalisten und Algorithmen zuzurechnen. Der kooperative Charakter des Projekts und die Schwierigkeit, einen individuellen algorithmischen oder menschlichen Fehler zu identifizieren, legen einerseits nahe, dass das erste Haftungsregime der digitalen Assistenz nicht einschlägig ist. Andererseits fällt dieser Fall wegen des Subsidiaritätsprinzips auch nicht unter das dritte Haftungsregime der Vernetzung, sondern unter das zweite Haftungsregime der digitalen Hybride. Eine unrechtmäßige kollektive Handlung in Form einer falschen Anschuldigung liegt vor und an dieser sind Menschen und Algorithmen gemeinsam beteiligt.

Für eine erfolgreiche Netzwerkhaftung bleibt hier ein Problem bestehen: Kann dem Mensch-Maschine-Kollektiv das schädigende Wissen zugerechnet werden? Damit aus medienrechtlicher Sicht eine falsche Tatsachenbehauptung vorliegt, muss der Schädiger um deren Falschheit gewusst haben. Dies ist bei Mensch-Maschine-Assoziationen natürlich schwierig, da es sich dabei letztlich um eine Blackbox handelt, genauer um eine doppelte Blackbox, nämlich die des Algorithmus und die des hybriden Kollektivs. Wenn es also unmöglich ist zu verstehen, wie genau die Entscheidungen im Kollektiv getroffen wurden, wie lässt sich dann die Wissenszurechnung in Bezug auf die Tatsachenbehauptung vornehmen? Wann hat ein soziales System, in unserem Fall ein digitaler Hybrid, »Wissen« von einer Tatsache? Wann verstößt ein Hybrid gegen eine Pflicht zur korrekten Sachinformation? Ein vielversprechendes Kriterium beruht auf den Unterscheidungen »aktive/passive Information« und »explizites/implizites Wissen«.[62] Es ist zu unterscheiden zwischen passiver Information, die irgendwo im relevanten digitalen Kontext verfügbar ist, und aktiver Information, die intern verarbeitet und zur internen Kommunikation genutzt wird. Passive Informationen würden nicht zu einer Haftung führen. Wenn aber die Information intern kommuniziert, also in explizites Wissen umgewandelt wird,

62 Hacker (2018), »Verhaltens- und Wissenszurechnung und KI«, S. 271 ff.

unabhängig davon, ob sie von Menschen oder von Algorithmen genutzt wird, dann ist die unrechtmäßige Handlung dem Hybriden zuzurechnen.

Sofern die unrechtmäßige Handlung dem Mensch-Maschine-Hybrid zugerechnet werden kann, ist es weiter notwendig, die finanzielle Haftung auf die Mitglieder des Netzwerks zu kanalisieren. Der Geschädigte kann den zentralen Knotenpunkt des Netzes erfolgreich verklagen. Im Fall des hybriden Journalismus kann dies entweder die kontrollierende Nachrichtenorganisation oder der Hersteller des Algorithmus sein. Im Zusammenhang mit der algorithmischen Nachrichtenverbreitung könnte dies ein Nachrichten- oder Social-Media-Unternehmen sein. Die Haftung würde unabhängig davon eintreten, ob es spezielle gesetzliche Vorschriften für die verschuldensunabhängige Haftung von Nachrichtenanbietern oder Plattformen gibt. Innerhalb des Netzwerks würde die interne anteilige Verteilung der Haftung entsprechend dem wirtschaftlichen Nutzen und der Kontrolle im kollaborativen Netzwerk erfolgen.

3. Kollektivfonds: Flash Crash

Der algorithmische Hochfrequenzhandel ist bekannt geworden für Schäden, die durch die Vernetzung von Algorithmen entstehen. Berühmt wurde ein Flash Crash auf dem US-amerikanischen Kapitalmarkt im Jahr 2010.[63] In der Folge klagte das US-Justizministerium einen einzigen Händler, Navinder Saro, an, für den Crash verantwortlich zu sein. Saro wurde wegen *spoofing* verklagt: Sein Algorithmus soll falsche Aufträge auf dem Markt platziert haben, um andere Handelsalgorithmen zu veranlassen, seinem Beispiel zu folgen. Dies erlaubte es ihm, eine genau entgegengesetzte Strategie zu verfolgen und damit Gewinne zu erzielen. Die Ermittlungen ergaben, dass dieses *spoofing* in der Tat eine Ursache für das Verhalten der anderen Algorithmen war und letztlich den Crash auslöste. Es konnte jedoch nicht eindeutig bestimmt werden, an welcher Stelle innerhalb der algorithmischen Operationen die unrechtmäßige Handlung stattgefunden hatte, die zu den katastrophalen Folgen führte.

63 U.S. CFTC & SEC, *Findings Regarding the Market Events of May 6, 2010*, ⟨https://www.sec.gov/news/studies/2010/marketevents-report.pdf⟩, letzter Zugriff am 1. 12. 2023.

Die Algorithmen hatten zwar den programmierten Anweisungen gemäß gehandelt und die Transaktionen entsprechend ausgeführt. Der immense Schaden schien jedoch vor allem dadurch begründet, dass bei diesem algorithmischen Hochfrequenzhandel Algorithmen eingesetzt werden, die sehr ähnlich programmiert sind und damit ihre Handlungen wechselseitig verstärken.[64] Dies deutet auf ein Schwarmverhalten hin, in dem sich individuell vorprogrammierte Entscheidungen in einem interdependenten Prozess akkumulieren. In solchen Fällen, in denen Algorithmen individuell korrekt handeln, aber aufgrund ihrer gegenseitigen Verstärkung Schäden verursachen, versagt das traditionelle Haftungsrecht völlig.

Dass ein einzelner betrügerischer Händler für den zeitweisen Zusammenbruch des Aktienhandels haftbar gemacht worden ist, wurde bereits in der Literatur skeptisch kommentiert.[65] Es lässt sich zwar argumentieren, dass der vom Händler eingesetzte Algorithmus der kausale Anlass für das vernetzte Handeln der Finanzmarktalgorithmen war, aber es ist doch kontraintuitiv, dieser einen betrügerischen Handlung die Verantwortlichkeit für den Zusammenbruch des ganzen Aktienhandels zuzuschreiben. Dies war für den Einzelnen nicht vorhersehbar. Die schädigenden Operationen der Algorithmen waren hier zwar von außen durch menschliches Verhalten ausgelöst und wurden begünstigt durch die Infrastruktur des Finanzmarktes selbst, auf dem Algorithmen gleichartiger Programmierung zugelassen sind. Die unmittelbaren Ursachen des Zusammenbruchs sind jedoch die interdependenten Operationen vernetzter Algorithmen. Ihre Geschwindigkeit übersteigt bei weitem die menschlichen Fähigkeiten, weshalb ein rechtzeitiges menschliches Eingreifen in die schadensverursachenden Operationen unmöglich war. Vorhersehbarkeit und individuelles Verschulden, wie es für Fahrlässigkeit erforderlich wäre, können in einem solchen Kontext nicht verlangt werden.

Für diese Fälle schlagen wir anstelle der Suche nach einem verantwortlichen Einzelhändler eine Fondslösung vor. Der Fonds wird unter der regulatorischen Aufsicht der Finanzmarktbehörden eingerichtet[66] und durch eine geringe Marktzugangsgebühr finanziert,

64 Yadav (2016), »Failure of Liability«, S. 1080.

65 Z. B. Gruber (2015), »On Flash Boys and Their Flashbacks«, S. 88 f.

66 Zu einem ähnlichen Vorschlag eines Fonds für den algorithmischen Handel Yadav (2016), »Failure of Liability«, S. 1095.

die von den Nutzern und Herstellern von Finanzmarktalgorithmen nach Maßgabe ihres Marktanteils entrichtet wird.

Für eine Entschädigung kommt nun zudem das Kriterium der Rechtswidrigkeit ins Spiel. Nicht jeder Flash Crash sollte den Geschädigten den Zugang zum Fonds eröffnen. Ein durch bloße Volatilität der Finanzmärkte ausgelöster Schaden ist nicht *per se* ein Haftungsgrund. Der Zugang der Geschädigten zum Fondskapital nach einem Flash Crash ist auf diejenigen Fälle zu beschränken, in denen ein Rechtsverstoß durch vernetzte Algorithmen festgestellt werden kann. Anhand dieses Kriteriums lassen sich Schäden, die durch die normale Volatilität der Finanzmärkte verursacht werden, von Crashs unterscheiden, die auf einen Verstoß gegen die Verhaltensregeln am Finanzmarkt zurückzuführen sind. Es muss Anzeichen für eine illegale Marktmanipulation als letztendliche Ursache des Flash Crashs geben, die entweder von menschlichen Händlern initiiert und von Algorithmen perpetuiert und verstärkt oder durch die das Zusammenwirken der Algorithmen selbst verursacht wurde. Der Flash Crash 2010 kann als Beispiel für ein menschlich initiiertes, aber algorithmisch verstärktes, Fehlverhalten dienen. Rechtswidriges Verhalten der vernetzten Algorithmen ist insbesondere das kollusive Zusammenwirken von Algorithmen zur wettbewerbswidrigen Preisgestaltung.[67] In dieser Weise kann algorithmisches Schwarmverhalten gegen das Wettbewerbsrecht verstoßen.[68]

Die Finanzmarktaufsichtsbehörde oder die Wettbewerbsbehörde sollte befugt sein, die am algorithmischen Hochfrequenzhandel beteiligten Akteure zu Wiederherstellungs- und Präventionsmaßnahmen anzuweisen. In Bezug auf den algorithmischen Handel wäre dies beispielsweise ein »*digital clean up*«.[69] Die Behörde würde den beteiligten Firmen auferlegen, systemische Änderungen an der Infrastruktur des algorithmischen Handels vorzunehmen. So könnte das Risiko eines algorithmischen Schwarmverhaltens da-

67 Assad u. a. (2021), »Autonomous Algorithmic Collusion«, S. 465 f.

68 In diesem Zusammenhang stellen sich natürlich weitere Fragen zur Tauglichkeit des geltenden Wettbewerbsrechts für die Regulierung von kollusivem algorithmischen Verhalten; zu diesem Problem und dem juristischen Diskussionsstand van Uytsel (2023), »Algorithmic Collusion«, S. 25 ff.

69 Zu diesem Vorschlag in Hinblick auf Finanzmärkte Yadav (2016), »Failure of Liability«, S. 1097 ff.; zu ähnlichen Vorschlägen bei der Preiskollusion von Algorithmen innerhalb der Möglichkeiten des Wettbewerbsrechts Beneke/Mackenrodt (2021), »Remedies for Algorithmic Tacit Collusion«, S. 168.

durch gemindert werden, dass eine Pflicht zur Verlangsamung der algorithmischen Entscheidungen statuiert wird, die dann in das System einprogrammiert wird.

4. Google *autocomplete*

Das berühmte Google-*autocomplete*-Problem zeigt die Relevanz der von uns eingeführten Differenzierungen. Fälle dieser Art sind typisch für algorithmisches Versagen und haben viele Gerichte in unterschiedlichen Ländern beschäftigt.[70]

Aufgrund von Fehlleistungen der *autocomplete*-Funktion wurden Klagen gegen Google wegen Verletzung von Persönlichkeitsrechten eingereicht. Die *autocomplete*-Funktion hatte in den Antworten auf Suchanfragen die Namen bekannter Persönlichkeiten mit kompromittierenden Begriffen selbstständig verknüpft. *Autocomplete* funktioniert auf der Basis einer komplexen Kombination aus dem Suchverlauf der Google-Nutzer, früheren Suchen und Angaben zum Nutzer wie etwa dem Ort, von dem aus er sich einloggt. In den bekannt gewordenen Fällen wurden bei der Internetsuche etwa der Name eines Unternehmensgründers mit der Sektenorganisation Scientology und, in Deutschland sehr prominent, der Name der Frau eines ehemaligen Bundespräsidenten mit »Escort-Dame« und »Prostituierte« vervollständigt. In allen Fällen argumentierte Google, dass die Vorschläge des Algorithmus für Google unvorhersehbar und unkontrollierbar gewesen seien und Google daher nicht verantwortlich sei. In manchen Fällen wurde argumentiert, dass die Unvorhersehbarkeit von den Eingaben der Nutzer herrühre und Google lediglich die Funktion der Datensammlung und der Veröffentlichung der Ergebnisse übernommen habe.[71] Die Gerichte entschieden jedoch, dass die Ergebnisse der Suchmaschine dem

70 Zu Italien: Ordinario di Milano, Aktenzeichen 10847/2011, 24. März 2011; zu den USA: *Guy Hingston* v *Google Inc*, US District Court Central District of California, Aktenzeichen SACV12-02202-JST, Urteil vom 7. März 2013; zu Deutschland: BGH GRUR 2013, 751 (Scientology). Berichtet wird auch über Fälle in Japan (2013, zugunsten der Kläger entschieden), Frankreich (2012, verglichen), Australien (2012, zugunsten der Kläger entschieden) und Belgien (zugunsten von Google entschieden).

71 Dies war ein zentrales Argument von Google im japanischen Fall, »Google ordered to change autocomplete function in Japan«, 26. März 2012, ⟨https://www.bbc.com/news/technology-17510651⟩, letzter Zugriff am 1. 12. 2023.

Unternehmen zuzurechnen sind. Das Unternehmen habe seine eigene Kontrollpflicht verletzt. Es haftet daher grundsätzlich, aber erst dann, wenn es Kenntnis erlangt, dass die *autocomplete*-Funktion Persönlichkeitsrechte verletzt hat.[72]

Das Erfordernis, dass Google Kenntnis erlangen muss, um die Kontrollpflicht auszulösen, lässt jedoch eine Haftungslücke aufbrechen, die sich in Zukunft noch verstärken wird. Denn in all jenen persönlichkeitsrechtsverletzenden *autocomplete*-Fällen, die Google unbekannt geblieben sind, haften Google und andere Suchmaschinenbetreiber nicht. Eine andere Kritik an der Lösung über Kontrollpflichten des Unternehmens äußern Körber und König. Der BGH habe den Fall über § 823 Abs. 1 BGB lösen können, weil Google den Algorithmus selbst entwickelt hat und deshalb die Sorgfaltspflichtverletzung keine Probleme bereitete. »Was aber, wenn der Algorithmus von einem Dritten stammt?«[73]

Unser Vorschlag führt dagegen zu einem anderen Ergebnis. Google haftet *per se* für das Verhalten seines Suchalgorithmus, sofern dies Persönlichkeitsrechte verletzt – auch dann, wenn Google noch keine Kenntnis von der Verletzung hatte.

Dabei zeigt der Fall zunächst einmal sehr gut die Entwicklung von bloß automatisierten zu autonomen Algorithmen. Die Operationen sind logisch determinierte mathematische Kalkulationen, aber die variierenden Eingaben des Nutzers und die Lernfähigkeit des Algorithmus im Lichte solcher Eingaben sowie unvorhersehbare individuelle Eigenschaften desjenigen, der die Suchmaschine nutzt, führen zu einer autonomen Entscheidung unter Unsicherheitsbedingungen. Google sorgt zwar durch seinen Input für einige Entscheidungsprämissen, aber was am Ende als Output sichtbar wird, kann nicht mit Sicherheit vorhergesagt werden.[74] Schon die erste autonome algorithmische Entscheidung, die das Persönlichkeitsrecht verletzt, löst nach unserer Konzeption die Haftung aus.

Zweitens liegt die schädigende Handlung nicht in einer falschen Entscheidung von Google, sondern im Output des *autocomplete*-Algorithmus selbst. Diese Unterscheidung zwischen dem Verhalten von Google und dem des Algorithmus ist relevant für die kom-

72 BGH GRUR 2013, 751 rekurriert dafür auf die Kontrollpflichten des Betreibers. Ebenso Wielsch (2017), »Haftung des Mediums«, S. 131.

73 Körber/König (2020), »Haftungsrecht 4.0«, S. 271.

74 Kastl (2015), »Analyse der Autocomplete-Funktion«, S. 140.

plexe Prüfung, ob und unter welchen Voraussetzungen überhaupt eine rechtswidrige Handlung vorliegt. Insbesondere bei den Persönlichkeitsrechten erfordert dies im Einzelfall eine schwierige Abwägung von Rechtsgrundsätzen, vor allem von verfassungsrechtlichen Prinzipien (grundrechtlicher Schutz des Persönlichkeitsrechts einerseits, Meinungsfreiheit andererseits). Wie wir im zweiten Kapitel (unter IV.2 und V.4) argumentiert haben, darf man nicht die Voraussetzungen für eine vertragliche oder deliktische Haftung (Verletzung einer vertraglichen Verpflichtung oder einer Sorgfaltspflicht) im Verhalten des menschlichen Prinzipals suchen, was bei autonomen Systemen zudem immer schwieriger wird.[75] Vielmehr ist es ausschließlich die Entscheidung des Google-Algorithmus, die als rechtswidrig oder rechtmäßig zu beurteilen ist.

Drittens zeigen die *autocomplete*-Fälle, warum die Regeln der Gefährdungshaftung unpassend sind. Sie begrenzen die Haftung zu sehr, da sie nur Sach- und Körperschäden ersetzen und die hier relevanten Schäden aus Persönlichkeitsrechtsverletzungen ausschließen. Andererseits dehnen sie den Schadensersatz viel zu weit aus, da sie nicht verlangen, dass die *autocomplete*-Funktion eine Pflichtverletzung begangen hat. Die bloße Verursachung des Schadens löst die Haftung auch dann aus, wenn der Output des Computers gar keine Rechtsverletzung darstellt.

Viertens illustriert dieser Fall die Überschneidungen zwischen zwei unserer drei Haftungsregime. Die *autocomplete*-Funktion hat eine Zwischenstellung zwischen autonomer algorithmischer Entscheidung und hybrider Mensch-Maschine-Interaktion inne, da sie sowohl auf menschlichen Nutzereingaben als auch auf der Programmierung des Suchalgorithmus basiert. Der Grund für die Ambivalenz liegt darin, dass *autocomplete* nicht allein durch algorithmische Trainingsdaten generiert wird, sondern auch durch Echtzeit-Nutzereingaben und personalisierte Kriterien der Nutzer. Außerdem wird die *autocomplete*-Funktion nur durch Benutzereingaben in der Suchmaschine aktiviert und ihre Regeln werden innerhalb des Unternehmens ständig überarbeitet. *Autocomplete* ist nicht nur ein technisches Produkt, ein Algorithmus, der Daten prozessiert, sondern ein sozialer Prozess der Kuratierung, der an vielen Stellen durch gesellschaftliche Wertungen geprägt wird.[76] Handelt

75 Ebers (2021), »Artificial Intelligence and EU Consumer Law«, S. 211 f., Rn. 44, 46.
76 Pasquale (2015), »Reforming the Law of Reputation«, S. 522.

es sich also unseren Kategorien nach um einen Fall des Hybriden oder um digitale Assistenz? Nach unseren obigen Überlegungen sind beide Qualifikationen potenziell denkbar. Die *autocomplete*-Ergebnisse beruhen auf einer Interaktion zwischen menschlichen Benutzereingaben und maschinellen Berechnungen. Gleichzeitig aber ist die Beziehung zwischen den menschlichen Eingaben und den algorithmischen Operationen keine kooperative Beziehung, sondern eher eine der Delegation. Die Handlung, die auf eine Verletzung der Sorgfaltspflicht hinausläuft, das heißt die automatische Vervollständigung durch den Algorithmus, ist relativ eindeutig abgrenzbar. Die Lösung ergibt sich daraus, dass die hybride Haftung subsidiär zur digitalen Assistenz zu behandeln ist. Wir haben es mit digitaler Assistenz zu tun, in der ein digitaler Agent (der *autocomplete*-Algorithmus) Persönlichkeitsrechte verletzt, wofür sein Prinzipal (Google) haftet.

Damit haftet im Ergebnis Google als Prinzipal für die Handlungen des Suchalgorithmus als seines Agenten. Diese Lösung, die auf den allgemeinen Grundsätzen der vertraglichen und deliktischen Haftung beruht, würde auch einige weitere rechtliche Probleme lösen, die bei der Haftung für Nachrichtendienstleister diskutiert werden. In unserer Lösung hängt die Haftung von Google nicht davon ab, ob das Unternehmen ein Nachrichtenanbieter oder -vermittler ist und damit unter die presserechtliche Haftung fällt, da diese Unterscheidung seine Rolle als Prinzipal im allgemeinen Deliktsrecht nicht berührt. Vielmehr handelt Google im Rahmen des »Kuratierens«, einer emergierenden sozio-digitalen Institution, deren normative Anforderungen an Algorithmen, Programmierer und Betreiber in gesellschaftlichen, politischen und rechtlichen Debatten ausgehandelt werden.[77]

Die *autocomplete*-Fälle sind daher ein gutes Beispiel dafür, wie Haftung von der Autonomie von Algorithmen und von der Existenz sozio-digitaler Institutionen abhängt. Er zeigt, wie sich das Recht, wenn es mit einem angemessenen Verständnis für den sozio-digitalen Kontext entworfen wird, weiterentwickeln kann, um die Haftungslücken zu schließen.

Schließlich sollte man die Rückwirkungen des Haftungsrechts

77 Ladeur/Gostomzyk (2017), »Netzwerkdurchsuchungsgesetz und Meinungsfreiheit«, S. 392 f.

auf die zukünftige Programmierung des *autocomplete*-Algorithmus beachten. Für die Programmierung macht es einen wesentlichen Unterschied, ob die Haftung wegen der Autonomie des Algorithmus ganz ausgeschlossen ist, wie es in der Argumentation von Google insinuiert wurde, ob die Haftung erst ab Googles Kenntnis von der Rechtsverletzung eintritt, wie der BGH entschied, oder ob Google für jede Verletzung von Grundrechten haftet, unabhängig davon, ob das Unternehmen den rechtsverletzenden Output kannte oder nicht. Wenn die dritte Option realisiert wird, müsste die Programmierung sehr viel restriktiver ausfallen als bei den anderen Optionen.

Solche rekursiven Schleifen zwischen Technologie und Haftungsrecht, die eine einseitige technikdeterminierte Sicht auf die Institution digitaler Assistenz ausschließen, eröffnen einen Reflexionsraum für das Recht und für die Öffentlichkeit, in dem über die weitere Entwicklung der sozio-digitalen Institution gestritten und entschieden wird. Besonders die Grundrechte, sowohl in ihrer individuellen wie auch ihrer institutionellen Dimension, spielen hier eine Rolle. In einer Argumentation von Fall zu Fall werden Grundrechtsfragen im digitalen Raum neu beantwortet. Auch und gerade im *autocomplete*-Fall wird das Persönlichkeitsrecht der Betroffenen neu ausgemessen und zu den Kommunikationsgrundrechten der Nutzer, der Programmierer und der Hersteller sowie zur Grundrechtsgarantie der sozio-digitalen Institution des Kuratierens selbst ins Verhältnis gesetzt.

5. Generative KI (ChatGPT)

Während im *autocomplete*-Fall zu entscheiden war, ob das Fehlverhalten unter die Prinzipal-Agenten-Haftung oder die Hybridhaftung zu subsumieren ist, zeigt sich bei den neuen Entwicklungen zu einer generativen KI sehr deutlich, welche Vorteile die von uns vorgeschlagene Orientierung der Haftungsregime an sozio-digitalen Institutionen bietet. Sie führt dazu, dass bei generativer KI keine speziellen Haftungsregeln zu entwerfen sind, sondern dass je nach sozialem Kontext der Nutzung ein anderes Haftungsregime anzuwenden ist. Meist sind die Handlungsbeiträge von Mensch und Maschine klar unterscheidbar. Dann haftet der Nutzer (Individuum oder Organisation) nach den Grundsätzen der vertraglichen oder deliktischen Prinzipal-Agenten-Haftung für das Fehlverhalten des ChatGPT-Agenten (analog § 278 und § 831 BGB). In anderen Konstellationen wiederum ist die Interaktion von Mensch und generativer KI so dicht, dass die Handlungsbeiträge nicht mehr aufzuschlüsseln sind. Dann wird die generative KI zum Mitglied einer hybriden Mensch-Algorithmus-Assoziation.[78] Die Individualhaftung versagt und es tritt eine Kollektivhaftung (Organisations- oder Netzwerkhaftung) ein, wonach primär das Netzwerkzentrum haftet, das dann bei den anderen Mitgliedern Regress nehmen kann. Demnach greift in diesen Fällen sowohl die Nutzer- als auch die Herstellerhaftung. Es kommt also für die Bestimmung des passenden Haftungsregimes entscheidend auf den Kontext der Interaktion zwischen ChatGPT und menschlichem Nutzer an. Dabei zeigt sich auch, dass das von uns vorgeschlagene dritte Haftungsregime der Vernetzung bei ChatGTP nicht relevant werden dürfte. Das liegt daran, dass die Vernetzungshaftung mit ihrer Fondslösung nur subsidiär eintreten soll – und zwar wenn es nicht möglich ist, die schädigende Handlung zu identifizieren, sei es als individuelle Handlung eines Algorithmus, sei es als kollektive Handlung eines digitalen Hybrids.

Am Fall der generativen KI wird zudem besonders deutlich, wie unangemessen die anderen Haftungsregime sind, die bisher für algorithmisches Fehlverhalten vorgeschlagen werden. Die Werkzeuglösungen, die das algorithmische Fehlverhalten ausschließlich als Pflichtverletzung des Nutzers behandeln, können den eigentlichen Ort der Pflichtverletzung gar nicht erfassen. Außerdem widersprechen sie den gefestigten Grundsätzen, wonach für bloßes Maschinenversagen keine Haftung eintritt. Wenn ChatGPT Entscheidungen auswirft, die diskriminierend sind oder anderswie Rechte verletzen, dann hat offensichtlich nicht der menschliche Nutzer, der dem Textgenerator Instruktionen gibt, rechtswidrig gehandelt. Die Pflichtverletzung ist auf das Verhalten von ChatGPT zurückzuführen, welches der Nutzer nicht voraussehen konnte.

Aber auch die vielfach empfohlene Produkthaftung versagt bei Fehlleistungen generativer KI.[79] Hier gelten all die Einwän-

78 Coeckelbergh/Gunkel (2023), »ChatGPT«, Abs. 1.; Gutiérrez (2023), »ChatGPT and the New Power Relationships«, Abs. 5.

79 Zur Kritik der Angemessenheit der EU-Produkthaftung gegenüber generativer KI Hacker u. a. (2023), »Regulating ChatGPT«, S. 1114 f.; Hacker (2023),

de, welche die Unangemessenheit der Produkthaftung gegenüber Algorithmenversagen aufzeigen. Der wichtigste Einwand ist, dass die Produkthaftung selbst erhebliche Haftungslücken aufweist, da sie – entgegen einer weitverbreiteten Meinung – keineswegs eine wirkliche Gefährdungshaftung, sondern eine (verdeckte) Verschuldenshaftung ist. Damit besteht keine Haftung für Fehler der generativen KI, wenn der Hersteller all seine Pflichten erfüllt hat und die chronisch fehleranfällige KI dennoch falsch entscheidet. Schließlich dürfte es gerade für die generative KI schwierig sein zu entscheiden, ob sie eine Hochrisiko- oder eine Niedrigrisikotechnologie ist, wie es die EU-Regeln vorsehen.[80] Wird die generative KI abstrakt anhand der Schwere des potentiellen Risikos beurteilt, hat dies die paradoxe Konsequenz, dass das System, unabhängig von der jeweiligen Nutzung, als potenziell hochrisikoreiches System selbst bei banalen Outputs den höchsten Pflicht- und Haftungsanforderungen gerecht werden muss.[81]

Auch für die generative KI wird diskutiert, ob es überhaupt angemessen ist, den Nutzer für ihre Fehlleistungen haften zu lassen, und ob nicht stattdessen ausschließlich der Hersteller haften soll.[82] Hier aber zeigen die Besonderheiten der generativen KI, dass die Herstellerhaftung keinesfalls generell der Nutzerhaftung vorzuziehen ist, wie es heute häufig vertreten wird. Es dürfte inzwischen den Nutzern bekannt sein, dass der Output von ChatGPT auf der bloßen Wahrscheinlichkeit von Wortverknüpfungen beruht, weshalb der Output oft falsch ist.[83] (Bekannt geworden ist der schon erwähnte Fall, in dem sich ein Anwalt in einem von generativer KI hergestellten Schriftsatz auf ein Gerichtsurteil berief, das gar nicht existierte.) Zudem besteht die Gefahr, dass ChatGPT diskriminierende Entscheidungen auf der Grundlage von vorurteilsbelasteten

»The European AI Liability Directives«, S. 10 f.; Helberger/Diakopoulos (2023), »ChatGPT and the AI Act«, S. 2.

80 In der EU-Verordnung zur Festlegung harmonisierter Vorschriften für Künstliche Intelligenz (KI-Gesetz) wird grundsätzlich zwischen inakzeptablem, hohem und allgemeinem Risiko unterschieden, wobei die Verordnung auch einige spezielle Transparenzanforderungen für generative KI enthält.

81 Hacker u. a. (2023), »Regulating ChatGPT«, S. 1116 f.

82 Heiss (2023), »Liability ChatGPT«, S. 21.

83 Vgl. dazu die Expertenwarnungen vor ihrer Zuverlässigkeit Coeckelbergh/Gunkel (2023), »ChatGPT«, Abs. 1.; Montemayor (2021), »Language and Intelligence«, S. 471 ff.; Floridi/Chiriatti (2020), »GPT-3«, S. 681 ff.

Informationen trifft. Außerdem kann die Verwendung großer Mengen personenbezogener Daten zum Training von KI-Systemen bestehende Ungleichheiten und Machtungleichgewichte verfestigen.[84] Aus diesen Gründen sind die folgenden Warnungen mehr als angebracht:

> Der Output des Modells sollte nicht als endgültige Wahrheit betrachtet werden und der Benutzer sollte nicht den Vorurteilen der Maschine erliegen und glauben, dass diese Systeme keine Fehler machen könnten und ihre Ergebnisse immer besser seien als die eines Menschen. Vielmehr sollte er die Ergebnisse nur als einen Ausgangspunkt für weitere Untersuchungen und Validierungen nehmen.[85]

Gerade der Nutzer ist also zu erhöhter Sorgfalt verpflichtet und trägt die Verantwortung dafür zu entscheiden, in welcher sozialen Situation er eine Aufgabe an die generative KI übertragen kann. Seine Haftung ist gerechtfertigt, weil der Nutzer über den Computereinsatz entscheidet und damit Dritte den erheblichen Risiken digitaler Autonomie aussetzt und er vom Einsatz der digitalen Assistenz unmittelbar profitiert. Auch wenn seine Entscheidung für den Einsatz an sich, wie bereits erwähnt, keineswegs ein eigenes fahrlässiges Verhalten darstellt und deshalb eine Eigenhaftung des Nutzers ausscheidet, sind dies doch ausreichende Gründe, um im Kontext der Prinzipal-Agenten-Haftung allein den Nutzer als verantwortlichen Prinzipal zu qualifizieren. Der bloße Einsatz eines Algorithmus ist keine eigene Sorgfaltspflichtverletzung des Prinzipals, aber es ist durchaus gerechtfertigt, ihn für vertragliches oder deliktisches Fehlverhalten des algorithmischen Agenten, den er eingesetzt hat und der unter seiner Kontrolle steht, einstehen zu lassen.[86] Deshalb trifft die Prinzipal-Agenten-Haftung richtigerweise nur den Nutzer. Im Übrigen zeigen gerade die Besonderheiten des Einsatzes von ChatGPT, dass nicht nur die vertragliche Gehilfenhaftung des § 278 BGB, sondern auch die deliktische Haftung des § 831 BGB trotz der Exkulpationsmöglichkeit zum Erfolg führt. Der Einsatz dieser Technologien ohne eine Faktenüberprüfung dürfte ein Auswahlverschulden beziehungsweise Leitungsverschulden dar-

84 Gutiérrez (2023), »ChatGPT and the New Power Relationships«, Abs. 5; Floridi/Chiriatti (2020), »GPT-3«, S. 681 ff.

85 Gutiérrez (2023), »ChatGPT and the New Power Relationships«, Abs. 5.

86 Wagner (2003), »Grundstrukturen des Europäischen Deliktsrechts«, S. 274.

stellen, sodass der Betreiber nach § 831 BGB ohne Exkulpationsmöglichkeit haften muss.

V. Ausblick: Haftungsrecht und Digitalverfassung

Die drei von uns vorgeschlagenen Haftungsregime haben trotz ihrer privatrechtlichen Ausgestaltung erhebliche Auswirkungen auf den digitalen öffentlichen Raum, besonders auf seine übergeordnete Rechtsverfassung. Unser differenzierender Ansatz kann einen Beitrag zu einer Digitalverfassung leisten, die sich derzeit herausbildet.[87] Sicherlich geht es dabei, wie gesagt, auch darum, eine Optimierung von Sorgfaltsstandards, die an Algorithmenverhalten zu stellen sind, und von Aktivitätsniveaus, welche die Menge schadensträchtiger algorithmischer Aktivitäten steuern, anzustreben:

> Das Ziel ist, den Nettomehrwert für die Gesellschaft, das heißt die Differenz zwischen dem Nutzen der Roboteraktivitäten und den Kosten ihrer Produktion und Operation, einschließlich der Kosten der Vorsorge und der Kosten der Unfälle, die trotz kosteneffektiver Vorsorger geschehen, zu maximieren.[88]

Doch sind mit rechtsökonomischen Steuerungsstrategien die konstitutionellen Ansprüche an Entscheidungen autonomer Algorithmen nicht erschöpft. Denn in den rekursiven Dynamiken zwischen Technologie, Sozialinstitutionen und Haftungsrecht, die immer zugleich ihre eigenen Voraussetzungen verändern, findet eine verfassungsrechtlich relevante »gegenseitige Konstituierung von Rechten, Subjekten und sozialer Praxis statt«.[89] Diese entwickelt sich nicht einfach technikdeterminiert. Ebenso wenig wird sie ausschließlich von ökonomischen Steuerungsintentionen beeinflusst, sondern hängt zugleich von vielfältigen normativen Entscheidungen über die gesellschaftliche Verantwortung von digitalen Technologien ab.[90]

87 Zu den Konturen einer Digitalverfassung, besonders zu den Beiträgen, die das Privatrecht dazu leistet, Teubner/Golia (2023), »Digitalverfassung«, S. 625, und die Beiträge in Golia/Teubner (Hg.) (2023), *Digital Constitution,* S. 1 ff.

88 Wagner (2019), »Robot, Inc.«, S. 600.

89 Wielsch (2021), »Zukunft der Medienverfassung«, S. 4.

90 Baecker (2018), *Die Lücke, die der Rechner lässt*, S. 180.

Autonome Algorithmen als neuartige Quasi-Subjekte konfrontieren das Privatrecht mit einer Verfassungsfrage erster Ordnung. Unter welchen Umständen sollten nichtmenschlichen Entitäten – Ökosystemen oder elektronischen Agenten – soziale Handlungsfähigkeit und Rechtsfähigkeit zugeschrieben werden?[91] Die hier vorgetragene Antwort ist, den isoliert handelnden Algorithmen und den Mensch-Algorithmus-Assoziationen (beschränkte) Rechtspersönlichkeit zu verleihen und in den Fällen algorithmischer Vernetzung Risikopools mitsamt ihren Haftungsfolgen zu schaffen. Sofern in dem nur scheinbar technischen Haftungsrecht über die Bekämpfung von Verantwortungsdefiziten, über die Personifizierung algorithmischer Prozesse, über die Sorgfaltsmaßstäbe digitalen Handelns, über die Schutzwürdigkeit von durch algorithmische Fehlentscheidungen gefährdeten Sozialpositionen, über das Ausmaß von Entschädigungsleistungen und über die notwendige Re-Programmierung von risikobehafteten Algorithmen gestritten und entschieden wird, leistet das Haftungsrecht einen gewichtigen Beitrag zu einer künftigen Digitalverfassung. Die dreifache Differenzierung von Haftungsregimen dürfte es ermöglichen, dass neue digitale Akteure, die in der digitalen Öffentlichkeit auftreten, identifiziert, die Risiken für ihr unkontrollierbares Verhalten definiert und angemessene Haftungsfolgen entwickelt werden.

Zugleich wird das Haftungsrecht selbst als eine zentrale Institution des Privatrechts öffentlich-konstitutionelle Elemente in sich aufnehmen müssen. Es muss sowohl auf den Eintritt öffentlicher Akteure in die digitale Sphäre reagieren als auch auf neue Verletzungen öffentlicher Interessen, insbesondere auf Verletzung von Grundrechten.

Mit dem Einsatz von Algorithmen sind neue öffentliche Akteure im digitalen Raum aufgetaucht. Was etwa digitale Assistenten betrifft, so beobachten wir nicht nur den zunehmenden Einsatz von *robo-advisors* und digitalen Vertragsvermittlern durch kommerzielle Unternehmen, sondern sehen ebenso, wie staatliche Akteure – Verwaltungs- und Strafverfolgungsbehörden – von digitalen Assistenten Gebrauch machen. Die hier entstehende sozio-digitale Institution des »algorithmischen Amtsträgers« unterscheidet sich von der

91 Dass dies eine genuine Verfassungsfrage mit weitreichenden gesellschaftspolitischen Implikationen ist, macht van Dijk (2023), »Constitutional Ecology of Practices«, S. 176 ff., deutlich.

digitalen Assistenz dadurch, dass sie innerhalb staatlicher Handlungszusammenhänge konstituiert wird.[92] Dies wirft ähnliche Fragen der Verantwortungszuweisung auf, wie wir sie für private Akteure entwickelt haben. Die drei hier vorgestellten Haftungsregime könnten nach einer Anpassung der öffentlich-rechtlichen Vorschriften zur Staatshaftung dazu beitragen, auch die Verantwortung für algorithmisches Fehlverhalten öffentlich-rechtlicher Akteure zu begründen. Denn auch auf die Verletzung öffentlich-rechtlicher Normen durch digitale Assistenten, Mensch-Maschine-Assoziationen oder vernetzte Algorithmen muss das Haftungsrecht reagieren. Dies kann durch die Schaffung neuer Rechtsbehelfe für die Verletzung öffentlich-rechtlicher Vorschriften und insbesondere durch die Integration von Grundrechtsaspekten in Argumente zu Sorgfaltsstandards und Aktivitätsniveaus erreicht werden.

Doch muss das Privatrecht nicht nur auf den Eintritt öffentlicher Akteure in die digitale Sphäre reagieren. Vielmehr muss es generell über einen bloß privaten Interessenausgleich hinausgehen und zugleich auf die Verletzung öffentlicher Interessen, insbesondere von Grundrechten reagieren. In diesem Buch haben wir Haftungsregeln entwickelt und sie anhand von Fällen veranschaulicht, in denen private Akteure Algorithmen zur Wahrnehmung privater Interessen einsetzen – Anlageberatung, Finanzmarkthandel oder Erstellung journalistischer Inhalte für die kommerzielle Nutzung. Dabei dürfte deutlich geworden sein, dass die Verwendung von Algorithmen keineswegs auf private oder kommerzielle Zwecke beschränkt ist. Wie unser Beispiel des hybriden Journalismus zeigt, ist das Ergebnis, wenn investigative Journalisten mit Algorithmen zusammenarbeiten, niemals eine nur wirtschaftliche Angelegenheit. Zwangsläufig ist zugleich die öffentliche Rolle der Medien in demokratischen Gesellschaften betroffen. Immer wenn Journalisten grundrechtsrelevante Inhalte publizieren und die Medien als öffentliche Institution auftreten, entwickelt sich die »Invasion der Algorithmen« in den öffentlichen Raum zur hochpolitischen Angelegenheit. Wie der Fall »Google-*autocomplete*« zeigt, haben digitale Assistenten ein massives Potenzial, Grundrechte zu verletzen. Zudem geht die digitale Vernetzung weit über die Beziehung zwischen Privaten hinaus. Insbesondere auf digitalen Plattformen entwickelt

92 Roth-Isigkeit (2020), »Staatshaftungsrechtliche Aspekte«, besonders S. 331 f.

sich die Vernetzung von autonomen Bots zu einem Schwarmverhalten, dem die Öffentlichkeit ausgesetzt ist. Dies kann die öffentliche Meinungsbildung in großem Umfang beeinflussen. Und schließlich ist, wie die erregte öffentliche Debatte über die Auswirkungen generativer KI zeigt, zurzeit noch unabsehbar, welche Chancen und Gefahren für die politische Öffentlichkeit von solchen Textgeneratoren ausgehen. Wenn das Haftungsrecht in diesen Konstellationen die gesamtgesellschaftliche Dimension dieser anscheinend privaten Konflikte in seine Normen aufnimmt und die Verletzung von öffentlichen Interessen mit Sanktionen belegt, wird es einen Beitrag zur künftigen Digitalverfassung leisten.

Bibliographie

Abbott, Ryan, »The Reasonable Computer: Disrupting the Paradigm of Tort Liability«, *George Washington Law Review* 86 (2018), S. 1-45.

Adamowicz, Elza, *Dada Bodies: Between Battlefield and Fairground*, Manchester University Press, Manchester 2019.

Agamben, Giorgio, *The Kingdom and the Glory: For a Theological Genealogy of Economy and Government*, Stanford University Press, Stanford 2011.

Alkemeyer, Thomas, Ulrich Bröckling und Tobias Peter (Hg.), *Jenseits der Person: Zur Subjektivierung von Kollektiven*, transcript, Bielefeld 2018.

Allain, Jessica, »From Jeopardy! to Jaundice: The Medical Liability Implications of Dr. Watson and Other Artificial Intelligence Systems«, *Louisiana Law Review* 73 (2013), S. 1049-1079.

Allegranti, Ivan, Gopi Battineni und Roberto Garetto, »The Use of Artificial Intelligence and Mixed Reality in Preventing Natural Disasters: Practical and Legal Issues«, in: Vladimir Geroimenko (Hg.), *Augmented Reality and Artificial Intelligence: The Fusion of Advanced Technologies*, Springer, Cham 2023, S. 349-368.

Allen, Jason G., »Agency and Liability«, in: Charles Kerrigan (Hg.), *Artificial Intelligence: Law and Regulation*, Edward Elgar, Cheltenham 2022, S. 146-161.

Allen, Tom und Robin Widdison, »Can Computers Make Contracts?«, *Harvard Journal of Law & Technology* 9 (1996), S. 25-52.

Ameri, Farhad und Christian McArthur, »A Multi-Agent System for Autonomous Supply Chain Configuration«, *International Journal of Advanced Manufacturing Technology* 66 (2013), S. 1097-1112.

Amstutz, Marc, »The Constitution of Contractual Networks«, in: Marc Amstutz, Gunther Teubner (Hg.), *Contractual Networks: Legal Issues of Multilateral Cooperation*, Hart Publishing, Oxford 2009, S. 309-346.

Ananny, Mike und Kate Crawford, »Seeing without Knowing: Limitations of the Transparency Ideal and its Application to Algorithmic Accountability«, *New Media & Society* 20 (2018), S. 973-989.

Andrade, Francisco, Paulo Novais, José Machado und José Neves, »Contracting Agents: Legal Personality and Representation«, *Artificial Intelligence Law* 15 (2007), S. 357-373.

Anner, Mark, Jennifer Bair und Jeremy Blasi, »Towards Joint Liability in Global Supply-Chains: Addressing the Root Causes of Labor Violations in International Subcontracting Networks«, *Comparative Labor Law and Policy Journal* 35 (2013), S. 1-44.

Armbrüster, Christian, »Verantwortungsverlagerungen und Versicherungsschutz: Das Beispiel des automatisierten Fahrens«, in: Sabine Gless,

Kurth Seelmann (Hg.), *Intelligente Agenten und das Recht*, Nomos, Baden-Baden 2016, S. 205-224.

Armour, John, »Companies and Other Associations«, in: Andrew Burrows (Hg.), *English Private Law*, Oxford University Press, Oxford 2013, S. 115-169.

Armour, John und Horst Eidenmüller, »Self-Driving Corporations?«, *Harvard Business Law Review* 10 (2019), S. 87-116.

Arrow, Kenneth, »A Difficulty in the Concept of Social Welfare«, *Journal of Political Economy* 58 (1950), S. 328-346.

Asaro, Peter M., »Determinism, Machine Agency, and Responsibility«, *Politica Società* 2 (2014), S. 265-292.

Ashmarina, Svetlana, Anabela Mesquita und Marek Vochozka (Hg.), *Digital Transformation of the Economy: Challenges, Trends and New Opportunities*, Springer, Cham, 2020.

Assad, Stephanie, Emilio Calvano, Giacomo Calzolari u. a., »Autonomous Algorithmic Collusion: Economic Research and Policy«, *Oxford Review of Economic Policy* 37 (2021), S. 459-478.

Auer, Marietta, »Rechtsfähige Softwareagenten: Ein erfrischender Anachronismus«, *Verfassungsblog*, 30. September 2019, ⟨https://verfassungsblog.de/rechtsfaehige-softwareagenten-ein-erfrischender-anachronismus/⟩, letzter Zugriff am 4. 12. 2023.

Aymerich-Franch, Laura und Eduard Fosch-Villaronga, »What We Learned from Mediated Embodiment Experiments and Why It Should Matter to Policymakers«, *Presence* 27 (2019), S. 63-67.

Babushkina, Dina und Athanasios Votsis, »Disruption, Technology and the Question of (Artificial) Identity«, *AI and Ethics* (2021), S. 1-12 (Online First).

Baecker, Dirk, »Who Qualifies for Communication? A Systems Perspective on Human and Other Possibly Intelligent Beings Taking Part in the Next Society«, *TATuP – Zeitschrift für Technikfolgenabschätzung in Theorie und Praxis* 20 (2011), S. 17-26.

Baecker, Dirk, *4.0 oder Die Lücke, die der Rechner lässt*, Merve, Leipzig 2018.

Baecker, Dirk, »Arbeit am Rechner«, in: Dirk Baecker, Uwe Elsholz (Hg.), *Parallele Welten der Digitalisierung im Betrieb*, Springer VS, Wiesbaden 2021, S. 135-159.

Baecker, Dirk, »Die Digitalisierung der Arbeit«, in: Dirk Baecker, Uwe Elsholz (Hg.), *Parallele Welten der Digitalisierung im Betrieb*, Springer VS, Wiesbaden 2021, S. 193-240.

Baecker, Dirk, »Digitalisierung als Kalkül«, in: Dirk Baecker, Uwe Elsholz, Maximilian Locher, Martina Thomas (Hg.), *Post-digitales Management:*

Arbeit an den Schnittstellen einer Produktionsorganisation, Springer VS, Wiesbaden 2023, S. 23-37.

Balkin, Jack, »The Path of Robotics Law«, *California Law Review Circuit* 6 (2015), S. 45-60.

Banteka, Nadia, »Artificially Intelligent Persons«, *Houston Law Review* 58 (2021), S. 537-596.

Baquero, Pablo M., *Networks of Collaborative Contracts for Innovation*, Hart, Oxford 2020.

Barfield, Woodrow, »Issues of Law for Software Agents within Virtual Environments«, *Presence* 14 (2005), S. 747-754.

Barfield, Woodrow, »Liability for Autonomous and Artificially Intelligent Robots«, *Paladyn. Journal of Behavioral Robotics* 9 (2018), S. 193-203.

Bashayreh, Mohammad, Fadi N. Sibai und Amer Tabbara, »Artificial Intelligence and Legal Liability: Towards an International Approach of Proportional Liability Based on Risk Sharing«, *Information & Communications Technology Law* 30 (2021), S. 169-192.

Bathaee, Yavar, »The Artificial Intelligence Black Box and the Failure of Intent and Causation«, *Harvard Journal of Law & Technology* 31 (2018), S. 889-938.

Baumbach/Hopt Handelsgesetzbuch – Kommentar, Klaus Hopt, Christoph Kumpan, Patrick C. Leyens, Hanno Merkt, Markus Roth, Adolf Baumbach (Hg.), 42. Auflage. C.H. Beck, München 2023 (zitiert als: Baumbach/Hopt-HGB).

Beardsworth, Thomas und Nishant Kumar, »Going to Court Over Losses When Robot Is to Blame,« *Insurance Journal*, 7. Mai 2019, ⟨http://www.insurancejournal.com/news/national/2019/05/07/525762.htm⟩, letzter Zugriff am 1. 12. 2023.

Becchetti, Valentina, »Max Ernst: Il surrealista psicoanalitico«, *LoSpessore – Opinioni, Cultura e Analisi della Società*, 10. November 2020, ⟨https://www.lospessore.com/10/11/2020/max-ernst-il-surrealista-psicoanalitico/⟩, letzter Zugriff am 1. 12. 2023.

Beck, Susanne, »Dealing with the Diffusion of Legal Responsibility: The Case of Robotics«, in: Fiorella Battaglia, Nikil Mukerji, Julian Nida-Rümelin (Hg.), *Rethinking Responsibility in Science and Technology*, Pisa University Press, Pisa 2014, S. 167-182.

Beck, Susanne, »The Problem of Ascribing Legal Responsibility in the Case of Robotics«, *AI & Society* 31 (2016), S. 473-481.

Becker, Markus und Philipp Pordzik, »Digitalisierte Unternehmensführung«, *Zeitschrift für die gesamte Privatrechtswissenschaft* (2020), S. 334-357.

Beierle, Benedikt, *Die Produkthaftung im Zeitalter des Internet of Things: Analyse des ProdHaftG vor dem Hintergrund vernetzter und intelligenter Produkte*, Nomos, Baden-Baden 2021.

Beierle, Benedikt, »Die Bedeutung des Inverkehrbringens für IoT-Produkte bei der Produkthaftung«, *Zeitschrift für Product Compliance* 1 (2023), S. 22-27.

Beneke, Francisco und Mark-Oliver Mackenrodt, »Remedies for Algorithmic Tacit Collusion«, *Journal of Antitrust Enforcement* 9 (2021), S. 152-176.

Benhamou, Yaniv und Justine Ferland, »Artificial Intelligence & Damages: Assessing Liability and Calculating the Damages«, in: Pina D'Agostino, Aviv Gaon, Carole Piovesan (Hg.), *Leading Legal Disruption: Artificial Intelligence and a Toolkit for Lawyers and the Law*, Thomson Reuters, Toronto 2021, S. 165-197.

Bertolini, Andrea, »Robots as Products: The Case for a Realistic Analysis of Robot Applications and Liability Rules«, *Law, Innovation & Technology* 5 (2013), S. 214-247.

Bertolini, Andrea, *Artificial Intelligence and Civil Liability*, Studie im Auftrag des Rechtsausschusses des Europäischen Parlaments, Brüssel 2020.

Bertolini, Andrea und Francesco Episcopo, »Robots and AI as Legal Subjects? Disentangling the Ontological and Functional Perspective«, *Frontiers in Robotics and AI* 9 (2022), S. 1-15.

Bertolini, Andrea und Erica Palmerini, *Regulating Robotics: A Challenge for Europe*, Studie im Auftrag des Rechtsausschusses des Europäischen Parlaments, Brüssel 2014.

Besio, Cristina, Cornelia Fedtke, Michael Grothe-Hammer, Athanasios Karafillidis und Andrea Pronzini, »Verantwortungsvolle Maschinen ohne Verantwortlichkeit? Datenintensive Algorithmen in Organisationen«, *Soziale Systeme* 26 (2021), S. 129-159.

Biggen, Christine, *Vertragsschluss im Internet der Dinge: Verbraucherschutz beim Einsatz vernetzter Systeme*, Mohr Siebeck, Tübingen 2022.

Blackstone, William, *Commentaries on the Laws of England: In Four Books*, Robert Bell, Philadelphia 1771.

Block, Katharina und Sascha Dickel, »Jenseits der Autonomie: Die De/Problematisierung des Subjekts in Zeiten der Digitalisierung«, *Behemoth* 13 (2020), S. 109-131.

Blumer, Herbert, »Collective Behaviour«, in: Alfred McClung Lee (Hg.), *New Outline of the Principles of Sociology*, Barnes & Noble, New York 1946, S. 167-224.

Bora, Alfons, »Kommunikationsadressen als digitale Rechtssubjekte«, *Verfassungsblog*, 1. Oktober 2019, ⟨https://verfassungsblog.de/kommunikations-adressen-als-digitale-rechtssubjekte/⟩, letzter Zugriff am 4. 12. 2023.

Borch, Christian, »Crowds and Economic Life: Bringing an Old Figure back in«, *Economy and Society* 36 (2007), S. 549-573.

Borges, Georg, »Haftung für selbstfahrende Autos: Warum eine Kausalhaftung für selbstfahrende Autos gesetzlich geregelt werden sollte«, *Computer und Recht* (2016), S. 273-280.

Borges, Georg, »New Liability Concepts: The Potential of Insurance and Compensation Funds«, in: Sebastian Lohsse, Reiner Schulze, Dirk Staudenmayer (Hg.), *Liability for Artificial Intelligence and the Internet of Things*, Nomos/Hart, Baden-Baden/Oxford 2019, S. 145-163.

Borges, Georg, »The Manufacturer's Liability for AI Systems under Current and Future Law: The Proposal for a New Product Liability Directive and Beyond«, *Computer Law Review International* 24 (2023), S. 33-43.

Borghetti, Jean-Sébastien, »How can Artificial Intelligence be Defective?«, in: Sebastian Lohsse, Reiner Schulze, Dirk Staudenmayer (Hg.), *Liability for Artificial Intelligence and the Internet of Things*, Nomos/Hart, Baden-Baden/Oxford 2019, S. 63-76.

Borselli, Angelo, »Smart Contracts in Insurance: A Law and Futurology Perspective«, in: Pierpaolo Marano, Kyriaki Noussia (Hg.), *InsurTech: A Legal and Regulatory View*, Springer, Cham 2020, S. 101-125.

Bostrom, Nick, *Superintelligenz: Szenarien einer kommenden Revolution*, Suhrkamp, Berlin 2014.

Bradford, Anu, *The Brussels Effect: How the European Union Rules the World*, Oxford University Press, Oxford 2020.

Bradford, Anu, *Digital Empires: The Global Battle to Regulate Technology*, Oxford University Press, Oxford 2023.

Bradgate, Robert und Christian Twigg-Flesner, »Expanding the Boundaries of Liability for Quality Defects«, *Journal of Consumer Policy* 25 (2002), S. 342-377.

Braun, Andreas Christian, *Latours Existenzweisen und Luhmanns Funktionssysteme: Ein soziologischer Theorienvergleich*, Springer, Heidelberg 2017.

Braun, Matthias, Patrik Hummel, Susanne Beck und Peter Dabrock, »Primer on an Ethics of AI-Based Decision Support Systems in the Clinic«, *Journal of Medical Ethics* 47 (2021), S. 1-8.

Bräutigam, Peter und Thomas Klindt, »Industrie 4.0, das Internet der Dinge und das Recht«, *Neue Juristische Wochenschrift* (2015), S. 1137-1142.

Brownsword, Roger, »Contracts with Network Effects: Is the Time Now Right?«, in: Stefan Grundmann, Fabrizio Cafaggi (Hg.), *The Organizational Contract: From Exchange to Long-Term Network Cooperation in European Contract Law*, Routledge, London 2013, S. 137-163.

Brownsword, Roger, »The E-Commerce Directive, Consumer Transactions, and the Digital Single Market: Questions of Regulatory Fitness, Regulatory Disconnection and Rule Redirection«, in: Stefan Grundmann (Hg.), *European Contract Law in the Digital Single Age*, Intersentia, Antwerp/Cambridge 2018, S. 165-204.

Brownsword, Roger, *Law 3.0*, Routledge, London 2021.

Brüggemeier, Gert, »Luxemburg locuta, causa finita? Eine Nachbetrachtung der Behandlung der sogenannten PIP-Affäre in Deutschland«, *Juristenzeitung* 73 (2018), S. 191-196.

Bryson, Joanna J., Mihailis E. Diamantis und Thomas D. Grant, »Of, for, and by the People: The Legal Lacuna of Synthetic Persons«, *Artificial Intelligence Law* 25 (2017), S. 273-291.

Buchner, Benedikt, »Artificial Intelligence as a Challenge for the Law: The Example of ›Doctor Algorithm‹«, *International Cybersecurity Law Review* 3 (2022), S. 181-190.

Cafaggi, Fabrizio und Paola Iamiceli, »Private Regulation and Industrial Organization: Contractual Governance and the Network Approach«, in: Stefan Grundmann, Florian Möslein, Karl Riesenhuber (Hg.), *Contract Governance: Dimensions in Law and Interdisciplinary Research*, Oxford University Press, Oxford 2015, S. 341-374.

Callon, Michel, »What Does It Mean to Say That Economics Is Performative?«, in: Donald MacKenzie, Fabian Muniesa, Lucia Siu (Hg.), *Do Economists Make Markets? On Performativity in Economics*, Princeton University Press, Princeton 2007, S. 311-357.

Casey, Anthony und Anthony Niblett, »Self-Driving Contracts«, *Journal of Corporation Law* 43 (2017), S. 1-33.

Cassels, Jamie, »The Uncertain Promise of Law: Lessons from Bhopal«, *Osgoode Hall Law Journal* 29 (1991), S. 1-50.

Cauffman, Caroline, »Robo-Liability: The European Union in Search of the Best Way to Deal with Liability for Damage Caused by Artificial Intelligence«, *Maastricht Journal of European and Comparative Law* 25 (2018), S. 527-532.

Chagal-Feferkorn, Karni A., »The Reasonable Algorithm«, *University of Illinois Journal of Law, Technology & Policy* (2018), S. 111-147.

Chagal-Feferkorn, Karni A., »Am I an Algorithm or a Product? When Products Liability Should Apply to Algorithmic Decision-Makers«, *Stanford Law & Policy Review* 30 (2019), S. 61-114.

Chagal-Feferkorn, Karni A., »How Can I Tell If My Algorithm Was Reasonable?«, *Michigan Telecommunications and Technology Law Review* (2021), S. 213-261.

Chamberlain, Johanna, »The Risk-Based Approach of the European Union's Proposed Artificial Intelligence Regulation: Some Comments from a Tort Law Perspective«, *European Journal of Risk Regulation* 14 (2023), S. 1-13.

Chan, Benny, »Applying a Common Enterprise Theory of Liability to Clinical AI Systems«, *American Journal of Law & Medicine* 47 (2021), S. 351-385.

Chandra, Abhiuday, »Liability Issues in Relation to Autonomous AI Systems«, *SSRN Electronic Library* (2017), S. 1-8.

Chen, Jiahong und Paul Burgess, »The Boundaries of Legal Personhood: How Spontaneous Intelligence Can Problematize Differences Between Humans, Artificial Intelligence, Companies and Animals«, *Artificial Intelligence and Law* 27 (2019), S. 73-92.

Chinen, Mark A., »The Co-Evolution of Autonomous Machines and Legal Responsibility«, *Vanderbilt Journal of Law & Technology* 20 (2016), S. 338-393.

Chinen, Mark A., *Law and Autonomous Machines*, Edward Elgar, Cheltenham 2019.

Chomanski, Bartek, »Liability for Robots: Sidestepping the Gaps«, *Philosophy & Technology* 34 (2021), S. 1013–1032.

Chomanski, Bartek, »If Robots are People, can they be Made for Profit? Commercial Implications of Robot Personhood«, *AI and Ethics* 1 (2021), S. 183-193.

Chopra, Sudhir K. und L. White, *A Legal Theory for Autonomous Artificial Agents*, University of Michigan Press, Ann Arbor 2011.

Chopra, Sudhir K. und Laurence White, »Artificial Agents and the Contracting Problem: A Solution via an Agency Analysis«, *Journal of Law, Technology & Policy* (2009), S. 363-403.

Choudhary, Vivek, Arianna Marchetti, Yash Raj Shrestha und Phanish Puranam, »Human-AI Ensembles: When Can They Work?«, *Journal of Management* (2023), S. 1-34.

Ciborra, Claudio U., *The Labyrinths of Information: Challenging the Wisdom of Systems*, Oxford University Press, Oxford 2004.

Ciborra, Claudio U., Kristin Braa, Antonio Cordella, Bo Dahlbom, Angelo Failla, Ole Hanseth, Vidar Hepso, Jan Ljungberg, Eric Monteiro und Kai A. Simon, *From Control to Drift: The Dynamics of Corporate Information Infrastructures*, Oxford University Press, Oxford 2001.

Ciborra, Claudio U. und Ole Hanseth, »From Tool to Gestell: Agendas for Managing the Information Infrastructure«, *Information Technology & People* 11 (1998), S. 305-327.

Clarke, Roger, »The Digital Persona and its Application to Data Surveillance«, *Information Society* 10 (1994), S. 77-92.

Clemens, Rudolf, »Die elektronische Willenserklärung – Chancen und Gefahren«, *Neue Juristische Wochenschrift* (1985), S. 1998-2005.

Cobbe, Jennifer, Michael Veale und Jatinder Singh, »Understanding Accountability in Algorithmic Supply Chains«, *FAccT '23: Proceedings of the 2023 ACM Conference on Fairness, Accountability, and Transparency* (2023), S. 1186-1197.

Coeckelbergh, Mark und David J. Gunkel, »ChatGPT: Deconstructing the

Debate and Moving it Forward«, *AI & Society* (2023), S. 1-11 (Online First).
Coeckelbergh, Mark, »Moral Responsibility, Technology, and Experiences of the Tragic: From Kierkegaard to Offshore Engineering«, *Science and Engineering Ethics* 18 (2012), S. 35-48.
Cohen, Julie E., *Between Truth and Power: The Legal Constructions of Informational Capitalism*, Oxford University Press, Oxford 2019.
Coleman, James S., *Foundations of Social Theory*, Harvard University Press, Cambridge/Massachusetts 1990.
Collins, Hugh, »Networks and Comparative Sociological Jurisprudence«, in: Christian Calliess, Andreas Fischer-Lescano, Dan Wielsch, Peer Zumbansen (Hg.), *Soziologische Jurisprudenz: Festschrift für Gunther Teubner zum 65. Geburtstag*, De Gruyter, Berlin 2009.
Collins, Stephanie, *Group Duties: Their Existence and their Implications for Individuals*, Oxford University Press, Oxford 2019.
Condon, Rónán, *Network Responsibility: European Tort Law and the Society of Networks*, Cambridge University Press, Cambridge 2022.
Cook, Richard I., »How Complex Systems Fail«, *Unpublished Research Paper* (2002), S. 1-4.
Copp, David, »The Collective Moral Autonomy Thesis«, *Journal of Social Philosophy* 38 (2007), S. 369-388.
Corlett, J. Angelo, »Collective Moral Responsibility«, *Journal of Social Philosophy* 32 (2002), S. 573-584.
Crawford, Kate und Meredith Whittaker, *The AI Now Report: The Social and Economic Implications of Artificial Intelligence Technologies in the Near-term*, AI Now Institute, New York 2016.

Dafoe, Allan, »AI Governance: A Research Agenda«, Centre for the Governance of AI Future of Humanity Institute, University of Oxford (2018), S. 1-54.
Dahiyat, Emad A. R., »Law and Software Agents: Are they ›Agents‹ by the Way?«, *Artificial Intelligence and Law* 29 (2021), S. 59-86.
Daniel, Juanda L., »Electronic Contracting under the 2003 Revisions to Article 2 of the Uniform Commercial Code: Clarification or Chaos?«, *Santa Clara Computer & High Technology Law Journal* 20 (2004), S. 319-346.
De Bona, Giulia, »Verso la tutela giuridica dei sistemi intelligenti: Prospettive critiche della soggettività robotica«, *Journal of Ethics and Legal Technologies* 4 (2022), S. 51-103.
De Sio, Filippo und Giulio Mecacci, »Four Responsibility Gaps with Artificial Intelligence: Why they Matter and How to Address them«, *Philosophy & Technology* 34 (2021), S. 1057-1084.

Dearborn, Meredith, »Enterprise Liability: Reviewing and Revitalizing Liability for Corporate Groups«, *California Law Review* 97 (2009), S. 195-261.

Dengsø, Mads J. und Michael D. Kirchhoff, »Beyond Individual-Centred 4E Cognition: Systems Biology and Sympoiesis«, *Constructivist Foundations* 18 (2023), S. 351-364.

Dennett, Daniel, *The Intentional Stance*, MIT Press, Cambridge/Massachusetts 1987.

Deutscher Juristentag, *Beschlüsse des 73. Deutschen Juristentages. Zivilrecht Bonn 2022*, Bonn 2023.

Diakopoulos, Nicholas, *Automating the News: How Algorithms are Rewriting the Media*, Harvard University Press, Cambridge/Massachusetts 2019.

Diamantis, Mihailis E., »Vicarious Liability for AI«, *Indiana Law Journal* 99 (2024), 317-334.

Dimara, Evanthia und Charles Perin, »What Is Interaction for Data Visualization?«, *IEEE Transactions on Visualization and Computer Graphics* 26 (2020), S. 119-129.

Dogruel, Leyla und Sascha Dickel, »Die Kommunikativierung der Maschinen«, *Publizistik* 67 (2022), S. 475-486.

Dolata, Ulrich und Jan-Felix Schrape, »Kollektives Handeln im Internet: Eine akteurtheoretische Fundierung«, *Berlin Journal of Sociology* 24 (2014), S. 5-30.

Döpke, Christian, »The Importance of Big Data for Jurisprudence and Legal Practice«, in: Thomas Hoeren, Barbara Kolany-Raiser (Hg.), *Big Data in Context: Springer Briefs in Law*, Springer, Cham 2018, S. 1-19.

Dötsch, Tina, *Außervertragliche Haftung für Künstliche Intelligenz am Beispiel von autonomen Systemen*, Springer, Cham 2023.

Dubey, Sachin, »Vicarious Liability of Artificial Intelligence«, *Journal of Law of Torts and Consumer Protection Law* 6 (2023), S. 1-6.

Duffourc, Mindy Nunez, »Malpractice by the Autonomous AI Physician«, *Illinois Journal of Law, Technology & Policy* (2023), S. 1-49.

Duffourc, Mindy Nunez und Sarah Gerke, »The Proposed EU Directives for AI Liability Leave Worrying Gaps Likely to Impact Medical AI«, *Digital Medicine* 6 (2023), S. 1-6 (Online First).

Dürager, Sonja, »Beziehungskonflikte in Smarten Technologien – Wer beim Einsatz von KI wofür und in welchem Umfang verantwortlich ist«, in: Elisabeth Hoffberger-Pippan, Ruth Ladeck, Peter Ivankovics (Hg.), *Digitalisierung und Recht – Jahrbuch 2023*, Nomos Österreich, Wien/Baden-Baden 2023, S. 263-292.

Durkheim, Émile, *Über die Teilung der sozialen Arbeit*, Suhrkamp, Frankfurt 1977 [1883].

Dyrkolbotn, Sjur, »A Typology of Liability Rules for Robot Harms«, in:

Maria Aldinhas Ferreira, Joao Silva Sequeira, Mohammed Tokhi u. a. (Hg.), *A World with Robots: Intelligent Systems, Control and Automation*, Springer, Cham 2017, S. 119-134.

Easterbrook, Frank H. und Daniel Fischel, »The Corporate Contract«, *Columbia Law Review* 89 (1989), S. 1416-1448.

Ebers, Martin, »Regulating AI and Robots: Ethical and Legal Challenges«, in: Martin Ebers, Susana Navas (Hg.), *Algorithms and Law*, Cambridge University Press, Cambridge 2020, S. 37-99.

Ebers, Martin, »Liability for Artificial Intelligence and EU Consumer Law«, *Journal of Intellectual Property, Information Technology and Electronic Commerce Law* 12 (2021), S. 204-220.

Edwards, Lilian, *Regulating AI in Europe: Four Problems and Four Solutions*, Expert Explainer, Ada Lovelace Institute, London 2022.

Effer-Uhe, Daniel, »Erklärungen autonomer Softwareagenten in der Rechtsgeschäftslehre«, *Recht Digital* (2021), S. 169-177.

Eidenmüller, Horst, »The Rise of Robots and the Law of Humans«, *Oxford Legal Studies Research Paper* 27 (2017), S. 1-15.

Eidenmüller, Horst, »Robot's Legal Personality«, *Oxford Legal Studies Research Paper No. 27/2017*, *SSRN*: ⟨https://ssrn.com/abstract=2941001⟩, S. 1-15, letzter Zugriff am 21. 2. 2024.

Eldakak, Ahmed, Abdulla Alremeithi, Emad Dahiyat u. a., »Civil Liability for the Actions of Autonomous AI in Healthcare: An Invitation to Further Contemplation«, *Humanities and Social Sciences Communications* 11 (2024), S. 305-313.

Eller, Klaas Hendrik, »Das Recht der Verantwortungsgesellschaft: Verantwortungskonzeptionen zwischen Recht, Moral- und Gesellschaftstheorie«, *Rechtswissenschaft* 10 (2019), S. 13-40.

Elmauer, Douglas, *Die Ökonomisierung des Rechts: Die Entfremdung des Rechts in der Weltgesellschaft*, Nomos, Baden-Baden 2020.

Engler, Alex C. und Andrea Renda, »Reconciling the AI Value Chain with the EU's Artificial Intelligence Act«, *CEPS In-Depth Analysis* 03 (2022), S. 1-30.

Erdélyi, Olivia J. und Gabor Erdélyi, »The AI Liability Puzzle and a Fund-Based Work-Around«, *Journal of Artificial Intelligence Research* 70 (2021), S. 1309-1334.

Erdélyi, Olivia J. und Judy Goldsmith, »Regulating Artificial Intelligence: Proposal for a Global Solution«, *AIES '18: Proceedings of the AAAI/ACM Conference on AI, Ethics, and Society* (2018), S. 95-105.

Erman – Bürgerliches Gesetzbuch, Harm Peter Westermann (Hg.), 17. Auflage. Verlag Otto Schmidt, Köln 2023 (zitiert als: Erman-BGB).

Esayas, Samson, »The Important Role of Emergence in Conceptualizing the Challenges of New Technologies to Private Law«, *European Review of Private Law* 31 (2023), S. 779-822.

Esposito, Elena, »Artificial Communication? The Production of Contingency by Algorithms«, *Zeitschrift für Soziologie* 46 (2017), S. 249-265.

Esposito, Elena, *Artificial Communication: How Algorithms Produce Social Intelligence*, MIT Press, Cambridge/Massachusetts 2022.

Esposito, Roberto, *Institution und Biopolitik*, Diaphanes, Zürich 2022.

Esser, Josef, *Grundlagen und Entwicklung der Gefährdungshaftung: Beiträge zur Reform des Haftungsrechts und zu seiner Wiedereinordnung in die Gedanken des allgemeinen Privatrechts*, Beck, München 1941.

Evas, Tatjana, *Civil Liability Regime for Artificial Intelligence: European Added Value Assessment*, Studie im Auftrag des wissenschaftlichen Diensts des Europäischen Parlaments, Brüssel/Straßburg 2020.

Ewald, William, »Comparative Jurisprudence (I): What Was It Like to Try a Rat«, *American Journal of Comparative Law* 143 (1995), S. 1889-2149.

Expertengruppe zu Haftung und Neuen Technologien, *Report »Liability for Artificial Intelligence and Other Emerging Technologies«*, Brüssel 2019.

Faure, Michael und Shu Li, »Artificial Intelligence and (Compulsory) Insurance«, *Journal of European Tort Law* 13 (2022), S. 1-24.

Feenberg, Andrew, *Technosystem: The Social Life of Reason*, Harvard University Press, Cambridge/Massachusetts 2017.

Femia, Pasquale, »Soggetti responsabili: Algoritmi e diritto civile«, in: Pasquale Femia (Hg.), *Soggetti giuridici digitali: Sullo status privatistico degli agenti software autonomi*, Edizioni Scientifichi Italiane, Neapel 2019, S. 7-16.

Fischer-Lescano, Andreas, »Nature as a Legal Person: Proxy Constellations in Law«, *Law & Literature* 32 (2020), S. 237-262.

Floridi, Luciano und Massimo Chiriatti, »GPT-3: Its Nature, Scope, Limits, and Consequences«, *Mind and Machines* 30 (2020), S. 681-694.

Floridi, Luciano und J.W. Sanders, »On the Morality of Artificial Agents«, in: Michael Anderson, Susan L. Anderson (Hg.), *Machine Ethics*, Cambridge University Press, Cambridge 2011, S. 184-212.

Foerster, Heinz von, »Ethics and Second-Order Cybernetics«, *Cybernetics and Human Knowing* 1 (1992), S. 9-19.

Foerster, Max, »Automatisierung und Verantwortung im Zivilrecht«, *Zeitschrift für die gesamte Privatrechtswissenschaft* (2019), S. 418-435.

Fosch-Villaronga, Eduard und Angelo Jr Golia, »Robots, Standards and the Law: Rivalries between Private Standards and Public Policymaking for Robot Governance«, *Computer Law & Security Review* 35 (2019), S. 129-144.

Fuchs, Peter, »Kommunikation mit Computern? Zur Korrektur einer Fragestellung«, *Sociologia Internationalis* 29 (1991), S. 1-30.

Fuhrmann, Jan Tobias, »Von allopoietischen zu autopoietischen algorithmischen Systemen: Überlegungen zur Eigenlogik der operationalen Schließung algorithmischer Systeme«, in: Richard Groß, Rita Jordan (Hg.), *KI-Realitäten: Modelle, Praktiken und Topologien maschinellen Lernens*, transcript, Bielefeld 2023, S. 115-142.

Gabaix, Xavier und David I. Laibson, »A Boundedly Rational Decision Algorithm«, *American Economic Review*, 90 (2000), S. 433-438.

Galasso, Alberto und Hong Luo, »Punishing Robots: Issues in the Economics of Tort Liability and Innovation in Artificial Intelligence«, in: Ajay Agrawal, Joshua Gans, Avi- Goldfarb (Hg.), *The Economics of Artificial Intelligence: An Agenda*, University of Chicago Press, Chicago 2019, S. 493-504.

Geistfeld, Mark A., »The Coherence of Compensation-Deterrence Theory in Tort Law«, *DePaul Law Review* 61 (2012), S. 383-418.

Geistfeld, Mark A., »A Roadmap for Autonomous Vehicles: State Tort Liability, Automobile Insurance, and Federal Safety Regulation«, *California Law Review* 105 (2017), S. 1611-1694.

Geistfeld, Mark A., Ernst Karner, Bernhard A. Koch und Christiane Wendehorst, *Civil Liability for Artificial Intelligence and Software*, De Gruyter, Berlin 2022.

Gellers, Joshua C., *Rights for Robots: Artificial Intelligence, Animal and Environmental Law*, Routledge, London 2021.

Gierke, Otto von, *Das Wesen der menschlichen Verbände*, Duncker & Humblot, Leipzig 1902.

Gifford, Donald G., »Technological Triggers to Tort Revolutions: Steam Locomotives, Autonomous Vehicles, and Accident Compensation«, *Journal of Tort Law* 11 (2018), S. 71-143.

Giliker, Paula, *Vicarious Liability in Tort: A Comparative Perspective*, Cambridge University Press, Cambridge 2010.

Gindis, David, »Legal Personhood and the Firm: Avoiding Anthropomorphism and Equivocation«, *Journal of Institutional Economics* 12 (2016), S. 499-513.

Gitter, Rotraud, *Softwareagenten im elektronischen Rechtsverkehr*, Nomos, Baden-Baden 2007.

Giuffrida, Iria, »Liability for AI Decision-Making: Some Legal and Ethical Considerations«, *Fordham Law Review* 88 (2019), S. 439-456.

Glavaničová, Daniela und Matteo Pascucci, »Vicarious Liability: A Solution to a Problem of AI Responsibility?«, *Ethics and Information Technology* 24 (2022), S. 28-39.

Golia, Angelo Jr, Gunther Teubner (Hg.), »Digital Constitution: On the Transformative Potential of Societal Constitutionalism, Symposium«, *Indiana Journal of Global Legal Studies* 30 (2024), S. 1-361.

Graber, Christoph B., »Freedom and Affordances of the Net«, *Washington University Jurisprudence Review* 10 (2018), S. 221-256.

Graber, Christoph B., »How the Law Learns in the Digital Society«, *Law, Technology and Humans* 3 (2021), S. 12-27.

Gransche, Bruno, Erduana Shala, Christoph Hubig u. a., *Wandel von Autonomie und Kontrolle durch neue Mensch-Technik-Interaktionen: Grundsatzfragen autonomieorientierter Mensch-Technik-Verhältnisse*, Fraunhofer, Stuttgart 2014.

Grapentin, Justin, *Vertragsschluss und vertragliches Verschulden beim Einsatz von Künstlicher Intelligenz und Softwareagenten*, Nomos, Baden-Baden 2018.

Gredka-Ligarska, Iwona A., »Employer as an AI System Operator and Non-contractual Civil Liability For Damage Caused By AI Systems: The EU and Chinese Perspectives«, *Právo, Obchod ekonomika* XII (2023), S. 115-129.

Gruber, Malte-Christian, »Rechtssubjekte und Teilrechtssubjekte des elektronischen Geschäftsverkehrs«, in: Susanne Beck (Hg.), *Jenseits von Mensch und Maschine: Ethische und rechtliche Fragen zum Umgang mit Robotern, Künstlicher Intelligenz und Cyborgs*, Nomos, Baden-Baden 2012, S. 133-160.

Gruber, Malte-Christian, »Zumutung und Zumutbarkeit von Verantwortung in Mensch-Maschine-Assoziationen«, in: Jan-Philip Günther, Eric Hilgendorf (Hg.), *Robotik und Gesetzgebung*, Nomos, Baden-Baden 2013, S. 123-163.

Gruber, Malte-Christian, *Bioinformationsrecht: Zur Persönlichkeitsentfaltung des Menschen in technisierter Verfassung*, Mohr Siebeck, Tübingen 2015.

Gruber, Malte-Christian, »On Flash Boys and Their Flashbacks: The Attribution of Legal Responsibility in Algorithmic Trading«, in: Marlena Jankowska, Marcin Kulawiak, Mirosław Pawełczykai (Hg.), *AI: Law, Philosophy & Geoinformatics*, Prawa Gospodarczego, Warschau 2015, S. 88-102.

Gruber, Malte-Christian, »Was spricht gegen Maschinenrechte?«, in: Malte-Christian Gruber, Jochen Bung, Sascha Ziemann (Hg.), *Autonome Automaten: Künstliche Körper und artifizielle Agenten in der technisierten Gesellschaft*, Berliner Wissenschaftsverlag, Berlin 2015, S. 191-206.

Gruber, Malte-Christian, »Why Non-Human Rights?«, *Law & Literature* 32 (2020), S. 263-270.

Grünberger, Michael, »Verträge über digitale Güter«, *Archiv für civilistische Praxis* 218 (2018), S. 213-296.

Grundmann, Stefan, Hans Micklitz und Moritz Renner, *New Private Law Theory: A Pluralist Approach*, Cambridge University Press, Cambridge 2021.

Grüneberg, Bürgerliches Gesetzbuch Kommentar, Christian Grüneberg (Hg.), 82. Auflage. C.H. Beck, München 2023 (zitiert als: Grüneberg-BGB).

Guerra, Alice, Francesco Parisi und Daniel Pi, »Liability for Robots I: Legal Challenges«, *Journal of Institutional Economics* (2021), S. 1-13.

Gunkel, David J., »Mind the Gap: Responsible Robotics and the Problem of Responsibility«, *Ethics and Information Technology* 22 (2020), S. 307-320.

Gunkel, David J., *Person, Thing, Robot: A Moral and Legal Ontology for the 21st Century and Beyond*, MIT Press, Cambridge/Massachusetts 2023.

Günsberg, Patrick, »Some Thoughts on Artificial Intelligence (AI) Systems and Responsibility«, *SSRN Electronic Library* (2019), S. 1-9.

Günther, Jan-Philip, *Roboter und rechtliche Verantwortung: Eine Untersuchung der Benutzer- und Herstellerhaftung*, Utz, München 2016.

Gurevich, Yuri »What Is an Algorithm?«, in: Mária Bieliková, Gerhard Friedrich, Georg Gottlob u. a. (Hg.), *SOFSEM 2012: Theory and Practice of Computer Science*, Springer, Cham 2012, S. 31-42.

Gutiérrez, Jorge Luis, »On Actor-Network Theory and Algorithms: ChatGPT and the New Power Relationships in the Age of AI«, *AI and Ethics* (2023), S. 1-14 (Online First).

Gutmann, Mathias, »Sozialität durch technische Systeme?«, *TATuP – Journal for Technology Assessment in Theory and Practice* 20 (2011), S. 11-16.

Güttler, Nina M., »Binnendurchgriff im Franchise-System«, *Jahrbuch Junger Zivilrechtswissenschaftler 2015* (2016), S. 69-92.

Guzman, Andrea L. und Seth C. Lewis, »Artificial Intelligence and Communication: A Human-Machine Communication Research Agenda«, *New Media and Society* 22 (2020), S. 70-86.

Haagen, Christian, *Verantwortung für Künstliche Intelligenz aus der Perspektive der Rechtsinformatik: Ethische Aspekte und zivilrechtliche Anforderungen bei der Herstellung von KI-Systemen*, Nomos, Baden-Baden 2021.

Hacker, Philipp, »Verhaltens- und Wissenszurechnung beim Einsatz von Künstlicher Intelligenz«, *Rechtswissenschaft* 9 (2018), S. 243-288.

Hacker, Philipp, »The European AI Liability Directives: Critique of a Half-Hearted Approach and Lessons for the Future«, *Computer Law & Security Review* 51 (2023), S. 1-42 (Online First).

Hacker, Philipp, Andreas Engel und Marco Mauer, »Regulating ChatGPT and other Large Generative AI Models«, *FAccT '23: Proceedings of the 2023 ACM Conference on Fairness, Accountability, and Transparency* (2023), S. 1112-1123.

Hacker, Philipp, Ralf Krestel, Stefan Grundmann und Felix Naumann, »Explainable AI under Contract and Tort Law: Legal Incentives and Technical Challenges«, *Artificial Intelligence and Law* 28 (2020), S. 415-439.

Hage, Jaap, »Theoretical Foundations for the Responsibility of Autonomous Agents«, *Artificial Intelligence and Law* 25 (2017), S. 255-271.

Hanisch, Jochen, »Zivilrechtliche Haftungskonzepte für Robotik«, in: Eric Hilgendorf (Hg.), *Robotik im Kontext von Recht und Moral*, Nomos, Baden-Baden 2014, S. 27-61.

Hanson, f. Allan, »Beyond the Skin Bag: On the Moral Responsibility of Extended Agencies«, *Ethics and Information Technology* 11 (2009), S. 91-99.

Harke, Jan D., »Sklavenhalterhaftung in Rom«, in: Sabine Gless, Kurt Seelmann (Hg.), *Intelligente Agenten und das Recht*, Nomos, Baden-Baden 2016, S. 97-118.

Harth, Jonathan, »Simulation, Emulation oder Kommunikation? Soziologische Überlegungen zu Kommunikation mit nicht-menschlichen Entitäten«, in: Michael Schetsche, Andreas Anton (Hg.), *Intersoziologie. Menschliche und nichtmenschliche Akteure in der Sozialwelt*, Beltz, Weinheim 2020, S. 143-158.

Harth, Jonathan und Caspar-Fridolin Lorenz, »›Hello World‹ – Systemtheoretische Überlegungen zu einer Soziologie des Algorithmus«, *kommunikation@gesellschaft* 18 (2017), S. 1-21.

Hartig-Perschke, Rasco, *Ausschluss und Emergenz: Betrachtungen zur Irreduzibilität des Sozialen und zum Nachtragsmanagement der Kommunikation*, VS Verlag für Sozialwissenschaften, Wiesbaden 2009.

Harvey, Benjamin und Vrushab Gowda, »Clinical Applications of AI in MSK Imaging: A Liability Perspective«, *Skeletal Radiology* 51 (2022), S. 235-238.

Haseloff, Lisa und Lukas Friehoff, »Zurechnung von Erklärungen eines Chat-Bots oder intelligenten Agenten beim Abschluss von Versicherungsverträgen«, *Versicherungsrecht* (2020), S. 1363-1369.

Hauriou, Maurice, *Die Theorie der Institution*, Duncker & Humblot, Berlin 1965 [1933].

Hayles, N. Katherine, *Unthought: The Power of the Cognitive Nonconscious*, University of Chicago Press, Chicago 2017.

Heath, Sue, Alison Fuller und Brenda Johnston, »Chasing Shadows: Defining Network Boundaries in Qualitative Social Network Analysis«, *Qualitative Research* 9 (2009), S. 645-661.

Heiderhoff, Bettina und Kilian Gramsch, »Klassische Haftungsregimes und autonome Systeme – genügt ›functional equivalence‹ oder bedarf es eigenständiger Maßstäbe?«, *Zeitschrift für Wirtschaftsrecht* 40 (2020), S. 1937-1943.

Heine, Klaus und Shu Li, »What Shall we Do with the Drunken Sailor? Product Safety in the Aftermath of 3D Printing«, *European Journal of Risk Regulation* 10 (2019), S. 23-40.

Heine, Klaus und Alberto Quintavalla, »Bridging the Accountability Gap of Artificial Intelligence – What Can Be Learned from Roman Law?«, *Legal Studies* (2023), S. 1-16.

Heinrichs, Jan-Hendrik, »Artificial Intelligence in Extended Minds: Intrapersonal Diffusion of Responsibility and Legal Multiple Personality«, in: Birgit Beck, Michael Kühler (Hg.), *Technology, Anthropology, and Dimensions of Responsibility*, Springer, Heidelberg/New York 2020, S. 159-176.

Heiss, Stefan, »Navigating the European Liability Landscape of Artificial Intelligence: New Proposals and ChatGPT«, *Stanford – Vienna Transatlantic Technology Law Forum*, 12. Mai 2023, ⟨https://ttlfnews.wordpress.com/2023/05/12/navigating-the-european-liability-landscape-of-artificial-intelligence-new-proposals-and-chatgpt/⟩, letzter Zugriff am 4. 12. 2023.

Helberger, Natali und Nicholas Diakopoulos, »ChatGPT and the AI Act«, *Internet Policy Review* 12 (2023), S. 1-6.

Hendrycks, Dan, Mantas Mazeika und Thomas Woodside, »An Overview of Catastrophic AI Risks«, Arbeitspapier, abrufbar auf *arXiv* 2306.12001v3 [cs.CY] 11. Juli 2023 (2023), S. 1-54.

Hennemann, Moritz, *Interaktion und Partizipation: Dimensionen systemischer Bindung im Vertragsrecht*, Mohr Siebeck, Tübingen 2020.

Hepp, Andreas, »Artificial Companions, Social Bots and Work Bots: Communicative Robots as Research Objects of Media and Communication Studies«, *Media, Culture & Society* 42 (2020), S. 1410-1426.

Herold, Sophie, *Vertragsschlüsse unter Einbeziehung automatisiert und autonom agierender Systeme*, Wolters Kluwer, Hürtz 2020.

Heuer-James, Jens-Uwe, Kuuya Chibanguza und Benedict Stücker, »Industrie 4.0: Vertrags- und haftungsrechtliche Fragestellungen«, *Betriebsberater* (2018), S. 2818-2832.

Heussen, Benno, »Unvermeidbare Softwarefehler«, *Computer und Recht* (2004), S. 1-8.

Hildebrandt, Mireille, *Smart Technologies and the End(s) of Law*, Edward Elgar, Cheltenham 2015.

Hildebrandt, Mireille, »Artificial Intelligence Law«, in: Jan Smits, Jaakko Husa, Catherine Valcke u. a. (Hg.), *Elgar Encyclopedia for Comparative Law*, Edward Elgar, Cheltenham 2023, S. 139-152.

Hilgendorf, Eric, »Können Roboter schuldhaft handeln? Zur Übertragbarkeit unseres normativen Grundvokabulars auf Maschinen«, in: Susanne Beck (Hg.), *Jenseits von Mensch und Maschine*, Nomos, Baden-Baden 2012, S. 119-132.

Hochstetter-Diez, Jorge, Marlene Negrier-Seguel, Mauricio Diéguez-Rebolledo u. a., »Governance Democratic and Big Data: A Systematic Mapping Review«, *Sustainability* 15 (2023), S. 12630-12557.

Hoffmann-Riem, Wolfgang, *Recht im Sog der digitalen Transformation: Herausforderungen*, Mohr Siebeck, Tübingen 2022.

Hörl, Erich, »Die technologische Bedingung«, in: Erich Hörl (Hg.), *Die technologische Bedingung. Beiträge zur Beschreibung der technischen Welt*, Suhrkamp, Frankfurt 2011, S. 7-53.

Horner, Susanne und Markus Kaulartz, »Haftung 4.0: Rechtliche Herausforderungen im Kontext der Industrie 4.0«, *InTeR Zeitschrift zum Innovations- und Technikrecht* (2016), S. 22-27.

Horwitz, Morton J., »Santa Clara Revisited: The Development of Corporate Theory«, *West Virginia Law Review* 88 (1985), S. 173-224.

Howells, Geraint und Christian Twigg-Flesner, »Interconnectivity and Liability: AI and the Internet of Things«, in: Larry A. DiMatteo, Christina Poncibò, Michel Cannarsa (Hg.), *The Cambridge Handbook of Artificial Intelligence*, Cambridge University Press, Cambridge 2022, S. 179-199.

Hoyningen-Huene, Paul, »Zu Emergenz, Mikro- und Makrodetermination«, in: Weyma Lübbe (Hg.), *Kausalität und Zurechnung*, De Gruyter, Berlin 1994, S. 165-195.

Huberman, Pinchas, »A Theory of Vicarious Liability for Autonomous-Machine-Caused Harm«, *Osgoode Hall Law Journal* 58 (2021), S. 233-284.

Hughes, Benn und Russell Williamson, »When AI Systems Cause Harm: The Application of Civil and Criminal Liability«, *Digital Business Law – Blog*, 08. November 2019, ⟨https://digitalbusiness.law/2019/11/when-ai-systems-cause-harm-the-application-of-civil-and-criminal-liability/⟩ letzter Zugriff am 4. 12. 2023.

Hutchins, Edwin, *Cognition in the Wild*, MIT Press, Boston 1995.

Ingold, Albert, »Grundrechtsschutz sozialer Emergenz: Eine Neukonfiguration juristischer Personalität in Art. 19 Abs. 3 GG angesichts webbasierter Kollektivitätsformen«, *Der Staat* 53 (2014), S. 193-226.

Janal, Ruth, »Extra-Contractual Liability for Wrongs Committed by Autonomous Systems«, in: Martin Ebers, Susana Navas (Hg.), *Algorithms and Law*, Cambridge University Press, Cambridge 2020, S. 174-206.

Jansen, Nils *Die Struktur des Haftungsrechts: Geschichte, Theorie und Dogmatik außervertraglicher Ansprüche auf Schadensersatz*, Mohr Siebeck, Tübingen 2003.

Jasanoff, Sheila, »The Idiom of Co-Production«, in: Sheila Jasanoff (Hg.), *States of Knowledge: The Co-production of Science and the Social Order*, Routledge, London 2004, S. 1-12.

Jensen, Michael und William H. Meckling, »Theory of the Firm: Managerial Behavior, Agency Costs and Ownership Structure«, *Journal of Financial Economics* 3 (1976), S. 306-360.

Jentzsch, Christoph, »Decentralized Autonomous Organization to Automate Governance«, Arbeitspapier (2016), abrufbar ⟨https://lawofthelevel.lexblogplatformthree.com/wp-content/uploads/sites/187/2017/07/WhitePaper-1.pdf⟩, letzter Zugriff am 19.2.2024.

Joerges, Christian, *Conflict and Transformation: Essays on European Law and Policy*, Hart, Oxford 2023.

Johannesson, Paul und Maria Bergholtz, »A Conceptual Model for the Construction and Maintenance of Institutional Reality«, *Proceedings of the ER Forum and PhD Symposium 2022 co-located with 41st International Conference on Conceptual Modeling* (2022), S. 1-14.

John, Robert, *Haftung für künstliche Intelligenz*, Kovac, Hamburg 2007.

Johnson, Deborah G., »Computer Systems: Moral Entities but not Moral Agents«, *Ethics and Information Technology* 8 (2006), S. 195-204.

Kainer, Friedemann und Lydia Förster, »Autonome Systeme im Kontext des Vertragsrechts«, *Zeitschrift für die gesamte Privatrechtswissenschaft* (2020), S. 275-305.

Kant, Immanuel, *Grundlegung zur Metaphysik der Sitten*, Heimann, Berlin 1870 [1785].

Karanasiou, Argyro und Dimitris Pinotsis, »Towards a Legal Definition of Machine Intelligence: The Argument for Artificial Personhood in the Age of Deep Learning«, *ICAL'17: Proceedings of the 16th Edition of the International Conference on Artificial Intelligence and Law* (2017), S. 119-128.

Karavas, Vagios, »The Force of Code: Law's Transformation under Information-Technological Conditions«, *German Law Journal* 10 (2009), S. 463-481.

Karner, Ernst, »Liability for Robotics: Current Rules, Challenges, and the Need for Innovative Concepts«, in: Sebastian Lohsse, Reiner Schulze, Dirk Staudenmayer (Hg.), *Liability for Artificial Intelligence and the Internet of Things*, Nomos/Hart, Baden-Baden/Oxford 2019, S. 117-124.

Karnow, Curtis E.A., »Liability for Distributed Artificial Intelligences«, *Berkeley Technology Law Journal* 11 (1996), S. 147-204.

Karnow, Curtis E.A., »The Application of Traditional Tort Theory to Embodied Machine Intelligence«, in: Ryan Calo, A. Michael Froomkin, Ian Kerr (Hg.), *Robot Law*, Edward Elgar, Cheltenham 2016, S. 51-77.

Kastl, Graziana, »Eine Analyse der Autocomplete-Funktion der Google-Suchmaschine«, *Gewerblicher Rechtsschutz und Urheberrecht* 117 (2015), S. 136-141.

Katzenmeier, Christian, »KI in der Medizin – Haftungsfragen«, *Medizinrecht* 39 (2021), S. 859–867.

Kerr, Ian R., »Ensuring the Success of Contract Formation in Agent-Mediated Electronic Commerce«, *Electronic Commerce Research* 1 (2001), S. 183–202.

Kerr, Ian R., »Providing for Autonomous Electronic Devices in the Uniform Electronic Commerce Act«, *Uniform Law Conference* (2006), S. 1-55.

Kersten, Jens, »Menschen und Maschinen: Rechtliche Konturen instrumenteller, symbiotischer und autonomer Konstellationen«, *Juristenzeitung* 70 (2015), S. 1-8.

Kersten, Jens, »Die Rechte der Natur und die Verfassungsfrage des Anthropozän«, in: Jens Soentgen, Ulrich M. Gassner, Julia von Hayek, Alexandra Manzel (Hg.), *Umwelt und Gesundheit*, 2020, S. 87-120.

Kessler, Oliver, »Intelligente Roboter – neue Technologien im Einsatz: Voraussetzungen und Rechtsfolgen des Handelns informationstechnischer Systeme«, *Multimedia und Recht* (2017), S. 589-594.

Kette, Sven, »›Computer Says No‹? Konsequenzen der Algorithmisierung von Entscheidungsprozessen«, *Soziale Systeme* 26 (2021), S. 160-188.

Kirchner, Gernot, »Big Data Management: Die Haftung des Big Data-Anwenders für Datenfehler«, *InTeR Zeitschrift zum Innovations- und Technikrecht* (2018), S. 19-24.

Kirn, Stefan und Claus D. Müller-Hengstenberg, *Rechtliche Risiken autonomer und vernetzter Systeme: Eine Herausforderung*, De Gruyter, Berlin 2016.

Kirn, Stefan und Claus-Dieter Müller-Hengstenberg, »Intelligente (Software-)Agenten: Eine neue Herausforderung unseres Rechtssystems«, *Multimedia und Recht* (2014), S. 307-313.

Kirn, Stefan und Claus-Dieter Müller-Hengstenberg, »Intelligente (Software-)Agenten: Von der Automatisierung zur Autonomie? – Verselbstständigung technischer Systeme«, *Multimedia und Recht* (2014), S. 225-232.

Kleiner, Cornelius, *Die elektronische Person: Entwurf eines Zurechnungs- und Haftungssubjekts für den Einsatz autonomer Systeme im Rechtsverkehr*, Nomos, Baden-Baden 2021.

Klingbeil, Stefan, »Schuldnerhaftung für Roboterversagen: Zum Problem der Substitution von Erfüllungsgehilfen durch Maschinen«, *Juristenzeitung* 74 (2019), S. 718-725.

Koch, Bernhard, »Product Liability 2.0 – Mere Update or New Version?«, in: Sebastian Lohsse, Reiner Schulze, Dirk Staudenmayer (Hg.), *Liability for Robotics and in the Internet of Things*, Nomos/Hart, Baden-Baden/Oxford 2019, S. 99-116.

Koch, Bernhard, Jean-Sébastien Borghetti, Pascal Pichonnaz u. a., »Response of the European Law Institute to the Public Consultation on

Civil Liability – Adapting Liability Rules to the Digital Age and Artificial Intelligence«, *Journal of European Tort Law* 13 (2022), S. 25-63.

Konertz, Roman und Raoul Schönhof, *Das technische Phänomen »Künstliche Intelligenz« im allgemeinen Zivilrecht: Eine kritische Betrachtung im Lichte von Autonomie, Determinismus und Vorhersehbarkeit*, Nomos, Baden-Baden 2020.

Koops, Bert-Jaap, Mireille Hildebrandt und David-Olivier Jaquet-Chiffelle, »Bridging the Accountability Gap: Rights for New Entities in the Information Society?«, *Minnesota Journal of Law, Science & Technology* 11 (2010), S. 497-558.

Koops, Bert-Jaap und David-Olivier Jaquet-Chiffelle, *New (Id)entities and the Law: Perspectives on Legal Personhood for Non-Humans*, FIDIS – Future of Identity in the Information Society, Tilburg 2008.

Körber, Torsten und Carsten König, »Haftungsrecht 4.0«, in: Walter Frenz (Hg.), *Handbuch Industrie 4.0: Recht, Technik, Gesellschaft*, Springer, Berlin/Heidelberg 2020, S. 257-277.

Körber, Torsten und Carsten König, »Vertragsrecht 4.0«, in: Walter Frenz (Hg.), *Handbuch Industrie 4.0: Recht, Technik, Gesellschaft*, Springer, Berlin/Heidelberg 2020, S. 237-256.

Kornilakis, Angelos, »Legal Personhood for Autonomous AI: Practical Consequences in Private Law«, in: Angelos Kornilakis, Georgios Nouskalis, Vassilis Pergantis u. a. (Hg.), *Artificial Intelligence and Normative Challenges: International and Comparative Legal Perspectives*. Springer, Cham 2023, S. 27-38.

Kovac, Mitja, *Judgement-Proof Robots and Artificial Intelligence: A Comparative Law and Economics Approach*, Palgrave, London 2020.

Krafft, Tobias D., Katharina A. Zweig und Pascal D. König, »How to Regulate Algorithmic Decision-Making: A Framework of Regulatory Requirements for Different Applications«, *Regulation & Governance* 16 (2022), S. 119-136.

Księżak, Paweł und Sylwia Wojtczak, »Artificial Intelligence and Legal Subjectivity«, in: Paweł Księżak, Sylwia Wojtczak (Hg.), *Toward a Conceptual Network for the Private Law of Artificial Intelligence*, Springer, Cham 2023, S. 13-35.

Kühl, Stefan, »Gruppen, Organisationen, Familien und Bewegungen: Zur Soziologie mitgliedschaftsbasierter Systeme zwischen Interaktion und Gesellschaft«, *Zeitschrift für Soziologie Sonderheft 2014* (2014), S. 65-85.

Kühn, Sebastian und Malte-C. Gruber, »Zur Aushandlung von Stellvertretung«, in: Sebastian Kühn, Malte-C. Gruber (Hg.), *Dreiecksverhältnisse: Aushandlungen von Stellvertretung*, BWV, Berlin 2016, S. 9-21.

Kühn, Sebastian und Malte-C. Gruber (Hg.), *Dreiecksverhältnisse: Aushandlungen von Stellvertretung*, BWV, Berlin, 2016.

Kühne, Rinaldo und Jochen Peter, »Anthropomorphism in Human-Robot Interactions: A Multidimensional Conceptualization«, *Communication Theory* 33 (2023), S. 42-52.

Ladeur, Karl-Heinz (Hg.), *Innovationsoffene Regulierung des Internet: Neues Recht für Kommunikationsnetzwerke*, Nomos, Baden-Baden, 2003.

Ladeur, Karl-Heinz, »Die Medienfreiheit im Netzwerk der Netzwerke: Neue Institutionen für neue Medien«, *Philologie im Netz: Beihefte* 12 (2017), S. 4-25.

Ladeur, Karl-Heinz und Tobias Gostomzyk, »Das Netzwerkdurchsetzungsgesetz und die Logik der Meinungsfreiheit«, *Kommunikation und Recht* (2017), S. 390-394.

Lai, Alicia, »Artificial Intelligence, LLC: Corporate Personhood as Tort Reform«, *Michigan State Law Review* 2021 (2021), S. 597-653.

Latour, Bruno, »On Technical Mediation«, *Common Knowledge* 3 (1994), S. 29-64.

Latour, Bruno, *Das Parlament der Dinge: Für eine politische Ökologie*, Suhrkamp, Frankfurt 2001.

Laumann, Edward O, Peter V. Marsden und David Prensky, »The Boundary Specification Problem in Network Analysis«, in: Ronald S. Burt, Michael Minor (Hg.), *Applied Network Analysis*, SAGE Publications, Beverly Hills/California 1983, S. 18-34.

Lemley, Mark A. und Bryan Casey, »Remedies for Robots«, *University of Chicago Law Review* 86 (2019), S. 1311-1396.

Lerouge, Jean-Francois, »The Use of Electronic Agents Questioned Under Contractual Law: Suggested Solutions on a European and American Level«, *John Marshall Journal of Computer Information Law* 18 (1999), S. 403-433.

Lewinski, Kai von, Raphael de Barros Fritz und Katrin Biermeier, *Bestehende und künftige Regelungen des Einsatzes von Algorithmen im HR-Bereich*, AlgorithmWatch/Hans-Böckler Stiftung, Berlin 2019.

Lewis, Seth C., Amy Kristin Sanders und Casey Carmody, »Libel by Algorithm? Automated Journalism and the Threat of Legal Liability«, *Journalism & Mass Communication Quarterly* 98 (2019), S. 60-81.

Lieser, Jochen, »Die zivilrechtliche Haftung im automatisierten Geschäftsverkehr«, *Juristenzeitung* 26 (1971), S. 759-765.

Linardatos, Dimitrios, »Künstliche Intelligenz und Verantwortung«, *Zeitschrift für Wirtschaftsrecht* (2019), S. 504-509.

Linardatos, Dimitrios, *Autonome und vernetzte Aktanten im Zivilrecht: Grundlinien zivilrechtlicher Zurechnung und Strukturmerkmale einer elektronischen Person*, Mohr Siebeck, Tübingen 2021.

Linarelli, John, »Artificial General Intelligence and Contract«, *Uniform Law Review* 24 (2019), S. 330-347.

Lindahl, Hans, »We and Cyberlaw: The Spatial Unity of Constitutional Orders«, *Indiana Journal of Global Legal Studies* 20 (2013), S. 697-730.

Linke, Christian, *Digitale Wissensorganisation: Wissenszurechnung beim Einsatz autonomer Systeme*, Nomos, Baden-Baden 2021.

Lior, Anat, »AI Entities as AI Agents: Artificial Intelligence Liability and the AI Respondeat Superior Analogy«, *Mitchell Hamline Law Review* 46 (2020), S. 1043-1102.

Lior, Anat, »The AI Accident Network: Artificial Intelligence Liability Meets Network Theory«, *Tulane Law Review* 95 (2021), S. 1103-1166.

List, Christian, »Group Agency and Artificial Intelligence«, *Philosophy & Technology* 34 (2021), S. 1213-1242.

Loh, Wulf und Janina Loh, »Autonomy and Responsibility in Hybrid Systems«, in: Patrick Lin, Ryan Jenkins, Keith Abney (Hg.), *Robot Ethics 2.0: From Autonomous Cars to Artificial Intelligence*, Oxford University Press, Oxford 2017, S. 35-50.

Lohmann, Melinda, »Ein europäisches Roboterrecht: Überfällig oder überflüssig«, *Zeitschrift für Rechtspolitik* (2017), S. 168-171.

Lohmann, Melinda, »Roboter als Wundertüten: Eine zivilrechtliche Haftungsanalyse«, *Aktuelle juristische Praxis* (2017), S. 152-162.

Lohmann, Melinda und Theresa Preßler, »Die Rechtsfigur des Erfüllungsgehilfen im digitalen Zeitalter«, *Recht Digital* 1 (2021), S. 538-547.

Lohse, Simon, »Zur Emergenz des Sozialen bei Niklas Luhmann«, *Zeitschrift für Soziologie* 40 (2011), S. 190-207.

Lohsse, Sebastian, Reiner Schulze und Dirk Staudenmayer, »Liability for Artificial Intelligence«, in: Sebastian Lohsse, Reiner Schulze, Dirk Staudenmayer (Hg.), *Liability for Robotics and the Internet of Things*, Nomos/Hart, Baden-Baden/Oxford 2019, S. 11-26.

Loo, Rory van, »The Revival of Respondeat Superior and Evolution of Gatekeeper Liability«, *Georgetown Law Journal* 109 (2020), S. 141-189.

LoPucki, Lynn M., »Algorithmic Entities«, *Washington and Lee Law Review* 95 (2018), S. 887-955.

Lorentzen, Kai f., »Luhmann Goes Latour: Zur Soziologie hybrider Beziehungen«, in: Werner Rammert, Ingo Schulz-Schaeffer (Hg.), *Können Maschinen handeln? Soziologische Beiträge zum Verhältnis von Mensch und Technik*, Campus, Frankfurt 2002, S. 101-118.

Luhmann, Niklas, *Grundrechte als Institution: Ein Beitrag zur politischen Soziologie*, Duncker & Humblot, Berlin 1965.

Luhmann, Niklas, »Institutionalisierung – Funktion und Mechanismus im sozialen System der Gesellschaft«, in: Helmut Schelsky (Hg.), *Zur Theorie der Institution,* Bertelsmann, Düsseldorf 1970, S. 27-41.

Luhmann, Niklas, *Funktionen und Folgen formaler Organisation*, Duncker & Humblot, Berlin 1976.

Luhmann, Niklas, *Soziale Systeme: Grundriß einer allgemeinen Theorie*, Suhrkamp, Frankfurt 1984.

Luhmann, Niklas, »Systeme verstehen Systeme«, in: Niklas Luhmann, Eberhard Schorr (Hg.), *Zwischen Intransparenz und Verstehen: Fragen an die Pädagogik*, Suhrkamp, Frankfurt 1986, S. 72-117.

Luhmann, Niklas, »Läßt unsere Gesellschaft Kommunikation mit Gott zu?«, in: Niklas Luhmann, *Soziologische Aufklärung 4: Beiträge zur funktionalen Differenzierung der Gesellschaft*, Westdeutscher Verlag, Opladen 1987, S. 227-235.

Luhmann, Niklas, *Rechtssoziologie*, Westdeutscher Verlag, Opladen 1987 [1972].

Luhmann, Niklas, *Soziologie des Risikos*, De Gruyter, Berlin 1991.

Luhmann, Niklas, *Das Recht der Gesellschaft*, Suhrkamp, Frankfurt 1993.

Luhmann, Niklas, »Die Paradoxie des Entscheidens«, *Verwaltungsarchiv* 84 (1993), S. 287-310.

Luhmann, Niklas, *Die Gesellschaft der Gesellschaft*, Suhrkamp, Frankfurt 1997.

Luhmann, Niklas, *Recht und Automation in der öffentlichen Verwaltung: Eine verwaltungswissenschaftliche Untersuchung*, Duncker & Humblot, Berlin 1997.

Luhmann, Niklas, *Die Politik der Gesellschaft*, Suhrkamp, Frankfurt 2000.

Luhmann, Niklas, *Organisation und Entscheidung*, Westdeutscher Verlag, Opladen 2000.

Luhmann, Niklas, »Ebenen der Systembildung – Ebenendifferenzierung (unveröffentlichtes Manuskript 1975)«, *Zeitschrift für Soziologie – Sonderheft: »Interaktion – Organisation – Gesellschaft revisited.* (2014 [1975]), S. 6-39.

Luhmann, Niklas, *Systemtheorie der Gesellschaft*, Suhrkamp, Frankfurt 2018.

Lukaszewicz, Aleksandra und Pawel Fortuna, »Towards Turing Test 2.0 – Attribution of Moral Status and Personhood to Human and Non-Human Agents«, *Postdigital Science and Education* 4 (2022), S. 860-876.

Maas, Matthijs M., Artificial Intelligence Governance under Change: Foundations, Facets, Frameworks, Dissertation University of Copenhagen, Copenhagen 2021.

Maatz, Jann, »Rechtsdogmatik sticht Pragmatismus«, *Zeitschrift für das Juristische Studium* 15 (2022), S. 301-310.

Manhart, Sebastian und Thomas Wendt, »Soziale Systeme? Systemtheorie digitaler Organisation«, *Soziale Systeme* 26 (2021), S. 21-53.

Marchant, Gary E., »The Growing Gap Between Emerging Technologies and the Law«, in: Gary E. Marchant, Braden R. Allenby, Joseph R. Herkert (Hg.), *The Growing Gap Between Emerging Technologies and Le-*

gal-Ethical Oversight: The Pacing Problem, Springer, Dordrecht/Heidelberg/London/New York 2011, S. 19-34.
Marchant, Gary E. und Rachel A. Lindor, »The Coming Collision between Autonomous Vehicles and the Liability System«, *Santa Clara Law Review* 52 (2012), S. 1321-1340.
Marchisio, Emiliano, »In Support of ›No-Fault‹ Civil Liability Rules for Artificial Intelligence«, *SN Social Sciences* 1 (2021), S. 54-79.
Markesinis, Basil, Hannes Unberath und Angus Johnston, *The German Law of Contract: A Comparative Treatise*, Hart, Oxford 2006.
Martone, Isabella, »Algoritmi e diritto: appunti in tema di responsabilità civile«, *Tecnologie e diritto* 1 (2020), S. 128-153.
Matthias, Andreas, *Automaten als Träger von Rechten*, Logos, Berlin 2010.
Mayinger, Samantha Maria *Die künstliche Person: Untersuchung rechtlicher Veränderungen durch die Installation von Softwareagenten im Rahmen von Industrie 4.0*, Fachmedien Recht und Wirtschaft, Frankfurt 2017.
Mayrhofer, Ann-Kristin, *Außervertragliche Haftung für fremde Autonomie: Eine vergleichende Betrachtung menschlicher, tierischer und technischer Agenten unter besonderer Berücksichtigung von Durchsetzungsrisiken*, Mohr Siebeck, Tübingen 2023.
McLean, Thomas R., »Cybersurgery: An Argument for Enterprise Liability«, *Journal of Legal Medicine* 23 (2002), S. 167-210.
Medicus, Dieter und Stephan Lorenz, *Schuldrecht – Allgemeiner Teil*, C.H. Beck, München 2015.
Mehta, Dhruv, »The Role of Artificial Intelligence in Healthcare and Medical Negligence«, *Liverpool Law Review* 45 (2024), S. 125-142.
Messner, Claudius, »Listening to Distant Voices«, *International Journal for the Semiotics of Law – Revue internationale de Sémiotique juridique* 33 (2020), S. 1143-1173.
Metz, Cade, »What the AI behind Alphago Can Teach Us about Being Human«, *Wired*, 19. Mai 2016, ⟨https://www.wired.com/2016/05/google-alpha-go-ai/⟩, letzter Zugriff am 1. 12. 2023.
Michalski, Roger, »How to Sue a Robot«, *Utah Law Review* (2018), S. 1021-1071.
Misselhorn, Catrin, »Collective Agency and Cooperation in Natural and Artificial Systems«, in: Catrin Misselhorn (Hg.), *Collective Agency and Cooperation in Natural and Artificial Systems: Explanation, Implementation and Simulation*, Springer, Heidelberg 2015, S. 3-24.
Mocanu, Diana, »Gradient Legal Personhood for AI Systems: Painting Continental Legal Shapes Made to Fit Analytical Molds«, *Frontiers in Robotics and AI* (2022), S. 1-11.
Mölders, Marc, »Irritation Expertise: Recipient Design as Instrument for Strategic Reasoning«, *European Journal of Futures Research* 2 (2014), S. 32-42.

Mölders, Marc, Fatima Kastner und Simon Egbert, »Algorithmen im Recht: Grundzüge rechtssoziologischer Überlegungen zu Künstlicher Intelligenz, machine learning und Co«, in: Birgit Blättel-Mink (Hg.), *Gesellschaft unter Spannung: Verhandlungen des 40. Kongress der Deutschen Gesellschaft für Soziologie*, Deutsche Gesellschaft für Soziologie, Essen 2021, S. 1-9.

Möllers, Christoph, »Herr, Knecht und Maschine in der künftigen Rechtsphilosophie«, in: Thomas Khurana, Dirk Quadflieg, Francesca Raimondi u. a. (Hg.), *Negativität: Kunst, Recht, Politik*, Suhrkamp, Berlin 2021, S. 184-195.

Montagnani, Maria L. und Mirta Cavallo, »Liability and Emerging Digital Technologies: An EU Perspective«, *Notre Dame Journal of International & Comparative Law* 11 (2021), S. 209-231.

Monteiro, Eric, »Actor-Network Theory and Information Infrastructure«, in: Claudio U. Ciborra, Kristin Braa, Antonio Cordella, Bo Dahlbom, Angelo Failla, Ole Hanseth, Vidar Hepso, Jan Ljungberg, Eric Monteiro, Kai A. Simon (Hg.), *From Control to Drift: The Dynamics of Corporate Information Infrastructures*, Oxford University Press, Oxford 2001, S. 71-82.

Montemayor, Carlos, »Language and Intelligence«, *Minds and Machines* 31 (2021), S. 471-486.

Monterossi, Michael W., »Liability for the Fact of Autonomous Artificial Intelligence Agents: Things, Agencies and Legal Actors«, *Global Jurist* 6 (2020), S. 1-18.

Morgan, Phillip, »Tort Law and AI: Vicarious Liability«, in: Ernest Lim, Phillip Morgan (Hg.), *The Cambridge Handbook of Private Law and Artificial Intelligence*, University Press, Cambridge 2024, S. 135-171.

Mosco, Gian Domenico, »AI and the Board Within Italian Corporate Law: Preliminary Notes«, *European Company Law Journal* 17 (2020), S. 87-96.

Möslein, Florian, »Robots in the Boardroom: Artificial Intelligence and Corporate Law«, in: Woodrow Barfield, Ugo Pagallo (Hg.), *Research Handbook on the Law of Artificial Intelligence*, Edward Elgar, Cheltenham 2017, S. 649-670.

Münchener Kommentar zum Bürgerlichen Gesetzbuch. Band 7, Franz Jürgen Säcker, Roland Rixecker, Hartmut Oetker, Bettina Limperg (Hg.), 8. Auflage. C.H.Beck, München 2020 (zitiert als: MüKo-BGB).

Münchener Kommentar zum Bürgerlichen Gesetzbuch. Band 1, Franz Jürgen Säcker, Roland Rixecker, Hartmut Oetker, Bettina Limperg (Hg.), 9. Auflage. C.H.Beck, München 2021 (zitiert als: MüKo-BGB).

Münchener Kommentar zum Bürgerlichen Gesetzbuch. Band 2, Franz Jürgen Säcker, Roland Rixecker, Hartmut Oetker, Bettina Limperg (Hg.), 9. Auflage. C.H. Beck, München 2022 (zitiert als: MüKo-BGB).

Mühlböck, Luisa, *Mensch-Technik-Interaktion unter besonderer Berücksichtigung des Arzt-Patienten-Verhältnisses: Ethische, rechtliche und soziale Implikationen am Beispiel interaktiver, autonomer und vernetzter Mikroimplantate*, Lit Verlag, Münster 2023.

Muhle, Florian, »Sozialität von und mit Robotern? Drei soziologische Antworten und eine kommunikationstheoretische Alternative«, *Zeitschrift für Soziologie* 47 (2018), S. 147-163.

Muhle, Florian, »Roboter in der Sozialwelt: Überlegungen und Einsichten zum Subjektstatus humanoider Roboter«, in: Michael Schetsche, Andreas Anton (Hg.), *Intersoziologie: Menschliche und nichtmenschliche Akteure in der Sozialwelt*, Beltz Juventa, Weinheim 2021, S. 128-142.

Müller-Hengstenberg, Claus-Dieter und Stefan Kirn, »Haftung des Betreibers von autonomen Softwareagents: Mögliche Auswirkungen der Entschließung des Europäischen Parlaments zur Haftung bei KI-Einsatz«, *Multimedia und Recht* 24 (2021), S. 376-380.

Nake, Frieder, »Surface, Interface, Subface: Three Cases of Interaction and One Concept«, in: Uwe Seifert, Jin Hyun Kim, Anthony Moore (Hg.), *Paradoxes of Interactivity*, transcript, Bielefeld 2020, S. 92-109.

Nassehi, Armin, *Muster: Theorie der digitalen Gesellschaft*, C.H.Beck, München 2019.

Navas, Susana, »Robot Machines and Civil Liability«, in: Martin Ebers, Susana Navas (Hg.), *Algorithms and Law*, Cambridge University Press, Cambridge 2020, S. 157-173.

Neuhäuser, Christian, »Some Sceptical Remarks Regarding Robot Responsibility and a Way Forward«, in: Catrin Misselhorn (Hg.), *Collective Agency and Cooperation in Natural and Artificial Systems*, Springer, Heidelberg 2015, S. 131-147.

Nevejans, Nathalie, *European Civil Law Rules in Robotics*, Studie im Auftrag des Rechtsausschusses des Europäischen Parlaments, Brüssel 2016.

Neyland, Daniel und Norma Möllers, »Algorithmic IF … THEN Rules and the Conditions and Consequences of Power«, *Information, Communication & Society* 20 (2017), S. 45-62.

Nolan, Donald und John Davies, »Torts and Equitable Wrongs«, in: Andrew Burrows (Hg.), *English Private Law*, Oxford University Press, Oxford 2013, S. 927-1030.

Nolan, Donald, »Offer and Acceptance in the Electronic Age«, in: Andrew Burrows, Edwin Peel (Hg.), *Contract Formation and Parties*, Oxford University Press, Oxford 2010, S. 61-87.

Nonet, Philippe und Philip Selznick, *Law and Society in Transition: Toward Responsive Law*, Harper & Row, New York 1978.

North, Douglass C., *Institutions, Institutional Change and Economic Performance*, Cambridge University Press, Cambridge 1990.

Novelli, Claudio, »Legal Personhood for the Integration of AI Systems in the Social Context: A Study Hypothesis«, *AI & Society* 38 (2023), S. 1347-1359.

Nyholm, Sven, »Attributing Agency to Automated Systems: Reflections on Human-Robot Collaborations and Responsibility-Loci«, *Science and Engineering Ethics* 24 (2018), S. 1201-1219.

O' Callaghan, Patrick, Gert Brüggemeier und Aurelia Ciacchi, *Personality Rights in European Tort Law*, Cambridge University Press, Cambridge 2010.

Ortmann, Günther, »Für ein Unternehmensstrafrecht: Sechs Thesen, sieben Fragen, eine Nachbemerkung«, *Neue Zeitschrift für Wirtschafts-, Steuer- und Unternehmensstrafrecht* 6 (2017), S. 241-251.

Ortmann, Günther, »Das Gespenst des korporativen Akteurs«, in: André Armbruster, Cristina Besio (Hg.), *Organisierte Moral: Zur Ambivalenz von Gut und Böse in Organisationen*, Springer VS, Wiesbaden 2021, S. 47-80.

Østbye, Peder, »Exploring DAO Members' Individual Liability«, *SSRN Electronic Library* (2022), S. 1-21.

Oster, Jan, »Haftung für Persönlichkeitsverletzungen durch Künstliche Intelligenz«, *UFITA – Archiv für Medienrecht und Medienwissenschaft* (2018), S. 14-52.

Owen, David G., *Products Liability Law*, West Academic, St. Paul 2015.

Ozturk, Anil, »Lessons Learned from Robotics and AI in a Liability Context: A Sustainability Perspective«, in: Angela Carpenter, Tafsir M. Johansson, Jon A. Skinner (Hg.), *Sustainability in the Maritime Domain*, Springer, Cham 2021, S. 315-335.

Pagallo, Ugo, *The Laws of Robots: Crimes, Contracts, and Torts*, Springer, Cham 2013.

Pagallo, Ugo, »From Automation to Autonomous Systems: A Legal Phenomenology with Problems of Accountability«, *Proceedings of the Twenty-Sixth International Joint Conference on Artificial Intelligence* (2017), S. 17-23.

Palmerini, Erica, »AI Systems and the Issue of Liability in the European and National Regulatory Strategies«, in: Phillip Morgan (Hg.), *Tort Liability and Autonomous Systems Accidents: Common and Civil Law*, Edward Elgar, Cheltenham 2023, S. 63-96.

Panezi, Argyri, »AI: An Ecosystem Approach to Manage Risk and Uncertainty«, in: Pablo García Mexía, Francisco Pérez Bes (Hg.), *AI and the Law*, Wolters Kluwer, Alphen aan den Rijn 2023, S. 231-256.

Parsons, Talcott und Edward A. Shils, *Toward a General Theory of Action:*

Theoretical Foundations for the Social Sciences, Harper & Row, New York 1951.

Pasquale, Frank, »Reforming the Law of Reputation«, *Loyola University of Chicago Law Journal* 47 (2015), S. 515-539.

Pearl, Tracy Hrseko, »Compensation at the Crossroads: Autonomous Vehicles & Alternative Victim Compensation Schemes«, *William & Mary Law Review* 60 (2019), S. 1827-1891.

Pepito, Joseph A., Brian A. Vasquez und Rozzano C. Locsin, »Artificial Intelligence and Autonomous Machines: Influences, Consequences, and Dilemmas in Human Care«, *Health* 11 (2019), S. 932-949.

Perlingieri, Carolina, »Responsabilità civile e robotica medica«, *Tecnologie e diritto* 1 (2020), S. 161-180.

Pettit, Philip, »Responsibility Incorporated«, *Ethics* 117 (2007), S. 171-201.

Pieper, Fritz-Ulli »Die Vernetzung autonomer Systeme im Kontext von Vertrag und Haftung«, *TeR Zeitschrift zum Innovations- und Technikrecht* 4 (2016), S. 188-194.

Podbregar, Nadja, »GPT-4 beweist Kreativität«, *scinexx.de – Das Wissensmagazin*, 10. Juli 2023, ⟨https://www.scinexx.de/news/technik/gpt-4-beweist-kreativitaet/⟩, letzter Zugriff am 1. 12. 2023.

Powell, Dalton, »Autonomous Systems as Legal Agents: Directly by the Recognition of Personhood or Indirectly by the Alchemy of Algorithmic Entities«, *Duke Law & Technology Review* 18 (2020), S. 306-331.

Powell, Walter W., »Neither Market nor Hierarchy: Network Forms of Organization«, *Research in Organizational Behavior* 12 (1990), S. 295-336.

Prescott, Tony J., »Robots are not Just Tools«, *Connection Science* 29 (2017), S. 142-149.

Rabel, Ernst, »Die Stellvertretung in den hellenistischen Rechten und in Rom«, in: Hans Julius Wolf (Hg.), *Gesammelte Aufsätze IV*, Mohr Siebeck, Tübingen 1971 [1934], S. 491-508.

Rachum-Twaig, Omri, »Whose Robot is it Anyway? Liability for Artificial-Intelligence-Based Robots«, *University of Illinois Law Review* (2020), S. 1141-1175.

Rahwan, Iyad, Manuel Cebrian, Nick Obradovich u. a., »Machine Behaviour«, *Nature* 568 (2019), S. 477-486.

Rammert, Werner, »Distributed Agency and Advanced Technology: Or: How to Analyze Constellations of Collective Inter-agency«, in: Jan-Hendrik Passoth, Birgit Peuker, Michael Schillmeier (Hg.), *Agency Without Actors: New Approaches to Collective Action*, Routledge, London 2012, S. 89-111.

Rauer, Valentin, »Distribuierte Handlungsträgerschaft. Verantwortungsdiffusion als Problem der Digitalisierung sozialen Handelns«, in: Christopher Daase, Julian Junk, Stefan Kroll, Valentin Rauer (Hg.), *Politik und Verantwortung: Analysen zum Wandel politischer Entscheidungs- und Rechtfertigungspraktiken*, Nomos, Baden-Baden 2017, S. 436-453.

Recht der elektronischen Medien. Kommentar, Gerald Spindler, Fabian Schuster (Hg.), 4. Auflage. C.H. Beck, München 2019 (zitiert als: Spindler/Schuster).

Reusch, Philipp, »Produkthaftung«, in: Tom Braegelmann, Markus Kaulartz (Hg.), *Rechtshandbuch Artificial Intelligence und Machine Learning*, C.H. Beck, München 2020, S. 77-153.

Reyes, Carla L., »Autonomous Business Reality«, *Nevada Law Journal* 21 (2021), S. 437-490.

Reyes, Carla L., »Autonomous Corporate Personhood«, *Washington Law Review* 96 (2021), S. 1453-1510.

Reynolds, Francis, »Agency«, in: Andrew Burrows (Hg.), *English Private Law*, Oxford University Press, Oxford 2013, S. 613-663.

Richter, Rudolf und Eirik G. Furubotn, *Neue Institutionenökonomik*, Mohr Siebeck, Tübingen 2003.

Riehm, Thomas, »Verträge mit KI: Rechtsfähigkeit von KI-Systemen«, in: Tom Braegelmann, Markus Kaulartz (Hg.), *Rechtshandbuch Artificial Intelligence und Machine Learning*, C.H. Beck, München 2020, S. 221-238.

Riehm, Thomas und Stanislaus Meier, »Künstliche Intelligenz im Zivilrecht«, *DGRI Jahrbuch 2018* (2018), S. 1-63.

Riehm, Thomas und Stanislaus Meier, »Product Liability in Germany: Ready for the Digital Age?«, *Journal of European Consumer and Market Law* 8 (2019), S. 161-165.

Rinaldo, Carlotta, »Automation in Investment Advice: A European Perspective«, *Revista de Derecho Privado* 45 (2023), S. 309-340.

Ringlage, Philipp, *Haftungskonzepte für autonomes Fahren – »ePerson« oder »RmbH«?*, Nomos, Baden-Baden 2022.

Rossler, Gustav, *Der Anteil der Dinge an der Gesellschaft: Sozialität – Kognition – Netzwerke*, transkript, Bielefeld 2015.

Roth-Isigkeit, David, »Staatshaftungsrechtliche Aspekte des Einsatzes automatisierter Entscheidungssysteme in der öffentlichen Verwaltung«, *Archiv des Öffentlichen Rechts* 145 (2020), S. 321-351.

Rott, Peter (Hg.), *Certification – Trust, Accountability, Liability*, Springer, Heidelberg/New York, 2019.

Salminen, Jaakko, »Contract-Boundary-Spanning Governance Mechanisms: Conceptualizing Fragmented and Globalized Production as Collectively Governed Entities«, *Indiana Journal of Global Legal Studies* 23 (2016), S. 709-742.

Salminen, Jaakko, »From Product Liability to Production Liability: Modelling a Response to the Liability Deficit of Global Value Chains on Historical Transformations of Production«, *Competition & Change* 23 (2019), S. 420-438.

Salomon, Gavriel, »No Distribution Without Individuals' Cognition: A Dynamic Interactional View«, in: Gavriel Salomon (Hg.), *Distributed Cognitions: Psychological and Educational Considerations*, Cambridge University Press, Cambridge 1993, S. 111-138.

Sanz Bayón, Pablo, »A Legal Framework for Robo-Advisors«, in: Erich Schweighofer, Franz Kummer, Ahti Saarenpää, Burkhard Schafer (Hg.), *Datenschutz / LegalTech*, Weblaw, Bern 2019, S. 311-318.

Sartor, Giovanni, »Agents in Cyberlaw«, in: Giovanni Sartor (Hg.), *The Law of Electronic Agents: Selected Revised Papers. Proceedings of the Workshop on the Law of Electronic Agents (LEA 2002)*, University of Bologna, Bologna 2003, S. 3-12.

Sartor, Giovanni, »Cognitive Automata and the Law: Electronic Contracting and the Intentionality of Software Agents«, *Artificial Intelligence and Law* 17 (2009), S. 253-290.

Scherer, Matthew U., »Of Wild Beasts and Digital Analogues: The Legal Status of Autonomous Systems«, *Nevada Law Journal* 19 (2019), S. 259-292.

Schetsche, Michael und Andreas Anton (Hg.), *Intersoziologie: Menschliche und nichtmenschliche Akteure in der Sozialwelt*, Beltz Juventa, Weinheim, 2020.

Schich, Sebastian und Byoung-Hwan Kim, »Guarantee Arrangements for Financial Promises: How Widely Should the Safety Net be Cast?«, *OECD Journal: Financial Market Trends* 2011 (2011), S. 201-235.

Schirmer, Jan-Erik, »Rechtsfähige Roboter«, *Juristenzeitung* 71 (2016), S. 660-666.

Schirmer, Jan-Erik, »Artificial Intelligence and Legal Personality«, in: Thomas Wischmeyer, Timo Rademacher (Hg.), *Regulating Artificial Intelligence*, Springer, Basel 2019, S. 123-142.

Schirmer, Jan-Erik, »Von Mäusen, Menschen und Maschinen – Autonome Systeme in der Architektur der Rechtsfähigkeit«, *Juristenzeitung* 74 (2019), S. 711-718.

Schmitt, Bernd, »Speciesism: An Obstacle to AI and Robot Adoption«, *Marketing Letters* 31 (2020), S. 3-6.

Scholz, Lauren Henry, »Algorithmic Contracts«, *Stanford Technology Law Review* 20 (2017), S. 128-169.

Scholz, Lauren Henry, »Algorithms and Contract Law«, in: Woodrow Barfield (Hg.), *The Cambridge Handbook on the Law of Algorithms*, Cambridge University Press, Cambridge 2021, S. 141-152.

Schulz, Thomas, *Verantwortlichkeit bei autonom agierenden Systemen: Fort-*

entwicklung des Rechts und Gestaltung der Technik, Nomos, Baden-Baden 2015.

Schuppli, Susan, »Deadly Algorithms: Can Legal Codes Hold Software Accountable for Code that Kills?«, *Radical Philosophy* 187 (2014), S. 2-8.

Schwemmer, Sophia, »Dezentrale (autonome) Organisationen«, *Archiv für die civilistische Praxis* 221 (2021), S. 555-595.

Selbst, Andrew, »Negligence and AI's Human Users«, *Boston University Law Review* 100 (2020), S. 1315-1376.

Selznick, Philip, *Law, Society and Industrial Justice*, Russell Sage, New York 1969.

Shavell, Steven, *Foundations of Economic Analysis of Law*, Harvard University Press, Cambridge/Massachusetts 2004.

Shavell, Steven, »Liability for Accidents«, in: Mitchell A. Polinsky, Steven Shavell (Hg.), *Handbook of Law and Economics, vol I*, Elsevier, North-Holland 2007, S. 142-182.

Sheffi, Nofar, »01010111 01100101 00100000 01000001 01100011 01100011 01100101 01110000 01110100: Bit-by-bit Constitutional Processing«, *Zeitschrift für Rechtssoziologie* 44 (2024), im Erscheinen.

Shidaro, Hirokazu und Nicholas A. Christanikis, »Locally Noisy Autonomous Agents Improve Global Human Coordination in Network Experiments«, *Nature* 545 (2017), S. 370-374.

Smith, Helen und Kit Fotheringham, »Artificial Intelligence in Clinical Decision-Making: Rethinking Liability«, *Medical Law International* 20 (2020), S. 131-154.

Soergel – Bürgerliches Gesetzbuch mit Einführungsgesetz und Nebengesetze, Band Schuldrecht 1/2, Jens Ekkenga (Hg.), 13. Auflage. Kohlhammer, Stuttgart 2014 (zitiert als: Soergel-BGB).

Soergel – Bürgerliches Gesetzbuch mit Einführungsgesetz und Nebengesetze, Allgemeiner Teil, Band 2/2, Jens Ekkenga (Hg.), 14. Auflage. Kohlhammer, Stuttgart 2022 (zitiert als: Soergel-BGB).

Solum, Lawrence B., »Legal Personhood for Artificial Intelligences«, *North Carolina Law Review* 70 (1992), S. 1231-1283.

Sommer, Martin, *Haftung für autonome Systeme: Verteilung der Risiken selbstlernender und vernetzter Algorithmen im Vertrags- und Deliktsrecht*, Nomos, Baden-Baden 2020.

Specht, Louisa und Sophie Herold, »Roboter als Vertragspartner: Gedanken zu Vertragsabschlüssen unter Einbeziehung autonomatisiert und autonom agierender Systeme«, *Multimedia und Recht* (2018), S. 40-44.

Spiecker, Indra, »Zur Zukunft systemischer Digitalisierung: Erste Gedanken zur Haftungs- und Verantwortungszuschreibung bei informationstechnischen Systemen – Warum für die systemische Haftung ein neues Modell erforderlich ist«, *Computer und Recht* (2016), S. 698-704.

Spindler, Gerald, »Zivilrechtliche Fragen beim Einsatz von Robotern«, in: Eric Hilgendorf (Hg.), *Robotik im Kontext von Recht und Moral*, Nomos, Baden-Baden 2014, S. 63-80.

Spindler, Gerald, »Digitale Wirtschaft – analoges Recht: Braucht das BGB ein Update?«, *Juristenzeitung* 71 (2016), S. 805-856.

Spindler, Gerald, »User Liability and Strict Liability in the Internet of Things and for Robots«, in: Reiner Schulze, Sebastian Lohsse, Dirk Staudenmayer (Hg.), *Liability for Robotics and in the Internet of Things*, Nomos/Hart, Baden-Baden/Oxford 2019, S. 125-143.

Spindler, Gerald, »Haftung für autonome Systeme«, in: Tatiana Arroyo Vendrell, Beate Gsell, Johann Kindl (Hg.), *Die Schadensersatzhaftung: La Responsabilidad Civil*, Nomos, Baden-Baden 2022, S. 139-184.

Sprenger, Guido, »Communicated into Being: Systems Theory and the Shifting of Ontological Status«, *Anthropological Theory* 17 (2017), S. 108-132.

Sprenger, Guido, »Production is Exchange: Gift Giving between Humans and Non-Humans«, in: Laila Prager, Michael Prager, Guido Sprenger (Hg.), *Part and Wholes: Essays on Social Morphology, Cosmology, and Exchange*, LIT Verlag, Münster 2018, S. 247-264.

Stäheli, Urs, »Market Crowds«, in: Jeffrey Schnapp, Matthew Tiews (Hg.), *Crowds*, Stanford University Press, Stanford 2006, S. 271-288.

Stäheli, Urs, »Infrastrukturen des Kollektiven: alte Medien, neue Kollektive?«, *Zeitschrift für Medien- und Kulturforschung* (2012), S. 99-116.

Staudinger – Kommentar zum Bürgerlichen Gesetzbuch: §§ 255-304, Leistungsstörungsrecht I, Julius von Staudinger (Hg.), Sellier/De Gruyter, Berlin 2019 (zitiert als: Staudinger-BGB).

Stöhr, Alexander, »Schädigung durch autonom handelnde Maschinen: Verantwortungszuweisung durch Haftungs-, Zurechnungs- und Beweisnormen«, in: Milan Kuhli, Frauke Rostalski (Hg.), *Normentheorie im digitalen Zeitalter*, Nomos, Baden-Baden 2023, S. 63-88.

Stone, Christopher D., *Should Trees Have Standing? Toward Legal Rights for Natural Objects*, Kaufmann, Los Altos 1974.

Storms, Elias, »Exploring Actor-Network Theory in the Investigation of Algorithms«, *Conference Paper, HCI workshop ›Standing on the Shoulders of Giants‹ , May 4-9, 2019* (2019), S. 1-6.

Strzelczyk, Bret E., »Rise of the Machines: The Legal Implications for Investor Protection with the Rise of Robo-Advisors«, *DePaul Business & Commercial Law Journal* 16 (2018), S. 54-85.

Sullivan, Hannah R. und Scott J. Schweikart, »Are Current Tort Liability Doctrines Adequate for Addressing Injury Caused by AI?«, *AMA Journal of Ethics* 21 (2019), S. 160-166.

Taddeo, Mariarosaria und Luciano Floridi, »How AI can be a Force for Good: An Ethical Framework Will Help to Harness the Potential of AI while Keeping Humans in Control«, *Science* 361 (2018), S. 751-752.

Taylor, Simon M. und Marc De Leeuw, »Guidance Systems: From Autonomous Directives to Legal Sensor-Bilities«, *AI & Society* 36 (2021), S. 521-534.

Teubner, Gunther, »Unternehmenskorporatismus: New Industrial Policy und das Wesen der Juristischen Person«, *Kritische Vierteljahresschrift für Gesetzgebung und Rechtswissenschaft* 2 (1987), S. 61-85.

Teubner, Gunther, *Recht als autopoietisches System*, Suhrkamp, Frankfurt 1989.

Teubner, Gunther, »Die unsichtbare ›Cupola‹: Kausalität und kollektive Zurechnung«, in: Weyma Lübbe (Hg.), *Kausalität und Zurechnung*, De Gruyter, Berlin 1995, S. 91-143.

Teubner, Gunther, »Rechtsirritationen: Zur Koevolution von Rechtsnormen und Produktionsregimes«, in: Günther Dux, Frank Welz (Hg.), *Moral und Recht im Diskurs der Moderne: Zur Legitimation gesellschaftlicher Ordnung*, Leske und Budrich, Opladen 2001, S. 351-381.

Teubner, Gunther, *Netzwerk als Vertragsverbund: Virtuelle Unternehmen, Franchising, Just in Time in sozialwissenschaftlicher und juristischer Sicht*, Nomos, Baden-Baden 2004.

Teubner, Gunther, »Elektronische Agenten und große Menschenaffen: Zur Ausweitung des Akteursstatus in Recht und Politik«, *Zeitschrift für Rechtssoziologie* 27 (2006), S. 5-30.

Teubner, Gunther, »State Policies in Private Law? Comment on Hanoch Dogan«, *The American Journal of Comparative Law* 56 (2008), S. 835-844.

Teubner, Gunther, »Rechtswissenschaft und -praxis im Kontext der Sozialtheorie«, in: Stefan Grundmann, Jan Thiessen (Hg.), *Recht und Sozialtheorie im Rechtsvergleich: Interdisziplinäres Denken in Rechtswissenschaft und -praxis*, Mohr Siebeck, Tübingen 2015, S. 145-168.

Teubner, Gunther, »Digitale Rechtssubjekte? Zum privatrechtlichen Status autonomer Softwareagenten«, *Archiv für civilistische Praxis* 218 (2018), S. 155-205.

Teubner, Gunther und Angelo Jr Golia, »Digitalverfassung«, *Juristenzeitung* 78 (2023), S. 625-630.

Thacker, Eugene, »Networks, Swarms, Multitudes«, *CTheory – Journal of Theory, Technology, and Culture* (2004), ⟨https://journals.uvic.ca/index.php/ctheory/article/view/14542⟩, letzter Zugriff am 5. 12. 2023.

Thomadsen, Tommy, *Hierarchical Network Design*, Technical University of Denmark, Kongens Lyngby 2005.

Thürmel, Sabine, »The Participatory Turn: A Multidimensional Gradual Agency Concept for Human and Non-human Actors«, in: Catrin Misselhorn (Hg.), *Collective Agency and Cooperation in Natural and Artificial Systems: Explanation, Implementation and Simulation*, 2015, S. 45-62.

Tjong Tijn Lai, Eric, »Liability for (Semi)autonomous Systems: Robots and Algorithms«, in: Vanessa Mak, Eric Tjong Tijn Lai, Anna Berlee (Hg.), *Research Handbook in Data Science and Law*, Edward Elgar, Cheltenham 2018, S. 55-82.

Trüstedt, Katrin, »Representing Agency«, *Law & Literature* 32 (2020), S. 195-206.

Trüstedt, Katrin, *Stellvertretung: Zur Szene der Person*, Konstanz University Press, Konstanz 2022.

Turner, Jacob, *Robot Rules: Regulating Artificial Intelligence*, Palgrave Macmillan, London 2018.

Ubl, Ralph, *Prähistorische Zukunft. Max Ernst und die Ungleichzeitigkeit des Bildes*, Wilhelm Fink, München 2004.

Unger, Roberto M., »Legal Analysis as Institutional Imagination«, *Modern Law Review* 59 (1996), S. 1-23.

Utku, Doruk, »Formation of Contracts via the Internet«, in: Mehmet Huseyin Bilgin, Hakan Danis, Ender Demir, Ugur Can (Hg.), *Eurasian Economic Perspectives*, Springer, New York 2018, S. 289-308.

van den Hoven van Genderen, Robert, »Do We Need New Legal Personhood in the Age of Robots and AI?«, in: Marcelo Corrales, Mark Fenwick, Nikolaus Forgó (Hg.), *Robotics, AI and the Future of Law, Perspectives in Law, Business and Innovation*, Springer Nature, Singapore 2018, S. 15-55.

van Dijk, Niels, »In the Hall of Masks: Contrasting Modes of Personification«, in: Mireille Hildebrandt, Kieron O'Hara (Hg.), *Life and the Law in the Era of Data-Driven Agency*, Edward Elgar, Cheltenham 2020, S. 230-251.

van Dijk, Niels, »Constitutional Ecology of Practices: Bringing Law, Robots and Epigrams into Latourian Cosmopolitics«, *Perspectives on Science* 31 (2023), S. 159-185.

van Uytsel, Steven, »The Algorithmic Collusion Debate: A Focus on (Autonomous) Tacit Collusion«, in: Steven van Uytsel, Salil K. Mehra, Yoshiteru Uemura (Hg.), *Algorithms, Collusions and Competition Law: A Comparative Approach*, Edward Elgar, Cheltenham 2023, S. 1-38.

Vesting, Thomas, *Gentleman, Manager, Homo Digitalis: Der Wandel der Rechtssubjektivität in der Moderne*, Velbrück, Weilerswist 2021.

Viljanen, Mika, »A Cyborg Turn in Law?«, *German Law Journal* 18 (2017), S. 1277-1308.

Vladeck, David C., »Machines without Principals: Liability Rules and Artificial Intelligence«, *Washington Law Review* 89 (2014), S. 117-150.

von Bodungen, Benjamin und Martin Hoffmann, »Autonomes Fahren – Haftungsverschiebung entlang der Supply Chain? (1.Teil)«, *Neue Zeitschrift für Verkehrsrecht* (2016), S. 449-454.

Wagner, Gerhard, »Transversale Vernunft und der soziologische Blick: Zur Erinnerung an Montesqieu«, *Zeitschrift für Soziologie* 25 (1996), S. 315-329.
Wagner, Gerhard, »Grundstrukturen des Europäischen Deliktsrechts«, in: Reinhard Zimmermann (Hg.), *Grundstrukturen des Europäischen Deliktsrechts*, Nomos, Baden-Baden 2003, S. 189-340.
Wagner, Gerhard, »Produkthaftung für autonome Systeme«, *Archiv für die civilistische Praxis* 217 (2017), S. 707-765.
Wagner, Gerhard, »Robot Liability«, in: Reiner Schulze, Sebastian Lohsse, Dirk Staudenmayer (Hg.), *Liability for Robotics and in the Internet of Things*, Nomos/Hart, Baden-Baden/Oxford 2019, S. 27-62.
Wagner, Gerhard, »Robot, Inc.: Personhood for Autonomous Systems?«, *Fordham Law Review* 88 (2019), S. 591-612.
Wagner, Gerhard, »Roboter als Haftungssubjekte? Konturen eines Haftungsrechts für autonome Systeme«, in: Florian Faust, Hans-Bernd Schäfer (Hg.), *Zivilrechtliche und rechtsökonomische Probleme des Internet und der künstlichen Intelligenz*, Mohr Siebeck, Tübingen 2019, S. 1-38.
Wagner, Gerhard, »Verantwortlichkeit im Zeichen digitaler Techniken«, *Versicherungsrecht* 71 (2020), S. 717-741.
Wagner, Gerhard, »Die Richtlinie über KI-Haftung: Viel Rauch, wenig Feuer«, *Juristenzeitung* 78 (2023), S. 123-134.
Wagner, Gerhard, »Liability Rules for the Digital Age: Aiming for the Brussels Effect«, *Journal of European Tort Law* 13 (2023), S. 191-243.
Wagner, Gerhard, »Produkthaftung für das digitale Zeitalter – ein Paukenschlag aus Brüssel«, *Juristenzeitung* 78 (2023), S. 1-11.
Wagner, Gerhard und Lina Luyken, »Haftung für Robo Advice«, in: Gregor Bachmann, Stefan Grundmann, Anja Mengel, Kaspar Krolop (Hg.), *Festschrift für Christine Windbichler*, De Gruyter, Berlin 2020, S. 155-176.
Webb, Taylor, Keith J. Holyoak und Hongjing Lu, »Emergent Analogical Reasoning in Large Language Models«, *Nature Human Behaviour* 7 (2023), S. 1526–1541.
Wei, Daijun, Xinyang Deng, Xiaoge Zhang, Yong Deng und Sankaran Mahadevan, »Identifying Influential Nodes in Weighted Networks Based on Evidence Theory«, *PHYSICA A: Statistical Mechanics and its Applications* 392 (2013), S. 2564-2575.
Weidinger, Laura, Jonathan Uesato, Maribeth Rauh u. a., »Taxonomy of Risks posed by Language Models«, *FAccT '22: Proceedings of the 2022 ACM Conference on Fairness, Accountability, and Transparency* (2022), S. 214-229.

Weingart, Rowena A., *Vertragliche und außervertragliche Haftung für den Einsatz von Softwareagenten*, Nomos, Baden-Baden 2022.

Weiß, Johannes, *Handeln und handeln lassen: Über Stellvertretung*, Westdeutscher Verlag, Opladen 1998.

Weitzenboeck, Emily M., »Electronic Agents and the Formation of Contracts«, *International Journal of Law and Information Technology* 9 (2001), S. 204-234.

Welsch, Wolfgang, *Vernunft: Die zeitgenössische Vernunftkritik und das Konzept der transversalen Vernunft*, Suhrkamp, Frankfurt 1996.

Wendehorst, Christiane, *AI Liability in Europe: Anticipating the EU AI Liability Directive*, Ada Lovelace Institute, Expert Explainer, London 2022.

Wendehorst, Christine, »Strict Liability for AI and other Emerging Technologies«, *Journal of European Tort Law* 11 (2020), S. 150-180.

Wendehorst, Christine, »Liability for Artificial Intelligence: The Need to Adress Both Safety Risks and Fundamental Rights Risks«, in: Silja Voeneky, Philipp Kellmeyer, Oliver Mueller, Wolfram Burgard (Hg.), *The Cambridge Handbook of Responsible Artificial Intelligence: Interdisciplinary Perspectives*, Cambridge University Press, Cambridge 2022, S. 187-209.

Werle, Raymund, »Technik als Akteurfiktion«, in: Werner Rammert, Ingo Schulz-Schaeffer (Hg.), *Können Maschinen handeln? Soziologische Beiträge zum Verhältnis von Mensch und Technik*, Campus, Frankfurt 2002, S. 119-139.

Wettig, Steffen, *Vertragsschluss mittels elektronischer Agenten*, Wissenschaftlicher Verlag, Berlin 2010.

Weyer, Johannes und R. Fink, »Die Interaktion von Mensch und autonomer Technik in soziologischer Perspektive«, *TATuP – Journal for Technology Assessment in Theory and Practice* 20 (2011), S. 39-45.

White, Trevor N. und Seth D. Baum, »Liability for Present and Future Robotics Technology«, in: Patrick Lin, Keith Abney, Ryan Jenkins (Hg.), *Robot Ethics 2.0: From Autonomous Cars to Artificial Intelligence*, Oxford University Press, Oxford 2017, S. 66-79.

Wiedemann, Carolin, »Between Swarm, Network, and Multitude: Anonymous and the Infrastructures of the Common«, *Distinktion: Scandinavian Journal of Social Theory* 15 (2014), S. 309-326.

Wielsch, Dan, »Die Haftung des Mediums: BGH 14.05.2013 (Google Autocomplete)«, in: Bertram Lomfeld (Hg.), *Die Fälle der Gesellschaft: Eine neue Praxis soziologischer Jurisprudenz*, Mohr Siebeck, Tübingen 2017, S. 125-149.

Wielsch, Dan, »Contract Interpretation Regimes«, *Modern Law Review* 81 (2018), S. 958-988.

Wielsch, Dan, »Die Ordnungen der Netzwerke: AGB – Code – Community Standards«, in: Martin Eifert, Tobias Gostomzyk (Hg.), *Netzwerkrecht: Die Zukunft des NetzDG und seine Folgen für die Netzwerkkommunikation*, Nomos, Baden-Baden 2018, S. 61-94.

Wielsch, Dan, »Private Law Regulation of Digital Intermediaries«, *European Review of Private Law* 27 (2019), S. 197-220.

Wielsch, Dan, »Die Ermächtigung von Eigen-Sinn im Recht«, in: Ino Augsberg, Steffen Augsberg, Ludger Heidbrink (Hg.), *Recht auf Nicht-Recht: Rechtliche Reaktionen auf die Juridifizierung der Gesellschaft*, Velbrück, Weilerswist 2020, S. 179-201.

Wielsch, Dan, »Die Zukunft der Medienverfassung«, in: Karl-Heinz Ladeur, Albert Ingold, Christoph Graber, Dan Wielsch (Hg.), *Die Zukunft der Medienverfassung*, Mohr Siebeck, Tübingen 2021, S. 1-15.

Wilhelmi, Rüdiger, »Haftung beim Einsatz von Künstlicher Intelligenz«, in: Detlef Aufderheide, Martin Dabrowski (Hg.), *Digitalisierung und Künstliche Intelligenz: Wirtschaftsethische und moralökonomische Perspektiven*, Duncker & Humblot, Berlin 2020, S. 117-137.

Williamson, Oliver, *The Economic Institutions of Capitalism: Firms, Markets, Relational Contracting*, Free Press, New York 1985.

Williamson, Oliver E., *Transaktionskostenökonomik*, Lit Verlag, Münster 1996.

Windeler, Arnold, *Unternehmungsnetzwerke: Konstitution und Strukturation*, Westdeutscher Verlag, Wiesbaden 2001.

Wojtczak, Sylwia, »Endowing Artificial Intelligence with Legal Subjectivity«, *AI & Society* 37 (2022), S. 205-213.

Wolf, Manfred, »Schuldnerhaftung bei Automatenversagen«, *Juristische Schulung* 29 (1989), S. 899-902.

Yadav, Yesha, »The Failure of Liability in Modern Markets«, *Virginia Law Review* 102 (2016), S. 1031-1100.

Yeung, Karen, *Responsibility and AI: A Study of the Implications of Advanced Digital Technologies (Including AI Systems) for the Concept of Responsibility within a Human Rights Framework*, Council of Europe study DGI(2019)05, 2019.

Zech, Herbert, »Zivilrechtliche Haftung für den Einsatz von Robotern: Zuweisung von Automatisierungs- und Autonomierisiken«, in: Sabine Gless, Kurth Seelmann (Hg.), *Intelligente Agenten und das Recht*, Nomos, Baden-Baden 2016, S. 163-204.

Zech, Herbert, »Künstliche Intelligenz und Haftungsfragen«, *Zeitschrift für die gesamte Privatrechtswissenschaft* (2019), S. 198-219.

Zech, Herbert, »Liability for Autonomous Systems: Tackling Specific Risks of Modern IT«, in: Reiner Schulze, Sebastian Lohsse, Dirk Staudenmay-

er (Hg.), *Liability for Robotics and in the Internet of Things*, Nomos/Hart, Baden-Baden/Oxford 2019, S. 187-200.
Zech, Herbert, »Entscheidungen digitaler autonomer Systeme: Empfehlen sich Regelungen zu Verantwortung und Haftung«?, *73. Deutscher Juristentag* I/A (2020), S. 11-111.
Zech, Herbert, *Risiken digitaler Systeme: Robotik, Lernfähigkeit und Vernetzung als aktuelle Herausforderungen für das Recht*, Weizenbaum Institute for the Networked Society, Berlin 2020.
Zech, Herbert, »Liability for AI: Public Policy Considerations«, *ERA Forum* (2021), S. 147-158.
Zech, Herbert und Isabelle Céline Hünefeld, »Einsatz von KI in der Medizin: Haftung und Versicherung«, *Medizinrecht* 41 (2023), S. 1-8.
Zekos, Georgios I., *Economics and Law of Artificial Intelligence: Finance, Economic Impacts, Risk Management and Governance*, Springer, Cham 2021.
Zimmerman, Evan J., »Machine Minds: Frontiers in Legal Personhood«, *SSRN Electronic Library* (2015), S. 1-43.
Zuroff, Richard, »Recognizing Operators' Duties to Properly Select and Supervise AI Agents – A (Better?) Tool for Algorithmic Accountability«, *Canadian Journal of Law and Technology* 19 (2023), S. 93-108.

Policy-Dokumente

Datenethikkommission der Bundesregierung, *Gutachten der Datenethikkommission*, Datenethikkommission der Bundesregierung, Bundesministerium des Inneren, für Bau und Heimat, Berlin 2019.
Europäische Kommission, *Mitteilung »Künstliche Intelligenz für Europa«*, KOM(2018) 237, Brüssel.
Europäische Kommission, *Staff Working Document – Liability for Emerging Digital Technologies*, SWD (2018) 137, Brüssel.
Europäische Kommission, *Bericht über die Auswirkungen künstlicher Intelligenz, des Internets der Dinge und der Robotik in Hinblick auf Sicherheit und Haftung*, KOM(2020) 64, Brüssel.
Europäische Kommission, *Vorschlag für eine Richtlinie des Europäischen Parlaments und des Rates zur Anpassung von Vorschriften über die außervertragliche zivilrechtliche Haftung an Künstlicher Intelligenz (Richtlinie über KI-Haftung)*, KOM(2022)496, Brüssel.
Europäisches Parlament, *Entschließungen vom 16. Februar 2017 mit Empfehlungen an die Kommission zu zivilrechtlichen Regelungen im Bereich Robotik*, 2015/2103(INL), Straßburg.
Europäisches Parlament, *Entschließung vom 20. Oktober 2020 zu Regelun-*

gen der zivilrechtlichen Haftung beim Einsatz künstlicher Intelligenz, 2020/2014(INL), Straßburg.

Konferenz der Justizministerinnen und -minister, *Arbeitsgruppe »Digitaler Neustart«: Berichte vom 1. Oktober 2018 und 15. April 2019*, Ministerium der Justiz des Landes Nordrhein-Westfalen, Düsseldorf.

Sachindex

Aktanten *siehe auch* digitale Assistenz
- Abweichung von der Intention des Prinzipals 102
- Akteur-Netzwerk-Theorie 64, 69, 176 f.
- Anthropomorphismus 70
- Assoziationen 61, 69, 176 f., 182, 184 f., 257, 270, 278
- asymmetrische Kommunikation 75
- außervertragliche Haftung 270
- Autonomierisiko 61, 64, 115, 183, 184
- begrenzte Rechtspersönlichkeit/Rechtssubjektivität 270
- Benutzer/Betreiber 177
- Fehlverstehen der Intention des Prinzipals 11
- Haftung 11, 61, 64, 69, 178, 184 f., 244, 257, 262, 270, 278
- Haftungslücke 184, 244
- Kommunikation mit Algorithmen 11, 69, 70, 75, 100, 183, 211, 217, 257
- kreatives Potential 115
- Prinzipal-Agenten-Haftung 11, 69, 262, 278
- Risikozuweisung 61
- soziale-digitale Institutionen 61, 70, 75
- Unvorhersehbarkeit 61, 64, 214
- vertragliche Haftung 270, 278
- Werkzeuge, Algorithmen als 115

Akteur-Netzwerk-Theorie
- allgemein 64, 69, 73, 176-178, 212, 258
- hybride 176-178

Algorithmen
- Abweichung von der Intention des Prinzipals 46, 48
- Autonomierisiko 32, 61, 64, 97 f., 103, 108, 114 f., 141, 153, 161 f., 170, 183 f., 254, 264
- begrenzte Rechtspersönlichkeit/Rechtssubjektivität 44 f., 92, 269 f.
- Finanzhandel 224, 245
- Haftung *siehe* Haftung
- Handlungszurechnung 70 f., 196, 201, 207, 267
- Hybride *siehe* Hybride
- Interface 21, 76 f.
- kreatives Potenzial 95 f., 101 f., 115, 117, 145
- Mensch-Algorithmus-Assoziationen *siehe* Hybride
- Personifikation *siehe* Personenstatus/Personifikation
- positive und negative Aspekte 87, 170, 233, 246
- Prinzipal-Agenten-Beziehung *siehe* Prinzipal-Agenten-Beziehung
- Rechenschaft 184, 186
- Rechtspersönlichkeit/Rechtssubjektivität 20, 37 f., 44-46, 51, 61, 66, 79, 81, 91-94, 111, 115, 118, 124, 135 f., 184-189, 217, 259, 269 f., 278, 294
- »Reasonable Algorithm« 87, 96, 127, 138 f., 148, 154, 164, 166
- Softwareagenten 11, 18 f., 21, 23 f., 26-28, 37 f., 44 f., 61 f., 64, 67, 69 f., 70, 73 f., 80-82, 89, 91, 94, 97 f., 103 f., 107-109, 111-

116, 118, 120, 122, 125, 127, 129, 132, 136-141, 151, 153-156, 158 f., 162, 165, 186 f., 200, 269
Typologie der Rechtsrisiken 59
wahrscheinlichkeitsbasierte Vorhersagen 147
Werkzeuge 17-19, 49 f., 101, 104, 106-108, 110, 115, 125-129, 131 f., 145, 213 f., 290
Amtshaftung 24
angemessener Sorgfaltsstandard
»Reasonable Algorithm« 164, 166
Assoziationen
Assoziationsrisiko 12, 41, 53, 59, 61, 69, 170, 181 f., 184, 208 f., 227 f., 256 f., 259-261, 266, 268-270, 294
Assoziationszweck 189
Mensch-Maschine *siehe* Hybride
Autocomplete 143 Fn. 303, 144, 285, 285 Fn. 71, 286, 286 Fn. 74, 287-289, 295
Autonomie
Algorithmen 18, 20, 32, 35, 39 f., 42, 45, 61, 64 f., 82, 84, 87, 89-92, 94 f., 97 f., 102 f., 110, 114 f., 117, 126, 129, 134, 137, 141, 152 f., 160-162, 174, 183 f., 202, 210, 212, 214, 241, 254, 260, 264, 269, 275, 288 f., 292
algorithmische Verträge 103 f., 117, 132
Autonomierisiko 30, 32, 61, 64, 97 f., 103, 108 Fn. 174, 114 f., 141, 153, 161, 162 Fn. 372, 170, 183 f., 254, 264
collective moral autonomy 171, 174, 174 Fn. 16, 182 Fn. 42, 280 Fn. 61
Entscheidungen unter Ungewissheit 89-91, 95, 97 f.
Entscheidungsrisiko 153, 161, 225
gradualisierte digitale Autonomie 82
Identifikation des Agenten 98 f.
Intentionalität 85 f., 120
künstlerische Intelligenz 18, 20, 30, 32, 45, 64, 84, 86, 88, 92, 110 f., 115, 134, 141, 153, 162, 168, 241, 264, 275, 289, 292
Multi-Agenten-Systeme 45, 269, 272
Selbstbewusstsein 82 f., 86 f.
selbstlernende Algorithmen 64
Softwareagenten 18, 45, 61, 64, 82, 85, 88 f., 91, 94, 97 f., 103, 108, 111, 114 f., 129, 137, 141, 153, 162, 269

Big Data 16, 22, 58, 212
Blanketterklärung 112, 112 Fn. 192, 113, 113 Fn. 192 f.
Brüssel-Effekt 249 f.

casum sentit dominus 26
ChatGPT 16, 18, 21 f., 43, 60, 65, 75, 110 f., 128, 162, 172, 183, 289-292
Computernetzwerke 18, *siehe auch* Vernetzungsrisiko, Multi-Agenten-Systeme

Deliktsrecht
allgemein 142, 165, 169, 251, 292
Gefährdungshaftung 142, 251
Prinzipal-Agenten-Haftung 169, 251, 292
Produkthaftung 142, 165, 169
Vorhersehbarkeit 142, 251
digitale Assistenz *siehe auch* Aktanten
Abweichung von der Intention des Prinzipals 99 f., 114 f.
Akteur-Netzwerk-Theorie 64, 69, 73, 258

Autonomierisiko 61, 64, 98, 103, 114 f., 170, 254
begrenzte Rechtspersönlichkeit/ Rechtssubjektivität 44, 269
Erklärungen von Softwareagenten 113, 118, 269
Nutzer/Betreiber 37, 84, 163, 167, 169, 172, 178, 251, 263, 272, 288 f., 292
Personifikation/Personifizierung des algorithmischen Agenten 69, 73, 115, 116 f., 209, 256, 258, 260, 269
Prinzipal-Agenten-Beziehungen 37, 56, 61, 66, 69, 87, 94, 98, 134, 258, 260 f., 263, 278
Prinzipal-Agenten-Haftung 69, 127, 134, 167, 169-171, 209, 251, 271 f., 292
Unterschied zwischen Hybridität und 61, 172, 178, 254, 259-261, 267-269, 271 f.
Vernetzung und 57, 59, 99, 209, 215, 254, 256 f., 268 f., 271, 281
digitale Assistenzhaftung 154, 159, 163, 167
digitale Autonomie *siehe* Autonomie
digitale Hybridität *siehe* Hybride
digitale Vernetzung *siehe auch* Multi-Agenten-Systeme
allgemein 208-210, 215, 223, 232, 236 f., 247 f., 261, 267, 272, 295
digitales Risiko 43, 46, 159, 168, 203, 235, 270
»digitales Unbewusstes« 212, 232
Digitalverfassung 63, 251, 293, 293 Fn. 87, 294, 296
Diskriminierung
allgemein 22, 26, 35, 128, 152, 158, 290 f.
E-Personen 35
distribuierte kognitive Prozesse 214 f.

E-Personen *siehe* Personenstatus/ Personifikation
Ego-Alter-Beziehungen 71
Emergenz 58 f., 81, 176, 178 f., 181, 209 f., 214, 254
englisches Recht
allgemein 12, 105 Fn. 162, 107 Fn. 172, 116 Fn. 200, 117 Fn. 205, 121, 122, 133 Fn. 266, 143 Fn. 299, 143 Fn. 304, 156 Fn. 352, 166 Fn. 387
digitale Assistenz 116 f.
Haftung 12, 133, 156, 166
Entscheidungen unter Ungewissheit 88-91, 95-98
Entwicklungsrisiko 41, 53, 151
Produkthaftung 151
Erfüllungsgehilfe 23, 132-138, 164, 278 f.
Europäische Expertengruppe 132, 137, 166, 200, 202, 206
Europäische Kommission
Bericht über das Vernetzungsrisiko 118, 220 f.
KI-Gesetz 29, 59 f., 144
Produkthaftung 28, 36, 149
Europäisches Parlament
E-Personen 34-36
KI-bezogene Normen 27, 32, 36, 161, 232 f., 230 Fn. 103, 243 Fn. 113, 263 Fn. 29
Produkthaftung 34, 36, 155
Zivilrechtliche Haftungsvorschriften für Roboter 27 Fn. 47, 32 Fn. 60, 34, 35 Fn. 68, 88 Fn. 98, 105 Fn. 161, 141 Fn. 293, 155 Fn. 350, 161 Fn. 370, 203 Fn. 113, 232

Fn. 82, 233 Fn. 86, 235 Fn. 91, 239 Fn. 103, 243 Fn. 111, 113, 247 Fn. 129, 263 Fn. 29
Evolutionstheorie 97

Fahrlässigkeit
allgemein 85, 140, 150, 163, 164, 219, 283
Sorgfaltspflicht 163, 169, 292
Verschuldenshaftung 150
Vorhersehbarkeit 150, 219, 283
Finanzhandel 224, 245, 277, 283

Gefährdungshaftung 24 f., 28, 30-34, 36, 40, 44, 142, 145 f., 149, 151-161, 163, 223-225, 239, 243, 251, 259, 273, 287, 291

Hacking-Risiko 126
Haftung
Aktanten 11, 61, 64, 69, 178, 184 f., 244, 257, 262, 270, 278
Atomkraftwerk 28
außervertraglich 12, 24 f., 141, 162 f., 270
Autonomie 18, 20, 32, 35, 42, 52, 61, 86-91, 102, 129, 134, 137, 168, 170, 184, 254, 264, 269, 275, 288 f., 292
digitale Assistenz 37, 44, 56 f., 66, 87, 95, 99, 101 f., 132, 134, 154, 163 f., 167, 169-171, 209, 215, 251, 254, 256 f., 259, 261, 263, 267-269, 271 f., 276, 278, 281, 288 f., 292, 295
E-Personen 28, 34-37, 40, 42, 49, 57, 64, 69, 135, 170, 185, 215, 257, 273
enterprise liability 191-196, 199, 204, 266
Fahrlässigkeit 140, 150, 163 f., 169, 283, 292
Gefährdungs- 24 f., 28, 30-34, 142, 145 f., 149, 151-161, 163, 223-225, 239, 243, 251, 273, 287, 291
Hybride 11, 18, 40, 49, 99, 170-172, 176, 184 f., 187 f., 193-197, 199, 202 f., 207-209, 228 f., 234, 239, 243 f., 252-254, 257, 259, 261 f., 266-272, 274 f., 279, 281 f., 287-290, 295
interne Haftungsverteilung bei Hybriden 206
kein Vorrang zwischen Haftungsregimen 273-276
Multi-Agenten-Systeme 21, 269, 272
Netzwerk- 11, 171, 188, 191, 193-196, 198-201, 204, 206 f., 227, 252, 266, 269, 273, 275, 278 f., 281, 290
Prinzipal-Agenten-Beziehungen 23, 37, 56, 61, 66, 69, 87, 102, 134, 168, 177, 182, 187, 261, 263, 278
Produkt- 17 f., 24, 28, 30 f., 34, 36, 40, 44, 131, 134, 142, 145-152, 154 f., 157, 165, 168-170, 196, 198, 209, 223-225, 259, 264, 278, 290 f.
respondeat superior 162
Risikopool 210, 234 f., 237, 240, 242-244, 270, 291
selbstfahrende Fahrzeuge 43, 159, 223-225, 238, 245
Sorgfaltspflicht 22, 24, 143-145, 155 f., 162 f., 166 f., 169, 197, 251, 286-288, 292
Sorgfaltsstandard 52, 128, 134, 144, 165, 167, 255, 293, 295
Verantwortungslücke 11, 17, 19 f., 24, 31, 37, 42, 46, 142, 151

Vernetzungsrisiko 61, 184, 208, 210, 221, 223, 226, 229, 232, 240, 250, 254
Verschuldensabhängige 150, 223, 274
Haftungslücken
Aktanten 184, 244
Algorithmen 20-24, 31, 102, 128, 131 f., 137, 141, 144-146, 148-151, 158, 162, 184, 208, 224, 245, 276, 286, 288, 291
Autonomierisiko 30, 162, 184
Big Data 22
Deliktsrecht 141, 150, 162, 288
fehlerhafte Algorithmen 22, 141, 146, 148 f., 154, 158, 184
Hybride 22, 184, 208, 244, 288
im geltenden Recht 21 f., 24, 141
Multi-Agenten-Systeme 21
Prinzipal-Agenten-Haftung 132, 137, 141, 158, 223
Produkthaftung 24, 30 f., 131, 145 f., 148-151, 154, 223 f., 291
Verträge 23, 30, 102, 128, 130 f., 137, 141, 154, 208, 288
Haftungsregime
Anwendungsbereiche 223, 251, 253, 270
exemplarische Fälle 251, 276
Konkurrenzen 251, 270
Handlungszurechnung
Aktanten 70
Hybride 196 f., 199, 200, 267
Hybride
agencement 177
Akteur-Netzwerk-Theorie 176-178
Arrow-Theorem 183
Assoziationszweck 188 f.
begrenzte Rechtspersönlichkeit/ Rechtssubjektivität 269 f.
collective moral autonomy 171, 174, 182, 280
Computerjournalismus 22, 171 f.
Cyborgs 18, 184
emergente Eigenschaften 59, 170, 174, 176, 178, 181, 209, 214, 254, 256, 279
enterprise liability 193-196, 199, 266
externe Kommunikation 181
gemeinsamer Zweck 175, 189, 195, 214
Haftung 11, 18, 22, 40, 49, 170-171, 176, 184 f., 187 f., 193-197, 199, 202 f., 203, 207-209, 228 f., 234, 244, 252-254, 256 f., 259, 261 f., 266-272, 274 f., 279, 281 f., 287-290, 295
Haftungslücke 22, 184, 208, 244, 288
Handlungszurechnung 18, 40, 170, 175, 180 f., 186 f., 195-197, 199, 207, 228 f., 271, 274
kollektive Intelligenz 183
kollektive Verantwortung 175 f.
kreatives Potenzial 16
Medizinroboter 173
Netzwerkhaftung 11, 171, 188, 193-196, 207, 252, 266, 269, 275, 279, 281, 290
Personifikation/Personifizierung 54, 176, 177 Fn. 25, 180, 182, 187 f., 209, 213, 217, 256, 259 f., 269, 274
Rechtsfähigkeit 170, 185, 187, 189, 193, 269
Unternehmensführung 275
Verantwortungslücke 11, 184 Fn. 49, 270
Vertragsrecht 187-189, 193 f.

Informationsphilosophie 64, 68
Fn. 16, 86, 140, 197, 258
Interfaces 21, 76 f.

Journalismus
Computer- 22, 171 f.
investigativ 279, 295

Kernkraftwerke, Haftung 28
kollektive Intelligenz 183
kollektive Verantwortung 171, 175 f., 176, 200, 230, 232
kollektives Maschinenverhalten 54 f., 210, 218, 254, 261
Kommunikation
Autonomie und 77, 79, 82, 84-86, 91, 100, 104, 179 f., 183, 210, 213, 215, 217, 254, 257, 259, 275, 289
Ego-Alter-Beziehungen 71
Mensch-Algorithmus-Begegnungen 73, 80
Mensch-Maschine-Assoziationen 178, 180 f., 259, 261, 281
Personifikation/Personifizierung 67, 69, 71, 73, 79, 91, 93, 119, 176, 180, 209, 213, 217 f., 259, 275
Verstehen 72, 74, 76, 78-80, 82, 100, 209, 211, 213, 217 f.
Komplexitätstheorie 220
kreatives Potential 16, 95 f., 101 f., 115, 117, 145
Künstliche Intelligenz (KI)
Aktanten *siehe* Aktanten
Autonomie 18, 20, 30, 32, 45, 64, 84, 86, 88, 92, 110 f., 115, 134, 141, 153, 162, 168, 241, 264, 275, 289, 292
medizinische Behandlung 23, 33, 60, 96, 131, 153, 158 f.
Rechtsdogmatik 12, 23, 33, 45, 92, 120
Rechtsfähigkeit 20, 23, 27, 50, 111, 131, 141, 147, 278
Risikopools *siehe* Risikopools

Maschinenverhalten
digitale Handlungsfähigkeit 257, 261
Hybrid 54, 61, 99, 253 f.
individuell 54 f., 61 f., 209, 218, 253 f., 257
kollektiv 54 f., 210, 218, 254, 261
Typologie 54 f., 63, 253
Mensch-Algorithmus-Assoziationen *siehe* Hybride
Multi-Agenten-Systeme 21, 25, 45, 269

Netzwerke
Computer *siehe* Computernetzwerke
Hybride als 11, 18, 171, 188, 193 f., 262, 266 f.
Multi-Agenten-Systeme *siehe* Multi-Agenten-Systeme
Netzwerkhaftung 11, 171, 188, 191, 193-196, 198-201, 204, 206 f., 227, 252, 266, 269, 273, 275, 278 f., 281, 290
Netzwerktheorie *siehe auch* Akteur-Netzwerk-Theorie
allgemein 188, 190, 200, 205, 214, 244

off the shelf-Komponenten 20

Panama Papers 279 f.
Personenstatus/Personifizierung
Aktanten 31, 70, 75, 115, 177, 217, 258
Algorithmen von 12, 38, 41, 50, 53 f., 67-71, 73, 79, 102, 115, 117, 176 f., 180, 213, 216 f., 256, 258 f., 273, 294

Autonomie und 91 f., 102, 115, 117, 137, 260, 269
begrenzte Rechtspersönlichkeit/ Rechtssubjektivität 92, 94, 269
digitale Assistenz 69, 73, 102, 115, 117, 154, 209, 258-260, 269
E-Personen 38, 69, 273
Ego-Alter-Beziehungen 71
Hybride 54, 176 f., 180, 182, 186, 188, 209, 213, 217, 256, 259 f., 269, 274
kollektive Akteure 67, 180, 217, 260
Nachteile 41
rechtliche Unsterblichkeit und 70
rechtliche Zuschreibung 50, 91, 93, 259, 269
soziale Zuschreibung 67, 69, 73, 93, 258 f.
sozio-digitale Institutionen 12, 50, 53, 69 f., 75, 91-94, 115, 182, 209, 256, 258, 269, 294
Vorteile 70, 137, 274
Prinzipal-Agenten-Beziehung
Abweichung von der Intention des Prinzipals 102
Agency law für elektronische Agenten 112
algorithmische Handlungen 260
beschränkte Rechtsfähigkeit 37
digitale Assistenz 37, 56, 61, 66, 69, 87, 94, 98, 102, 134, 258, 260 f., 278
Haftungslücke 23
Identifikation des Agenten 98 f.
Identifikation des Prinzipals 99
Intention des Prinzipals 102
Prinzipal-Agenten-Haftung 69, 134, 168, 187, 278
Risikoaufteilung
Verantwortungslücke 37
Vollmacht 23
Produkthaftung
Entwicklungsrisiken 151
Europäische Union 28, 30 f., 145-149, 151, 155, 196, 264, 290 f.
Haftungslücke 31, 131, 146, 148, 150 f., 154, 223 f., 291
Produktionsketten 237
Produktivitätspotenzial 101, 114

Rana Plaza 222, 237
rastlose Kollektivität 216, 261
Recht der USA
agency law 18, 106
Produkthaftung 18, 146, 149 f., 278
Uniform Electronic Transactions Act 105, 105 Fn. 157 f.
Rechte
E-Personen 28, 34-40, 42, 57, 64, 69, 113, 170, 185, 215, 257, 273
Verletzung, Haftung 29, 97, 128, 138, 157-159, 285-290, 294 f.
Rechtsfähigkeit
beschränkte 37, 294
E-Personen 34, 37, 69, 135, 170, 185
Handlungszuschreibung 93, 135, 164, 182 185
hybride 170, 185, 187, 193, 269
Künstliche Intelligenz (KI) 20, 23, 50, 111, 127
Prinzipal-Agenten-Beziehung 23, 37, 94, 102, 187, 278
Rechtspersönlichkeit/Rechtssubjektivität 44, 93, 111, 118, 135, 185, 187, 269, 294
Rechtssubjektivität von KI-Systemen 20, 45 f.
Respondeat superior

autonome Algorithmen 162, 194
Risiko *siehe* Digitales Risiko
Risikopools
Finanzhandel 241 f.
Finanzierung 237, 240, 242-244
Umweltschäden 237
Vernetzungsrisiko 210, 234-237, 240-242, 244, 270, 294
Verwaltung 236 f., 240-243, 294
Robo-advice-Fall 277, 277 Fn. 52, 279
Roboter
Active digital agency 18 f.
Begrenzte Rechtspersönlichkeit/ Rechtssubjektivität 44 f., 92
E-Person 34-38, 113, 170
Haftungslücke 23 f., 30, 128, 130, 137, 141, 146, 148-150, 154, 158, 224, 227, 245
medizinisch 23, 27, 152, 158 f., 173, 191 f., 199, 224
Prinzipal-Agenten-Beziehung 23, 37 f., 66, 68, 73, 94, 112, 134, 177
Robo-adviser 23, 109, 127, 262 f., 275, 277, 279, 294
vertragliche Haftung 142, 154, 163
zivilrechtliche Haftung 27, 35, 68, 82, 88, 95, 105, 141, 155, 203, 235, 247, 263

selbstfahrende Fahrzeuge
Haftung 43, 159, 223-225, 238, 245
selbstlernende Algorithmen
allgemein 16, 64, 96, 147
Autonomie, Zuschreibung 64
kreatives Potenzial 16, 96
wahrscheinlichkeitsbasierte Vorhersagen 147
Sorgfaltspflicht
Haftung 22, 24, 140, 143, 144 f., 155 f., 162 f., 166 f., 169, 197, 251, 287 f., 292
soziale Systeme
digitale Assistenz 66, 69, 178, 256, 259, 261
Kollektive als 190, 261
Sozialwissenschaften
Ökonomie 51, 53 f., 83, 161, 202
Soziologie 12, 53 f., 72 f., 102, 161, 210, 256
sozio-digitale Institutionen
Aktanten *siehe* Aktanten
Algorithmen 11, 18 f., 21, 23 f., 26-28, 37 f., 44 f., 61, 64, 67, 69 f., 73 f., 80-82, 89, 91, 94, 97 f., 103 f., 107-109, 111-116, 118, 120, 125, 127, 129, 132, 136-141, 151, 153-156, 158 f., 162, 165, 186 f., 200, 269
Autonomie 52, 61, 64, 88, 91 f., 94, 115, 254, 269, 288 f.
deliktisch 58, 265, 288
digitale Assistenz *siehe* Digitale Assistenz
Kommunikation 67, 69, 73 f., 80-82, 85, 91, 98, 103, 119
Mensch-Maschine-Assoziationen *siehe* Hybride
Multi-Agenten-Netzwerke *siehe* Multi-Agenten-Systeme
Personifizierung 53, 69 f., 73, 75, 91-94, 115, 182, 209, 256, 258, 269
Prinzipal-Agenten-Haftung 11, 69, 171, 209, 262, 265, 272, 278, 289
Rechtsstatus für elektronische Agenten 12, 63, 269
selbstlernende Algorithmen 64
Softwareagenten 234
Stabilität 47, 75, 93, 256

Typologie der 55
vertraglich 12, 115, 208, 265, 267, 269, 278, 288 f., 294
spoofing 282
Streitbeilegung, algorithmisch 127
strukturelle Kopplung 49, 57, 62, 76, 211, 232, 261, 267
Subface 76-78, 80, 211, 218
Surface 76 f.
Systemtheorie 47 Fn. 119, 58, 64, 66 Fn. 10, 73, 76 Fn. 48, 85, 92, 176, 178, 209 Fn. 4, 217 Fn. 32 f., 218, 255, 259, 261

Teilrechtsfähigkeit
algorithmische Erfüllungsgehilfen 135-137, 164, 269
algorithmische Stellvertreter 44, 69 Fn. 18, 116-118, 122, 127, 135-137, 164, 170, 187, 269
algorithmische Verrichtungsgehilfen 164, 269
hybride 170, 187, 269, 278
Textgenerator 21 f., 50, 65, 128, 172, 290, 296
Transversalität 52, 52 Fn. 141, 256, 256 Fn. 8
Typologie der Rechtsrisiken 59
Typologie des Maschinenverhaltens 54
Typologie sozio-digitaler Institutionen 55

UNCITRAL Model Law of Electronic Commerce 104, 104 Fn. 156
»unsichtbare Maschinen« 57, 62, 211, 232, 254, 261
Unternehmensführung 275

Verantwortungslücke
allgemein 11, 15, 17, 19 f., 24, 28, 30 f., 34, 46, 98, 142, 151, 184, 270, 280
collective moral autonomy 182, 280
digitale Assistenz 98
Hybride 11, 184, 270
Produkthaftung 17, 24, 28, 30 f., 34, 142, 151
Risikopools 270
Vernetzung 11, 184, 270
Vergesellschaftung des Vernetzungsrisikos 223, 232
Verkehrspflichten 143 f.
Verletzung der Privatsphäre 52, 157
Vernetzung
Autonomie 11, 16, 21, 42, 45, 61, 208, 210, 213-215, 217, 221, 224 f., 239, 241, 245, 254, 257, 262, 269 f., 272, 274 f., 294, 296
»digitales Unbewusstes« 232
distribuierte kognitive Prozesse 214 f.
Finanzhandel 224, 245
Flash Crash 219, 275 f., 282, 284
globale 248
Haftung 11, 21, 25, 40-42, 57, 62, 99, 208-210, 220, 223-226, 228-235, 237-240, 244-250, 252, 254, 256 f., 261 f., 267, 269-276, 281 f., 290, 294-296
Haftungsregeln 11, 42, 62, 223, 225 f., 228, 234, 257, 273-275, 295
Handlungszurechnung 25, 197, 209, 223, 228 f., 267, 271, 281
Intransparenz 61 f., 214, 225, 237
kollektives Maschinenverhalten 55, 210, 218, 254, 261
Komplexitätstheorie 220
Multi-Agenten-Systeme 21, 25, 45, 269
nichtkommunikative Kontakte 76, 210, 217

Produktionsketten 237
rastlose Kollektivität 261
Risikopool 210, 234-237, 240-242, 244, 270, 294
Sozialisierung 272 f.
sozio-digitale Institutionen 11, 55, 57, 59, 61 f., 99, 208 f., 215, 254, 256 f., 262, 267, 269, 272, 294
strukturelle Kopplung 57, 62, 76, 261, 267
Unkontrollierbarkeit 16, 21, 210, 213, 220 f., 232, 275, 294
»unsichtbare Maschinen« 57, 62, 232, 261
Unvorhersehbarkeit 61, 221, 230, 233, 273
Vernetzungsrisiko 61, 184 Fn. 49, 208, 210, 218 f., 221, 223, 226, 228 f., 232, 236, 240 f., 250, 254
»wechselseitige Irritation« 232
Verrichtungsgehilfe 124, 135 Fn. 273, 162-164, 265, 269
Verschuldenshaftung 28-31, 34, 40, 44, 130, 132, 142-146, 149, 154, 223, 291
Verstehen 11, 19, 28, 51, 53, 57, 66 f., 71 f., 74, 76, 78-80, 82, 100, 110, 120, 125, 129, 175, 179, 209, 211-215, 217 f., 228, 260, 281
Verträge, algorithmische 96, 104
Vertragshaftung 270

Rechtswissenschaft im Suhrkamp Verlag
Eine Auswahl

Robert Alexy
- Theorie der Grundrechte. stw 582. 548 Seiten
- Theorie der juristischen Argumentation. Die Theorie des rationalen Diskurses als Theorie der juristischen Begründung. Mit einem Nachwort (1990): Antwort auf einige Kritiker. stw 436. 435 Seiten

Ernst-Wolfgang Böckenförde. Staat, Nation, Europa. Studien zur Staatslehre, Verfassungstheorie und Rechtsphilosophie. stw 1419. 290 Seiten

Ernst-Wolfgang Böckenförde/Dieter Gosewinkel. Wissenschaft, Politik, Verfassungsgericht. Aufsätze von Ernst-Wolfgang Böckenförde. Biographisches Interview von Dieter Gosewinkel. stw 2006. 492 Seiten

Hauke Brunkhorst/Wolfgang R. Köhler/Matthias Lutz-Bachmann (Hg.). Recht auf Menschenrechte. Menschenrechte, Demokratie und internationale Politik. stw 1441. 352 Seiten

Hauke Brunkhorst/Peter Niesen (Hg.). Das Recht der Republik. stw 1392. 403 Seiten

Ronald Dworkin. Bürgerrechte ernstgenommen. Übersetzt von Ursula Wolf. stw 879. 592 Seiten

Andreas Fischer-Lescano/Gunther Teubner. Regime-Kollisionen. stw 1803. 230 Seiten

NF 124/1/8.12

Stanley Fish. Das Recht möchte formal sein. Essays. Herausgegeben und eingeleitet von Heinz Bude und Michael Dellwing. Aus dem Amerikanischen von Klaus Binder. stw 2008. 279 Seiten

Günter Frankenberg
- Autorität und Integration. Zur Grammatik von Recht und Verfassung. stw 1622. 418 Seiten
- Die Verfassung der Republik. Autorität und Solidarität in der Zivilgesellschaft. stw 1331. 264 Seiten

Johan Galtung. Menschenrechte – anders gesehen. stw 1084. 235 Seiten

Ute Gerhard/Jutta Limbach (Hg.). Rechtsalltag von Frauen. es 1423. 251 Seiten

Oliver Gerstenberg. Bürgerrechte und deliberative Demokratie. Elemente einer pluralistischen Verfassungstheorie. stw 1298. 143 Seiten

Stefan Gosepath/Georg Lohmann (Hg.). Philosophie der Menschenrechte. stw 1338. 417 Seiten

Dieter Grimm.
- Die Zukunft der Verfassung. stw 968. 447 Seiten
- Die Zukunft der Verfassung II. Auswirkungen von Europäisierung und Globalisierung. stw 2027. 400 Seiten

Jürgen Habermas. Faktizität und Geltung. Beiträge zur Diskurstheorie des Rechts und des demokratischen Rechtsstaats. stw 1361. 704 Seiten

NF 124/2/8.12

H. L. A. Hart. Der Begriff des Rechts. Mit dem Postskriptum von 1994 und einem Nachwort von Christoph Möllers. Aus dem Englischen von Alexander von Baeyer. stw 2009. 395 Seiten

Georg Wilhelm Friedrich Hegel. Die Philosophie des Rechts. Vorlesung von 1821/22. Herausgegeben von Hansgeorg Hoppe. stw 1721. 237 Seiten

Materialien zu Hegels Rechtsphilosophie. Herausgegeben von Manfred Riedel. Band 1: stw 88. 437 Seiten

Otfried Höffe

- Gibt es ein interkulturelles Strafrecht? Ein philosophischer Versuch. stw 1396. 180 Seiten
- Kategorische Rechtsprinzipien. Ein Kontrapunkt der Moderne. stw 1170 und kartoniert. 431 Seiten
- Strategien der Humanität. Zur Ethik öffentlicher Entscheidungsprozesse. Mit einem neuen Nachwort. stw 540. 373 Seiten
- Vernunft und Recht. Bausteine zu einem interkulturellen Rechtsdiskurs. stw 1270. 296 Seiten

Herbert Jäger. Verbrechen unter totalitärer Herrschaft. Studien zur nationalsozialistischen Gewaltkriminalität. Mit einem Nachwort zur Neuauflage von Adalbert Rückerl. stw 388. 410 Seiten

Hans Joas. Die Sakralität der Person. Eine neue Genealogie der Menschenrechte. 303 Seiten. Gebunden

Wolfgang Kersting (Hg.). Gerechtigkeit als Tausch? Auseinandersetzungen mit der politischen Philosophie Otfried Höffes. stw 1297. 375 Seiten

NF 124/3/8.12

Klaus Lüderssen
- Abschaffen des Strafens? es 1914. 427 Seiten
- Erfahrung als Rechtsquelle. Abduktion und Falsifikation von Hypothesen im juristischen Entscheidungsprozeß. Eine Fallstudie aus dem Kartellstrafrecht. 259 Seiten. Gebunden
- Genesis und Geltung in der Jurisprudenz. es 1962. 365 Seiten
- Kriminalpolitik auf verschlungenen Wegen. Aufsätze zur Vermittlung von Theorie und Praxis. stw 347. 483 Seiten
- Rechtsfreie Räume? stw 2042. 694 Seiten

Klaus Lüderssen/Fritz Sack (Hg.)
- Seminar: Abweichendes Verhalten
  Band 1: Die selektiven Normen der Gesellschaft.
  stw 84. 508 Seiten
  Band 2: Die gesellschaftliche Reaktion auf Kriminalität.
  Band 1. Strafgesetzgebung und Strafrechtsdogmatik.
  stw 85. 387 Seiten

Niklas Luhmann
- Ausdifferenzierung des Rechts. Beiträge zur Rechtssoziologie und Rechtstheorie. stw 1418. 459 Seiten
- Das Recht der Gesellschaft. stw 1183. 598 Seiten

Christoph Menke/Francesca Raimondi (Hg.). Die Revolution der Menschenrechte. Grundlegende Texte zu einem neuen Begriff des Politischen. stw 1988. 498 Seiten

Bernhard Peters. Rationalität, Recht und Gesellschaft. 366 Seiten. Gebunden

Ulrich K. Preuß. Die Internalisierung des Subjekts. Zur Kritik der Funktionsweise des subjektiven Rechts. 356 Seiten. Kartoniert

NF 124/4/8.12

NF 124/5/8.12